An Anthology of German Novellas

An Anthology of German Novellas

Edited by Siegfried Weing

CAMDEN HOUSE

Copyright © 1996 by
CAMDEN HOUSE, INC.

Published by Camden House, Inc.
Drawer 2025
Columbia, SC 29202 USA

Printed on acid-free paper.
Binding materials are chosen for strength and
durability.

All Rights Reserved
Printed in the United States of America

ISBN: 1-57113-097-7

Library of Congress Cataloging-in-Publication Data

An anthology of German novellas / edited by Siegfried Weing.
    p.   cm. — (Studies in German literature, linguistics, and
culture (unnumbered)
    Novellas in original German.
    Includes bibliographical references.
    ISBN 1-57113-097-7 (alk. paper)
    1.   Short stories, German.   2. German language – Readers.
I.   Weing, Siegfried, 1942-   .   II. Series.
PT1338.A58   1996
833' .0108—dc20   96-8321
                                                                        CIP

Acknowledgments

I owe debts of gratitude to several people and organizations. The staff at Preston Library, especially Gabriella Youngblood, was helpful in gathering materials. Robert Goebel and Mike Monsour read the manuscript and gave me solid advice and encouragement. Janet Cummings provided invaluable computer services. Michael Reclam did yeoman's work by reading the manuscript and commenting on my translations. I also wish to thank the VMI Research Committee for supporting this project in the form of a grant.

S. W.
March 1996

Contents

INTRODUCTION

History of the Novella

The modern English word *novella* (French *nouvelle*, German *Novelle*, Spanish *novela*) comes from the Italian *novella*, a term that derives from the Latin *novella*, which is a diminutive form of the adjective *novus*. A Latin-English dictionary defines *novus* as "fresh," "novel," "strange," "unusual," "unheard-of." In the sixth century the word gained an additional meaning and was also used to describe the laws that were added to the Justinian Code as sections 528-35. In its literary application, *novella* was first used in Italy to describe a short prose account of an unusual new event. The Italian Renaissance author Giovanni Boccaccio labeled the one hundred narratives of his *Decameron* (ca. 1350) variously as novellas, fables, parables, or histories: "novelle o favole o parabole o istorie." Many scholars credit Boccaccio not only with inventing the genre, but also with introducing a new theme (actual events from everyday life) and a new medium (prose) into the mainstream of European letters (Auerbach 188-89).

The novella did not spring full-blown from Boccaccio's pen, but had several predecessors, among them the many medieval anecdotes, myths, legends, fables, and tales that circulated orally throughout Europe and that, when captured on paper, provided plot foundations for many novellas. Another significant forebear, the *exemplum*, can be traced to Aristotle's time. Originally a rhetorical device, the *exemplum* amounted to a short anecdote or story that was used as an illustrative example. During the Middle Ages the clergy wove such anecdotes into their sermons in order to hold the interest of their parishioners and to simplify or illustrate moral or theological points. Such anecdotes, believed to resemble Christ's parables, had the same dual purpose as did literature in general: instruction and amusement (*utilitas* and *delectatio*), with *utilitas* being of much greater importance than *delectatio*. *Exempla* became popular and the clergy began to collect them in written form so they would be available for incorporation into sermons. The first such collection, Petrus Alfonsi's *Disciplina clericalis* (ca. 1110), was soon followed by ones assembled by Baudri of Bourgueil (d. 1130), John of Salisbury (d. 1180), and others. *Exempla* also found their way into secular imaginative literature, such as Dante's *Divine Comedy* and, of course, novellas.

Other antecedents of the novella include such Latin sources as Apuleius's *Satyricon* and Petronius's *Metamorphoses*. Written medieval predecessors involve many folk tales (*Volksbücher*), *Die Geschichte von den sieben Weisen*, and *Gesta Romanorum*. Oriental precursors of the genre encompass such works as the *Panchatantra* and *Arabian Nights* — the former work, like the *exemplum*, exhibits moral overtones, whereas the latter employs the frame or cyclical narrative structure that was utilized by Boccaccio and for some time served as a hallmark of the novella.[1] Yet another set of forbears include the many biographies, *lais*, and *fabliaux* of the medieval French troubadours.

With the advent of the Renaissance, the espoused functions of literature changed. The emphasis on religious and moral edification gradually declined and, concomitantly, the emphasis on amusement and entertainment increased. Many authors then reversed these two functions and often ignored the dictate of *utilitas* altogether. Boccaccio, after paying perfunctory lip service to *utilitas* in the introduction of his *Decameron*, stresses that he intends his stories to be read for pleasure. His narrative stance — especially when telling overtly erotic or bawdy stories (and he includes many such tales in his *Decameron*) — remains unabashedly amoral.

Boccaccio and his work came under attack. One group of critics accused him of being a lecher who engaged in the inappropriate enterprise of attempting to entertain women for his own immoral purposes. Other critics noted that *The Decameron* contained stories that were silly or farcical and thus failed to conform to the serious, noble spirit of art. Another group of critics condemned the collection because many tales were bawdy — the criticism was directed not so much at Boccaccio's emphasis of the erotic, but at his refusal to draw morally exemplary conclusions. And, to mention a last group, other critics attacked Boccaccio for casting his stories in prose, a medium hitherto deemed inartistic. As a result of such universal disapprobation, the collection eventually was placed on the Index.

Despite (or, perhaps, because of) this censure, Boccaccio's new genre gained such immense popularity that over the course of the next three centuries Romance Europe and England witnessed the publication of more than a hundred novella collections. Notable Italian examples, in addition to *The Decameron*, include such works as Giovanni Sercambi's *Novelle* (1374), Matteo Bandello's *Novelle* (1573), and Giambattista Basile's *Pentamerone* (1636). Significant French collections comprise the anonymous *Les Cent nouvelles nouvelles* (ca. 1460) and Marguerite de Navarre's *Heptameron* (1558). Marguerite, it should be noted, departs from the general trend since she covertly stresses *utilitas* in her work. Spanish examples include Cervantes's *Novelas ejemplares* (1613), Lope de Vega's *Novelas* (1624), and M. de Zayas y Sotomayor's *Novelas amorosas y exemplares* (1649). English representatives involve such works as Chaucer's *Canterbury Tales* (ca. 1390), John Rastell's *One Hundred Merry Tales* (1526), and William Painter's *Palace of Pleasure* (1567). Chaucer, it should be noted, incorporates the framework often associated with the early novella, but departs from the mainstream of novellistic tradition by casting his work in verse rather than prose.

---

[1] In the frame of *Arabian Nights* Scheherazade tells an exciting story every night and thereby stays alive to tell another story the following night. In *The Decameron* ten young men and women flee from the plague ravaging Florence and repair to a country villa, where they each tell one story per day for ten days.

While novellas continued to be popular in the Romance countries and England up to the middle of the seventeenth century, German-speaking areas of Europe failed to produce such narratives until much later. Although early German humanists such as Niklas von Wyle, Albrecht von Eyb, and Heinrich von Schlüsselfelder exhibited much interest in the genre during the second half of the fifteenth century, this interest manifested itself not in the creation of novellas, but in the translation and adaptation of Romance examples (most often from *The Decameron*). The first half of the sixteenth century, dominated by the turmoil of the Protestant Reformation, witnessed a loss of interest in the literary, as well as the other arts.

With the Peace of Augsburg (1555), which temporarily ended the religious strife of the Reformation, a new literary era was initiated by Jörg Wickram's *Rollwagen-Büchlein* (1555), a work whose popularity led to many imitations. This epoch was characterized by the *Schwank*, a short, humorous, quite often vulgar story. Although many such tales revealed Boccaccian influences, and although their avowed purpose was that of entertainment, the moral and religious climate of the times was such that many authors of *Schwänke* felt compelled to incorporate observations and statements into their stories that comported with the dictates of *utilitas*.

While research into the short prose narratives of the next literary period, the Baroque, remains relatively scant, scholars have identified three successive stages: continuation of the *Schwank* literature, continued adaptation of the Romance novellas (which at this time also included the novellas of Cervantes), and incorporation of various novellistic narratives into novels. Of interest, in addition to Hans Jakob Christoffel von Grimmelshausen, who is often credited with writing three lengthy novellas, is Georg Philipp Harsdörffer, who in 1650 published nearly one thousand relatively short stories in two separate volumes.

The short prose narratives of the eighteenth century can be classified into three categories: moral tales, philosophical tales, and fairy tales. The first phase, imitative of Joseph Addison and Richard Steele's *The Tatler* (1709) and *The Spectator* (1711), saw the establishment of periodicals in Germany that published *moralische Beispielerzählungen*, tales that adhered to the requirements of *utilitas*. Under the influence of Jean-François Marmontel's *contes moraux* (1761), these tales evolved into the very popular *moralische Erzählung*, many examples of which suffered from being hackneyed. A subgenre of such tales, the *Kriminalgeschichte*, often described actual events and attempted to foster a humane, objective sense of justice. Examples of such stories include Johann Michael Reinhold Lenz's *Zerbin* (1776) and Schiller's *Verbrecher aus verlorener Ehre* (1786). The second phase, inspired by Voltaire's *Contes philosophiques* (especially *Candide*, 1759), led to narratives that attempted to wrap a philosophical thesis in fictional form. Examples of such tales include Christoph Martin Wieland's *Koxkox und Kikequetzel* (1770) and several of Anton Wall's *Bagatellen* (1783). The final phase, that of the fairy tale, also had its origins in France. Charles Perrault's Mother Goose tales crossed the Rhine and inspired such many-volume collections as Johann Karl August Musäus's *Volksmärchen* (1762-86) and Wieland's *Dschinnistan* (1786-89).

Although several critics classify a few of the above-mentioned narratives as novellas — some even cite short medieval verse epics as examples of the genre — the preponderance of critical opinion declares that the novella did not put on German garb until Goethe published his *Unterhaltungen deutscher Ausgewanderten* in Schiller's journal, *Die Horen,* in 1795. In this work Goethe follows the traditions of the Romance novella not only by patterning his framework on the *Decameron*,[1] but also by incorporating narratives from Romance sources: one novella comes from *Les Cent nouvelles nouvelles*, one from the memoirs of a French actress, and two from the memoirs of the French Marshal de Bassompierre. Although both Goethe and Schiller were fully aware that the work followed the traditions of the Romance novella — Schiller even referred to it as "eine Suite von Erzählungen im Geschmack des Boccaz" — neither author used any variants of the word *novella* in describing *Unterhaltungen*, but instead employed the terms *Geschichte* and *kleine Erzählung*.

Shortly after the publication of Goethe's narrative cycle, Ludwig Tieck and Wilhelm Heinrich Wackenroder ushered in Romanticism, a literary movement that stressed the fantastic and the wondrous. Critics categorize the shorter prose tales of Romanticism as *Kunstmärchen, Märchennovellen, Novellenmärchen,* and *Novellen,* and note that in their historical unfolding these narratives exhibit both a departure from and a return to realism (Rowley 97-99; Trainer 121-124). The fairy tale of early Romanticism depicts a world of fantasy. This genre is replaced by one that displays strong realistic traits, but is still dominated by fantasy. This narrative is followed by one that emphasizes reality, but retains fantastic elements. The latter narratives frequently exhibit a narrative technique that allows for the incorporation of information on two levels. This technique, called the double narrative plane ("der doppelte Boden"), allows for two interpretations — one realistic, the other fantastic (Erné 53-61).

Romanticism was supplanted by the Biedermeier period. In roughly 1820 Ludwig Tieck, who helped inaugurate Romanticism, abandoned the fantastic themes associated with that literary approach and began to cultivate the novella. The novella of this period, as several scholars note, returned to realism, yet often retained traces of the Romantic wondrous. At this time the term *Novelle* began to acquire popularity and, once it became established, narratives with the label novella appeared in such large numbers that in 1834 Theodor Mundt felt justified in referring to the genre as a German pet — "ein deutsches Haustier." Since more than 500 authors were writing novellas between 1820 and 1848, many of these narratives, much like the *moralische Erzählungen* a half century earlier, suffered from being trite. Yet, despite the poor quality of many novellas of this era, outstanding examples were written by

---

[1] In the frame Goethe describes how the upheavals of the French Revolution force a German baroness and her family to flee from their home on the west bank of the Rhine to an estate on the east bank. Once settled there, a heated political argument erupts and the baroness attempts to restore harmony by banning controversial topics. The family chaplain then volunteers to provide entertainment by telling stories.

such authors as Adalbert Stifter, Annette von Droste-Hülshoff, Jeremias Gotthelf, and Franz Grillparzer (Schröder 53-73).

The political turmoil of 1848 brought an end to the Biedermeier era. The next literary phase, Poetic Realism, was named after an essay by Otto Ludwig. This literary approach attempted to depict everyday reality, not with stark, photographic exactitude, but in conformity with such artistic principles, among others, as aesthetic selectivity, symbolism, and abstraction. While writers in other countries were devoting their efforts to producing novels, their German counterparts were cultivating the novella. Works by such German-speaking authors as Theodor Storm, Gottfried Keller, Wilhelm Raabe, Conrad Ferdinand Meyer, Eduard Mörike, Adalbert Stifter, Marie von Ebner-Eschenbach, and Paul Heyse, to name only a few, dominated the literary scene and led to the conclusion, drawn by artists and critics alike, that the novella in its modern manifestation was primarily, if not exclusively, a German genre.

In the late 1880s, with the migration of Naturalism into Germany, the novella became *passé* for many writers of the new generation who seemed to prefer such genre labels as *Skizze, Studie, Kurzgeschichte*, and *Erzählung*. Gerhart Hauptmann, for example, subtitled *Bahnwärter Thiel* a "novellistische Studie." Although many writers and critics were alarmed at this development and attempted to sustain the popularity of the novella, the battle for retaining its preeminence was lost by the end of the century. The genre did not disappear — writers during the first half of the twentieth century such as Robert Musil, Thomas Mann, Ernst Wiechert, Paul Ernst, Stefan Zweig, and Stefan Andres, to name only a few — continued to produce novellas. The popularity of the novella, however, had declined to the point that it became only a rank and file member of German genres. After World War II novella production continued, but on a reduced scale. Notable authors include Anna Seghers, Stefan Zweig, Gertrud von Le Fort, Werner Bergengruen, and Christa Wolf. In 1961 Günter Grass published *Katz und Maus*, perhaps the most famous novella of the postwar era. For almost twenty years a hiatus in novella writing in Germany prompted many critics to declare the genre dead. This announcement proved premature, for in 1978 Martin Walser published *Ein fliehendes Pferd*, a novella that for months stood first on the German bestseller lists. The success of Walser's work seems to have revived the genre, for the current generation of German writers is, once again, producing novellas.

Theory of the Novella

In their study of the Renaissance novella, Robert Clements and Joseph Gibaldi note that literary commentators of that period failed to develop a theory for the genre. They attribute this failure to the circumstance that classical aestheticians (Aristotle and Horace) had ignored prose as an artistic medium.[1] German writers, unlike their Renaissance colleagues, began almost immediately to speculate about the genre and, as its popularity grew, developed a

---

[1] In a chapter devoted to analyzing the structure of the novella collection, Clements and Gibaldi work out a seven-point theory of the Renaissance novella (4-26).

wide-ranging theory. Since the scope and volume of the criticism, generated by authors and scholars, is huge, an introductory essay such as this can only hope to deal briefly with the most important facets of this theory.

Christoph Martin Wieland first introduced the German word *Novelle* in 1764 by including it among a list of foreign narrative types. In 1772 he provided the first, rudimentary definition: a novella is a type of narrative that can be distinguished from the novel through the simplicity of the plan and the small compass of the plot. Eight years later he characterized the genre as a small, interesting narrative that describes only one main "Situation" or one knot ("Knoten"). In the preface to his *Novelle ohne Titel* (1804), Wieland noted that novellas describe events ("Begebenheiten") that, while not commonplace, could nevertheless have occurred in the everyday world.

In the frame commentary of *Unterhaltungen*, Goethe, in 1795, has his principal narrator, the chaplain, characterize his stories: they do not deal with great historical events, but describe incidents or events ("Begebenheiten") that come from the everyday world. These narratives involve ingenious twists, reveal hidden aspects of human nature, or portray instances of foolishness. Many of his stories deal with situations where chance has an impact on human foibles. The chaplain also notes that his tales exhibit such realism that his listeners will be unable to tell whether they are invented or are accounts of real incidents. The aim of all his stories, the chaplain emphasizes, is that of entertainment (*Unterhaltung*). After six narratives have been told, the chaplain's listeners (the *Ausgewanderten* of the frame) tire of realistic stories and request a fairy tale. Before allowing the chaplain to tell such a tale, Goethe gives a clear signal that there will be a change in genre by having a frame character ask the chaplain to exclude from his tale things that actually happened ("das, was wirklich geschehen ist"). He does so on the basis that if the fairy tale were hitched to truth ("Wahrheit"), the resulting narrative would be a monster ("ein Ungeheuer"). The chaplain allows for no other criteria because, he insists, the fairy tale is a product of the imagination that is uniquely endowed with its own set of aesthetic wings. The chaplain then narrates a fairy tale, entitled *Das Märchen*, and *Unterhaltungen* ends at that point as a fragment.

Goethe's collection proved to be significant because it introduced two narrative types into the German genre repertoire, the artistically created fairy tale (*das Kunstmärchen*) and the novella. Goethe apparently believed that much potential grief lay in combining the two worlds of these genres and called for strict separation. Twelve years later, when he published the first narrative he himself labeled a novella, *Die wunderlichen Nachbarskinder*, Goethe again stressed realism by describing the genre as the narration of one strange event that actually took place. In 1827, upon discussing a story that he paradigmatically entitled *Novelle*, Goethe delivered an epigrammatic definition: a novella is a novel event that took place ("denn was ist eine Novelle anders als eine sich ereignete unerhörte Begebenheit"). This characterization, Goethe insisted, captures the essence of the genre: "Dies ist der eigentliche Begriff."

Shortly after the publication of *Unterhaltungen*, the brothers Schlegel, the principal theoreticians of Romanticism, began to speculate about the nature of the novella. Friedrich, in his various *Fragmente*, noted that a novella consists of a well-told event ("Begebenheit") that is true ("wahr"), yet deals with a singular oddity ("Seltsamkeit"). In an essay on Boccaccio published in 1801, Friedrich noted that the most remarkable feature of the novella involves the author's narrative stance, which is both objective and subjective. Since the novella is based on a real event, history provides accurate details ("das Lokale und Costum"), thereby inclining the author toward objective depiction. Such overt objectivity allows the writer to superimpose his covert ("indirekte und verborgene") subjectivity. This dual narrative approach lends every novella uniqueness and charm. The genre also displays an all-inclusive unity similar to the one postulated by Aristotle for the tragedy. Friedrich then called attention to the close relationship between the novella and the drama. After observing that several of Shakespeare's dramas are based on novellas, he goes so far as to claim that the form of Shakespeare's plays cannot be understood without a familiarity with novellas: "ohne Novellen zu kennen, kann man Shakespeares Stücke nicht verstehen der Form nach."

August Wilhelm Schlegel noted that the driving force behind the novella is action: "in der Novelle muß etwas geschehen." Much like his brother, who noticed a certain tension in the novella that arises from a dual narrative approach, August Wilhelm also detected a tension, but attributes it to the genre's dual thematic content. The novella, he observed, deals with real events ("wirklich geschehenen Dingen") that are extraordinary ("außerordentlich . . . einzig . . . Unwahrscheinlich . . ."). The demands of these conflicting criteria not only lead to a tension within the novella, but represent a dilemma for the author. August Wilhelm advocated that the writer give short shrift to the commonplace and emphasize the extraordinary. Much like Friedrich, August Wilhelm also saw a kinship between the novella and the drama and postulates that every novella may be convertible to a drama. The novella, moreover, requires decisive turning points or reversals ("die Novelle bedarf entscheidender Wendepunkte"), a need it shares with the drama: "dies Bedürfnis hat auch das Drama." With this criterion Schlegel came close to reproducing Aristotle's notion of peripeteia.

During the Biedermeier period, just as during the Romantic era, writers continued to speculate about the nature of the novella. Willibald Alexis observed that the genre deals with only a few events and people and that it exhibits brevity and unity. Theodor Mundt in 1828 theorized that the novel portrays a macrocosm, as opposed to the novella, which describes a microcosm. In form the novel is linear, whereas the novella is circular and exhibits a midpoint (a "Centrum" or "Mittelpunkt") that serves as a hub from which all action radiates and that determines the ending. In 1829, after having written roughly a dozen novellas, Ludwig Tieck observed that the genre takes one event and places it under a spotlight: "[stellt] einen . . . Vorfall ins hellste Licht." This incident, while originating in the real world, is wondrous or unique ("wunderbar, vielleicht einzig"). Once the event's singularity has manifested itself, the story line takes a dramatic change of direction that leads to a logical, yet unforeseen, ending. Tieck at first called this change the midpoint and a few lines later the turning point ("Wendepunkt"). Tieck allowed the novella much freedom with respect to form and content, but insisted that a genuine novella ("eine echte Novelle") will always have a "Wendepunkt."

The Revolutions of 1848 brought an end to the Biedermeier. The next literary period, Poetic Realism, also saw its share of theoreticians. Friedrich Theodor Vischer observed that the novella is related to the novel as a single ray of light is related to a broad beam ("wie ein Strahl zu einer Lichtmasse"). The genre deals with a single incident — one crisis, one human experience, one twist of fate. The novella, unlike the *Schwank* or anecdote, affords an insight into the depths of life and leans toward the tragic. Wilhelm Heinrich Riehl observed that action dominates in the novella as it ties and unravels one knot. Paul Heyse, in the foreword of *Deutscher Novellenschatz* (an anthology of novellas published in 1871), noted that the novella deals with the deepest and most morally significant questions of life. Heyse distinguished between the novel and the novella by scope: the former portrays several human lives through a series of interlocking circles and attempts to depict a whole society; the latter is a concentrated portrayal of one such circle and attempts to depict one human being in action. The basic plot of a novella should be unique and should be such that it lends itself to a brief summary that stands out in strong relief or silhouette. This characteristic is so important that it can be used to determine whether a plot is suitable for a novella. As an example, Heyse analyzed Boccaccio's ninth novella of the fifth day, the story of Federigo and his falcon. This story incorporates all the features of a novella and portrays the lives of two people affected by a twist of fate. The falcon, moreover, makes this tale unique so that it remains imprinted in the memory of the reader. This portion of Heyse's observations became famous as "die Falkentheorie" and was interpreted to mean that a novella should contain a concrete, unifying symbol. Four years after Heyse's pronouncements, Gottfried Keller remarked that the penchant for *a priori* speculation about the novella is unwarranted, especially since the genre is still in its formative stages. Disdaining all theory, Keller simply advocated that writers do their best and, with their next effort, try to improve. In 1876 Friedrich Spielhagen noted that the novella has a small cast of fully-developed or fixed characters, that it deals with one event or incident, and that it comes to a rapid conclusion so consistent with the nature of the characters that the ending seems predetermined. Theodor Storm, in 1881, observed that the novella no longer is just the brief account of a gripping event — it has become a serious art form that can deal with the most profound questions of life. Like its sister, the drama, the novella requires an organizing conflict at its midpoint and a tautness of style that deals only with essentials.

The comments of the last two critics represent a turning point of sorts in novella theory. The earlier commentators seem to have based their theories on several sources: Aristotle's *Poetics*, Renaissance and German novellas, other critics, and original observations. Spielhagen and Storm rely more on earlier findings than they do on the other bases. Theorizing about the genre, instead of expanding it, seems to have come to standstill, if not an actual retreat. Speculation about the novella did not cease, for older critics remained engaged with theory, and new ones like Paul Ernst, Heinrich Hart, and Robert Musil also added their voices to the critical forum. Yet their pronouncements, like those of Storm and Spielhagen, seem more derivative than original.

The major tenets of German novella theory were essentially in place by 1900. These tenets declare the novella to be an amalgam of the various notions advanced by the individual commentators over the course of the century. The primary characteristics of the genre are as follows:

1. It uses a frame structure,
2. It deals with a highly unusual, yet realistic or verisimilar event,
3. It exhibits a small cast of fixed characters,
4. It emphasizes, much like the drama as defined by Aristotle, event over character,
5. It has a compact structure (which has led modern critics to cite medium length as a criterion),
6. It incorporates one or more turning points or reversals ("Wendepunkte") that lead to sudden shifts or changes in the action of the story,
7. It exhibits a central symbol ("Dingsymbol") that in many ways reflects and informs the whole narrative (modern critics note that at times symbolism takes the form of a leitmotif),
8. It typically uses a narrative stance of overt objectivity and covert subjectivity,
9. It often portrays a twist of fate.

As several critics have pointed out (including the brothers Schlegel, Tieck, Storm), the genre seems to be constructed according to dramatic, rather than epic, principles. As a consequence, many criteria developed by theoreticians for the novella can also be found in either direct or cognate form in Aristotle's discussion of the tragedy in *The Poetics*.

After World War I, with the birth of a new academic discipline called literary studies (*Literaturwissenschaft*), the identity of the theoreticians underwent a change. Before the war, creative writers dominated attempts to formulate theory. After the war, artists fell silent and scholars monopolized the critical discourse. Initially these commentators attempted to illuminate the theories of earlier artists. As the discipline matured, scholars also began to react to each other's findings and to formulate theories of their own. These approaches have led to a large body of secondary literature that can be roughly classified into three groups: the rigorists, the latitudinarians, and the moderates. The rigorists (their numbers are in decline) declare that in order to qualify as a novella, a narrative must exhibit many (if not all) of the above features. The latitudinarians, highly skeptical of all theory, either postulate that there is no such genre as the novella or, if we must cling to the term, that the novella exhibits only one characteristic — that of medium length. The moderates undogmatically note that there is such a genre and that it tends to exhibit several common features that point toward family resemblance.

All three scholarly stances are open to criticism. The rigorist position can be undermined by pointing out that very few, if any, of the works usually classified as novellas exhibit all the features required by traditional novella theory. The viewpoint of the latitudinarians is also vulnerable. If there is no such genre, what are we to make of the many narratives that the authors themselves label as novellas? If, on the other hand, the novella has only one distinguishing feature of medium length, then many modern novellas and nearly every Renaissance example, including most (if not all) of Boccaccio's tales, would be excluded from the genre. Logical extension would then dictate that if the novella exhibits this one characteristic and no others, then the only difference among the three basic prose narratives (the short story, the novella, and the novel) is that of length. The notion of length, moreover, would have to be defined in arbitrary terms. The moderate view, espousing the notion of family resemblances, is as problematic as the other two: if one school of scholars is unable to agree on the existence of even one criterion, then arriving at an agreement on several characteristics, no matter how undogmatic the stance may be, becomes, for all practical purposes, impossible.

Despite the failure of scholarship to establish even a tentative definition of a very popular genre, empirical evidence seems to point at the moderate stance as being the most tenable. An examination of nineteenth-century prose narratives reveals a relatively large number of stories that quite often exhibit such characteristics as a frame, medium length, one unusual but realistic event, as well as other characteristics associated with the genre by German critics. Although this is hardly the place to attempt a sweeping survey of other literatures, it might be pointed out that, in addition to many German examples, Joseph Conrad's *Heart of Darkness*, Herman Melville's *Benito Cereno*, Prosper Mérimée's *Carmen*, and Leo Tolstoy's *The Death of Ivan Ilyich* (to name only four representative non-German examples) are all narratives of medium length that may be said to deal with single, central events that are highly unusual yet realistic. The first three stories exhibit the frame often associated with the novella.

It may be worth noting, perhaps only parenthetically, that for decades scholars of English-language literature labored with such terms as long short story, short novel, and novelette to describe narratives of medium length. In 1967 Gerald Gillespie undertook a brief survey of German novella theory and pointed to a "noticeable gap" in English genre terminology because it employs only the terms *short story* and *novel*. After analyzing Hemingway's *The Old Man and the Sea*, Gillespie observed that this "short novel" exhibits such novellistic features as an unheard-of-event, a turning point, a central symbol, and dramatic structure and tension. After analyzing several other non-German narratives of medium length, Gillespie calls for the adoption of the term *novella*. Other scholars have echoed Gillespie's call and, in the last two decades, the term has gained currency in the United States.

A Word on Selections

It has become standard practice for editors to lament over how lack of space has forced them to exclude many fine examples of the type of work they are anthologizing. Such is the case here. Many outstanding novellas, especially those from the age of Poetic Realism, had to be excluded for reasons of space. Faced with a choice of including a relatively large number of short narratives or only a handful of long ones (many novellas from the Age of Poetic Realism are more than a hundred pages long), the editor chose the former course. This decision was driven mainly by the principle of availability: many shorter works included in this collection are available to the reader only in an expensive volume of an author's collected works. Long novellas by such authors as Jeremias Gotthelf, Gottfried Keller, Conrad Ferdinand Meyer, Theodor Storm, and Wilhelm Raabe, to name only the most outstanding ones, are readily available in inexpensive, one-volume paperback editions.

Books for Further Reading

The following list of works has been compiled with the aim of providing the interested reader with a sampling of the history of the novella, of genre theory, and of interpretations of individual narratives.

Auerbach, Erich. *Mimesis: The Representation of Reality in Western Literature.* Trans. Willard R. Trask. New York: Doubleday, 1957.

Aust, Hugo. *Novelle.* Stuttgart: Metzler, 1990. Provides an introduction and excellent bibliography to the history and theory of the novella.

Bennett, E. K. and H. M. Waidson. *A History of the German Novelle from Goethe to Thomas Mann.* 2nd ed. Cambridge: Cambridge UP, 1961. Illuminates standard novella theory and traces the history of the novella.

Boccaccio, Giovanni. *The Decameron.* Trans. Mark Musa and Peter Bondanella. New York: W. W. Norton, 1982.

Clements, Robert J. and Joseph Gibaldi. *Anatomy of the Novella: The European Tale Collection from Boccaccio and Chaucer to Cervantes.* New York: New York UP, 1977. Provides an in-depth study of the Renaissance novella in the Romance countries and England.

Ellis, John M. *Narration in the German Novelle: Theory and Interpretation.* Cambridge: Cambridge UP, 1974. A skeptic, Ellis analyzes standard theory and offers interpretations of eight German novellas.

Erné, Nino. *Kunst der Novelle.* Wiesbaden: Limes, 1956.

Gillespie, Gerald. "Novella, Nouvelle, Novelle, Short Novel? — A Review of Terms." *Neophilologus* 51 (1967): 117-27, 225-30. Gillespie initiates the drive to adopt the English word *novella*.

Himmel, Hellmuth. *Geschichte der deutschen Novelle.* Bern: Francke, 1963. Himmel provides an excellent history of the genre, a skeptical analysis of novella theory, and an in-depth history of the German novella.

Hoffmeister, Werner. "Die deutsche Novelle und die amerikanische 'Tale': Ansätze zu einem gattungstypologischen Vergleich." *German Quarterly* 63 (1990): 32-49. Concludes that the early American tales of Poe, Hawthorne, and Irving have much in common with the German novella of the first half of the nineteenth century.

Klein, Johannes. *Geschichte der deutschen Novelle von Goethe bis zur Gegenwart.* 4th ed. Wiesbaden: Steiner, 1960. A rigorist, Klein provides an introduction into novella theory and then traces the history of the genre from its beginnings to the middle of the twentieth century.

Kunz, Josef. *Novelle.* Darmstadt: Wissenschaftliche Buchgesellschaft, 1968. An invaluable collection of essays on the theory of the genre, emphasizing the findings of scholars during the first half of the twentieth century.

Paine, J. H. E. *Theory and Criticism of the Novella*. Bonn: Bouvier, 1979. A comparative study that, after illuminating German novella theory, applies this theory to the narratives of other countries. Paine devotes a lengthy chapter to analyzing *Heart of Darkness* in terms of the novella.

Paulin, Roger. *The Brief Compass: The Nineteenth-Century German Novelle*. New York: Oxford UP, 1985. Paulin provides an introduction to novella theory from a moderate viewpoint.

Polheim, Karl Konrad, ed. *Handbuch der deutschen Erzählung*. Düsseldorf: Bagel, 1981. A skeptic, Polheim calls for the eradication of the word *Novelle* and advocates that, henceforth, all narratives of medium length should be called *Erzählungen*. The text proper of this massive volume contains thirty-five essays by leading scholars of German letters that deal with various historical periods and individual authors.

———, ed. *Theorie und Kritik der deutschen Novelle von Wieland bis Musil*. Tübingen: Niemeyer, 1970. An invaluable book in which Polheim assembles reprints of statements germane to the theory of the novella written between 1772 and 1914.

Remak, Henry H. H. "Wendepunkt und Pointe in der deutschen Novelle von Keller bis Bergengruen." *Wert und Wort: Festschrift für Else Fleischner*. Ed. Marion Sonnenfeld, et. al. Aurora, New York: Wells College, 1965. 45-56. Remak postulates that the novella quite often contains two "Wendepunkte," the first to initiate, the second to resolve the action.

Rowley, Brian. "The *Novelle*." *The Romantic Period in Germany*. Ed. Siegbert Prawer. New York: Schocken, 1970. 121-46.

Ryder, Frank. *Die Novelle*. New York: Holt, 1971. In the foreword of this anthology Ryder presents the moderate view of novella theory that espouses the notion of family resemblances.

Schröder, Rolf. *Novelle und Novellentheorie der frühen Biedermeierzeit*. Tübingen: Niemeyer, 1970.

Silz, Walter. *Realism and Reality: Studies in the German Novelle of Poetic Realism*. Chapel Hill: University of North Carolina Press, 1965. After presenting a brief, undogmatic analysis of standard German novella theory in the foreword, Silz interprets nine novellas.

Steinhauer, Harry. "Towards a Definition of the Novella." *Seminar* 6 (1970): 154-74. After excoriating the results of German novella theory as "contradictory," "shallow," and "absurd," Steinhauer, a latitudinarian, observes that the novella tells "an exciting story."

Swales, Martin. *The German Novelle*. Princeton: Princeton Un. Press, 1977. A moderate, Swales provides an introduction to the theory of the genre and then interprets seven novellas. Each interpretation focuses upon the narrative voice and how this voice attempts to understand and interpret the central novellistic event.

Trainer, James. "The *Märchen*." *The Romantic Period in Germany*. Ed. Siegbert Prawer. New York: Schocken, 1970. 97-120.

Weing, Siegfried. *The German Novella: Two Centuries of Criticism*. Columbia, S.C.: Camden House, 1994. After providing three chapters on the history of the genre and the development of nineteenth-century theory, Weing devotes five chapters to analyzing modern novella scholarship between 1915 and 1991.

Wiese, Benno von. *Die deutsche Novelle von Goethe bis Kafka: Interpretationen*. Düsseldorf: August Bagel, 1956. After analyzing standard novella theory, Wiese interprets seventeen German novellas.

————. *Novelle*. Stuttgart: Metzler, 1963. Wiese provides a treatise on the history and theory of the genre.

DIE ANGENEHME STRAF[1]

Georg Philipp Harsdörffer

Die Bestrafung ist ein Salat, darzu man mehr Öl als Essig gebrauchen soll. Die größte Gerechtigkeit ist die größte Ungerechtigkeit. Der Immen-König hat keinen Stachel, welchen die andern Honigvögelein in ihre süße Arbeit eintauchen.[2] Die Liebe und Wohltätigkeit bindet stärker als die Furcht. Wen Gott in das Regiment gesetzt, der soll sich nicht als ein Teufel erweisen, sondern vielmehr jenes Barmherzigkeit als dieses Unbarmherzigkeit nachahmen,[3] wie wir Teutschen auch in dem Sprichwort zu sagen pflegen: Gestrenge Herren regieren nicht lang.

2. Dieses hat wohl verstanden[4] der berühmte Marschall von Brissac, als er anstatt des Königs in Frankreich ein Heer in Welschland[5] geführet und sich sowohl durch Verstand als Tapferkeit beliebt und belobt gemacht.[6] Unter andern ist sonderlich merkwürdig, was sich in Belägerung Vigual in Montfcrat[7] begeben.

3. Er hatte die Mauren besagter Stadt mit den schweren Stücken gefället, doch dergestalt, daß sie noch schwerlich zu übersteigen, deswegen der Kriegsrat versammlet und beratschlagt wurde, was ferner vorzunehmen sein möchte.[8] Es wird der Schluß gemacht, man sollte mit den groben Stücken den Fuß der Mauren gar zu Grund legen und, wann solches geschehen, mit der

---

[1]This narrative appeared in Harsdörffer's collection of 200 stories entitled *Der Grosse Schauplatz Lust- und Lehrreicher Geschichte* (1650).

[2]**Der Immen-König . . . eintauchen** A drone doesn't have a stinger, which the other nectar gatherers dip into their sweet work. *Note:* Harsdörffer seems to be under the impression that bees use their stingers to gather nectar.

[3]**Wen Gott . . . nachahmen** Whom God has placed in a position of authority should not deport himself (act) like a devil, but should, instead, imitate the mercy of the former rather than the mercilessness (cruelty) of the latter

[4]**hat wohl verstanden** *Note* the position of the past participle. Modern word order: **Dieses hat der berühmte Marschall von Brissac wohl verstanden.**

[5]**Welschland** German term for France, Italy, or Spain. Here Italy.

[6]**geführet und . . . gemacht** Harsdörffer regularly uses past participles and omits the tense auxiliaries **haben** and **sein** in the present perfect and past perfect tenses.

[7]**Vigual in Montferat** Vigual is a city in the Italian duchy of Montferat.

[8]**Er hatte . . . möchte** He had brought down the walls of the aforementioned city with the heavy artillery pieces, but had left them in such a state that they were still hard to scale; the council of war was therefore convened to consider what further action might be undertaken

Trompeten Schall das Zeichen zu einem allgemeinen Hauptstürmen geben: Bevor aber soll kein Soldat bei Lebensstraf anfallen.

4. Boissy, einer von den beherzten Hauptleuten in dem ganzen Heer,[1] sah in den Laufgräben,[2] daß über die Mauren nach seiner Meinung wohl zu kommen,[3] und spricht seinen Soldaten zu, sie sollten folgen und mit ihm Ehre einlegen,[4] obgleich das Zeichen mit der Trompeten noch nicht erschallet, und ersteigt also die Mauren, treibet die Besatzung ab, macht nieder, was sich ihm entgegensetzet,[5] daß der Herr von Brissac gezwungen worden, ihn zu entsetzen und zu den Stürmen blasen zu lassen.[6]

5. Daß hierauf eine Plünderung und endliche Zerstörung des Orts erfolgt, ist leichtlich abzunehmen.[7] Die Soldaten, deren Verstand mehr in den Händen als in dem Hirn ist, lobten Boissy als den Ursacher solchen Sieges und so reicher Beuten. Der Feldherr aber und alle hohen Befehlshaber achteten diese glückselige Vermessenheit mehr straf- als ruhmwürdig, weil er den ergangenen Befehl überschritten und sich sammt seiner ganzen Fahnen in unzeitige Gefahr begeben.[8]

6. Damit aber die tapfere und unbedachtsame Tat der Kriegszucht kein Nachteil bringen möchte,[9] hat sich der Herr von Brissac nach etlichen Tagen befragt, wer der erste in der Stadt gewesen (als ob er nicht wüßte, was Boissy getan), und desselben Tapferkeit gerühmt, auch mit möglicher Beförderung dankbarlich zu erkennen versprochen.[10] Boissy war zugegen und drängte sich sobald hervor, dem Marschall die Hand zu küssen und einer solchen hohen Gnade fähig zu werden, wird aber von dem Gewaltiger handfest gemacht, in die Eisen geschlossen und mit dem Strang bedraut, aus vorgemelden Ursachen.[11]

7. Hier hatte Boissy Zeit zu gedenken, daß ihn sein Glück hoch erhoben, wie der Adler die Schildkrotten, damit sein Fall soviel gefährlicher sein möch-

[1]**einer von . . . Heer** one of the most courageous captains in the whole army

[2]**Laufgräben** fortified trenches

[3]**daß über . . . kommen** that, in his opinion, it was possible to scale the walls

[4]**Ehre einlegen** gain glory

[5]**treibet die . . . engegengesetzet** routs the garrison and cuts down whatever opposes him

[6]**gezwungen worden . . . lassen** was forced to support him by ordering the trumpets to give the signal to attack

[7]**abzunehmen** to assume

[8]**Der Feldherr . . . begeben** But the general and all of the high ranking officers considered this audacious act more worthy of punishment than of praise because he had violated a published order and exposed himself and his troops to untimely (unnecessary) danger

[9]**Damit aber . . . möchte** So that this brave but reckless deed should not cast the military in a disadvantageous light

[10]**desselben Tapferkeit . . . versprochen** had boasted of his bravery and, in gratitude, had promised to recognize it through possible promotion

[11]**wird aber . . . Ursachen** (Boissy), however, is placed under arrest, clapped into irons, and threatened with the gallows for the reasons previously announced

te.[1] Nachdem er nun eine Zeit in Verhaft gewesen, läßt der Feldmarschall sein Heer mustern und, nachdem solches geschehen, Boissy aus der Gefängschaft herfürziehen und Standrecht (also genennt, weil man darbei zu stehen pfleget und die Sache mehrmals aus dem Stegreif verabschiedet, da das Sitzen reifes Nachsinnen bedeutet) über ihn halten.[2]

8. Boissy wird zwar zu dem Tod verurteilt, jedoch mit der Richter Vorbitte, daß man ihm Gnade soll widerfahren lassen.[3] Boissy ist zu sterben entschlossen und bittet allein, daß solcher Tod ihm durch seine Brüder und nicht durch den Nachrichter angetan werden möchte.[4]

9. "Boissy," sagt der Marschall, "du siehest, in was Angst dich deine blinde Tapferkeit oder vielmehr Verwegenheit gesetzt hat. Beherzt sein ohne Gehorsam ist mehr sträflich als löblich. Weil du dich aber selbst des Todes würdig achtest, will ich glauben, daß du als ein Unverständiger verurteilt worden, nun aber von mir als ein klügerer Soldat frei- und losgesprochen zu werden verdienet hast.[5] Ich schenke dir das Leben und diese guldene Ketten, welche dich erinnern soll deiner Gefängschaft und daß du deinen vorgesetzten Befehlshabern zu gehorsamen verbunden und nicht eigenwillig, sondern, nachdem sie dich beordren werden, deine Schuldigkeit erweisen sollst."[6]

10. Hierbei ließ es dieser kluge Herr nicht verbleiben, sondern schenkte ihm auch ein Pferd, Pistolen und aller andrer Zugehör,[7] nahm ihn auch samt allen seinen Soldaten unter sein Leibregiment und hielt ihn lieb und wert. Dieses ist bei dem ganzen Heer erschollen und hat den gemeinen Soldaten eine Furcht eingejagt und zu schuldigem Gehorsam angehalten, welche ihres Feldherrn hohen Verstand und Freigebigkeit nicht sattsam ausloben können.[8]

---

[1]**daß ihn . . . möchte** that fortune, much like an eagle lifts turtles, had elevated him so that his fall might be that much more dangerous

[2]**läßt der . . . halten** the general had his army inspected and, afterward, had Boissy brought from the brig to stand court martial (called "stand" because one customarily stands and, on an extempore basis, discusses the matter a number of times and because sitting implies mature reflection)

[3]**mit der . . . lassen** with the judges' request that he be granted mercy

[4]**Boissy ist . . . möchte** Boissy is prepared to die and pleads only that he die at the hands of his comrades-in-arms rather than at those of the executioner

[5]**Weil du . . . hast** Because you think you earned the death penalty, I am convinced that you (stood trial and) were sentenced when you were in a foolish (incompetent) state of mind; since you have grown wiser (and regained your senses), I now am of the opinion that you deserve to be pardoned and set free

[6]**welche dich . . . sollst** which should remind you of your imprisonment and that you are obligated to obey your superiors and not act on your own accord — instead, when issued an order in the future, you are duty-bound to obey

[7]**Hierbei ließ . . . Zugehör** This wise gentleman did not leave it at that, but also presented him with a horse, pistols, and all sorts of other accouterments

[8]**Dieses ist . . . können** This (story) spread throughout the army and not only scared the enlisted men into long-term obedience, but also so inspired them that they never grew tired of praising the great wisdom and generosity of their general

11. Wann man die Kriegszucht zu unsren Zeiten betrachtet, ist selbe leider fast gefallen, weil die Bezahlung, welche derselben Band ist, ermangelt, teils wegen der ausgezehrten Länder, teils wegen der Hohen Befehlshaber Geldgeiz und der Soldaten großer Dürftigkeit,[1] die mehrmals nicht Wasser und Brot haben, da man doch denen auf den Tod liegenden armen Sündern nicht weniger geben kann.[2] Gewiß, wann Gott die Gemüter so vieles unverständigen Soldatenpöbelvolks nicht sonderlich regierte, sie sollten sich so vielem und stetem Ungemach, als da ist Regen, Frost, Hitz, Schanzen, Wachen, Ziehen, Hunger, Durst und daraus erfolgenden Krankheiten, nicht unterwürfig machen, wann man ihnen auch richtig doppelten Sold zahlen würde, da sie doch solches alles fast ohne Geld ausdauren.[3]

[1]**Wann man . . . Dürftigkeit** When one looks at the military in our times, it unfortunately has declined because pay, which holds the army together, is deficient. This comes about in part because of the impoverishment of the states, in part because of the greed of the commanders and the great need of the soldiers

[2]**da man . . . geben kann** since one can hardly give these poor sinners, who are facing death, less (than bread and water)

[3]**Gewiß wann . . . ausdauren** To be sure, if God did not exercise special control over the temperament of so many of these ignorant military ruffians, they would not subject themselves to so much and to such constant misery as rain, frost, heat, trenches, guard-duty, marching, hunger, thirst and all the illnesses that are caused by these hardships even if one gave them a decent salary and then doubled it — yet they endure all these things for almost no money at all

Die schöne Krämerin[1]

Johann Wolfgang von Goethe

Seit fünf oder sechs Monaten hatte ich bemerkt, sooft ich über die kleine Brücke ging — denn zu der Zeit war der Pont neuf[2] noch nicht erbauet —, daß eine schöne Krämerin, deren Laden an einem Schilde mit zwei Engeln kenntlich war,[3] sich tief und wiederholt vor mir neigte und mir so weit nachsah, als sie nur konnte. Ihr Betragen fiel mir auf,[4] ich sah sie gleichfalls an und dankte ihr sorgfältig. Einst ritt ich von Fontainebleau nach Paris, und als ich wieder die kleine Brücke heraufkam, trat sie an ihre Ladentüre und sagte zu mir, indem ich vorbeiritt: "Mein Herr, Ihre Dienerin!" Ich erwiderte ihren Gruß, und indem ich mich von Zeit zu Zeit umsah, hatte sie sich weiter vorgelehnt, um mir so weit als möglich nachzusehen.

Ein Bedienter nebst einem Postillon[5] folgten mir, die ich noch diesen Abend mit Briefen an einige Damen nach Fontainebleau zurückschicken wollte. Auf meinen Befehl stieg der Bediente ab und ging zu der jungen Frau, ihr in meinem Namen zu sagen, daß ich ihre Neigung, mich zu sehen und zu grüßen, bemerkt hätte; ich wollte, wenn sie wünschte, mich näher kennenzulernen, sie aufsuchen, wo sie verlangte.

Sie antwortete dem Bedienten, er hätte ihr keine bessere Neuigkeit bringen können, sie wollte kommen, wohin ich sie bestellte, nur mit der Bedingung, daß sie eine Nacht mit mir unter einer Decke zubringen dürfte.

Ich nahm den Vorschlag an und fragte den Bedienten, ob er nicht etwa einen Ort kenne, wo wir zusammenkommen könnten. Er antwortete, daß er sie zu einer gewissen Kupplerin führen wollte, rate mir aber, weil die Pest sich hier und da zeige, Matratzen, Decken und Leintücher aus meinem Hause hinbringen zu lassen.[6] Ich nahm den Vorschlag an, und er versprach, mir ein gutes Bett zu bereiten.

---

[1]This novella, one of seven narratives that Goethe incorporated into *Unterhaltungen deutscher Ausgewanderten* (1795), is based on an episode from the memoirs of the French Field Marshal François de Bassompierre (1579-1646).

[2]**Pont neuf** The oldest bridge in Paris, completed in 1604.

[3]**deren Laden . . . war** whose shop was marked by a sign portraying two angels

[4]**Ihr Betragen fiel mir auf** Her behavior attracted my attention

[5]**ein Bediener . . . Postillon** a servant and a postilion. *Note*: a postilion normally is the rider of the lead coach-horse.

[6]**rate mir . . . lassen** but, since the plague was cropping up here and there, he advised me to have mattresses, blankets, and sheets brought from my house

Des Abends[1] ging ich hin und fand eine sehr schöne Frau von ungefähr zwanzig Jahren mit einer zierlichen Nachtmütze, einem sehr feinen Hemde, einem kurzen Unterrocke von grünwollenem Zeuge. Sie hatte Pantoffeln an den Füßen und eine Art von Pudermantel[2] übergeworfen. Sie gefiel mir außerordentlich, und da ich mir einige Freiheiten herausnehmen wollte, lehnte sie meine Liebkosungen mit sehr guter Art ab[3] und verlangte, mit mir zwischen zwei Leintüchern zu sein. Ich erfüllte ihr Begehren und kann sagen, daß ich niemals ein zierlicheres Weib gekannt habe noch von irgendeiner mehr Vergnügen genossen hätte. Den andern Morgen fragte ich sie, ob ich sie nicht noch einmal sehen könnte, ich verreiste erst Sonntag; und wir hatten die Nacht vom Donnerstag auf den Freitag miteinander zugebracht.

Sie antwortete mir, daß sie es gewiß lebhafter wünsche als ich; wenn ich aber nicht den ganzen Sonntag bliebe, sei es ihr unmöglich, denn nur in der Nacht vom Sonntag auf den Montag könne sie mich wiedersehen. Als ich einige Schwierigkeiten machte, sagte sie: "Ihr seid wohl meiner in diesem Augenblicke schon überdrüssig[4] und wollt nun Sonntags verreisen; aber Ihr werdet bald wieder an mich denken und gewiß noch einen Tag zugeben,[5] um eine Nacht mit mir zuzubringen."

Ich war leicht zu überreden, versprach ihr, den Sonntag zu bleiben und die Nacht auf den Montag mich wieder an dem nämlichen Orte einzufinden. Darauf antwortete sie mir: "Ich weiß recht gut, mein Herr, daß ich in ein schändliches Haus um Ihrentwillen[6] gekommen bin; aber ich habe es freiwillig getan, und ich hatte ein so unüberwindliches Verlangen, mit Ihnen zu sein, daß ich jede Bedingung eingegangen wäre.[7] Aus Leidenschaft bin ich an diesen abscheulichen Ort gekommen, aber ich würde mich für eine feile Dirne halten,[8] wenn ich zum zweitenmal dahin zurückkehren könnte. Möge ich eines elenden Todes sterben, wenn ich außer meinem Mann und Euch irgend jemand zu Willen gewesen bin[9] und nach irgendeinem andern verlange! Aber

---

[1] **Des Abends** (**Am Abend**) in the evening. *Note:* look for other antiquated genitive forms. The modern versions of such constructions are normally in either the accusative or dative case.

[2] **Pudermantel** peignoir, dressing gown

[3] **da ich . . . ab** I wanted to take several liberties, but she very politely rebuffed my caresses

[4] **Ihr seid wohl meiner . . . überdrüssig** at the moment you are probably bored with me. *Note* the antiquated pronouns **Ihr** and **meiner**. **Ihr** is an old nominative form of the polite second person **Sie**, the accusative and dative form is **Euch**. **Meiner** (**deiner, seiner, unsrer** etc.) are seldom-used genitive pronouns.

[5] **noch einen Tag zugeben** stay one more day

[6] **um Ihrentwillen** for your sake. *Note:* the term **um . . . willen** is a genitive preposition meaning *for the sake of*. Similar constructions occur later in the text.

[7] **daß ich . . . wäre** that I would have agreed to every condition

[8] **Aus Leidenschaft . . . halten** Passion brought me to this horrible place, but I would consider myself a cheap whore

[9] **Möge ich . . . gewesen bin** May I die a miserable death, if I have been willing to sleep with (be at the disposal of) anyone other than my husband and you

was täte man nicht für eine Person, die man liebt, und für einen Bassompierre? Um seinetwillen bin ich in das Haus gekommen, um eines Mannes willen, der durch seine Gegenwart diesen Ort ehrbar gemacht hat. Wollt Ihr mich noch einmal sehen, so will ich Euch bei meiner Tante einlassen."

Sie beschrieb mir das Haus aufs genaueste und fuhr fort: "Ich will Euch von zehn Uhr bis Mitternacht erwarten, ja noch später, die Türe soll offen sein. Erst findet Ihr einen kleinen Gang, in dem haltet Euch nicht auf, denn die Türe meiner Tante geht da heraus. Dann stößt Euch eine Treppe sogleich entgegen,[1] die Euch ins erste Geschoß führt, wo ich Euch mit offnen Armen empfangen werde."

Ich machte meine Einrichtung,[2] ließ meine Leute und meine Sachen vorausgehen und erwartete mit Ungeduld die Sonntagsnacht, in der ich das schöne Weibchen wiedersehen sollte. Um zehn Uhr war ich schon am bestimmten Orte. Ich fand die Türe, die sie mir bezeichnet hatte, sogleich, aber verschlossen und im ganzen Hause Licht, das sogar von Zeit zu Zeit wie eine Flamme aufzulodern schien.[3] Ungeduldig fing ich an zu klopfen, um meine Ankunft zu melden; aber ich hörte eine Mannsstimme, die mich fragte, wer draußen sei.

Ich ging zurück und einige Straßen auf und ab. Endlich zog mich das Verlangen wieder nach der Türe. Ich fand sie offen und eilte durch den Gang die Treppe hinauf. Aber wie erstaunt war ich, als ich in dem Zimmer ein paar Leute fand, welche Bettstroh verbrannten, und bei der Flamme, die das ganze Zimmer erleuchtete, zwei nackte Körper auf dem Tische ausgestreckt sah. Ich zog mich eilig zurück und stieß im Hinausgehen auf ein paar Totengräber, die mich fragten, was ich suchte. Ich zog den Degen, um sie mir vom Leibe zu halten,[4] und kam nicht unbewegt von diesem seltsamen Anblick nach Hause. Ich trank sogleich drei bis vier Gläser Wein, ein Mittel gegen die pestilenzialischen Einflüsse, das man in Deutschland sehr bewährt hält,[5] und trat, nachdem ich ausgeruhet, den andern Tag meine Reise nach Lothringen an.

Alle Mühe, die ich mir nach meiner Rückkunft gegeben,[6] irgend etwas von dieser Frau zu erfahren, war vergeblich. Ich ging sogar nach dem Laden der zwei Engel; allein die Mietleute[7] wußten nicht, wer vor ihnen darin gesessen hatte.

Dieses Abenteuer begegnete mir mit einer Person vom geringen Stande, aber ich versichere, daß ohne den unangenehmen Ausgang es eins der rei-

---

[1] **Dann stößt . . . entgegen** then you'll immediately encounter a set of stairs

[2] **Ich machte meine Einrichtung** I made my arrangements

[3] **wie eine . . . schien** seemed to flare up like a flame

[4] **Ich zog . . . halten** I pulled out my sword in order to keep them at bay

[5] **ein Mittel . . . hält** a medicine that in Germany is considered highly effective in resisting pestilential influences

[6] **gegeben** *Note* that Goethe omits the tense auxiliary **haben.**

[7] **allein die Mietleute** however, the tenants

zendsten gewesen wäre, deren ich mich erinnere,[1] und daß ich niemals ohne
Sehnsucht an das schöne Weibchen habe denken können.

[1] **aber ich . . . deren ich mich erinnere** but I certify that if it had not had such an unpleasant ending, it would have been one of the most charming adventures that I can remember. *Note*: the antecedent of the relative pronoun **deren** is the understood plural
Abenteuer — eins der reizendsten (Abenteuer).

DER BLONDE ECKBERT[1]

Ludwig Tieck

In einer Gegend des Harzes[2] wohnte ein Ritter, den man gewöhnlich nur den blonden Eckbert nannte. Er war ohngefähr[3] vierzig Jahr alt, kaum von mittler Größe, und kurze hellblonde Haare lagen schlicht und dicht an seinem blassen, eingefallenen Gesichte. Er lebte sehr ruhig für sich und war niemals in den Fehden seiner Nachbarn verwickelt, auch sah man ihn nur selten außerhalb den Ringmauern seines kleinen Schlosses. Sein Weib liebte die Einsamkeit eben so sehr, und beide schienen sich von Herzen zu lieben, nur klagten sie gewöhnlich darüber, daß der Himmel ihre Ehe mit keinen Kindern segnen wolle.

Nur selten wurde Eckbert von Gästen besucht, und wenn es auch geschah, so wurde ihretwegen[4] fast nichts in dem gewöhnlichen Gange des Lebens geändert, die Mäßigkeit wohnte dort, und die Sparsamkeit selbst schien alles anzuordnen.[5] Eckbert war alsdann heiter und aufgeräumt, nur wenn er allein war, bemerkte man an ihm eine gewisse Verschlossenheit, eine stille, zurückhaltende Melancholie.

Niemand kam so häufig auf die Burg als Philipp Walther, ein Mann, dem sich Eckbert angeschlossen hatte, weil er an diesem ohngefähr dieselbe Art zu denken fand, der auch er am meisten zugetan war.[6] Dieser wohnte eigentlich in Franken,[7] hielt sich aber oft über ein halbes Jahr in der Nähe von Eckberts Burg auf, sammelte Kräuter und Steine, und beschäftigte sich damit, sie in Ordnung zu bringen; er lebte von einem kleinen Vermögen und war von niemand abhängig. Eckbert begleitete ihn oft auf seinen einsamen Spaziergängen, und mit jedem Jahre entspann sich zwischen ihnen eine innigere Freundschaft.

Es gibt Stunden, in denen es den Menschen ängstigt, wenn er vor seinem Freunde ein Geheimnis haben soll, was er bis dahin oft mit vieler Sorgfalt ver-

---

[1]Tieck first published this story in a collection entitled *Volksmärchen* (1797).

[2]**Harz** A mountain range in north-central Germany.

[3]**ohngefähr** approximately. Tieck later uses the modern term **ungefähr**.

[4]**ihretwegen** for their sake. The genitive preposition **wegen** often combines with a genitive pronoun (**meinetwegen, deinetwegen, seinetwegen**).

[5]**die Mäßigkeit . . . anzuordnen** moderation dwelt there and frugality seemed to reign everywhere

[6]**dieselbe Art . . . zugetan war** encountered the same way of thinking to which he felt himself attracted

[7]**Franken** Franconia, a region located south of the Harz mountain range.

borgen hat; die Seele fühlt dann einen unwiderstehlichen Trieb, sich ganz mitzuteilen, dem Freunde auch das Innerste aufzuschließen, damit er um so mehr unser Freund werde. In diesen Augenblicken geben sich die zarten Seelen einander zu erkennen,[1] und zuweilen geschieht es wohl auch, daß einer vor der Bekanntschaft des andern zurück schreckt.[2]

Es war schon im Herbst, als Eckbert an einem neblichten Abend mit seinem Freunde und seinem Weibe Bertha um das Feuer eines Kamines saß. Die Flamme warf einen hellen Schein durch das Gemach und spielte oben an der Decke, die Nacht sah schwarz zu den Fenstern herein, und die Bäume draußen schüttelten sich vor nasser Kälte. Walther klagte über den weiten Rückweg, den er habe, und Eckbert schlug ihm vor, bei ihm zu bleiben, die halbe Nacht unter traulichen Gesprächen hinzubringen, und dann in einem Gemache des Hauses bis am Morgen zu schlafen. Walther ging den Vorschlag ein, und nun ward[3] Wein und die Abendmahlzeit hereingebracht, das Feuer durch Holz vermehrt, und das Gespräch der Freunde heitrer und vertraulicher.

Als das Abendessen abgetragen war, und sich die Knechte wieder entfernt hatten, nahm Eckbert die Hand Walthers und sagte: "Freund, Ihr solltet Euch[4] einmal von meiner Frau die Geschichte ihrer Jugend erzählen lassen, die seltsam genug ist." — "Gern," sagte Walther, und man setzte sich wieder um den Kamin.

Es war jetzt gerade Mitternacht, der Mond sah abwechselnd durch die vorüber flatternden Wolken. "Ihr müßt mich nicht für zudringlich halten," fing Bertha an, "mein Mann sagt, daß Ihr so edel denkt, daß es unrecht sei, Euch etwas zu verhehlen. Nur haltet meine Erzählung für kein Märchen, so sonderbar sie auch klingen mag.

Ich bin in einem Dorfe geboren, mein Vater war ein armer Hirte. Die Haushaltung bei meinen Eltern war nicht zum besten bestellt,[5] sie wußten sehr oft nicht, wo sie das Brot hernehmen sollten. Was mich aber noch weit mehr jammerte, war, daß mein Vater und meine Mutter sich oft über ihre Armut entzweiten, und einer dem andern dann bittere Vorwürfe machte. Sonst hört' ich beständig von mir, daß ich ein einfältiges, dummes Kind sei, das nicht das unbedeutendste Geschäft auszurichten wisse, und wirklich war ich äußerst ungeschickt und unbeholfen, ich ließ alles aus den Händen fallen, ich lernte weder nähen noch spinnen, ich konnte nichts in der Wirtschaft helfen, nur die Not meiner Eltern verstand ich sehr gut. Oft saß ich dann im Winkel und füllte meine Vorstellungen damit an,[6] wie ich ihnen helfen wollte, wenn ich plötzlich reich würde, wie ich sie mit Gold und Silber überschütten

---

[1] **geben sich . . . zu erkennen** sensitive souls confide in each other

[2] **zurück schreckt** Tieck often separates the prefix from the main verb in situations where modern German would join them: **zurückschreckt.**

[3] **ward** An outdated form replaced by **wurde.**

[4] **Ihr solltet Euch** *Note* the antiquated pronouns **Ihr** and **Euch.** The modern phrase would be: **Sie sollten sich.**

[5] **die Haushaltung . . . bestellt** my parents' finances were not in the best shape

[6] **füllte meine . . . an** imagined (filled my imagination with)

und mich an ihrem Erstaunen laben möchte, dann sah ich Geister herauf schweben, die mir unterirdische Schätze entdeckten, oder mir kleine Kiesel gaben, die sich in Edelsteine verwandelten, kurz, die wunderbarsten Phantasien beschäftigten mich, und wenn ich nun aufstehn mußte, um irgend etwas zu helfen, oder zu tragen, so zeigte ich mich noch viel ungeschickter, weil mir der Kopf von allen den seltsamen Vorstellungen schwindelte.

Mein Vater war immer sehr ergrimmt auf mich, daß ich eine so ganz unnütze Last des Hauswesens sei,[1] er behandelte mich daher oft ziemlich grausam, und es war selten, daß ich ein freundliches Wort von ihm vernahm. So war ich ungefähr acht Jahr alt geworden, und es wurden nun ernstliche Anstalten gemacht, daß ich etwas tun, oder lernen sollte. Mein Vater glaubte, es wäre nur Eigensinn oder Trägheit von mir, um meine Tage in Müßiggang hinzubringen, genug, er setzte mir mit Drohungen unbeschreiblich zu, da diese aber doch nichts fruchteten, züchtigte er mich auf die grausamste Art,[2] indem er sagte, daß diese Strafe mit jedem Tage wiederkehren sollte, weil ich doch nur ein unnützes Geschöpf sei.

Die ganze Nacht hindurch weint' ich herzlich, ich fühlte mich so außerordentlich verlassen, ich hatte ein solches Mitleid mit mir selber, daß ich zu sterben wünschte. Ich fürchtete den Anbruch des Tages, ich wußte durchaus nicht, was ich anfangen sollte, ich wünschte mir alle mögliche Geschicklichkeit und konnte gar nicht begreifen, warum ich einfältiger sei, als die übrigen Kinder meiner Bekanntschaft. Ich war der Verzweiflung nahe.

Als der Tag graute, stand ich auf und eröffnete, fast ohne daß ich es wußte, die Tür unsrer kleinen Hütte. Ich stand auf dem freien Felde, bald darauf war ich in einem Walde, in den der Tag kaum noch hineinblickte. Ich lief immerfort, ohne mich umzusehn, ich fühlte keine Müdigkeit, denn ich glaubte immer, mein Vater würde mich noch wieder einholen, und, durch meine Flucht gereizt, mich noch grausamer behandeln.

Als ich aus dem Walde wieder heraus trat, stand die Sonne schon ziemlich hoch; ich sah jetzt etwas Dunkles vor mir liegen, welches ein dichter Nebel bedeckte. Bald mußte ich über Hügel klettern, bald durch einen zwischen Felsen gewundenen Weg[3] gehn, und ich erriet nun, daß ich mich wohl in dem benachbarten Gebirge befinden müsse, worüber ich anfing, mich in der Einsamkeit zu fürchten. Denn ich hatte in der Ebene noch keine Berge gesehn, und das bloße Wort Gebirge, wenn ich davon hatte reden hören, war meinem kindischen Ohr ein fürchterlicher Ton gewesen. Ich hatte nicht das Herz zurück zu gehn, meine Angst trieb mich vorwärts; oft sah ich mich erschrocken um, wenn der Wind über mir weg durch die Bäume fuhr, oder ein ferner Holzschlag[4] weit durch den stillen Morgen hintönte. Als mir Köhler und

---

[1] **daß ich . . . sei** because I was such a totally useless burden upon the household

[2] **er setzte mir . . . Art** he persecuted me with indescribable threats, but since they bore no fruit, he punished me in the most horrible way

[3] **durch einen . . . Weg** a path that wound between huge boulders

[4] **ein ferner Holzschlag** the sound of distant woodcutting

Bergleute endlich begegneten,[1] und ich eine fremde Aussprache hörte, wäre ich vor Entsetzen fast in Ohnmacht gesunken.

Ich kam durch mehrere Dörfer und bettelte, weil ich jetzt Hunger und Durst empfand; ich half mir so ziemlich mit meinen Antworten durch,[2] wenn ich gefragt wurde. So war ich ohngefähr vier Tage fort gewandert, als ich auf einen kleinen Fußsteig geriet, der mich von der großen Straße immer mehr entfernte. Die Felsen um mich her gewannen jetzt eine andre, weit seltsamere Gestalt. Es waren Klippen, so auf einander gepackt, daß es das Ansehn hatte, als wenn sie der erste Windstoß durch einander werfen würde. Ich wußte nicht, ob ich weiter gehn sollte. Ich hatte des Nachts[3] immer im Walde geschlafen, denn es war gerade zur schönsten Jahrszeit, oder in abgelegenen Schäferhütten; hier traf ich aber gar keine menschliche Wohnung, und konnte auch nicht vermuten, in dieser Wildnis auf eine zu stoßen; die Felsen wurden immer furchtbarer, ich mußte oft dicht an schwindlichten Abgründen vorbei gehen,[4] und endlich hörte sogar der Weg unter meinen Füßen auf. Ich war ganz trostlos, ich weinte und schrie, und in den Felsentälern hallte meine Stimme auf eine schreckliche Art zurück. Nun brach die Nacht herein, und ich suchte mir eine Moosstelle aus, um dort zu ruhn. Ich konnte nicht schlafen; in der Nacht hörte ich die seltsamsten Töne, bald hielt ich es für wilde Tiere, bald für den Wind, der durch die Felsen klage, bald für fremde Vögel. Ich betete, und ich schlief nur spät gegen Morgen ein.

Ich erwachte, als mir Tag ins Gesicht schien. Vor mir war ein steiler Felsen, ich kletterte in der Hoffnung hinauf, von dort den Ausgang aus der Wildnis zu entdecken, und vielleicht Wohnungen oder Menschen gewahr zu werden. Als ich aber oben stand, war alles, so weit nur mein Auge reichte, eben so, wie um mich her, alles war mit einem neblichten Dufte überzogen, der Tag war grau und trübe, und keinen Baum, keine Wiese, selbst kein Gebüsch konnte mein Auge erspähn, einzelne Sträucher ausgenommen, die einsam und betrübt in engen Felsenritzen[5] empor geschossen waren. Es ist unbeschreiblich, welche Sehnsucht ich empfand, nur eines Menschen ansichtig zu werden,[6] wäre es auch, daß ich mich vor ihm hätte fürchten müssen. Zugleich fühlte ich einen peinigenden Hunger, ich setzte mich nieder und beschloß zu sterben. Aber nach einiger Zeit trug die Lust zu leben dennoch den Sieg davon, ich raffte mich auf und ging unter Tränen, unter abgebrochenen Seufzern den ganzen Tag hin durch; am Ende war ich mir meiner kaum noch bewußt,[7] ich war müde und erschöpft, ich wünschte kaum noch zu leben, und fürchtete doch den Tod.

---

[1] **Als mir . . . begegneten** When I finally met charcoal burners and miners

[2] **half mir . . . durch** managed to scrape by with my answers

[3] **des Nachts** Modern German would be **während der Nacht**.

[4] **ich mußte . . . vorbei gehen** I often had to pass close by dizzying chasms

[5] **engen Felsenritzen** narrow crevices

[6] **welche Sehnsucht . . . werden** how I yearned to come face to face with only one human being

[7] **war ich . . . bewußt** I was hardly conscious of what I was doing

Gegen Abend schien die Gegend umher etwas freundlicher zu werden, meine Gedanken, meine Wünsche lebten wieder auf, die Lust zum Leben erwachte in allen meinen Adern. Ich glaubte jetzt das Gesause einer Mühle aus der Ferne zu hören, ich verdoppelte meine Schritte, und wie wohl, wie leicht ward mir, als ich endlich wirklich die Gränzen[1] der öden Felsen erreichte; ich sah Wälder und Wiesen mit fernen angenehmen Bergen wieder vor mir liegen. Mir war, als wenn ich aus der Hölle in ein Paradies getreten wäre, die Einsamkeit und meine Hülflosigkeit[2] schienen mir nun gar nicht fürchterlich.

Statt der gehofften Mühle stieß ich auf einen Wasserfall, der meine Freude freilich um vieles minderte; ich schöpfte mit der Hand einen Trunk aus dem Bache, als mir plötzlich war, als höre ich in einiger Entfernung ein leises Husten. Nie bin ich so angenehm überrascht worden, als in diesem Augenblick, ich ging näher und ward an der Ecke des Waldes eine alte Frau gewahr, die auszuruhen schien. Sie war fast ganz schwarz gekleidet und eine schwarze Kappe bedeckte ihren Kopf und einen großen Teil des Gesichtes, in der Hand hielt sie einen Krückenstock.

Ich näherte mich ihr und bat um ihre Hülfe; sie ließ mich neben sich niedersitzen und gab mir Brot und etwas Wein. Indem ich aß, sang sie mit kreischendem Ton ein geistliches Lied. Als sie geendet hatte, sagte sie mir, ich möchte ihr folgen.

Ich war über diesen Antrag sehr erfreut, so wunderlich mir auch die Stimme und das Wesen der Alten vorkam. Mit ihrem Krückenstocke ging sie ziemlich behende, und bei jedem Schritte verzog sie ihr Gesicht so, daß ich am Anfange darüber lachen mußte. Die wilden Felsen traten immer weiter hinter uns zurück, wir gingen über eine angenehme Wiese, und dann durch einen ziemlich langen Wald. Als wir heraustraten, ging die Sonne gerade unter, und ich werde den Anblick und die Empfindung dieses Abends nie vergessen. In das sanfteste Rot und Gold war alles verschmolzen, die Bäume standen mit ihren Wipfeln in der Abendröte, und über den Feldern lag der entzückende Schein, die Wälder und die Blätter der Bäume standen still, der reine Himmel sah aus wie ein aufgeschlossenes Paradies, und das Rieseln der Quellen und von Zeit zu Zeit das Flüstern der Bäume tönte durch die heitre Stille wie in wehmütiger Freude. Meine junge Seele bekam jetzt zuerst eine Ahndung von der Welt und ihren Begebenheiten.[3] Ich vergaß mich und meine Führerin, mein Geist und meine Augen schwärmten nur zwischen den goldnen Wolken.

Wir stiegen nun einen Hügel hinan, der mit Birken bepflanzt war, von oben sah man in ein grünes Tal voller Birken hinein, und unten mitten in den Bäumen lag eine kleine Hütte. Ein munteres Bellen kam uns entgegen, und bald sprang ein kleiner behender Hund die Alte an, und wedelte,[4] dann kam er zu mir, besah mich von allen Seiten, und kehrte mit freundlichen Gebärden zur Alten zurück.

---

[1] **Gränzen** borders, limits (modern **Grenzen**)

[2] **Hülflosigkeit** helplessness. *Note:* **Hülfe = Hilfe.**

[3] **eine Ahndung . . . Begebenheiten** an insight (**Ahnung**) into the world and its affairs

[4] **wedelte** wagged (its tail)

Als wir vom Hügel hinuntergingen, hörte ich einen wunderbaren Gesang, der aus der Hütte zu kommen schien, wie von einem Vogel; es sang also:

Waldeinsamkeit,
Die mich erfreut,
So morgen wie heut
In ew'ger Zeit,
O wie mich freut
Waldeinsamkeit.

Diese wenigen Worte wurden beständig wiederholt; wenn ich es beschreiben soll, so war es fast, als wenn Waldhorn und Schalmeie[1] ganz in der Ferne durch einander spielen.

Meine Neugier war außerordentlich gespannt; ohne daß ich auf den Befehl der Alten wartete, trat ich mit in die Hütte. Die Dämmerung war schon eingebrochen, alles war ordentlich aufgeräumt, einige Becher standen auf einem Wandschranke, fremdartige Gefäße auf einem Tische, in einem glänzenden Käfig hing ein Vogel am Fenster, und er war es wirklich, der die Worte sang. Die Alte keichte und hustete,[2] sie schien sich gar nicht wieder erholen zu können, bald streichelte sie den kleinen Hund, bald sprach sie mit dem Vogel, der ihr nur mit seinem gewöhnlichen Liede Antwort gab; übrigens tat sie gar nicht, als wenn ich zugegen wäre. Indem ich sie so betrachtete, überlief mich mancher Schauer: denn ihr Gesicht war in einer ewigen Bewegung, indem sie dazu wie vor Alter mit dem Kopfe schüttelte, so daß ich durchaus nicht wissen konnte, wie ihr eigentliches Aussehn beschaffen war.[3]

Als sie sich erholt hatte, zündete sie Licht an, deckte einen ganz kleinen Tisch und trug das Abendessen auf. Jetzt sah sie sich nach mir um, und hieß mir einen von den geflochtenen Rohrstühlen nehmen.[4] So saß ich ihr nun dicht gegenüber und das Licht stand zwischen uns. Sie faltete ihre knöchernen Hände und betete laut, indem sie ihre Gesichtsverzerrungen machte,[5] so daß es mich beinahe wieder zum Lachen gebracht hätte; aber ich nahm mich sehr in acht, um sie nicht zu erbosen.

Nach dem Abendessen betete sie wieder, und dann wies sie mir in einer niedrigen und engen Kammer ein Bett an; sie schlief in der Stube. Ich blieb nicht lange munter, ich war halb betäubt, aber in der Nacht wachte ich einigemal auf, und dann hörte ich die Alte husten und mit dem Hunde sprechen, und den Vogel dazwischen, der im Traum zu sein schien, und immer nur einzelne Worte von seinem Liede sang. Das machte mit den Birken, die vor dem Fenster rauschten, und mit dem Gesang einer entfernten Nachtigall ein so

---

[1]**Waldhorn und Schalmeie** French horn and shawm (a forbear of the oboe)

[2]**keichte und hustete** panted (**keuchte**) and coughed

[3]**wie ihr . . . war** what she really looked like

[4]**hieß mir . . . nehmen** told me to sit on one of the wicker chairs

[5]**indem sie . . . machte** in the meantime, her face kept twisting and contorting

wunderbares Gemisch, daß es mir immer nicht war, als sei ich erwacht, sondern als fiele ich nur in einen andern noch seltsamern Traum.[1]

Am Morgen weckte mich die Alte, und wies mich bald nachher zur Arbeit an. Ich mußte spinnen, und ich begriff es auch bald, dabei hatte ich noch für den Hund und für den Vogel zu sorgen. Ich lernte mich schnell in die Wirtschaft finden,[2] und alle Gegenstände umher wurden mir bekannt; nun war mir, als müßte alles so sein, ich dachte gar nicht mehr daran, daß die Alte etwas Seltsames an sich habe, daß die Wohnung abenteuerlich und von allen Menschen entfernt liege, und daß an dem Vogel etwas Außerordentliches sei. Seine Schönheit fiel mir zwar immer auf, denn seine Federn glänzten mit allen möglichen Farben, das schönste Hellblau und das brennendste Rot wechselten an seinem Halse und Leibe, und wenn er sang, blähte er sich stolz auf, so daß sich seine Federn noch prächtiger zeigten.

Oft ging die Alte aus und kam erst am Abend zurück, ich ging ihr dann mit dem Hunde entgegen, und sie nannte mich Kind und Tochter. Ich ward ihr endlich von Herzen gut,[3] wie sich unser Sinn denn an alles, besonders in der Kindheit, gewöhnt. In den Abendstunden lehrte sie mich lesen, ich fand mich leicht in die Kunst, und es ward nachher in meiner Einsamkeit eine Quelle von unendlichem Vergnügen, denn sie hatte einige alte geschriebene Bücher, die wunderbare Geschichten enthielten.

Die Erinnerung an meine damalige Lebensart ist mir noch bis jetzt immer seltsam: von keinem menschlichen Geschöpfe besucht, nur in einem so kleinen Familienzirkel einheimisch,[4] denn der Hund und der Vogel machten denselben Eindruck auf mich, den sonst nur längst gekannte Freunde hervorbringen. Ich habe mich immer nicht wieder auf den seltsamen Namen des Hundes besinnen können,[5] so oft ich ihn auch damals nannte.

Vier Jahre hatte ich so mit der Alten gelebt, und ich mochte ohngefähr zwölf Jahr alt sein, als sie mir endlich mehr vertraute, und mir ein Geheimnis entdeckte. Der Vogel legte nämlich an jedem Tage ein Ei, in dem sich eine Perle oder ein Edelstein befand. Ich hatte schon immer bemerkt, daß sie heimlich in dem Käfige wirtschafte,[6] mich aber nie genauer darum bekümmert. Sie trug mir jetzt das Geschäft auf, in ihrer Abwesenheit diese Eier zu nehmen und in den fremdartigen Gefäßen wohl zu verwahren. Sie ließ mir meine Nahrung zurück, und blieb nun länger aus, Wochen, Monate; mein Rädchen schnurrte,[7] der Hund bellte, der wunderbare Vogel sang, und dabei war alles so still in der Gegend umher, daß ich mich in der ganzen Zeit keines Sturm-

---

[1] **daß es . . . Traum** that I never felt as if I had awakened, but rather as if I were falling into another, even stranger dream

[2] **Ich lernte . . . finden** I quickly got the hang of household affairs

[3] **Ich ward . . . gut** I finally became very fond of her

[4] **einheimisch** at home

[5] **Ich habe . . . können** I have never been able to remember the strange name of the dog

[6] **daß sie . . . wirtschafte** that she secretly did something in the cage

[7] **mein Rädchen schnurrte** my little spinning wheel hummed

windes, keines Gewitters erinnere.[1] Kein Mensch verirrte sich dorthin, kein Wild kam unserer Behausung nahe,[2] ich war zufrieden und arbeitete mich von einem Tage zum andern hinüber. — Der Mensch wäre vielleicht recht glücklich, wenn er so ungestört sein Leben bis ans Ende fortführen könnte.

Aus dem wenigen, was ich las, bildete ich mir ganz wunderliche Vorstellungen[3] von der Welt und den Menschen, alles war von mir und meiner Gesellschaft hergenommen: wenn von lustigen Leuten die Rede war, konnte ich sie mir nicht anders vorstellen wie den kleinen Spitz[4] prächtige Damen sahen immer wie der Vogel aus, alle alte Frauen wie meine wunderliche Alte. Ich hatte auch von Liebe etwas gelesen, und spielte nun in meiner Phantasie seltsame Geschichten mit mir selber. Ich dachte mir den schönsten Ritter von der Welt, ich schmückte ihn mit allen Vortrefflichkeiten aus, ohne eigentlich zu wissen, wie er nun nach allen meinen Bemühungen aussah: aber ich konnte ein rechtes Mitleid mit mir selber haben, wenn er mich nicht wieder liebte; dann sagte ich lange, rührende Reden in Gedanken her, zuweilen auch wohl laut, um ihn nur zu gewinnen. — Ihr lächelt! wir sind jetzt freilich alle über diese Zeit der Jugend hinüber.

Es war mir jetzt lieber, wenn ich allein war, denn alsdann war ich selbst die Gebieterin[5] im Hause. Der Hund liebte mich sehr und tat alles was ich wollte, der Vogel antwortete mir in seinem Liede auf all meine Fragen, mein Rädchen drehte sich immer munter, und so fühlte ich im Grunde nie einen Wunsch nach Veränderung. Wenn die Alte von ihren langen Wanderungen zurück kam, lobte sie meine Aufmerksamkeit, sie sagte, daß ihre Haushaltung, seit ich dazu gehöre, weit ordentlicher geführt werde, sie freute sich über mein Wachstum und mein gesundes Aussehen, kurz, sie ging ganz mit mir wie mit einer Tochter um.[6]

'Du bist brav, mein Kind!' sagte sie einst zu mir mit einem schnarrenden Tone; 'wenn du so fort fährst, wird es dir auch immer gut gehn: aber nie gedeiht es,[7] wenn man von der rechten Bahn abweicht, die Strafe folgt nach, wenn auch noch so spät.'[8] — Indem sie das sagte, achtete ich eben nicht sehr darauf, denn ich war in allen meinen Bewegungen und meinem ganzen Wesen sehr lebhaft; aber in der Nacht fiel es mir wieder ein, und ich konnte nicht begreifen, was sie damit hatte sagen wollen. Ich überlegte alle Worte genau, ich hatte wohl von Reichtümern gelesen, und am Ende fiel mir ein, daß ihre Perlen und Edelsteine wohl etwas Kostbares sein könnten. Dieser Gedanke wurde

---

[1]**keines Sturmwindes . . . erinnere** modern German: **an keinen Sturmwind, kein Gewitter erinnere**

[2]**kein Wild . . . nahe** no wild animals approached our dwelling

[3]**bildete ich . . . Vorstellungen** I formed rather strange notions

[4]**Spitz** Pomeranian

[5]**denn alsdann . . . Gebieterin** because then I was the sole mistress

[6]**sie ging . . . um** she treated me just like a daughter

[7]**aber nie gedeiht es** but things never go well (prosper)

[8]**die Strafe . . . spät** punishment inevitably follows, if ever so late

mir bald noch deutlicher. Aber was konnte sie mit der rechten Bahn meinen? Ganz konnte ich den Sinn ihrer Worte noch immer nicht fassen.[1]

Ich war jetzt vierzehn Jahr alt, und es ist ein Unglück für den Menschen, daß er seinen Verstand nur darum bekömmt,[2] um die Unschuld seiner Seele zu verlieren. Ich begriff nämlich wohl, daß es nur auf mich ankomme, in der Abwesenheit der Alten den Vogel und die Kleinodien zu nehmen, und damit die Welt, von der ich gelesen hatte, aufzusuchen. Zugleich war es mir dann vielleicht möglich, den überaus schönen Ritter anzutreffen, der mir immer noch im Gedächtnisse lag.

Im Anfange war dieser Gedanke nichts weiter als jeder andre Gedanke, aber wenn ich so an meinem Rade saß, so kam er mir immer wider Willen zurück, und ich verlor mich so in ihm, daß ich mich schon herrlich geschmückt sah, und Ritter und Prinzen um mich her. Wenn ich mich so vergessen hatte, konnte ich ordentlich betrübt werden, wenn ich wieder aufschaute, und mich in der kleinen Wohnung antraf.[3] Übrigens, wenn ich meine Geschäfte tat, bekümmerte sich die Alte nicht weiter um mein Wesen.

An einem Tage ging meine Wirtin wieder fort, und sagte mir, daß sie diesmal länger als gewöhnlich ausbleiben werde, ich solle ja auf alles ordentlich Acht geben und mir die Zeit nicht lang werden lassen.[4] Ich nahm mit einer gewissen Bangigkeit von ihr Abschied, denn es war mir, als würde ich sie nicht wieder sehn. Ich sah ihr lange nach und wußte selbst nicht, warum ich so beängstigt war; es war fast, als wenn mein Vorhaben schon vor mir stände, ohne mich dessen deutlich bewußt zu sein.[5]

Nie hab' ich des Hundes und des Vogels[6] mit einer solchen Emsigkeit gepflegt, sie lagen mir näher am Herzen, als sonst. Die Alte war schon einige Tage abwesend, als ich mit dem festen Vorsatze aufstand, mit dem Vogel die Hütte zu verlassen, und die sogenannte Welt aufzusuchen. Es war mir enge und bedrängt zu Sinne, ich wünschte wieder da zu bleiben, und doch war mir der Gedanke widerwärtig; es war ein seltsamer Kampf in meiner Seele, wie ein Streiten von zwei widerspenstigen Geistern[7] in mir. In einem Augenblicke kam mir die ruhige Einsamkeit so schön vor, dann entzückte mich wieder die Vorstellung einer neuen Welt, mit allen ihren wunderbaren Mannigfaltigkeiten.

Ich wußte nicht, was ich aus mir selber machen sollte, der Hund sprang mich unaufhörlich an, der Sonnenschein breitete sich munter über die Felder aus, die grünen Birken funkelten: ich hatte die Empfindung, als wenn ich etwas sehr Eiliges zu tun hätte, ich griff also den kleinen Hund, band ihn in der Stube fest, und nahm dann den Käfig mit dem Vogel unter den Arm. Der

[1]**Ganz konnte . . . fassen** I still couldn't grasp the full import of her words

[2]**bekömmt** modern **bekommt**

[3]**und mich . . . antraf** and realized I was in the small house

[4]**mir die . . . lassen** not to get bored

[5]**ohne mich . . . zu sein** without my being clearly conscious of it

[6]**des Hundes und des Vogels** modern German: **den Hund und den Vogel**

[7]**zwei widergespenstigen Geistern** two opposing spirits

Hund krümmte sich und winselte[1] über diese ungewohnte Behandlung, er sah mich mit bittenden Augen an, aber ich fürchtete mich, ihn mit mir zu nehmen. Noch nahm ich eins von den Gefäßen, das mit Edelsteinen angefüllt war, und steckte es zu mir, die übrigen ließ ich stehn.

Der Vogel drehte den Kopf auf eine wunderliche Weise, als ich mit ihm zur Tür hinaustrat; der Hund strengte sich sehr an, mir nachzukommen, aber er mußte zurück bleiben.

Ich vermied den Weg nach den wilden Felsen und ging nach der entgegengesetzten Seite. Der Hund bellte und winselte immerfort, und es rührte mich recht inniglich;[2] der Vogel wollte einigemal zu singen anfangen, aber da er getragen ward, mußte es ihm wohl unbequem fallen.

So wie ich weiter ging, hörte ich das Bellen immer schwächer, und endlich hörte es ganz auf. Ich weinte und wäre beinahe wieder umgekehrt, aber die Sucht[3] etwas Neues zu sehn, trieb mich vorwärts.

Schon war ich über Berge und durch einige Wälder gekommen, als es Abend ward, und ich in einem Dorfe einkehren mußte. Ich war sehr blöde,[4] als ich in die Schenke trat, man wies mir eine Stube und ein Bette an, ich schlief ziemlich ruhig, nur daß ich von der Alten träumte, die mir drohte.

Meine Reise war ziemlich einförmig, aber je weiter ich ging, je mehr ängstigte mich die Vorstellung von der Alten und dem kleinen Hunde; ich dachte daran, daß er wahrscheinlich ohne meine Hülfe verhungern müsse, im Walde glaubt' ich oft die Alte würde mir plötzlich entgegen treten. So legte ich unter Tränen und Seufzern den Weg zurück;[5] so oft ich ruhte, und den Käfig auf den Boden stellte, sang der Vogel sein wunderliches Lied, und ich erinnerte mich dabei recht lebhaft des schönen verlassenen Aufenthalts.[6] Wie die menschliche Natur vergeßlich ist, so glaubt' ich jetzt, meine vormalige Reise in der Kindheit sei nicht so trübselig gewesen als meine jetzige; ich wünschte wieder in derselben Lage zu sein.

Ich hatte einige Edelsteine verkauft und kam nun nach einer Wanderschaft von vielen Tagen in einem Dorfe an. Schon beim Eintritt ward mir wundersam zu Mute, ich erschrak und wußte nicht worüber; aber bald erkannt' ich mich, denn es war dasselbe Dorf, in welchem ich geboren war. Wie ward ich überrascht! Wie liefen mir vor Freuden, wegen tausend seltsamer Erinnerungen, die Tränen von den Wangen! Vieles war verändert, es waren neue Häuser entstanden, andre, die man damals erst errichtet hatte, waren jetzt verfallen, ich traf auch Brandstellen; alles war weit kleiner, gedrängter als ich erwartet hatte. Unendlich freute ich mich darauf, meine Eltern nun nach so manchen Jahren wieder zu sehn; ich fand das kleine Haus, die wohlbe-

---

[1]**krümmte sich und winselte** cringed and whined

[2]**es rührte . . . inniglich** it touched me deeply

[3]**die Sucht** yearning, longing (**die Sehnsucht**)

[4]**blöde** timid, ill-at-ease

[5]**legte ich . . . zurück** amidst tears and sighs I kept on walking

[6]**ich erinnerte . . . Aufenthalts** I vividly remembered the beautiful place I had left behind

kannte Schwelle, der Griff der Tür war noch ganz so wie damals, es war mir, als hätte ich sie nur gestern angelehnt; mein Herz klopfte ungestüm, ich öffnete sie hastig, — aber ganz fremde Gesichter saßen in der Stube umher und stierten mich an. Ich fragte nach dem Schäfer Martin, und man sagte mir, er sei schon seit drei Jahren mit seiner Frau gestorben. — Ich trat schnell zurück, und ging laut weinend aus dem Dorfe hinaus.

Ich hatte es mir so schön gedacht, sie mit meinem Reichtume zu überraschen; durch den seltsamsten Zufall war das nun wirklich geworden, was ich in der Kindheit immer nur träumte, — und jetzt war alles umsonst, sie konnten sich nicht mit mir freuen, und das, worauf ich am meisten immer im Leben gehofft hatte, war für mich auf ewig verloren.

In einer angenehmen Stadt mietete ich mir ein kleines Haus mit einem Garten, und nahm eine Aufwärterin zu mir. So wunderbar, als ich es vermutet hatte, kam mir die Welt nicht vor, aber ich vergaß die Alte und meinen ehemaligen Aufenthalt etwas mehr, und so lebt' ich im ganzen recht zufrieden.

Der Vogel hatte schon seit langem nicht mehr gesungen; ich erschrak daher nicht wenig, als er in einer Nacht plötzlich wieder anfing, und zwar mit einem veränderten Liede. Er sang:

> Waldeinsamkeit
> Wie liegst du weit!
> O dich gereut
> Einst mit der Zeit. —
> Ach einzge Freud'
> Waldeinsamkeit!

Ich konnte die Nacht hindurch nicht schlafen, alles fiel mir von neuem in die Gedanken,[1] und mehr als jemals fühlt' ich, daß ich Unrecht getan hatte. Als ich aufstand, war mir der Anblick des Vogels ordentlich zuwider, er sah immer nach mir hin, und seine Gegenwart ängstigte mich. Er hörte nun mit seinem Liede gar nicht wieder auf, und er sang es lauter und schallender, als er es sonst gewohnt gewesen war.[2]

Je mehr ich ihn betrachtete, je bänger machte er mich; ich öffnete endlich den Käfig, steckte die Hand hinein und faßte seinen Hals, herzhaft drückte ich die Finger zusammen, er sah mich bittend an, ich ließ los, aber er war schon gestorben. — Ich begrub ihn im Garten.

Jetzt wandelte mich oft eine Furcht vor meiner Aufwärterin an,[3] ich dachte an mich selbst zurück, und glaubte, daß sie mich auch einst berauben oder wohl gar ermorden könne. — Schon lange kannt' ich einen jungen Ritter, der mir überaus gefiel, ich gab ihm meine Hand, — und hiermit, Herr Walther, ist meine Geschichte geendigt."

"Ihr hättet sie damals sehn sollen," fiel Eckbert hastig ein — "ihre Jugend, ihre Schönheit, und welch einen unbeschreiblichen Reiz ihr ihre einsa-

---

[1] **alles fiel . . . Gedanken** I remembered everything anew

[2] **als er . . . war** than he otherwise had been accustomed to

[3] **Jetzt wandelte . . . an** Now I was often seized by a fear of my maid

me Erziehung gegeben hatte.[1] Sie kam mir vor wie ein Wunder, und ich liebte sie ganz über alles Maß.[2] Ich hatte kein Vermögen, aber durch ihre Liebe kam ich in diesen Wohlstand, wir zogen hierher, und unsere Verbindung hat uns bis jetzt noch keinen Augenblick gereut."[3]

"Aber über unser Schwatzen," fing Bertha wieder an, "ist es schon tief in die Nacht geworden — wir wollen uns schlafen legen."

Sie stand auf und ging nach ihrer Kammer. Walther wünschte ihr mit einem Handkusse eine gute Nacht, und sagte: "Edle Frau, ich danke Euch, ich kann mir Euch recht vorstellen, mit dem seltsamen Vogel, und wie Ihr den kleinen *Strohmian* füttert."

Auch Walther legte sich schlafen, nur Eckbert ging noch unruhig im Saale auf und ab. — "Ist der Mensch nicht ein Tor?" fing er endlich an; "ich bin erst die Veranlassung, daß meine Frau ihre Geschichte erzählt, und jetzt gereut mich diese Vertraulichkeit![4] — Wird er sie nicht mißbrauchen? Wird er sie nicht andern mitteilen? Wird er nicht vielleicht, denn das ist die Natur des Menschen, eine unselige Habsucht nach unsern Edelgesteinen empfinden, und deswegen Pläne anlegen und sich verstellen?"[5]

Es fiel ihm ein, daß Walther nicht so herzlich von ihm Abschied genommen hatte, als es nach einer solchen Vertraulichkeit wohl natürlich gewesen wäre. Wenn die Seele erst einmal zum Argwohn gespannt ist, so trifft sie auch in allen Kleinigkeiten Bestätigungen an.[6] Dann warf sich Eckbert wieder sein unedles Mißtrauen gegen seinen wackern Freund vor, und konnte doch nicht davon zurück kehren. Er schlug sich die ganze Nacht mit diesen Vorstellungen herum, und schlief nur wenig.

Bertha war krank und konnte nicht zum Frühstück erscheinen; Walther schien sich nicht viel darum zu kümmern, und verließ auch den Ritter ziemlich gleichgültig. Eckbert konnte sein Betragen nicht begreifen; er besuchte seine Gattin, sie lag in einer Fieberhitze und sagte, die Erzählung in der Nacht müsse sie auf diese Art gespannt haben.

Seit diesem Abend besuchte Walther nur selten die Burg seines Freundes, und wenn er auch kam, ging er nach einigen unbedeutenden Worten wieder weg. Eckbert ward durch dieses Betragen im äußersten Grade gepeinigt; er ließ sich zwar gegen Bertha und Walther nichts davon merken,[7] aber jeder mußte doch seine innerliche Unruhe an ihm gewahr werden.

---

[1]**welch einen . . . hatte** what an indescribable charm her solitary upbringing had given her

[2]**ich liebte . . . Maß** I loved her beyond all measure

[3]**wir zogen . . . gereut** we moved here and up until now have not regretted our union for even one moment

[4]**ich bin . . . Vertraulichkeit** at first I'm so inclined that my wife tell her story, and now I regret sharing this confidence

[5]**eine unselige . . . verstellen** develop an unfortunate greed for our jewels and, on their account, hatch (devise) plots and become deceitful

[6]**Wenn die Seele . . . Bestätigungen an** Suspicion, once aroused, finds confirmation in every trifle.

[7]**er ließ . . . merken** he did not let Bertha and Walther become aware of this

Mit Bertas Krankheit ward es immer bedenklicher; der Arzt ward ängstlich, die Röte von ihren Wangen war verschwunden, und ihre Augen wurden immer glühender. — An einem Morgen ließ sie ihren Mann an ihr Bette rufen, die Mägde mußten sich entfernen.

"Lieber Mann," fing sie an, "ich muß dir etwas entdecken, das mich fast um meinen Verstand gebracht hat,[1] das meine Gesundheit zerrüttet, so eine unbedeutende Kleinigkeit es auch an sich scheinen möchte. — Du weißt, daß ich mich immer nicht, so oft ich von meiner Kindheit sprach, trotz aller angewandten Mühe auf den Namen des kleinen Hundes besinnen konnte, mit welchem ich so lange umging; an jenem Abend sagte Walther beim Abschiede plötzlich zu mir: 'Ich kann mir Euch recht vorstellen, wie Ihr den kleinen *Strohmian* füttert.' Ist das Zufall? Hat er den Namen erraten, weiß er ihn und hat er ihn mit Vorsatz genannt? Und wie hängt dieser Mensch dann mit meinem Schicksale zusammen? Zuweilen kämpfe ich mit mir, als ob ich mir diese Seltsamkeit nur einbilde, aber es ist gewiß, nur zu gewiß. Ein gewaltiges Entsetzen befiel mich, als mir ein fremder Mensch so zu meinen Erinnerungen half. Was sagst du, Eckbert?"

Eckbert sah seine leidende Gattin mit einem tiefen Gefühle an; er schwieg und dachte bei sich nach, dann sagte er ihr einige tröstende Worte und verließ sie. In einem abgelegenen Gemache ging er in unbeschreiblicher Unruhe auf und ab. Walther war seit vielen Jahren sein einziger Umgang gewesen, und doch war dieser Mensch jetzt der einzige in der Welt, dessen Dasein ihn drückte und peinigte.[2] Es schien ihm, als würde ihm froh und leicht sein, wenn nur dieses einzige Wesen aus seinem Wege gerückt werden konnte.[3] Er nahm seine Armbrust, um sich zu zerstreuen und auf die Jagd zu gehn.

Es war ein rauher stürmischer Wintertag, tiefer Schnee lag auf den Bergen und bog die Zweige der Bäume nieder. Er streifte umher, der Schweiß stand ihm auf der Stirne, er traf auf kein Wild, und das vermehrte seinen Unmut. Plötzlich sah er sich etwas in der Ferne bewegen, es war Walther, der Moos von den Bäumen sammelte; ohne zu wissen, was er tat, legte er an, Walther sah sich um, und drohte mit einer stummen Gebärde, aber indem flog der Bolzen ab,[4] und Walther stürzte nieder.

Eckbert fühlte sich leicht und beruhigt, und doch trieb ihn ein Schauder nach seiner Burg zurück; er hatte einen großen Weg zu machen, denn er war weit hinein in die Wälder verirrt. — Als er ankam, war Bertha schon gestorben; sie hatte vor ihrem Tode noch viel von Walther und der Alten gesprochen.

Eckbert lebte nun eine lange Zeit in der größten Einsamkeit; er war schon sonst immer schwermütig gewesen, weil ihn die seltsame Geschichte seiner Gattin beunruhigte, und er irgendeinen unglücklichen Vorfall, der sich ereig-

---

[1] **ich muß . . . hat** I have to tell you something that almost made me lose my mind

[2] **dessen Dasein . . . peinigte** whose very existence oppressed and tortured him

[3] **aus seinem . . . konnte** could be eliminated

[4] **aber indem . . . ab** but at that moment the bolt flew (from the crossbow)

nen könnte, befürchtete: aber jetzt war er ganz mit sich zerfallen.[1] Die Ermordung seines Freundes stand ihm unaufhörlich vor Augen, er lebte unter ewigen innern Vorwürfen.

Um sich zu zerstreuen, begab er sich zuweilen nach der nächsten großen Stadt, wo er Gesellschaften und Feste besuchte. Er wünschte durch irgendeinen Freund die Leere in seiner Seele auszufüllen, und wenn er dann wieder an Walther zurück dachte, so erschrak er vor dem Gedanken, einen Freund zu finden, denn er war uberzeugt, daß er nur unglücklich mit jedwedem[2] Freunde sein könne. Er hatte so lange mit Bertha in einer schönen Ruhe gelebt, die Freundschaft Walthers hatte ihn so manches Jahr hindurch beglückt, und jetzt waren beide so plötzlich dahingerafft,[3] daß ihm sein Leben in manchen Augenblicken mehr wie ein seltsames Märchen, als wie ein wirklicher Lebenslauf erschien.

Ein junger Ritter, Hugo, schloß sich an den stillen betrübten Eckbert, und schien eine wahrhafte Zuneigung gegen ihn zu empfinden. Eckbert fand sich auf eine wunderbare Art überrascht, er kam der Freundschaft des Ritters um so schneller entgegen, je weniger er sie vermutet hatte.[4] Beide waren nun häufig beisammen, der Fremde erzeigte Eckbert alle möglichen Gefälligkeiten, einer ritt fast nicht mehr ohne den andern aus; in allen Gesellschaften trafen sie sich, kurz, sie schienen unzertrennlich.

Eckbert war immer nur auf kurze Augenblicke froh, denn er fühlte es deutlich, daß ihn Hugo nur aus einem Irrtume liebe; jener kannte ihn nicht, wußte seine Geschichte nicht, und er fühlte wieder denselben Drang, sich ihm ganz mitzuteilen, damit er versichert sein könne, ob jener auch wahrhaft sein Freund sei.[5] Dann hielten ihn wieder Bedenklichkeiten und die Furcht, verabscheut zu werden, zurück. In manchen Stunden war er so sehr von seiner Nichtswürdigkeit überzeugt, daß er glaubte, kein Mensch, für den er nicht ein völliger Fremdling sei, könne ihn seiner Achtung würdigen.[6] Aber dennoch konnte er sich nicht widerstehn; auf einem einsamen Spazierritte entdeckte er seinem Freunde seine ganze Geschichte und fragte ihn dann, ob er wohl einen Mörder lieben könne. Hugo war gerührt, und suchte ihn zu trösten; Eckbert folgte ihm mit leichterm Herzen zur Stadt.

Es schien aber seine Verdammnis zu sein, gerade in der Stunde des Vertrauens Argwohn zu schöpfen,[7] denn kaum waren sie in den Saal getreten, als ihm beim Schein der vielen Lichter die Mienen seines Freundes nicht gefielen. Er glaubte ein hämisches Lächeln zu bemerken, es fiel ihm auf, daß er nur

---

[1]**aber jetzt . . . zerfallen** but now he was totally at odds with himself

[2]**jedwedem** every (modern **jedem**)

[3]**und jetzt . . . dahingerafft** and now both of them had been snatched away

[4]**er kam . . . hatte** he quickly accepted and returned the friendship of the knight since it had come so unexpectedly

[5]**damit er . . . sei** so he could be sure that he really was his friend

[6]**könne ihn . . . würdigen** could respect him (dignify him with his respect)

[7]**Es schien . . . schöpfen** It seemed, however, that he was damned (it was his damnation) to become suspicious at the very moment he shared a confidence

wenig mit ihm spreche, daß er mit den Anwesenden viel rede, und seiner[1] gar nicht zu achten scheine. Ein alter Ritter war in der Gesellschaft, der sich immer als den Gegner Eckberts gezeigt, und sich oft nach seinem Reichtum und seiner Frau auf eine eigne Weise erkundigt hatte;[2] zu diesem gesellte sich Hugo, und beide sprachen eine Zeitlang heimlich, indem sie nach Eckbert hindeuteten. Dieser sah jetzt seinen Argwohn bestätigt, er glaubte sich verraten, und eine schreckliche Wut bemeisterte sich seiner.[3] Indem er noch immer hinstarrte, sah er plötzlich Walthers Gesicht, alle seine Mienen, die ganze, ihm so wohlbekannte Gestalt, er sah noch immer hin und ward überzeugt, daß niemand als Walther mit dem Alten spreche. — Sein Entsetzen war unbeschreiblich; außer sich stürzte er hinaus, verließ noch in der Nacht die Stadt, und kehrte nach vielen Irrwegen auf seine Burg zurück.

Wie ein unruhiger Geist eilte er jetzt von Gemach zu Gemach, kein Gedanke hielt ihm stand,[4] er verfiel von entsetzlichen Vorstellungen auf noch entsetzlichere, und kein Schlaf kam in seine Augen. Oft dachte er, daß er wahnsinnig sei, und sich nur selber durch seine Einbildung alles erschaffe; dann erinnerte er sich wieder der Züge Walthers, und alles ward ihm immer mehr ein Rätsel. Er beschloß eine Reise zu machen, um seine Vorstellungen wieder zu ordnen; den Gedanken an Freundschaft, den Wunsch nach Umgang hatte er nun auf ewig aufgegeben.

Er zog fort, ohne sich einen bestimmten Weg vorzusetzen, ja er betrachtete die Gegenden nur wenig, die vor ihm lagen. Als er im stärksten Trabe seines Pferdes einige Tage so fort geeilt war, sah er sich plötzlich in einem Gewinde von Felsen verirrt,[5] in denen sich nirgend ein Ausweg entdecken ließ. Endlich traf er auf einen alten Bauer, der ihm einen Pfad, einem Wasserfall vorüber, zeigte: er wollte ihm zur Danksagung einige Münzen geben, der Bauer aber schlug sie aus.[6] — "Was gilt's," sagte Eckbert zu sich selber, "ich könnte mir wieder einbilden, daß dies niemand anders als Walther sei." — Und indem sah er sich noch einmal um, und es war niemand anders als Walther. — Eckbert spornte sein Roß so schnell es nur laufen konnte, durch Wiesen und Wälder, bis es erschöpft unter ihm zusammen stürzte. — Unbekümmert darüber setzte er nun seine Reise zu Fuß fort.

Er stieg träumend einen Hügel hinan; es war, als wenn er ein nahes munteres Bellen vernahm, Birken säuselten dazwischen, und er hörte mit wunderlichen Tönen ein Lied singen:

> Waldeinsamkeit
> Mich wieder freut

---

[1]**seiner** antiquated genitive pronoun, the modern form is **ihn**

[2]**oft nach . . . hatte** had often inquired about his wealth and his wife in a most peculiar fashion

[3]**eine schreckliche . . . seiner** a terrible rage seized him

[4]**kein Gedanke . . . stand** he couldn't focus his thoughts

[5]**in einem . . . verirrt** lost in a labyrinth of huge boulders

[6]**er wollte . . . aus** he wanted to show his gratitude by giving him a few coins, but the peasant (farmer) refused them

Mir geschieht kein Leid,
Hier wohnt kein Neid,
Von neuem mich freut
Waldeinsamkeit.

Jetzt war es um das Bewußtsein, um die Sinne Eckberts geschehn;[1] er konnte sich nicht aus dem Rätsel herausfinden, ob er jetzt träume, oder ehemals von einem Weibe Bertha geträumt habe; das Wunderbarste vermischte sich mit dem Gewöhnlichsten, die Welt um ihn her war verzaubert, und er keines Gedankens, keiner Erinnerung mächtig.[2]

Eine krummgebückte Alte schlich hustend mit einer Krücke den Hügel heran. "Bringst du mir meinen Vogel? Meine Perlen? Meinen Hund?" schrie sie ihm entgegen. "Siehe, das Unrecht bestraft sich selbst: Niemand als ich war dein Freund Walther, dein Hugo." —

"Gott im Himmel!" sagte Eckbert stille vor sich hin — "in welcher entsetzlichen Einsamkeit hab ich dann mein Leben hingebracht!" —

"Und Bertha war deine Schwester."

Eckbert fiel zu Boden.

"Warum verließ sie mich tückisch? Sonst hätte sich alles gut und schön geendet, ihre Probezeit war ja schon vorüber. Sie war die Tochter eines Ritters, die er bei einem Hirten erziehn ließ, die Tochter deines Vaters."

"Warum hab' ich diesen schrecklichen Gedanken immer geahndet?"[3] rief Eckbert aus.

"Weil du in früher Jugend deinen Vater einst davon erzählen hörtest; er durfte seiner Frau wegen diese Tochter nicht bei sich erziehn lassen, denn sie war von einem andern Weibe." —

Eckbert lag wahnsinnig und verscheidend[4] auf dem Boden; dumpf und verworren hörte er die Alte sprechen, den Hund bellen und, den Vogel sein Lied wiederholen.

---

[1] **Jetzt war . . . geschehn** Eckbert's mind and senses now disintegrated

[2] **er keines Gedankens . . . mächtig** he lacked the power of thought, of memory

[3] **geanhdet** suspected (modern **geahnt**)

[4] **verscheidend** dying

DAS ERDBEBEN IN CHILI[1]

Heinrich von Kleist

In St. Jago, der Hauptstadt des Königreichs Chili, stand gerade in dem Augenblicke der großen Erderschütterung vom Jahre 1647, bei welcher viele tausend Menschen ihren Untergang fanden, ein junger, auf ein Verbrechen angeklagter Spanier,[2] namens Jeronimo Rugera, an einem Pfeiler des Gefängnisses, in welches man ihn eingesperrt hatte, und wollte sich erhenken. Don Henrico Asteron, einer der reichsten Edelleute der Stadt, hatte ihn ungefähr ein Jahr zuvor aus seinem Hause, wo er als Lehrer angestellt war, entfernt, weil er sich mit Donna Josephe, seiner einzigen Tochter, in einem zärtlichen Einverständnis befunden hatte.[3] Eine geheime Bestellung, die dem alten Don, nachdem er die Tochter nachdrücklich gewarnt hatte, durch die hämische Aufmerksamkeit seines stolzen Sohnes verraten worden war, entrüstete ihn dergestalt, daß er sie in dem Karmeliterkloster unsrer lieben Frauen vom Berge daselbst unterbrachte.[4] Durch einen glücklichen Zufall hatte Jeronimo hier die Verbindung von neuem anzuknüpfen gewußt, und in einer verschwiegenen Nacht den Klostergarten zum Schauplatze seines vollen Glückes gemacht. Es war am Fronleichnamsfeste,[5] und die feierliche Prozession der Nonnen, welchen die Novizen folgten, nahm eben ihren Anfang, als die unglückliche Josephe, bei dem Anklange der Glocken, in Mutterwehen auf den Stufen der Kathedrale niedersank.[6] Dieser Vorfall machte außerordentliches Aufsehn; man brachte die junge Sünderin, ohne Rücksicht auf ihren Zustand, sogleich in ein Gefängnis, und kaum war sie aus den Wochen erstanden, als ihr schon, auf Befehl des Erzbischofs, der geschärfteste Prozeß gemacht ward.[7] Man sprach in der Stadt mit einer so großen Erbitterung von diesem Skandal, und die Zungen fielen so scharf über das ganze Kloster her, in welchem er sich zugetragen hatte, daß weder die Fürbitte der Familie Asteron noch auch sogar

[1]Kleist published this novella in 1807 under the title *Jeronimo und Josephe*.

[2]**ein junger . . . Spanier** a young Spaniard charged with a crime

[3]**in einem . . . hatte** had been involved in a romantic relationship

[4]**entrüstete ihn . . . unterbrachte** so angered him that he put her in the Carmelite Convent of Our Dear Lady of the Mountain. *Note*: **Frauen** is an antiquated genitive singular.

[5]**Fronleichnamsfeste** the feast of Corpus Christi

[6]**Josephe . . . niedersank** at the sound of the bells, Josephe collapsed on the cathedral steps in labor pains

[7]**kaum war . . . ward** she had hardly gotten out of childbed when, upon the order of the archbishop, she was subjected to the most stringent prosecution. *Note:* **ward** is an outdated form of **wurde**.

der Wunsch der Äbtissin selbst, welche das junge Mädchen wegen ihres sonst untadelhaften Betragens liebgewonnen hatte, die Strenge, mit welcher das klösterliche Gesetz sie bedrohte, mildern konnte. Alles, was geschehen konnte, war, daß der Feuertod, zu dem sie verurteilt wurde, zur großen Entrüstung der Matronen und Jungfrauen von St. Jago, durch einen Machtspruch des Vizekönigs in eine Enthauptung verwandelt ward.[1] Man vermietete in den Straßen, durch welche der Hinrichtungszug gehen sollte, die Fenster, man trug die Dächer der Häuser ab, und die frommen Töchter der Stadt luden ihre Freundinnen ein, um dem Schauspiele, das der göttlichen Rache gegeben wurde, an ihrer schwesterlichen Seite beizuwohnen.[2] Jeronimo, der inzwischen auch in ein Gefängnis gesetzt worden war, wollte die Besinnung verlieren, als er diese ungeheure Wendung der Dinge erfuhr. Vergebens sann er auf Rettung: überall, wohin ihn auch der Fittich der vermessensten Gedanken trug, stieß er auf Riegel und Mauern,[3] und ein Versuch, die Gitterfenster zu durchfeilen, zog ihm, da er entdeckt ward, eine nur noch engere Einsperrung zu.[4] Er warf sich vor dem Bildnisse der heiligen Mutter Gottes nieder und betete mit unendlicher Inbrunst zu ihr als der einzigen, von der ihm jetzt noch Rettung kommen könnte. Doch der gefürchtete Tag erschien und mit ihm in seiner Brust die Überzeugung von der völligen Hoffnungslosigkeit seiner Lage. Die Glocken, welche Josephen[5] zum Richtplatze begleiteten, ertönten, und Verzweiflung bemächtigte sich seiner Seele.[6] Das Leben schien ihm verhaßt, und er beschloß, sich durch einen Strick, den ihm der Zufall gelassen hatte, den Tod zu geben. Eben stand er, wie schon gesagt, an einem Wandpfeiler und befestigte den Strick, der ihn dieser jammervollen Welt entreißen sollte, an eine Eisenklammer, die an dem Gesimse derselben eingefugt war;[7] als plötzlich der größte Teil der Stadt, mit einem Gekrache, als ob das Firmament einstürzte, versank und alles, was Leben atmete, unter seinen Trümmern begrub.[8] Jeronimo Rugera war starr vor Entsetzen; und gleich als ob sein ganzes Bewußtsein zerschmettert worden wäre, hielt er sich jetzt an

---

[1] **zur großen . . . ward** to the great indignation of the matrons and virgins of Santiago, her sentence was commuted to decapitation by a decree of the viceroy

[2] **um dem Schauspiele . . . beizuwohnen** to bear witness to this dramatic display of divine retribution at their sisterly side

[3] **wohin ihn . . . Mauern** no matter where the pinions of his most audacious thoughts bore him, he dashed against bolts and walls. *Note:* **Fittich** (pinion) is the poetic word for **Flügel** (wing).

[4] **zog ihm . . . zu** was discovered and earned him even closer confinement

[5] **Josephen** Kleist at times treats proper nouns as weak nouns — i.e., like the modern **Student** or **Tourist**, these nouns add an **-(e)n** in all cases except the nominative.

[6] **Verzweiflung . . . Seele** despair took possession of his soul

[7] **eine Eisenklammer . . . war** an iron bracket, which was embedded in the cornice. *Note:* Kleist frequently uses the demonstrative pronoun **derselbe**, which is declined according to gender, case, and number (for example, **dieselbe, demselben, dasselbe**). Such demonstratives often are untranslatable. In the above sentence the antecedent of **derselben** is **Eisenklammer**.

[8] **und alles . . . begrub** and buried all (living and) breathing things beneath its rubble

dem Pfeiler, an welchem er hatte sterben wollen, um nicht umzufallen. Der Boden wankte unter seinen Füßen, alle Wände des Gefängnisses rissen, der ganze Bau neigte sich, nach der Straße zu einzustürzen, und nur der seinem langsamen Fall begegnende Fall des gegenüberstehenden Gebäudes verhinderte durch eine zufällige Wölbung die gänzliche Zubodenstreckung desselben.[1] Zitternd, mit sträubenden Haaren und Knieen, die unter ihm brechen wollten, glitt Jeronimo über den schiefgesenkten Fußboden hinweg, der Öffnung zu, die der Zusammenschlag beider Häuser in die vordere Wand des Gefängnisses eingerissen hatte. Kaum befand er sich im Freien, als die ganze schon erschütterte Straße auf eine zweite Bewegung der Erde völlig zusammenfiel. Besinnungslos, wie er sich aus diesem allgemeinen Verderben retten würde, eilte er, über Schutt und Gebälk[2] hinweg, indessen der Tod von allen Seiten Angriffe auf ihn machte,[3] nach einem der nächsten Tore der Stadt. Hier stürzte noch ein Haus zusammen und jagte ihn, die Trümmer weit umherschleudernd, in eine Nebenstraße; hier leckte die Flamme schon, in Dampfwolken blitzend, aus allen Giebeln und trieb ihn schreckenvoll in eine andere; hier wälzte sich, aus seinem Gestade gehoben, der Mapochofluß an ihn heran und riß ihn brüllend in eine dritte.[4] Hier lag ein Haufen Erschlagener, hier ächzte noch eine Stimme unter dem Schutte, hier schrien Leute von brennenden Dächern herab, hier kämpften Menschen und Tiere mit den Wellen, hier war ein mutiger Retter bemüht zu helfen; hier stand ein anderer, bleich wie der Tod, und streckte sprachlos zitternde Hände zum Himmel. Als Jeronimo das Tor erreicht und einen Hügel jenseits desselben bestiegen hatte, sank er ohnmächtig auf demselben nieder. Er mochte wohl eine Viertelstunde in der tiefsten Bewußtlosigkeit gelegen haben, als er endlich wieder erwachte und sich, mit nach der Stadt gekehrtem Rücken, halb auf dem Erdboden erhob. Er befühlte sich Stirn und Brust, unwissend, was er aus seinem Zustande machen sollte, und ein unsägliches Wonnegefühl ergriff ihn, als ein Westwind vom Meere her, sein wiederkehrendes Leben anwehte,[5] und sein Auge sich nach allen Richtungen über die blühende Gegend von St. Jago hinwandte. Nur die verstörten Menschenhaufen, die sich überall blicken ließen, beklemmten sein Herz; er begriff nicht, was ihn und sie hiehergeführt haben konnte, und erst, da er sich umkehrte und die Stadt hinter sich versunken sah, erinnerte er sich des schrecklichen Augenblicks,[6] den er erlebt hatte. Er senkte sich so tief, daß seine Stirn den Boden berührte, Gott für seine wunderbare Errettung zu dan-

---

[1]**und nur . . . desselben** and it escaped total leveling only because its slow collapse was met by the slow toppling of the building from across the street so that by chance an archway was formed

[2]**Schutt und Gebälk** rubble and timbers

[3]**indessen . . . machte** while death assailed him from all sides

[4]**hier wälzte . . . dritte** here the raging torrents of the Mapocho river, which had overflowed its banks, forced him to retreat into a third (street)

[5]**sein wiederkehrendes . . . anwehte** wafted over his returning consciousness

[6]**erinnerte . . . Augenblicks** he remembered the horrible moment. *Note* the antiquated genitive construction. In modern German such forms are normally accusative or dative: **Er erinnerte sich an den schrecklichen Augenblick.**

ken; und gleich, als ob der eine entsetzliche Eindruck, der sich seinem Gemüt eingeprägt hatte, alle früheren daraus verdrängt hätte, weinte er vor Lust, daß er sich des lieblichen Lebens, voll bunter Erscheinungen, noch erfreue.[1] Drauf, als er eines Ringes an seiner Hand gewahrte, erinnerte er sich plötzlich auch Josephens; und mit ihr seines Gefängnisses, der Glocken, die er dort gehört hatte, und des Augenblicks, der dem Einsturze desselben vorangegangen war.[2] Tiefe Schwermut erfüllte wieder seine Brust; sein Gebet fing ihn zu reuen an, und fürchterlich schien ihm das Wesen, das über den Wolken waltet. Er mischte sich unter das Volk, das überall, mit Rettung des Eigentums beschäftigt, aus den Toren stürzte, und wagte schüchtern nach der Tochter Asterons, und ob die Hinrichtung an ihr vollzogen worden sei, zu fragen; doch niemand war, der ihm umständliche Auskunft gab.[3] Eine Frau, die auf einem fast zur Erde gedrückten Nacken eine ungeheure Last von Gerätschaften und zwei Kinder, an der Brust hängend, trug, sagte im Vorbeigehen,[4] als ob sie es selbst angesehen hätte: daß sie enthauptet worden sei. Jeronimo kehrte sich um; und da er, wenn er die Zeit berechnete, selbst an ihrer Vollendung nicht zweifeln konnte,[5] so setzte er sich in einem einsamen Walde nieder und überließ sich seinem vollen Schmerz. Er wünschte, daß die zerstörende Gewalt der Natur von neuem über ihn einbrechen möchte. Er begriff nicht, warum er dem Tode, den seine jammervolle Seele suchte, in jenen Augenblikken,[6] da er ihm freiwillig von allen Seiten rettend erschien, entflohen sei. Er nahm sich fest vor, nicht zu wanken, wenn auch jetzt die Eichen entwurzelt werden und ihre Wipfel über ihn zusammenstürzen sollten. Darauf nun, da er sich ausgeweint hatte,[7] und ihm, mitten unter den heißesten Tränen, die Hoffnung wieder erschienen war, stand er auf und durchstreifte nach allen Richtungen das Feld. Jeden Berggipfel, auf dem sich die Menschen versammelt hatten, besuchte er; auf allen Wegen, wo sich der Strom der Flucht noch

---

[1]**weinte er . . . erfreue** he wept for joy because he was still alive and able to enjoy life in all of its colorful manifestations

[2]**Drauf . . . vorangegangen war** Then, becoming aware of a ring on his finger, he suddenly remembered Josephe; and, along with her, he was reminded of his prison, of the bells that he had heard, and of the moment that had preceded the collapse of the building. *Note* the series of antiquated genitive constructions: the first is generated by the genitive verb **gewahren** (modern **gewahr werden**) and the remainder by the genitive verb **erinnern**. The modern form of this verb, **sich erinnern an**, requires accusative objects.

[3]**wagte schüchtern . . . gab** he ventured to ask about Asteron's daughter and whether her execution had been carried out; yet there was no one who gave him exact (detailed) information

[4]**Eine Frau . . . Vorbeigehen** A woman, whose head was bent almost to the ground from carrying an enormous load of household goods and two children hanging at her breasts, said in passing

[5]**wenn er . . . konnte** when he calculated time, not even he could doubt that the sentence had been carried out

[6] *Note:* in German, when hyphenating a word between c and k, as in **Augen-blicken**, the c is printed as k.

[7]**da er . . . hatte** since he had wept until he could weep no more

bewegte, begegnete er ihnen; wo nur irgend ein weibliches Gewand im Winde flatterte, da trug ihn sein zitternder Fuß hin: doch keines deckte[1] die geliebte Tochter Asterons. Die Sonne neigte sich und mit ihr seine Hoffnung schon wieder zum Untergange, als er den Rand eines Felsens betrat und sich ihm die Aussicht in ein weites, nur von wenig Menschen besuchtes Tal eröffnete. Er durchlief, unschlüssig, was er tun sollte, die einzelnen Gruppen derselben[2] und wollte sich schon wieder wenden, als er plötzlich an einer Quelle, die die Schlucht bewässerte, ein junges Weib erblickte, beschäftigt, ein Kind in den Fluten zu reinigen. Und das Herz hüpfte ihm bei diesem Anblick: er sprang voll Ahnung über die Gesteine herab und rief: "O Mutter Gottes, du Heilige!" und erkannte Josephen, als sie sich bei dem Geräusche schüchtern umsah. Mit welcher Seligkeit umarmten sie sich, die Unglücklichen, die ein Wunder des Himmels gerettet hatte! Josephe war auf ihrem Gang zum Tode dem Richtplatz schon ganz nahe gewesen, als durch den krachenden Einsturz der Gebäude plötzlich der ganze Hinrichtungszug auseinandergesprengt ward.[3] Ihre ersten entsetzensvollen Schritte trugen sie hierauf dem nächsten Tore zu; doch die Besinnung kehrte ihr bald wieder, und sie wandte sich, um nach dem Kloster zu eilen, wo ihr kleiner hilfloser Knabe zurückgeblieben war. Sie fand das ganze Kloster schon in Flammen, und die Äbtissin, die ihr in jenen Augenblicken, die ihre letzten sein sollten, Sorge für den Säugling angelobt hatte,[4] schrie eben, vor den Pforten stehend, nach Hilfe, um ihn zu retten. Josephe stürzte sich unerschrocken durch den Dampf, der ihr entgegenqualmte, in das von allen Seiten schon zusammenfallende Gebäude,[5] und gleich, als ob alle Engel des Himmels sie umschirmten, trat sie mit ihm unbeschädigt[6] wieder aus dem Portal hervor. Sie wollte der Äbtissin, welche die Hände über ihr Haupt zusammenschlug, eben in die Arme sinken, als diese mit fast allen ihren Klosterfrauen von einem herabfallenden Giebel des Hauses auf eine schmähliche Art erschlagen ward.[7] Josephe bebte bei diesem entsetzlichen Anblicke zurück; sie drückte der Äbtissin flüchtig die Augen zu und floh, ganz von Schrecken erfüllt, den teuern Knaben, den ihr der Himmel wieder geschenkt hatte, dem Verderben zu entreißen. Sie hatte noch wenig Schritte getan, als ihr auch schon die Leiche des Erzbischofs begegnete, die man soeben zerschmettert aus dem Schutt der Kathedrale hervorgezogen hatte. Der Palast des Vizekönigs war versunken, der Gerichtshof, in welchem ihr

---

[1]**doch keines deckte** yet none covered. *Note:* the antecedent of **keines** is **Gewand**.

[2]**die einzelnen Gruppen derselben** the individual groups (of them). *Note:* the antecedent of the demonstrative pronoun **derselben** is **Menschen** in the previous sentence.

[3]**der ganze . . . ward** the whole procession, on its way to the execution, was scattered

[4]**die Äbtissin . . . hatte** the abbess, in what were to be her (Josephe's) last moments, had promised to take care of the infant

[5]**Josephe stürzte . . . Gebäude** Unafraid, Josephe dashed through the steamy, billowing smoke into the building whose walls were caving in from all sides

[6]**unbeschädigt** unhurt. *Note:* in modern German the verb **beschädigen** (to damage) is used to describe things, not people.

[7]**von einem . . . ward** was killed in a most wretched way by a gable that fell off the house

das Urteil gesprochen worden war, stand in Flammen, und an die Stelle, wo sich ihr väterliches Haus befunden hatte, war ein See getreten und kochte rötliche Dämpfe aus.[1] Josephe raffte alle ihre Kräfte zusammen, sich zu halten. Sie schritt, den Jammer von ihrer Brust entfernend, mutig mit ihrer Beute von Straße zu Straße und war schon dem Tore nah, als sie auch das Gefängnis, in welchem Jeronimo geseufzt hatte, in Trümmern sah. Bei diesem Anblicke wankte sie und wollte besinnungslos an einer Ecke niedersinken; doch in demselben Augenblick jagte sie der Sturz eines Gebäudes hinter ihr, das die Erschütterungen schon ganz aufgelöst hatten, durch das Entsetzen gestärkt, wieder auf;[2] sie küßte das Kind, drückte sich die Tränen aus den Augen und erreichte, nicht mehr auf die Greuel, die sie umringten, achtend, das Tor. Als sie sich im Freien sah, schloß sie bald,[3] daß nicht jeder, der ein zertrümmertes Gebäude bewohnt hatte, unter ihm notwendig müsse zerschmettert worden sein.[4] An dem nächsten Scheidewege stand sie still und harrte,[5] ob nicht einer, der ihr nach dem kleinen Philipp der liebste auf der Welt war, noch erscheinen würde. Sie ging, weil niemand kam und das Gewühl der Menschen anwuchs, weiter und kehrte sich wieder um und harrte wieder; und schlich, viel Tränen vergießend, in ein dunkles, von Pinien beschattetes Tal, um seiner Seele, die sie entflohen glaubte, nachzubeten;[6] und fand ihn hier, diesen Geliebten, im Tale, und Seligkeit, als ob es das Tal von Eden[7] gewesen wäre. Dies alles erzählte sie jetzt voll Rührung dem Jeronimo und reichte ihm, da sie vollendet hatte,[8] den Knaben zum Küssen dar. — Jeronimo nahm ihn und hätschelte ihn in unsäglicher Vaterfreude und verschloß ihm, da er das fremde Antlitz anweinte, mit Liebkosungen ohne Ende den Mund. Indessen war die schönste Nacht herabgestiegen, voll wundermilden Duftes, so silberglänzend und still, wie nur ein Dichter davon träumen mag. Überall, längs der Talquelle, hatten sich, im Schimmer des Mondscheins, Menschen niedergelassen und bereiteten sich sanfte Lager von Moos und Laub, um von einem so qualvollen Tage auszuruhen. Und weil die Armen immer noch jammerten; dieser, daß er sein Haus, jener, daß er Weib und Kind, und der dritte, daß er alles verloren habe: so schlichen Jeronimo und Josephe in ein dichteres Gebüsch, um durch

---

[1] **an die Stelle . . . Dämpfe aus** on the site where her father's house had stood, a lake had appeared and was bubbling up clouds of reddish steam

[2] **jagte sie . . . wieder auf** the collapse of a building behind her, which had been thoroughly weakened by the quakes, terrified her and gave her the strength to push on

[3] **schloß sie bald** she soon concluded

[4] **notwendig müsse . . . sein** must necessarily have been crushed

[5] **harrte** waited (tarried)

[6] **um seiner . . . nachzubeten** in order to pray for his soul, which she believed had departed this world

[7] **das Tal von Eden** In Luther's translation, the Bible says: "Und Gott der Herr pflanzte einen Garten in Eden . . . ."

[8] **da sie vollendet hatte** when she had finished

das heimliche Gejauchz ihrer Seelen niemand zu betrüben.[1] Sie fanden einen prachtvollen Granatapfelbaum,[2] der seine Zweige, voll duftender Früchte, weit ausbreitete; und die Nachtigall flötete im Wipfel ihr wollüstiges Lied. Hier ließ sich Jeronimo am Stamme nieder, und Josephe in seinem, Philipp in Josephens Schoß, saßen sie, von seinem Mantel bedeckt, und ruhten. Der Baumschatten zog, mit seinen verstreuten Lichtern, über sie hinweg, und der Mond erblaßte schon wieder vor der Morgenröte, ehe sie einschliefen. Denn Unendliches hatten sie zu schwatzen, vom Klostergarten und den Gefängnissen, und was sie um einander gelitten hätten; und waren sehr gerührt, wenn sie dachten, wieviel Elend über die Welt kommen mußte, damit sie glücklich würden! Sie beschlossen, sobald die Erderschütterungen aufgehört haben würden, nach La Conception zu gehen, wo Josephe eine vertraute Freundin hatte, sich mit einem kleinen Vorschuß, den sie von ihr zu erhalten hoffte, von dort nach Spanien einzuschiffen, wo Jeronimos mütterliche Verwandten wohnten, und daselbst ihr glückliches Leben zu beschließen.[3] Hierauf, unter vielen Küssen, schliefen sie ein.

Als sie erwachten, stand die Sonne schon hoch am Himmel, und sie bemerkten in ihrer Nähe mehrere Familien, beschäftigt, sich am Feuer ein kleines Morgenbrot zu bereiten. Jeronimo dachte eben auch, wie er Nahrung für die Seinigen herbeischaffen sollte, als ein junger wohlgekleideter Mann mit einem Kinde auf dem Arm zu Josephen trat und sie mit Bescheidenheit fragte: ob sie diesem armen Wurme, dessen Mutter dort unter den Bäumen beschädigt liege, nicht auf kurze Zeit ihre Brust reichen wolle.[4] Josephe war ein wenig verwirrt, als sie in ihm einen Bekannten erblickte; doch da er, indem er ihre Verwirrung falsch deutete, fortfuhr: "Es ist nur auf wenige Augenblicke, Donna Josephe, und dieses Kind hat seit jener Stunde, die uns alle unglücklich gemacht hat, nichts genossen," so sagte sie: "ich schwieg — aus einem andern Grunde, Don Fernando; in diesen schrecklichen Zeiten weigert sich niemand, von dem, was er besitzen mag, mitzuteilen"[5] und nahm den kleinen Fremdling, indem sie ihr eigenes Kind dem Vater gab, und legte ihn an ihre Brust. Don Fernando war sehr dankbar für diese Güte und fragte: ob sie sich nicht mit ihm zu jener Gesellschaft verfügen wollten,[6] wo eben jetzt beim Feuer ein kleines Frühstück bereitet werde. Josephe antwortete, daß sie dies Anerbieten

[1]**um durch . . . zu betrüben** so that the secret jubilation of their souls would not sadden anyone

[2]**Granatapfelbaum** pomegranate tree. *Note:* in Greek mythology this tree is a symbol of fertility and rebirth.

[3]**wo Josephe . . . beschließen** where Josephe had a close friend from whom she hoped to borrow a small sum of money with which they planned to buy passage to Spain, where Jeronimo's maternal relatives lived and where they could live happily to the end of their lives

[4]**ob sie . . . wolle** whether she would (be so kind as to) briefly nurse the poor little tyke whose injured mother was lying under the trees. *Note:* **Wurm** is used as a term of endearment.

[5]**mitzuteilen** to share

[6]**ob sie . . . wollten** whether they wouldn't like to join his group

mit Vergnügen annehmen würde, und folgte ihm, da auch Jeronimo nichts
einzuwenden hatte, zu seiner Familie, wo sie auf das innigste und zärtlichste
von Don Fernandos beiden Schwägerinnen, die sie als sehr würdige junge
Damen kannte, empfangen ward. Donna Elvire, Don Fernandos Gemahlin,
welche schwer an den Füßen verwundet auf der Erde lag, zog Josephen, da
sie ihren abgehärmten Knaben an der Brust derselben sah, mit vieler Freund-
lichkeit zu sich nieder. Auch Don Pedro, sein Schwiegervater, der an der
Schulter verwundet war, nickte ihr liebreich mit dem Haupte zu. — In Jeronimos und Josephens Brust regten sich Gedanken von seltsamer Art. Wenn
sie sich mit so vieler Vertraulichkeit und Güte behandelt sahen, so wußten sie
nicht, was sie von der Vergangenheit denken sollten, vom Richtplatze, von
dem Gefängnisse und der Glocke; und ob sie bloß davon geträumt hätten. Es
war, als ob die Gemüter seit dem fürchterlichen Schlage, der sie durchdröhnt
hatte, alle versöhnt wären.[1] Sie konnten in der Erinnerung gar nicht weiter als
bis auf ihn, zurückgehen. Nur Donna Elisabeth, welche bei einer Freundin,
auf das Schauspiel des gestrigen Morgens, eingeladen worden war, die Einla-
dung aber nicht angenommen hatte, ruhte zuweilen mit träumerischem Blicke
auf Josephen; doch der Bericht, der über irgend ein neues gräßliches Unglück
erstattet ward, riß ihre der Gegenwart kaum entflohene Seele schon wieder in
dieselbe zurück.[2] Man erzählte, wie die Stadt gleich nach der ersten Haupter-
schütterung von Weibern ganz voll gewesen, die vor den Augen aller Männer
niedergekommen seien;[3] wie die Mönche darin mit dem Kruzifix in der Hand
umhergelaufen wären und geschrieen hätten: das Ende der Welt sei da! wie
man einer Wache, die auf Befehl des Vizekönigs verlangte, eine Kirche zu
räumen, geantwortet hätte: es gäbe keinen Vizekönig von Chili mehr; wie der
Vizekönig in den schrecklichsten Augenblicken hätte müssen Galgen aufrich-
ten lassen, um der Dieberei Einhalt zu tun;[4] und wie ein Unschuldiger, der
sich von hinten durch ein brennendes Haus gerettet, von dem Besitzer aus
Übereilung ergriffen und sogleich auch aufgeknüpft worden wäre.[5] Donna Elvire, bei deren Verletzungen Josephe viel beschäftigt war, hatte in einem Augenblick, da gerade die Erzählungen sich am lebhaftesten kreuzten, Gelegenheit genommen, sie zu fragen, wie es denn ihr an diesem fürchterlichen
Tag ergangen sei. Und da Josephe ihr mit beklemmtem Herzen einige
Hauptzüge davon angab, so ward ihr die Wollust, Tränen in die Augen dieser
Dame treten zu sehen; Donna Elvire ergriff ihre Hand und drückte sie und
winkte ihr, zu schweigen. Josephe dünkte sich unter den Seligen.[6] Ein Gefühl,

---

[1] **Es war . . . wären** It seemed as if all people had become reconciled ever since the terrible
blow had struck them

[2] **doch der Bericht . . . zurück** but the report of some horrible new catastrophe quickly
recalled her attention to the present, from which it momentarily had fled

[3] **die vor . . . seien** who gave birth in full view of all the men

[4] **wie der Vizekönig . . . tun** how the viceroy, during the most terrible moments, had to
have gallows erected in order to put an end to the thievery (looting)

[5] **aufgeknüpft worden wäre** had been strung up

[6] **Josephe dünkte . . . Seligen** Josephe (was so happy that she) thought she had (died
and) gone to heaven

das sie nicht unterdrücken konnte, nannte den verfloßnen Tag, so viel Elend er auch über die Welt gebracht hatte, eine Wohltat, wie der Himmel noch keine über sie verhängt hatte.[1] Und in der Tat schien, mitten in diesen gräßlichen Augenblicken, in welchen alle irdischen Güter der Menschen zu Grunde gingen und die ganze Natur verschüttet zu werden drohte, der menschliche Geist selbst wie eine schöne Blume aufzugehn.[2] Auf den Feldern, so weit das Auge reichte, sah man Menschen von allen Ständen durcheinander liegen, Fürsten und Bettler, Matronen und Bäuerinnen, Staatsbeamte und Tagelöhner, Klosterherren und Klosterfrauen: einander bemitleiden, sich wechselseitig Hilfe reichen, von dem, was sie zur Erhaltung ihres Lebens gerettet haben mochten, freudig mitteilen, als ob das allgemeine Unglück alles, was ihm entronnen war, zu *einer* Familie gemacht hätte. Statt der nichtssagenden Unterhaltungen, zu welchen sonst die Welt an den Teetischen den Stoff hergegeben hatte, erzählte man jetzt Beispiele von ungeheuern Taten:[3] Menschen, die man sonst in der Gesellschaft wenig geachtet hatte, hatten Römergröße[4] gezeigt; Beispiele zu Haufen von Unerschrockenheit, von freudiger Verachtung der Gefahr, von Selbstverleugnung und der göttlichen Aufopferung, von ungesäumter Wegwerfung des Lebens, als ob es, dem nichtswürdigsten Gute gleich, auf dem nächsten Schritte schon wiedergefunden würde.[5] Ja, da nicht einer war, für den nicht an diesem Tage etwas Rührendes geschehen wäre oder der nicht selbst etwas Großmütiges getan hätte, so war der Schmerz in jeder Menschenbrust mit so viel süßer Lust vermischt, daß sich, wie sie meinte, gar nicht angeben ließ, ob die Summe des allgemeinen Wohlseins nicht von der einen Seite um ebensoviel gewachsen war, als sie von der anderen abgenommen hatte.[6] Jeronimo nahm Josephen, nachdem sich beide in diesen Betrachtungen stillschweigend erschöpft hatten,[7] beim Arm und führte sie mit unaussprechlicher Heiterkeit unter den schattigen Lauben des Granatwaldes auf und nieder. Er sagte ihr, daß er bei dieser Stimmung der Gemüter und dem Umsturz aller

---

[1] **eine Wohltat . . . hatte** a blessing such as heaven had never bestowed upon her before

[2] **schien . . . aufzugehn** in these horrible moments, in which people's earthly goods were all being destroyed, and nature itself was being threatened with annihilation, the human spirit seemed to blossom forth like a beautiful flower

[3] **Statt der . . . Taten** Instead of the trivial topics that normally engrossed society at tea tables, examples of great (valorous) deeds were told

[4] **Römergröße** Roman greatness [i.e., people who normally were held in low esteem exhibited extraordinary virtues]

[5] **Beispiele zu Haufen . . . würde** innumerable examples of fearlessness, of joyous contempt of danger, of self-denial and self-sacrifice bordering on the divine, of instant readiness to throw away one's life as if it were some trifling commodity that would be found again at the next step

[6] **gar nicht . . . hatte** it could not be determined whether the sum of the common good had not been increased by just as much on the one side as it had been reduced on the other

[7] **nachdem sich . . . hatten** after they had exhausted themselves in silent contemplation of these matters

Verhältnisse seinen Entschluß, sich nach Europa einzuschiffen, aufgebe;[1] daß er vor dem Vizekönig, der sich seiner Sache immer günstig gezeigt, falls er noch am Leben sei, einen Fußfall wagen würde;[2] und daß er Hoffnung habe (wobei er ihr einen Kuß aufdrückte), mit ihr in Chili zurückzubleiben. Josephe antwortete, daß ähnliche Gedanken in ihr aufgestiegen wären; daß auch sie nicht mehr, falls ihr Vater nur noch am Leben sei, ihn zu versöhnen zweifle; daß sie aber statt des Fußfalles lieber nach La Conception zu gehen und von dort aus schriftlich das Versöhnungsgeschäft mit dem Vizekönig zu betreiben rate, wo man auf jeden Fall in der Nähe des Hafens wäre und für den besten, wenn das Geschäft die erwünschte Wendung nähme, ja leicht wieder nach St. Jago zurückkehren könnte.[3] Nach einer kurzen Überlegung gab Jeronimo der Klugheit dieser Maßregel seinen Beifall,[4] führte sie noch ein wenig, die heitern Momente der Zukunft überfliegend, in den Gängen umher und kehrte mit ihr zur Gesellschaft zurück.

Inzwischen war der Nachmittag herangekommen, und die Gemüter der herumschwärmenden Flüchtlinge hatten sich, da die Erdstöße nachließen, nur kaum wieder ein wenig beruhigt, als sich schon die Nachricht verbreitete, daß in der Dominikanerkirche, der einzigen, welche das Erdbeben verschont hatte, eine feierliche Messe von dem Prälaten des Klosters selbst gelesen werden würde, den Himmel um Verhütung ferneren Unglücks anzuflehen.[5] Das Volk brach schon aus allen Gegenden auf und eilte in Strömen zur Stadt. In Don Fernandos Gesellschaft ward die Frage aufgeworfen, ob man nicht auch an dieser Feierlichkeit teilnehmen,[6] und sich dem allgemeinen Zuge anschließen solle. Donna Elisabeth erinnerte,[7] mit einiger Beklemmung, was für ein Unheil gestern in der Kirche vorgefallen sei; daß solche Dankfeste ja wiederholt werden würden und daß man sich der Empfindung alsdann, weil die Gefahr schon mehr vorüber wäre, mit desto größerer Heiterkeit und Ruhe überlassen könnte. Josephe äußerte, indem sie mit einiger Begeisterung sogleich aufstand, daß sie den Drang, ihr Antlitz vor dem Schöpfer in den Staub zu legen, niemals lebhafter empfunden habe[8] als eben jetzt, wo er seine unbegreifliche

---

[1] **daß er . . . aufgebe** that he, in view of this new attitude and reversal of all social relationships, was giving up his plan to sail to Europe

[2] **einen Fußfall wagen würde** would venture to throw himself before the mercy (prostrate himself at the feet) of the viceroy

[3] **nach La Conception . . . könnte** she advised that they go to La Conception and conduct the appeal in writing because there they would be close to the harbor if things took a turn for the worse and, if things went according to their wishes, they could easily return to Santiago

[4] **Nach einer . . . Beifall** After brief consideration, Jeronimo applauded (agreed with) the wisdom of this advice

[5] **den Himmel . . . anzuflehen** to implore heaven to prevent a further catastrophe

[6] **ward die Frage . . . teilnehmen** the question was raised whether they too should participate in this solemn ceremony

[7] **erinnerte** remembered. *Note*: modern German would be **erinnerte sich daran.**

[8] **daß sie . . . habe** that she had never felt a more urgent need to lay her face in the dust (to prostrate herself) before her Creator

und erhabene Macht so entwickle. Donna Elvire erklärte sich mit Lebhaftigkeit für Josephens Meinung. Sie bestand darauf, daß man die Messe hören sollte, und rief Don Fernando auf, die Gesellschaft zu führen, worauf sich alles, Donna Elisabeth auch, von den Sitzen erhob. Da man jedoch letztere mit heftig arbeitender Brust die kleinen Anstalten zum Aufbruche zaudernd betreiben sah[1] und sie auf die Frage, was ihr fehle, antwortete: sie wisse nicht, welch eine unglückliche Ahnung in ihr sei, so beruhigte sie Donna Elvire und foderte sie auf, bei ihr und ihrem kranken Vater zurückzubleiben. Josephe sagte: "So werden Sie mir wohl, Donna Elisabeth, diesen kleinen Liebling abnehmen, der sich schon wieder, wie Sie sehen, bei mir eingefunden hat." "Sehr gern," antwortete Donna Elisabeth und machte Anstalten, ihn zu ergreifen; doch da dieser über das Unrecht, das ihm geschah, kläglich schrie und auf keine Art darein willigte,[2] so sagte Josephe lächelnd, daß sie ihn nur behalten wolle, und küßte ihn wieder still. Hierauf bot Don Fernando, dem die ganze Würdigkeit und Anmut ihres Betragens sehr gefiel, ihr den Arm; Jeronimo, welcher den kleinen Philipp trug, führte Donna Constanzen; die übrigen Mitglieder, die sich bei der Gesellschaft eingefunden hatten, folgten; und in dieser Ordnung ging der Zug nach der Stadt. Sie waren kaum fünfzig Schritte gegangen, als man Donna Elisabeth, welche inzwischen heftig und heimlich mit Donna Elvire gesprochen hatte: "Don Fernando!" rufen hörte und dem Zuge mit unruhigen Tritten nacheilen sah. Don Fernando hielt und kehrte sich um, harrte ihrer, ohne Josephen loszulassen, und fragte, da sie, gleich als ob sie auf sein Entgegenkommen wartete, in einiger Ferne stehen blieb, was sie wolle?[3] Donna Elisabeth näherte sich ihm hierauf, obschon, wie es schien, mit Widerwillen, und raunte ihm, doch so, daß Josephe es nicht hören konnte, einige Worte ins Ohr. "Nun?" fragte Don Fernando, "und das Unglück, das daraus entstehen kann?" Donna Elisabeth fuhr fort, ihm mit verstörtem Gesicht ins Ohr zu zischeln. Don Fernando stieg eine Röte des Unwillens ins Gesicht; er antwortete: es wäre gut! Donna Elvire möchte sich beruhigen; und führte seine Dame weiter. — Als sie in der Kirche der Dominikaner ankamen, ließ sich die Orgel schon mit musikalischer Pracht hören, und eine unermeßliche Menschenmenge wogte darin. Das Gedränge erstreckte sich bis weit vor den Portalen auf den Vorplatz der Kirche hinaus, und an den Wänden hoch, in den Rahmen der Gemälde, hingen Knaben, und hielten mit erwartungsvollen Blicken ihre Mützen in der Hand. Von allen Kronleuchtern strahlte es herab, die Pfeiler warfen bei der einbrechenden Dämmerung, geheimnisvolle Schatten, die große von gefärbtem Glas gearbeitete Rose in der Kirche äußer-

---

[1]**Da man . . . sah** When they saw her chest heave violently as she hesitantly made her little preparations for departure

[2]**doch da . . . willigte** but since he cried loudly and in no way acquiesced to the injustice that was about to be done to him

[3]**harrte ihrer . . . wolle** without letting go of Josephe's arm, he waited for her and, since she stopped some distance from him as if expecting him to come to her, he asked her what she wanted. *Note:* the verb **harren auf** requires an accusative object (**Er harrte auf sie**); when **harren** is used without the preposition, as is the case here, it requires a genitive object (**Don Fernando . . . harrte ihrer**).

stem Hintergrunde glühte wie die Abendsonne selbst, die sie erleuchtete,[1] und Stille herrschte, da die Orgel jetzt schwieg, in der ganzen Versammlung, als hätte keiner einen Laut in der Brust. Niemals schlug aus einem christlichen Dom eine solche Flamme der Inbrunst gen[2] Himmel wie heute aus dem Dominikanerdom zu St. Jago; und keine menschliche Brust gab wärmere Glut dazu her, als Jeronimos und Josephens! Die Feierlichkeit fing mit einer Predigt an, die der ältesten Chorherren einer,[3] mit dem Festschmuck angetan, von der Kanzel hielt. Er begann gleich mit Lob, Preis und Dank, seine zitternden, vom Chorhemde weit umflossenen Hände hoch gen Himmel erhebend, daß noch Menschen seien auf diesem, in Trümmer zerfallenden Teile der Welt, fähig, zu Gott empor zu stammeln. Er schilderte, was auf den Wink des Allmächtigen geschehen war;[4] das Weltgericht kann nicht entsetzlicher sein; und als er das gestrige Erdbeben gleichwohl, auf einen Riß, den der Dom erhalten hatte, hinzeigend, einen bloßen Vorboten davon nannte, lief ein Schauder über die ganze Versammlung.[5] Hierauf kam er, im Flusse priesterlicher Beredsamkeit, auf das Sittenverderbnis der Stadt; Greuel, wie Sodom und Gomorrah sie nicht sahen, strafte er an ihr;[6] und nur der unendlichen Langmut Gottes schrieb er es zu, daß sie noch nicht gänzlich vom Erdboden vertilgt worden sei. Aber wie dem Dolche gleich fuhr es durch die von dieser Predigt schon ganz zerrissenen Herzen unserer beiden Unglücklichen, als der Chorherr bei dieser Gelegenheit umständlich des Frevels erwähnte, der in dem Klostergarten der Karmeliterinnen verübt worden war;[7] die Schonung, die er bei der Welt gefunden hatte, gottlos nannte, und in einer von Verwünschungen erfüllten Seitenwendung, die Seelen der Täter, wörtlich genannt, allen Fürsten der Hölle übergab![8] Donna Constanze rief, indem sie an Jeronimos Arme zuckte: "Don Fernando!" Doch dieser antwortete so nachdrücklich und doch so heimlich,

[1]**die große . . . erleuchtete** the large rose that had been worked into the stained glass window at the farthest end of the church glowed like the very evening sun that illuminated it

[2]**gen** toward (modern **gegen**)

[3]**die der ältesten Chorherren einer** which one of the oldest canons. *Note* the unusual position of **einer**. Modern German: **die einer der ältesten Chorherren**.

[4]**was auf den Wink . . . war** what had happened at the behest of the Almighty

[5]**und als . . . Versammlung** and when he pointed to a crack in the cathedral that had been caused by the tremors and called yesterday's earthquake a mere precursor of it (i.e., of Judgment Day), the whole congregation shuddered

[6]**Hierauf kam . . . ihr** Then, caught up in the ecclesiastical flow of pulpit oratory (rhetoric), he touched upon the moral depravity of the city and excoriated it for countenancing abominations the likes of which not even Sodom and Gomorrha had seen

[7]**Aber wie . . . war** But when the canon took this opportunity to describe in detail the sacrilege that had been committed in the convent garden of the Carmelite nuns, the hearts of our unfortunate couple, already sorely wounded by the sermon, were transfixed as if by a dagger

[8]**in einer . . . übergab** in an aside, replete with maledictions, he consigned the souls of the two sinners, whom he identified by name, to all the princes of hell

wie sich beides verbinden ließ:[1] "Sie schweigen, Donna, Sie rühren auch den Augapfel nicht und tun, als ob Sie in eine Ohnmacht versänken,[2] worauf wir die Kirche verlassen." Doch ehe Donna Constanze diese sinnreich zur Rettung erfundene Maßregel noch ausgeführt hatte,[3] rief schon eine Stimme, des Chorherrn Predigt laut unterbrechend, aus: "Weichet fern hinweg, ihr Bürger von St. Jago, hier stehen diese gottlosen Menschen!" Und als eine andere Stimme schreckenvoll, indessen sich ein weiter Kreis des Entsetzens um sie bildete, fragte: "Wo?" "Hier!" versetzte ein Dritter und zog, heiliger Ruchlosigkeit voll,[4] Josephen bei den Haaren nieder, daß sie mit Don Fernandos Sohne zu Boden getaumelt wäre, wenn dieser sie nicht gehalten hätte. "Seid ihr wahnsinnig?" rief der Jüngling, und schlug den Arm um Josephen: "Ich bin Don Fernando Ormez, Sohn des Kommandanten der Stadt, den ihr alle kennt." "Don Fernando Ormez?" rief, dicht vor ihn hingestellt, ein Schuhflicker, der für Josephen gearbeitet hatte, und diese wenigstens so genau kannte als ihre kleinen Füße. "Wer ist der Vater zu diesem Kinde?" wandte er sich mit frechem Trotz zur Tochter Asterons. Don Fernando erblaßte bei dieser Frage. Er sah bald den Jeronimo schüchtern an, bald überflog er die Versammlung, ob nicht einer sei, der ihn kenne. Josephe rief, von entsetzlichen Verhältnissen gedrängt: "Dies ist nicht mein Kind, Meister Pedrillo, wie Er[5] glaubt;" indem sie, in unendlicher Angst der Seele, auf Don Fernando blickte; "dieser junge Herr ist Don Fernando Ormez, Sohn des Kommandanten der Stadt, den ihr alle kennt!" Der Schuster fragte: "Wer von euch, ihr Bürger, kennt diesen jungen Mann?" Und mehrere der Umstehenden wiederholten: "Wer kennt den Jeronimo Rugera? Der trete vor!" Nun traf es sich, daß in demselben Augenblicke der kleine Juan, durch den Tumult erschreckt, von Josephens Brust weg Don Fernando in die Arme strebte. Hierauf: "Er *ist* der Vater!" schrie eine Stimme, und: "Er *ist* Jeronimo Rugera!" eine andere, und: "Sie *sind* die gotteslästerlichen Menschen!" eine dritte, und: "Steinigt sie! steinigt sie!" die ganze im Tempel Jesu versammelte Christenheit![6] Drauf jetzt Jeronimo: "Halt! Ihr Unmenschlichen! Wenn ihr den Jeronimo Rugera sucht: hier ist er! Befreit jenen Mann, welcher unschuldig ist!" — Der wütende Haufen, durch die Äußerung Jeronimos verwirrt, stutzte; mehrere Hände ließen Don Fernando los, und da in demselben Augenblick ein Marineoffizier von bedeutendem Rang[7] herbeieilte und, indem er sich durch den Tumult drängte, fragte: "Don Fernando Ormez! Was ist Euch widerfahren?" so antwortete dieser, nun völlig befreit, mit wahrer heldenmütiger Besonnenheit: "Ja, sehn Sie, Don Alonzo, die

---

[1] **so nachdrücklich . . . ließ** with as much urgency as he could combine with secrecy

[2] **Sie rühren . . . versänken** don't even move an eyeball and act as if you had fainted

[3] **Doch ehe . . . hatte** But before Donna Constanze was able to carry out this clever subterfuge, which was designed to save them

[4] **heiliger Ruchlosigkeit voll** filled with the spirit of pious malevolence

[5] **Er** an antiquated form of address, roughly equivalent of the modern **Sie**.

[6] **Steinigt sie . . . Christenheit** "Stone them! Stone them!" (screamed) the gathering of Christians assembled in the Temple of Jesus

[7] **ein Marineoffizier . . . Rang** a high-ranking naval officer

Mordknechte! Ich wäre verloren gewesen, wenn dieser würdige Mann sich nicht, die rasende Menge zu beruhigen, für Jeronimo Rugera ausgegeben hätte. Verhaften Sie ihn, wenn Sie die Güte haben wollen, nebst dieser jungen Dame zu ihrer beiderseitigen Sicherheit,[1] und diesen Nichtswürdigen," indem er Meister Pedrillo ergriff, "der den ganzen Aufruhr angezettelt hat!" Der Schuster rief: "Don Alonzo Onoreja, ich frage Euch auf Euer Gewissen, ist dieses Mädchen nicht Josephe Asteron?" Da nun Don Alonzo, welcher Josephen sehr genau kannte, mit der Antwort zauderte und mehrere Stimmen, dadurch von neuem zur Wut entflammt, riefen: "Sie ist's, sie ist's!" und: "Bringt sie zu Tode!" so setzte Josephe den kleinen Philipp, den Jeronimo bisher getragen hatte, samt dem kleinen Juan, auf Don Fernandos Arm und sprach: "Gehn Sie, Don Fernando, retten Sie Ihre beiden Kinder und überlassen Sie uns unserm Schicksale!" Don Fernando nahm die beiden Kinder und sagte, er wolle eher umkommen als zugeben, daß seiner Gesellschaft etwas zuleide geschehe.[2] Er bot Josephen, nachdem er sich den Degen des Marineoffiziers ausgebeten hatte,[3] den Arm und forderte das hintere Paar auf, ihm zu folgen. Sie kamen auch wirklich, indem man ihnen bei solchen Anstalten mit hinlänglicher Ehrerbietigkeit Platz machte,[4] aus der Kirche heraus und glaubten sich gerettet. Doch kaum waren sie auf den von Menschen gleichfalls erfüllten Vorplatz derselben getreten,[5] als eine Stimme aus dem rasenden Haufen, der sie verfolgt hatte, rief: "Dies ist Jeronimo Rugera, ihr Bürger, denn ich bin sein eigner Vater!" und ihn an Donna Constanzens Seite mit einem ungeheuren Keulenschlage zu Boden streckte.[6] "Jesus Maria!" rief Donna Constanze und floh zu ihrem Schwager; doch: "Klostermetze!" erscholl es schon mit einem zweiten Keulenschlage von einer andern Seite, der sie leblos neben Jeronimo niederwarf.[7] "Ungeheuer!" rief ein Unbekannter, "dies war Donna Constanze Xares!" "Warum belogen sie uns!" antwortete der Schuster, "sucht die Rechte auf, und bringt sie um!" Don Fernando, als er Constanzens Leichnam erblickte, glühte vor Zorn; er zog und schwang das Schwert und hieb, daß er ihn gespalten hätte, den fanatischen Mordknecht, der diese Greuel veranlaßte, wenn derselbe nicht durch eine Wendung dem wütenden Schlag entwichen wäre.[8] Doch da er die Menge, die auf ihn eindrang, nicht überwältigen konnte: "Leben Sie wohl, Don Fernando mit den Kindern!" rief Josephe — und: "Hier

[1]**Verhaften Sie . . . Sicherheit** If you would be so good, arrest him as well as this young lady for their own safety

[2]**er wolle . . . geschehe** he would rather die than allow harm to come to his companions

[3]**nachdem er . . . hatte** after he had asked for the naval officer's sword

[4]**indem man . . . machte** since these proceedings had generated sufficient respect among the bystanders to cause them to make room

[5]**Doch kaum . . . getreten** Yet hardly had they reached the square, which was also crowded with people

[6]**mit einem . . . streckte** felled him with a tremendous blow of a club

[7]**"Klostermetze!" . . . niederwarf** "Convent whore!" resounded from a different quarter and another blow laid out her lifeless body next to Jeronimo

[8]**und hieb . . . wäre** and struck so hard at the fanatical murderer who had instigated this horror, that he would have cleaved him had he not dodged the furious blow

mordet mich, ihr blutdürstenden Tiger!" und stürzte sich freiwillig unter sie, um dem Kampf ein Ende zu machen. Meister Pedrillo schlug sie mit der Keule nieder. Darauf ganz mit ihrem Blute bespritzt: "Schickt ihr den Bastard zur Hölle nach!" rief er, und drang, mit noch ungesättigter Mordlust von neuem vor. Don Fernando, dieser göttliche Held, stand jetzt, den Rücken an die Kirche gelehnt; in der Linken hielt er die Kinder, in der Rechten das Schwert. Mit jedem Hiebe wetterstrahlte er einen zu Boden;[1] ein Löwe wehrt sich nicht besser. Sieben Bluthunde lagen tot vor ihm, der Fürst der satanischen Rotte selbst war verwundet. Doch Meister Pedrillo ruhte nicht eher, als bis er der Kinder eines bei den Beinen von seiner Brust gerissen[2] und, hochher im Kreise geschwungen, an eines Kirchpfeilers Ecke zerschmettert hatte. Hierauf ward es still, und alles entfernte sich. Don Fernando, als er seinen kleinen Juan vor sich liegen sah, mit aus dem Hirne vorquellenden Mark, hob, voll namenlosen Schmerzes, seine Augen gen Himmel. Der Marineoffizier fand sich wieder bei ihm ein, suchte ihn zu trösten und versicherte ihn, daß seine Untätigkeit bei diesem Unglück, obschon durch mehrere Umstände gerechtfertigt, ihn reue;[3] doch Don Fernando sagte, daß ihm nichts vorzuwerfen sei, und bat ihn nur, die Leichname jetzt fortschaffen zu helfen. Man trug sie alle bei der Finsternis der einbrechenden Nacht in Don Alonzos Wohnung, wohin Don Fernando ihnen, viel über das Antlitz des kleinen Philipp weinend, folgte. Er übernachtete auch bei Don Alonzo und säumte lange, unter falschen Vorspiegelungen, seine Gemahlin von dem ganzen Umfang des Unglücks zu unterrichten;[4] einmal, weil sie krank war, und dann, weil er auch nicht wußte, wie sie sein Verhalten bei dieser Begebenheit beurteilen würde;[5] doch kurze Zeit nachher, durch einen Besuch zufällig von allem, was geschehen war, benachrichtigt, weinte diese treffliche Dame im Stillen ihren mütterlichen Schmerz aus und fiel ihm mit dem Rest einer erglänzenden Träne eines Morgens um den Hals und küßte ihn. Don Fernando und Donna Elvire nahmen hierauf den kleinen Fremdling zum Pflegesohn an; und wenn Don Fernando Philippen mit Juan verglich und wie er beide erworben hatte, so war es ihm fast, als müßte er sich freuen.

[1] **Mit jedem . . . Boden** with each lightning-like blow he felled someone

[2] **als bis er der Kinder eines . . . gerissen** until he had snatched one of the children by its legs from his arm. *Note* the unusual position of **eines.**

[3] **versicherte ihn . . . Reue** assured him that he regretted his lack of intervention during the catastrophe, although it was justified by several circumstances

[4] **säumte lange . . . unterrichten** under false pretenses, he for a long time failed to inform his spouse of the full extent of the catastrophe

[5] **wie sie . . . würde** how she would judge his actions during the course of this event

Unverhofftes Wiedersehen[1]

Johann Peter Hebel

In Falun in Schweden küßte vor guten fünfzig Jahren und mehr ein junger Bergmann seine junge hübsche Braut und sagte zu ihr: "Auf Sankt Luciä[2] wird unsere Liebe von des Priesters Hand gesegnet. Dann sind wir Mann und Weib und bauen uns ein eigenes Nestlein." — "Und Friede und Liebe soll darin wohnen," sagte die schöne Braut mit holdem Lächeln, "denn du bist mein einziges und alles, und ohne dich möchte ich lieber im Grab sein, als an einem andern Ort." Als sie aber vor St. Luciä der Pfarrer zum zweitenmal in der Kirche ausgerufen hatte: "So nun jemand Hindernis wüßte anzuzeigen, warum diese Personen nicht möchten ehelich zusammenkommen,"[3] da meldete sich der Tod.[4] Denn als der Jüngling den andern Morgen in seiner schwarzen Bergmannskleidung an ihrem Haus vorbeiging — der Bergmann hat sein Totenkleid immer an —, da klopfte er zwar noch einmal an ihrem Fenster und sagte ihr guten Morgen, aber keinen guten Abend mehr. Er kam nimmer[5] aus dem Bergwerk zurück, und sie säumte vergeblich selbigen Morgen ein schwarzes Halstuch mit rotem Rand[6] für ihn zum Hochzeitstag, sondern als[7] er nimmer kam, legte sie es weg und weinte um ihn und vergaß ihn nie. Unterdessen wurde die Stadt Lissabon in Portugal durch ein Erdbeben[8] zerstört, und der Siebenjährige Krieg[9] ging vorüber, und Kaiser Franz der Erste[10] starb,

---

[1] The source of this story is an account of a real incident from 1670 that G. H. Schubert reported in *Ansichten von der Nachtseite der Naturwissenschaften* (1808). Hebel published this novella in an almanac and reprinted it in a collection entitled *Das Schatzkästlein des Rheinischen Hausfreundes* in 1811.

[2] **Sankt Luciä** the feast of St. Lucia (Lucy), December 13

[3] **So nun . . . zusammenkommen** a phrase from the banns. The priest or minister, upon announcing the impending nuptials, enjoins the parishioners: "If there is anyone among you who can show just cause why this man and this woman should not be joined in holy matrimony . . . ."

[4] **da meldete . . . Tod** death reported in (to raise an objection)

[5] **nimmer** never (modern **nie wieder**)

[6] **sie säumte . . . Rand** in vain did she hem a black kerchief (bandanna) with a red border on that very same morning

[7] **sondern als** but when

[8] **Erdbeben** the earthquake of Lisbon, 1755. *Note*: to mark the passage of time, Hebel chronicles a series of historical events that occurred between 1755-1807.

[9] **der Siebenjährige Krieg** The Seven Years' War, 1756-1763

[10] **Franz der Erste** Emperor Francis I of Austria, died 1765

und der Jesuitenorden[1] wurde aufgehoben, und Polen geteilt,[2] und die Kaiserin Maria Theresia[3] starb, und der Struensee[4] wurde hingerichtet, Amerika wurde frei, und die vereinigte französische und spanische Macht konnte Gibraltar[5] nicht erobern. Die Türken schlossen den General Stein in der Veteraner Höhle[6] in Ungarn ein, und der Kaiser Joseph[7] starb auch. Der König Gustav[8] von Schweden eroberte Russisch-Finnland, und die französische Revolution und der lange Krieg fing an, und der Kaiser Leopold der Zweite[9] ging auch ins Grab. Napoleon eroberte Preußen,[10] und die Engländer bombardierten Kopenhagen,[11] und die Ackerleute säten und schnitten.[12] Der Müller mahlte, und die Schmiede hämmerten, und die Bergleute gruben nach den Metalladern[13] in ihrer unterirdischen Werkstatt. Als aber die Bergleute in Falun im Jahre 1809 etwas vor oder nach Johannis[14] zwischen zwei Schachten eine Öffnung durchgraben wollten, gute dreihundert Ellen[15] tief unter dem Boden, gruben sie aus dem Schutt und Vitriolwasser den Leichnam eines Jünglings heraus, der ganz mit Eisenvitriol durchdrungen, sonst aber unverwest und unverändert war,[16] also daß man seine Gesichtszüge und sein Alter noch völlig erkennen konnte, als wenn er erst vor einer Stunde gestorben oder ein wenig eingeschlafen wäre bei der Arbeit. Als man ihn aber zutag ausgefördert hatte,[17] Vater und Mutter, Gefreundete[18] und Bekannte waren schon lange tot, kein Mensch wollte den schlafenden Jüngling kennen oder

[1]Jesuitenorden the Society of Jesus, suspended by Pope Clement XIV in 1773

[2]Polen geteilt Poland was first partitioned by Prussia, Austria, and Russia in 1772

[3]Maria Theresia Empress of Austria, died 1780

[4]Struensee Prime Minister of Denmark, executed for treason in 1772

[5]Gibraltar the siege of Gibraltar, 1779-1782

[6]Veteraner Höhle strategic point on the Danube, took place in 1787

[7]Kaiser Joseph Emperor Joseph II of Austria, died 1790

[8]König Gustav Gustavus III of Sweden conquered Finland in 1790 in a war against Russia

[9]Leopold der Zweite Emperor of Austria, died 1792

[10]Preußen Napoleon conquered Prussia and marched into Berlin in 1806

[11]Kopenhagen the English besieged and bombarded Copenhagen in 1807

[12]säten und schnitten sowed and reaped

[13]gruben nach den Metalladern dug for the veins of metallic ore. *Note*: Falun was famous for its copper mines.

[14]Johannis It remains unclear whether Hebel had the feast of St. John the Baptist (June 24) or the feast of St. John (27 December) in mind

[15]Ellen ells. *Note*: an ell was an old unit of measurement (roughly a yard).

[16]der ganz . . . war who was saturated with vitriol (ferrous sulfate), but otherwise undecomposed and unchanged

[17]zutag ausgefördert hatte had brought up into daylight

[18]Gefreundete modern Freunde

etwas von seinem Unglück wissen,[1] bis die ehemalige Verlobte des Bergmanns kam, der eines Tages auf die Schicht gegangen war und nimmer zurückkehrte.[2] Grau und zusammengeschrumpft kam sie an einer Krücke an den Platz und erkannte ihren Bräutigam; und mehr mit freudigem Entzücken als mit Schmerz sank sie auf die geliebte Leiche nieder, und erst als sie sich von einer langen heftigen Bewegung des Gemüts erholt hatte:[3] "Es ist mein Verlobter," sagte sie endlich, "um den ich fünfzig Jahre lang getrauert hatte und den mich Gott noch einmal sehen läßt vor meinem Ende. Acht Tage vor der Hochzeit ist er auf die Grube gegangen und nimmer gekommen." Da wurden die Gemüter aller Umstehenden von Wehmut und Tränen ergriffen, als sie sahen die ehemalige Braut jetzt in der Gestalt des hingewelkten kraftlosen Alters und den Bräutigam noch in seiner jugendlichen Schöne,[4] und wie in ihrer Brust nach fünfzig Jahren die Flamme der jugendlichen Liebe noch einmal erwachte; aber er öffnete den Mund nimmer zum Lächeln oder die Augen zum Wiedererkennen; und wie sie ihn endlich von den Bergleuten in ihr Stüblein tragen ließ, als die einzige, die ihm angehöre und ein Recht an ihn habe,[5] bis sein Grab gerüstet sei auf dem Kirchhof. Den anderen Tag, als das Grab gerüstet war auf dem Kirchhof und ihn die Bergleute holten, legte sie ihm das schwarzseidene Halstuch mit roten Streifen um und begleitete ihn in ihrem Sonntagsgewand, als wenn es ihr Hochzeitstag und nicht der Tag seiner Beerdigung wäre. Denn als man ihn auf dem Kirchhof ins Grab legte, sagte sie: "Schlafe nun wohl. Noch einen Tag oder zehn im kühlen Hochzeitsbett, und laß dir die Zeit nicht lang werden. Ich habe nur noch ein wenig zu tun und komme bald, und bald wird's wieder Tag.[6] Was die Erde einmal wiedergegeben hat, wird sie zum zweitenmal auch nicht behalten," sagte sie, als sie fortging, und noch einmal umschaute.[7]

[1] **kein Mensch . . . wissen** no one claimed to know the sleeping youth or anything about his accident

[2] **auf die . . . zurückkehrte** had gone to work his shift and never returned

[3] **und mehr . . . hatte** and, more in joyful delight than in pain, she sank down upon the body of her beloved and only after she had recovered from a long, intense bout of emotion

[4] **als sie sahen . . . Schöne** when they saw the former bride now withered and enfeebled by old age and the bridegroom still in possession of his youthful good looks. *Note* the unusual position of **sahen** — the verb normally is placed at the end of a subordinate clause.

[5] **die ihm . . . habe** who belonged to him and had a claim to him (his body)

[6] **bald wird's . . . Tag** day will soon break again

[7] **und noch einmal umschaute** and looked back once more. *Note:* modern German would use a reflexive pronoun — **und sich noch einmal umschaute.**

GESCHICHTE VOM BRAVEN KASPERL
UND DEM SCHÖNEN ANNERL[1]

Clemens Brentano

Es war Sommersfrühe, die Nachtigallen sangen erst seit einigen Tagen durch die Straßen und verstummten heut in einer kühlen Nacht, welche von fernen Gewittern zu uns herwehte; der Nachtwächter rief die elfte Stunde an, da sah ich, nach Hause gehend, vor der Tür eines großen Gebäudes einen Trupp von allerlei Gesellen, die vom Biere kamen, um jemand, der auf den Türstufen saß, versammelt. Ihr Anteil schien mir so lebhaft, daß ich irgendein Unglück besorgte und mich näherte.[2]

Eine alte Bäuerin saß auf der Treppe, und so lebhaft die Gesellen sich um sie bekümmerten, so wenig ließ sie sich von den neugierigen Fragen und gutmütigen Vorschlägen derselben stören.[3] Es hatte etwas sehr Befremdendes, ja schier Großes,[4] wie die gute alte Frau so sehr wußte, was sie wollte, daß sie, als sei sie ganz allein in ihrem Kämmerlein, mitten unter den Leuten es sich unter freiem Himmel zur Nachtruhe bequem machte. Sie nahm ihre Schürze als ein Mäntelchen um, zog ihren großen schwarzen, wachsleinenen Hut tiefer in die Augen, legte sich ihr Bündel unter den Kopf zurecht und gab auf keine Frage Antwort.

"Was fehlt dieser alten Frau?" fragte ich einen der Anwesenden; da kamen Antworten von allen Seiten: "Sie kömmt sechs Meilen Weges vom Lande, sie kann nicht weiter, sie weiß nicht Bescheid in der Stadt, sie hat Befreundete am andern Ende der Stadt und kann nicht hinfinden." — "Ich wollte sie führen," sagte einer, "aber es ist ein weiter Weg, und ich habe meinen Hausschlüssel nicht bei mir. Auch würde sie das Haus nicht kennen, wo sie hin will." — "Aber hier kann die Frau nicht liegen bleiben," sagte ein Neuhinzugetretener. "Sie will aber platterdings," antwortete der erste; "ich habe es ihr längst gesagt, ich wolle sie nachHaus bringen, doch sie redet ganz verwirrt, ja sie muß wohl betrunken sein." — "Ich glaube, sie ist blödsinnig. Aber hier kann sie doch in keinem Falle bleiben," wiederholte jener, "die Nacht ist kühl und lang."

---

[1]Brentano published this narrative in 1817.

[2]**daß ich . . . näherte** that I feared some mishap and approached them

[3]**ließ sie . . . stören** she didn't let their many nosy questions and well-meant suggestions bother her

[4]**Es hatte . . . Großes** There was something strikingly unusual, almost regal

Während allem diesem Gerede war die Alte, grade als ob sie taub und blind sei, ganz ungestört mit ihrer Zubereitung fertig geworden, und da der letzte abermals sagte: "Hier kann sie doch nicht bleiben," erwiderte sie, mit einer wunderlich tiefen und ernsten Stimme:

"Warum soll ich nicht hier bleiben? Ist dies nicht ein herzogliches Haus? Ich bin achtundachtzig Jahre alt, und der Herzog wird mich gewiß nicht von seiner Schwelle treiben. Drei Söhne sind in seinem Dienst gestorben, und mein einziger Enkel hat seinen Abschied genommen; — Gott verzeiht es ihm gewiß, und ich will nicht sterben, bis er in seinem ehrlichen Grab liegt."

"Achtundachtzig Jahre und sechs Meilen gelaufen!" sagten die Umstehenden, "sie ist müd und kindisch, in solchem Alter wird der Mensch schwach."

"Mutter, Sie kann aber den Schnupfen kriegen[1] und sehr krank werden hier, und Langeweile wird Sie auch haben," sprach nun einer der Gesellen und beugte sich näher zu ihr.

Da sprach die Alte wieder mit ihrer tiefen Stimme, halb bittend, halb befehlend:

"O laßt mir meine Ruhe und seid nicht unvernünftig; ich brauche keinen Schnupfen, ich brauche keine Langeweile; es ist ja schon spät an der Zeit, achtundachtzig bin ich alt, der Morgen wird bald anbrechen, da geh ich zu meinen Befreundeten. Wenn ein Mensch fromm ist und hat Schicksale[2] und kann beten, so kann er die paar armen Stunden auch noch wohl hinbringen."

Die Leute hatten sich nach und nach verloren, und die letzten, welche noch da standen, eilten auch hinweg, weil der Nachtwächter durch die Straße kam und sie sich von ihm ihre Wohnungen wollten öffnen lassen. So war ich allein noch gegenwärtig. Die Straße ward ruhiger. Ich wandelte nachdenkend unter den Bäumen des vor mir liegenden freien Platzes auf und nieder;[3] das Wesen der Bäuerin, ihr bestimmter, ernster Ton, ihre Sicherheit im Leben, das sie achtundachtzigmal mit seinen Jahreszeiten hatte zurückkehren sehen, und das ihr nur wie ein Vorsaal im Bethause erschien,[4] hatten mich mannigfach erschüttert. "Was sind alle Leiden, alle Begierden meiner Brust? Die Sterne gehen ewig unbekümmert ihren Weg — wozu suche ich Erquickung und Labung, und von wem suche ich sie und für wen?[5] Alles, was ich hier suche und liebe und erringe, wird es mich je dahin bringen, so ruhig wie diese gute, fromme Seele die Nacht auf der Schwelle des Hauses zubringen zu können, bis

---

[1] **Sie kann . . . kriegen** you can catch a cold. *Note:* Brentano uses antiquated forms of address. When two people from different social classes speak to each other, they use capitalized third person singular (**Er** and **Sie**) or second person plural familiar (**Ihr**) pronouns rather than **Du** or **Sie**.

[2] **und hat Schicksale** and has (a trust in) fate (providence)

[3] **Ich wandelte . . . nieder** Lost in thought, I strolled back and forth beneath the trees of the open square before me

[4] **ihre Sicherheit . . . erschien** her self-confidence after a life which, although it had seen the seasons turn eighty-eight times, seemed to her to be only the waiting-room of a house of worship (i.e., the precursor of eternal life)

[5] **wozu suche . . . wen** why do I seek refreshment and comfort, and from whom and for whom

der Morgen erscheint, und werde ich dann den Freund finden wie sie? Ach, ich werde die Stadt gar nicht erreichen, ich werde wegemüde schon in dem Sande vor dem Tore umsinken und vielleicht gar in die Hände der Räuber fallen." So sprach ich zu mir selbst, und als ich durch den Lindengang mich der Alten wieder näherte, hörte ich sie halblaut mit gesenktem Kopfe vor sich hin beten. Ich war wunderbar gerührt und trat zu ihr hin und sprach: "Mit Gott, fromme Mutter,[1] bete Sie auch ein wenig für mich!" — bei welchen Worten ich ihr einen Taler in die Schürze warf.

Die Alte sagte hierauf ganz ruhig: "Hab tausend Dank, mein lieber Herr, daß du mein Gebet erhört."

Ich glaubte, sie spreche mit mir, und sagte: "Mutter, habt Ihr mich denn um etwas gebeten? Ich wüßte nicht."

Da fuhr die Alte überrascht auf und sprach: "Lieber Herr, gehe Er doch nach Haus und bete Er fein und lege Er sich schlafen. Was zieht Er so spät noch auf der Gasse herum? Das ist jungen Gesellen gar nichts nütze; denn der Feind geht um und suchet, wo er sich einen erfange. Es ist mancher durch solch Nachtlaufen verdorben. Wen sucht Er? Den Herrn? Er ist in des Menschen Herz, so er züchtiglich lebt, und nicht auf der Gasse.[2] Sucht Er aber den Feind, so hat Er ihn schon; gehe Er hübsch nach Haus und bete Er, daß Er ihn loswerde. Gute Nacht!"

Nach diesen Worten wendete sie sich ganz ruhig nach der andern Seite und steckte den Taler in ihren Reisesack. Alles, was die Alte tat, machte einen eigentümlichen ernsten Eindruck auf mich, und ich sprach zu ihr: "Liebe Mutter, Ihr habt wohl recht, aber Ihr selbst seid es, was mich hier hält; ich hörte Euch beten und wollte Euch ansprechen, meiner dabei zu gedenken."[3]

"Das ist schon geschehen," sagte sie; "als ich Ihn so durch den Lindengang wandeln sah, bat ich Gott, er möge Euch gute Gedanken geben. Nun habe Er sie, und gehe Er fein schlafen!"

Ich aber setzte mich zu ihr nieder auf die Treppe und ergriff ihre dürre Hand und sagte: "Lasset mich hier bei Euch sitzen die Nacht hindurch, und erzählet mir, woher Ihr seid, und was Ihr hier in der Stadt sucht; Ihr habt hier keine Hülfe, in Eurem Alter ist man Gott näher als den Menschen; die Welt hat sich verändert, seit Ihr jung wart."

"Daß ich nicht wüßte," erwiderte die Alte, "ich habs mein Lebetag ganz einerlei gefunden;[4] Er ist noch zu jung, da verwundert man sich über alles; mir ist alles schon so oft wieder vorgekommen, daß ich es nur noch mit Freuden ansehe, weil es Gott so treulich damit meinet. Aber man soll keinen guten Willen von sich weisen, wenn er einem auch grade nicht not tut, sonst möchte

---

[1] **Mit Gott, fromme Mutter** May God be with you, my good (pious) woman

[2] **Wen sucht . . . Gasse** Whom do you seek? The Lord? He can be found in the hearts of the righteous and not on the street

[3] **meiner dabei . . . gedenken** to think of me (to include me in your prayers). *Note:* **gedenken** (to think of) is a genitive verb, hence **meiner**.

[4] **ich habs . . . gefunden** my whole life long I've found it pretty much the same. *Note:* Brentano regularly omits apostrophes in contractions — hence **habs** instead of **hab's**.

der liebe Freund ausbleiben, wenn er ein andermal gar willkommen wäre;[1] bleibe Er drum immer sitzen, und sehe Er, was Er mir helfen kann. Ich will Ihm erzählen, was mich in die Stadt den weiten Weg treibt. Ich hätt es nicht gedacht, wieder hierher zu kommen. Es sind siebzig Jahre, daß ich hier in dem Hause als Magd gedient habe, auf dessen Schwelle ich sitze, seitdem war ich nicht mehr in der Stadt; was die Zeit herumgeht! Es ist, als wenn man eine Hand umwendet. Wie oft habe ich hier am Abend gesessen, vor siebzig Jahren und habe auf meinen Schatz gewartet, der bei der Garde stand! Hier haben wir uns auch versprochen. Wenn er hier — aber still, da kömmt die Runde vorbei."[2]

Da hob sie an, mit gemäßigter Stimme, wie etwa junge Mägde und Diener in schönen Mondnächten, vor der Tür zu singen, und ich hörte mit innigem Vergnügen folgendes schöne alte Lied von ihr:

> Wann der Jüngste Tag wird werden,
> Dann fallen die Sternelein auf die Erden.
> Ihr Toten, ihr Toten sollt auferstehn,[3]
> Ihr sollt vor das Jüngste Gerichte gehn;
> Ihr sollt treten auf die Spitzen,[4]
> Da die lieben Engelein sitzen.
> Da kam der liebe Gott gezogen
> Mit einem schönen Regenbogen.
> Da kamen die falschen Juden gegangen,
> Die führten einst unsern Herrn Christum gefangen.
> Die hohen Bäum erleuchten sehr,
> Die harten Stein zerknirschten sehr.
> Wer dies Gebetlein beten kann,
> Der bets des Tages nur einmal,
> Die Seele wird vor Gott bestehn,
> Wann wir werden zum Himmel eingehn!
> Amen.

Als die Runde uns näher kam, wurde die gute Alte gerührt. "Ach," sagte sie, "es ist heute der sechzehnte Mai, es ist doch alles einerlei, grade wie damals, nur haben sie andere Mützen auf und keine Zöpfe mehr. Tut nichts, wenns Herz nur gut ist!" Der Offizier der Runde blieb bei uns stehen und wollte eben fragen, was wir hier so spät zu schaffen hätten, als ich den Fähnrich Graf Grossinger, einen Bekannten, in ihm erkannte.[5] Ich sagte ihm kurz den ganzen Handel, und er sagte, mit einer Art von Erschütterung: "Hier ha-

---

[1]**Aber man . . . wäre** But one should not turn away good will, even if it's not needed; otherwise a close friend might not show up on an occasion when he would be most welcome

[2]**aber still . . . vorbei** but hush, the night patrol (watch) is passing

[3]**sollt auferstehn** shall (are supposed to) be resurrected

[4]**Spitzen** tiptoes (**Zehenspitzen**)

[5]**was wir . . . erkannte** what business we had here at such a late hour, when I recognized him as an acquaintance, Count Grossinger, a cadet officer

ben Sie einen Taler für die Alte und eine Rose" — die er in der Hand trug —
"so alte Bauersleute haben Freude an Blumen. Bitten Sie die Alte, Ihnen morgen das Lied in die Feder zu sagen,[1] und bringen Sie mir es. Ich habe lange
nach dem Lied getrachtet, aber es nie ganz habhaft werden können."[2] Hiermit
schieden wir, denn der Posten der nah gelegenen Hauptwache, bis zu welcher
ich ihn über den Platz begleitet hatte, rief: "Wer da?" Er sagte mir noch, daß
er die Wache am Schlosse habe, ich solle ihn dort besuchen. Ich ging zu der
Alten zurück und gab ihr die Rose und den Taler.

Die Rose ergriff sie mit einer rührenden Heftigkeit und befestigte sie sich
auf ihren Hut, indem sie mit einer etwas feineren Stimme und fast weinend die
Worte sprach:

> Rosen die Blumen auf meinem Hut,
> Hätt ich viel Geld, das wäre gut,
> Rosen und mein Liebchen.

Ich sagte zu ihr: "Ei, Mütterchen, Ihr seid ja ganz munter geworden," und
sie erwiderte:

> Munter, munter,
> Immer bunter,
> Immer runder.
> Oben stund er,
> Nun bergunter,
> 's ist kein Wunder!

"Schau Er, lieber Mensch, ist es nicht gut, daß ich hier sitzengeblieben?
Es ist alles einerlei, glaub Er mir; heut sind es siebzig Jahre, da saß ich hier vor
der Türe, ich war eine flinke Magd und sang gern alle Lieder. Da sang ich
auch das Lied vom Jüngsten Gericht wie heute, da die Runde vorbeiging, und
da warf mir ein Grenadier im Vorübergehn eine Rose in den Schoß — die
Blätter hab ich noch in meiner Bibel liegen — , das war meine erste Bekanntschaft mit meinem seligen Mann. Am andern Morgen hatte ich die Rose vor-
gesteckt in der Kirche, und da fand er mich, und es ward bald richtig.[3] Drum
hat es mich gar sehr gefreut, daß mir heut wieder eine Rose ward. Es ist ein
Zeichen, daß ich zu ihm kommen soll, und darauf freu ich mich herzlich. Vier
Söhne und eine Tochter sind mir gestorben, vorgestern hat mein Enkel seinen
Abschied genommen — Gott helfe ihm und erbarme sich seiner![4] — und
morgen verläßt mich eine andre gute Seele, aber was sag ich morgen, ist es
nicht schon Mitternacht vorbei?"

"Es ist zwölfe vorüber," erwiderte ich, verwundert über ihre Rede.

"Gott gebe ihr Trost und Ruhe die vier Stündlein, die sie noch hat!" sagte
die Alte und ward still, indem sie die Hände faltete. Ich konnte nicht spre-

---

[1]**Ihnen morgen . . . sagen** to repeat the song tomorrow so you can write it down

[2]**ich habe . . . können** I've been looking for that song for a long time, but have never
been able to get hold of the complete text

[3]**und da . . . richtig** and it soon worked out (we got to know each other)

[4]**Gott helfe . . . seiner** May God help and take pity on him

chen, so erschütterten mich ihre Worte und ihr ganzes Wesen. Da sie aber ganz stille blieb und der Taler des Offiziers noch in ihrer Schürze lag, sagte ich zu ihr: "Mutter, steckt den Taler zu Euch, Ihr könntet ihn verlieren."

"Den wollen wir nicht weglegen, den wollen wir meiner Befreundeten schenken in ihrer letzten Not!"[1] erwiderte sie. "Den ersten Taler nehm ich morgen wieder mit nach Haus, der gehört meinem Enkel, der soll ihn genießen. Ja seht, es ist immer ein herrlicher Junge gewesen und hielt etwas auf[2] seinen Leib und auf seine Seele — ach Gott, auf seine Seele! — ich habe gebetet den ganzen Weg, es ist nicht möglich, der liebe Herr läßt ihn gewiß nicht verderben. Unter allen Burschen war er immer der reinlichste und fleißigste in der Schule, aber auf die Ehre war er vor allem ganz erstaunlich.[3] Sein Leutnant hat auch immer gesprochen; 'Wenn meine Schwadron Ehre im Leibe hat, so sitzt sie bei dem Finkel im Quartier.'[4] Er war unter den Ulanen.[5] Als er zum erstenmal aus Frankreich zurückkam, erzählte er allerlei schöne Geschichten, aber immer war von der Ehre dabei die Rede. Sein Vater und sein Stiefbruder waren bei dem Landsturm und kamen oft mit ihm wegen der Ehre in Streit;[6] denn was er zuviel hatte, hatten sie nicht genug. Gott verzeih mir meiner schwere Sünde, ich will nicht schlecht von ihnen reden, jeder hat sein Bündel zu tragen:[7] aber meine selige Tochter, *seine* Mutter, hat sich zu Tode gearbeitet bei dem Faulpelz, sie konnte nicht erschwingen, seine Schulden zu tilgen.[8] Der Ulan erzählte von den Franzosen, und als der Vater und Stiefbruder sie ganz schlecht machen wollten, sagte der Ulan: 'Vater, das versteht Ihr nicht, sie haben doch viel Ehre im Leibe!' Da ward der Stiefbruder tückisch und sagte: 'Was kannst du deinem Vater so viel von der Ehre vorschwatzen? War er doch Unteroffizier im N...schen Regiment und muß es besser als du verstehn, der nur Gemeiner ist!'[9] — 'Ja,' sagte da der alte Finkel, der nun auch rebellisch ward, 'das war ich und habe manchen vorlauten Burschen fünfundzwanzig aufgezählt;[10] hätte ich nur Franzosen in der Kompanie gehabt, die sollten sie noch besser gefühlt haben, mit ihrer Ehre!' Die Rede tat dem Ulanen gar weh, und er sagte: 'Ich will ein Stückchen von einem französischen Unteroffizier erzählen, das gefällt mir besser. Unterm vorigen König sollten auf

---

[1] **in ihrer letzten Not** in her final hour of need

[2] **hielt etwas auf** thought much of

[3] **aber auf . . . erstaunlich** but, above all, his sense of honor was astonishing

[4] **Wenn mein . . . Quartier** If my squadron has a sense of honor, it resides in Finkel

[5] **Ulanen** lancers (a cavalry unit)

[6] **waren bei . . . Streit** were members of the Home Guard (the National Guard) and often got into arguments over honor with him

[7] **jeder hat . . . tragen** everyone has his own burden to bear

[8] **hat sich . . . tilgen** worked herself to death and still couldn't manage to eradicate (pay off) the lazy bum's debts

[9] **War er . . . ist** He was a noncommissioned officer in the N...th Regiment and has got to know more about honor than you, a mere private

[10] **das war . . . aufgezählt** indeed I was and I delivered twenty-five lashes to many a loud-mouthed young fellow

einmal die Prügel bei der französischen Armee eingeführt werden. Der Befehl des Kriegsministers wurde zu Straßburg bei einer großen Parade bekanntgemacht, und die Truppen hörten in Reih und Glied die Bekanntmachung mit stillem Grimm an.[1] Da aber noch am Schluß der Parade ein Gemeiner einen Exzeß machte, wurde sein Unteroffizier vorkommandiert, ihm zwölf Hiebe zu geben. Es wurde ihm mit Strenge befohlen, und er mußte es tun. Als er aber fertig war, nahm er das Gewehr des Mannes, den er geschlagen hatte, stellte es vor sich an die Erde und drückte mit dem Fuße los, daß ihm die Kugel durch den Kopf fuhr und er tot niedersank. Das wurde an den König berichtet, und der Befehl, Prügel zu geben, ward gleich zurückgenommen. Seht, Vater, das war ein Kerl, der Ehre im Leib hatte!' — 'Ein Narr war es,' sprach der Bruder. 'Freß deine Ehre, wenn du Hunger hast!' brummte der Vater. Da nahm mein Enkel seinen Säbel und ging aus dem Haus und kam zu mir in mein Häuschen und erzählte mir alles und weinte die bittern Tränen. Ich konnte ihm nicht helfen; die Geschichte, die er mir auch erzählte, konnte ich zwar nicht ganz verwerfen,[2] aber ich sagte ihm doch immer zuletzt: 'Gib Gott allein die Ehre!'[3] Ich gab ihm noch den Segen, denn sein Urlaub war am andern Tage aus, und er wollte noch eine Meile umreiten nach dem Orte, wo ein Patchen von mir auf dem Edelhof diente, auf die er gar viel hielt; er wollte einmal mit ihr hausen.[4] — Sie werden auch wohl bald zusammenkommen, wenn Gott mein Gebet erhört. Er hat seinen Abschied schon genommen, mein Patchen wird ihn heut erhalten, und die Aussteuer hab ich auch schon beisammen, es soll auf der Hochzeit weiter niemand sein als ich."[5] Da ward die Alte wieder still und schien zu beten. Ich war in allerlei Gedanken über die Ehre, und ob ein Christ den Tod des Unteroffiziers schön finden dürfe. Ich wollte, es sagte mir einmal einer etwas Hinreichendes darüber.

Als der Wächter ein Uhr anrief, sagte die Alte: "Nun habe ich noch zwei Stunden. Ei, ist Er noch da, warum geht Er nicht schlafen? Er wird morgen nicht arbeiten können und mit seinem Meister Händel kriegen;[6] von welchem Handwerk ist Er denn, mein guter Mensch?"

Da wußte ich nicht recht, wie ich es ihr deutlich machen sollte, daß ich ein Schriftsteller sei. "Ich bin ein Gestudierter," durfte ich nicht sagen, ohne zu lügen. Es ist wunderbar, daß ein Deutscher immer sich ein wenig schämt, zu sagen, er sei ein Schriftsteller; zu Leuten aus den untern Ständen sagt man es am ungernsten, weil diesen gar leicht die Schriftgelehrten und Pharisäer aus der Bibel dabei einfallen. Der Name Schriftsteller ist nicht so eingebürgert bei uns, wie das *homme de lettres* bei den Franzosen, welche überhaupt als Schrift-

---

[1]**die Truppen . . . an** standing in rank and file, the troops listened to the announcement in silent rage

[2]**konnte ich . . . verwerfen** granted, I couldn't totally dismiss

[3]**Gib Gott allein die Ehre** honor only God

[4]**wo ein . . . hausen** where my goddaughter was a maid; he thought a great deal of her and one day wanted to set up house with her (marry)

[5]**Er hat . . . ich** He's already taken his leave, my goddaughter will take hers today, and I've already gotten the dowry together — no one will be at the wedding but me

[6]**und mit . . . kriegen** and get in trouble with your boss

steller zünftig sind und in ihren Arbeiten mehr hergebrachtes Gesetz haben,[1] ja, bei denen man auch fragt: *"Où avez-vous fait votre philosophie? Wo haben Sie Ihre Philosophie gemacht?"* wie denn ein Franzose selbst viel mehr von einem gemachten Manne hat. Doch diese nicht deutsche Sitte ist es nicht allein, welche das Wort Schriftsteller so schwer auf der Zunge macht, wenn man am Tore um seinen Charakter gefragt wird, sondern eine gewisse innere Scham hält uns zurück, ein Gefühl, welches jeden befällt, der mit freien und geistigen Gütern, mit unmittelbaren Geschenken des Himmels Handel treibt.[2] Gelehrte brauchen sich weniger zu schämen als Dichter; denn sie haben gewöhnlich Lehrgeld gegeben, sind meist in Ämtern des Staats, spalten an groben Klötzen oder arbeiten in Schachten, wo viel wilde Wasser auszupumpen sind.[3] Aber ein sogenannter Dichter ist am übelsten daran, weil er meistens aus dem Schulgarten nach dem Parnaß entlaufen, und es ist auch wirklich ein verdächtiges Ding um einen Dichter von Profession, der es nicht nur nebenher ist.[4] Man kann sehr leicht zu ihm sagen: "Mein Herr, ein jeder Mensch hat, wie Hirn, Herz, Magen, Milz, Leber und dergleichen, auch eine Poesie im Leibe; wer aber eines dieser Glieder überfüttert, verfüttert oder mästet und es über alle andre hinüber treibt, ja es gar zum Erwerbzweig macht, der muß sich schämen vor seinem ganzen übrigen Menschen.[5] Einer, der von der Poesie lebt, hat das Gleichgewicht verloren, und eine übergroße Gänseleber, sie mag noch so gut schmecken, setzt doch immer eine kranke Gans voraus."[6] Alle Menschen, welche ihr Brot nicht im Schweiß ihres Angesichts verdienen, müssen sich einigermaßen schämen, und das fühlt einer, der noch nicht ganz in der Tinte war, wenn er sagen soll, er sei ein Schriftsteller.[7] So dachte ich allerlei und besann mich, was ich der Alten sagen sollte, welche, über mein Zögern verwundert, mich anschaute und sprach:

"Welch ein Handwerk Er treibt, frage ich; warum will Er mirs nicht sagen? Treibt Er kein ehrlich Handwerk, so greif Ers noch an, es hat einen goldnen Boden.[8] Er ist doch nicht etwa gar ein Henker oder Spion, der mich

---

[1] **wie das . . . haben** like the *man of letters* among the French, who as writers belong to a guild and who, in their works (writings), have established certain customs and traditions

[2] **ein Gefühl . . . treibt** a feeling that assails everyone who traffics in spiritual goods on a commercial basis; such goods, after all, are granted as gifts by heaven

[3] **spalten an . . . sind** split tough logs (attempt to solve difficult problems) or work in mine shafts from which a lot of water has to be pumped out

[4] **aus dem . . . ist** skipped out of school to run to Parnassus; it is a suspicious thing indeed when a poet is a poet by profession rather than by mere avocation.

[5] **wer aber . . . Menschen** but whoever overfeeds, pampers, or fattens one of these organs and neglects the others — even goes so far as to elevate it to a commercial enterprise — he's got to be ashamed when facing (the rest of) his whole self

[6] **Einer, der . . . voraus** He who lives from poetry has lost his balance; an enlarged goose liver, no matter how tasty, always presupposes a sick goose

[7] **Alle Menschen . . . Schriftsteller** All people who do not earn their daily bread by the sweat of their brow must feel a certain sense of shame — in particular if one has yet to appear (much) in ink (print) and is forced to call himself an author

[8] **es hat . . . Boden** it (i.e., an honest occupation) is its own reward

ausholen will? Meinethalben sei Er, wer Er will, sag Ers, wer Er ist?[1] Wenn Er bei Tage so hier säße, würde ich glauben, Er sei ein Lehnerich, so ein Tagedieb, der sich an die Häuser lehnt, damit er nicht umfällt vor Faulheit."[2]

Da fiel mir ein Wort ein, das mir vielleicht eine Brücke zu ihrem Verständnis schlagen könnte: "Liebe Mutter," sagte ich, "ich bin ein Schreiber." — "Nun," sagte sie, "das hätte Er gleich sagen sollen. Er ist also ein Mann von der Feder; dazu gehören feine Köpfe und schnelle Finger und ein gutes Herz, sonst wird einem drauf geklopft. Ein Schreiber ist Er? Kann Er mir dann wohl eine Bittschrift aufsetzen an den Herzog, die aber gewiß erhört wird und nicht bei den vielen andern liegen bleibt?" "Eine Bittschrift, liebe Mutter," sprach ich, "kann ich Ihr wohl aufsetzen, und ich will mir alle Mühe geben, daß sie recht eindringlich abgefaßt sein soll."

"Nun, das ist brav von Ihm," erwiderte sie, "Gott lohn es Ihm und lasse Ihn älter werden als mich und gebe Ihm auch in Seinem Alter einen so geruhigen Mut und eine so schöne Nacht mit Rosen und Talern wie mir und auch einen Freund, der ihm eine Bittschrift macht, wenn es Ihm not tut. Aber jetzt gehe Er nach Haus, lieber Freund, und kaufe Er sich einen Bogen Papier und schreibe Er die Bittschrift; ich will hier auf Ihn warten, noch eine Stunde, dann gehe ich zu meiner Pate, Er kann mitgehen; sie wird sich auch freuen an der Bittschrift. Sie hat gewiß ein gut Herz,[3] aber Gottes Gerichte sind wunderbar."

Nach diesen Worten ward die Alte wieder still, senkte den Kopf und schien zu beten. Der Taler lag noch auf ihrem Schoß. Sie weinte. "Liebe Mutter, was fehlt Euch, was tut Euch so weh, Ihr weinet?" sprach ich.

"Nun, warum soll ich denn nicht weinen? Ich weine auf den Taler, ich weine auf die Bittschrift, auf alles weine ich. Aber es hilft nichts, es ist doch alles viel, viel besser auf Erden, als wir Menschen es verdienen, und gallenbittre Tränen sind noch viel zu süße. Sehe Er nur einmal das goldne Kamel da drüben, an der Apotheke,[4] wie doch Gott alles so herrlich und wunderbar geschaffen hat! Aber der Mensch erkennt es nicht, und ein solch Kamel geht eher durch ein Nadelöhr als ein Reicher in das Himmelreich. — Aber was sitzt Er denn immer da? Gehe Er, den Bogen Papier zu kaufen, und bringe Er mir die Bittschrift."

"Liebe Mutter," sagte ich, "wie kann ich Euch die Bittschrift machen, wenn Ihr mir nicht sagt, was ich hineinschreiben soll?"

"Das muß ich Ihm sagen?" erwiderte sie; "dann ist es freilich keine Kunst, und wundre ich mich nicht mehr, daß Er sich einen Schreiber zu nennen schämte, wenn man Ihm alles sagen soll. Nun, ich will mein Mögliches tun.

---

[1]**Meinethalben sei . . . ist** For all I care, you can be whatever you might want to be, just tell me who your are

[2]**Er sei . . . Faulheit** I would believe you're a loafer, a good-for-nothing who is so lazy he has to lean against houses to keep from falling over

[3]**ein gut Herz** *Note:* the old lady, being uneducated, at times makes grammatical errors — **ein gutes Herz.**

[4]**Sehe Er . . . Apotheke** Just look at the golden camel (on the sign) there by the pharmacy

Setz Er in die Bittschrift, daß zwei Liebende beieinander ruhen sollen, und daß sie einen nicht auf die Anatomie bringen sollen, damit man seine Glieder beisammen hat,[1] wenn es heißt: 'Ihr Toten, ihr Toten sollt auferstehn, ihr sollt vor das Jüngste Gerichte gehn!'" Da fing sie wieder bitterlich an zu weinen.

Ich ahnete, ein schweres Leid müsse auf ihr lasten, aber sie fühle bei der Bürde ihrer Jahre nur in einzelnen Momenten sich schmerzlich gerührt. Sie weinte, ohne zu klagen, ihre Worte waren immer gleich ruhig und kalt. Ich bat sie nochmals, mir die ganze Veranlassung zu ihrer Reise in die Stadt zu erzählen, und sie sprach: "Mein Enkel, der Ulan, von dem ich Ihm erzählte, hatte doch mein Patchen sehr lieb, wie ich Ihm vorher sagte, und sprach der schönen Annerl, wie die Leute sie ihres glatten Spiegels wegen[2] nannten, immer von der Ehre vor und sagte ihr immer, sie solle auf ihre Ehre halten und auch auf seine Ehre. Da kriegte dann das Mädchen etwas ganz Apartes in ihr Gesicht und ihre Kleidung von der Ehre; sie war feiner und manierlicher als alle andere Dirnen. Alles saß ihr knapper am Leibe, und wenn sie ein Bursche einmal ein wenig derb beim Tanze anfaßte oder sie etwa höher als den Steg der Baßgeige schwang,[3] so konnte sie bitterlich darüber bei mir weinen und sprach dabei immer, es sei wider ihre Ehre. Ach, das Annerl ist ein eignes Mädchen immer gewesen. Manchmal, wenn kein Mensch es sich versah,[4] fuhr sie mit beiden Händen nach ihrer Schürze und riß sie sich vom Leibe, als ob Feuer drin sei, und dann fing sie gleich entsetzlich an zu weinen; aber das hat seine Ursache, es hat sie mit Zähnen hingerissen, der Feind ruht nicht.[5] Wäre das Kind nur nicht stets so hinter der Ehre her gewesen und hätte sich lieber an unsren lieben Gott gehalten, hätte ihn nie von sich gelassen, in aller Not, und hätte seinetwillen Schande und Verachtung ertragen[6] statt ihrer Menschenehre. Der Herr hätte sich gewiß erbarmt und wird es auch noch; ach, sie kommen gewiß zusammen, Gottes Wille geschehe!

Der Ulan stand wieder in Frankreich, er hatte lange nicht geschrieben, und wir glaubten ihn fast tot und weinten oft um ihn. Er war aber im Hospital an einer schweren Blessur krank gelegen, und als er wieder zu seinen Kameraden kam und zum Unteroffizier ernannt wurde, fiel ihm ein, daß ihm vor zwei Jahren sein Stiefbruder so übers Maul gefahren:[7] er sei nur Gemeiner und der

---

[1]**daß sie . . . hat** so they won't send one to the anatomy laboratory and so that he'll have all his limbs. *Note:* the old lady fears that the body of one of the lovers will be dismembered and not be whole upon resurrection.

[2]**ihres glatten Spiegels wegen** because of her pretty face. *Note:* the genitive preposition **wegen** is often placed after its object.

[3]**ein wenig . . . schwang** grabbed her a little roughly or swung her higher than the bridge of the bass fiddle when dancing

[4]**wenn kein . . . versah** when no one expected it

[5]**aber das . . . nicht** but there was a reason for it: teeth were tearing at her; the devil doesn't pause to rest

[6]**hätte sich . . . ertragen** if she only had trusted in our dear Lord, had never abandoned Him in her great need, and had endured shame and disgrace for His sake

[7]**daß ihm . . . gefahren** that two years ago his stepbrother had ridden roughshod over him

Vater Korporal, und dann die Geschichte von dem französischen Unteroffizier, und wie er seinem Annerl von der Ehre so viel geredet, als er Abschied genommen. Da verlor er seine Ruhe und kriegte das Heimweh und sagte zu seinem Rittmeister, der ihn um sein Leid fragte: 'Ach, Herr Rittmeister, es ist, als ob es mich mit den Zähnen nach Hause zöge.' Da ließen sie ihn heimreiten mit seinem Pferd, denn alle seine Offiziere trauten ihm. Er kriegte auf drei Monate Urlaub und sollte mit der Remonte wieder zurückkommen.[1] Er eilte, so sehr er konnte, ohne seinem Pferde wehe zu tun, welches er besser pflegte als jemals, weil es ihm war anvertraut worden. An einem Tage trieb es ihn ganz entsetzlich, nach Hause zu eilen; es war der Tag vor dem Sterbetage seiner Mutter, und es war ihm immer, als laufe sie vor seinem Pferde her und riefe: 'Kasper, tue mir eine Ehre an!' Ach, ich saß an diesem Tage auf ihrem Grabe ganz allein und dachte auch: wenn Kasper doch bei mir wäre! Ich hatte Blümelein Vergißnichtmein[2] in einen Kranz gebunden und an das eingesunkene Kreuz gehängt und maß mir den Platz umher aus und dachte: hier will ich liegen, und da soll Kasper liegen, wenn ihm Gott sein Grab in der Heimat schenkt, daß wir fein beisammen sind, wenns heißt: 'Ihr Toten, ihr Toten sollt auferstehn, ihr sollt zum Jüngsten Gerichte gehn!' Aber Kasper kam nicht, ich wußte auch nicht, daß er so nahe war und wohl hätte kommen können. Es trieb ihn auch gar sehr, zu eilen; denn er hatte wohl oft an diesen Tag in Frankreich gedacht und hatte einen kleinen Kranz von schönen Goldblumen von daher mitgebracht, um das Grab seiner Mutter zu schmücken, und auch einen Kranz für Annerl, den sollte sie sich bis zu ihrem Ehrentage bewahren."

Hier ward die Alte still und schüttelte mit dem Kopf; als ich aber die letzten Worte wiederholte: "Den sollte sie sich bis zu ihrem Ehrentag bewahren," fuhr sie fort: "Wer weiß, ob ich es nicht erleben kann; ach, wenn ich den Herzog nur wecken dürfte!" — "Wozu?" fragte ich, "welch Anliegen habt Ihr denn, Mutter?" Da sagte sie ernst: "O, was läge am ganzen Leben, wenns kein End nähme; was läge am Leben, wenn es nicht ewig wäre!" und fuhr dann in ihrer Erzählung fort:

"Kasper wäre noch recht gut zu Mittag in unserm Dorfe angekommen, aber morgens hatte ihm sein Wirt im Stalle gezeigt, daß sein Pferd gedrückt sei,[3] und dabei gesagt: 'Mein Freund, das macht dem Reiter keine Ehre.' Das Wort hatte Kasper tief empfunden; er legte deswegen den Sattel hohl und leicht auf, tat alles, ihm die Wunde zu heilen, und setzte seine Reise, das Pferd am Zügel führend, zu Fuße fort. So kam er am späten Abend bis an eine Mühle, eine Meile von unserm Dorf, und weil er den Müller als einen alten Freund seines Vaters kannte, sprach er bei ihm ein[4] und wurde wie ein recht lieber Gast aus der Fremde empfangen. Kasper zog sein Pferd in den Stall, legte den Sattel und sein Felleisen in einen Winkel und ging nun zu dem Müller

---

[1]**sollte mit . . . zurückkommen** was supposed to return with the remount

[2]**Vergißnichtmein** forget-not-me (**Vergißmeinnicht** = forget-me-not)

[3]**daß sein . . . sei** that his horse was hard pressed (had a saddle sore)

[4]**sprach er bei ihm ein** stopped at his place

in die Stube. Da fragte er dann nach den Seinigen[1] und hörte, daß ich alte Großmutter noch lebe, und daß sein Vater und sein Stiefbruder gesund seien, und daß es recht gut mit ihnen gehe; sie wären erst gestern mit Getreide auf der Mühle gewesen, sein Vater habe sich auf den Roß- und Ochsenhandel gelegt und gedeihe dabei recht gut,[2] auch halte er jetzt etwas auf seine Ehre und gehe nicht mehr so zerrissen umher. Darüber war der gute Kasper nun herzlich froh, und da er nach der schönen Annerl fragte, sagte ihm der Müller: er kenne sie nicht, aber wenn es die sei, die auf dem Rosenhof gedient habe, die hätte sich, wie er gehört, in der Hauptstadt vermietet,[3] weil sie da eher etwas lernen könne und mehr Ehre dabei sei; so habe er vor einem Jahre von dem Knecht auf dem Rosenhof gehört. Das freute den Kasper auch; wenn es ihm gleich leid tat, daß er sie nicht gleich sehen sollte, so hoffte er sie doch in der Hauptstadt bald recht fein und schmuck[4] zu finden, daß es ihm, als einem Unteroffizier, auch eine rechte Ehre sei, mit ihr am Sonntag spazieren zu gehn. Nun erzählte er dem Müller noch mancherlei aus Frankreich, sie aßen und tranken miteinander, er half ihm Korn aufschütten,[5] und dann brachte ihn der Müller in die Oberstube zu Bett und legte sich selbst unten auf einigen Säcken zur Ruhe. Das Geklapper der Mühle und die Sehnsucht nach der Heimat ließen den guten Kasper, wenn er gleich sehr müde war, nicht fest einschlafen. Er war sehr unruhig und dachte an seine selige Mutter und an das schöne Annerl und an die Ehre, die ihm bevorstehe, wenn er als Unteroffizier vor die Seinigen treten würde. So entschlummerte er endlich leis und wurde von ängstlichen Träumen oft aufgeschreckt. Es war ihm mehrmals, als trete seine selige Mutter zu ihm und bäte ihm händeringend um Hülfe; dann war es ihm, als sei er gestorben und würde begraben, gehe aber selbst zu Fuße als Toter mit zu Grabe, und schön Annerl gehe ihm zur Seite; er weinte heftig, daß ihn seine Kameraden nicht begleiteten, und da er auf den Kirchhof komme, sei sein Grab neben dem seiner Mutter; und Annerls Grab sei auch dabei, und er gebe Annerl das Kränzlein, das er ihr mitgebracht, und hänge das der Mutter an ihr Grab, und dann habe er sich umgeschaut und niemand mehr gesehen als mich und die Annerl; die habe einer an der Schürze ins Grab gerissen, und er sei dann auch ins Grab gestiegen und habe gesagt: 'Ist denn niemand hier, der mir die letzte Ehre antut und mir ins Grab schießen will als einen braven Soldaten?'[6] und da habe er sein Pistol gezogen und sich selbst ins Grab geschossen. Über dem Schuß wachte er mit großem Schrecken auf, denn es war ihm, als klirrten die Fenster davon. Er sah um sich in der Stube, da hörte er noch einen Schuß fallen und hörte Getöse in der Mühle und Geschrei durch

---

[1]**den Seinigen** his family (kin)

[2]**sein Vater . . . gut** his father had started trading horses and oxen and was doing quite well

[3]**vermietet** had hired herself out (had accepted a position)

[4]**fein und schmuck** neat and pretty

[5]**Korn aufschütten** pour grain (into the hopper of the mill)

[6]**der mir . . . Soldaten** who will do me the last honors and fire a volley over my grave, as befits a good soldier

das Geklapper. Er sprang aus dem Bett und griff nach seinem Säbel; in dem Augenblick ging seine Türe auf, und er sah beim Vollmondschein zwei Männer mit berußten Gesichtern mit Knitteln auf sich zustürzen, aber er setzte sich zur Wehre und hieb den einen über den Arm,[1] und so entflohen beide, indem sie die Türe, welche nach außen ausging und einen Riegel draußen hatte, hinter sich verriegelten. Kasper versuchte umsonst, ihnen nachzukommen; endlich gelang es ihm, eine Tafel in der Türe einzutreten.[2] Er eilte durch das Loch die Treppe hinunter und hörte das Wehgeschrei des Müllers, den er geknebelt zwischen den Kornsäcken liegend fand. Kasper band ihn los und eilte dann gleich in den Stall, nach seinem Pferde und Felleisen, aber beides war geraubt. Mit großem Jammer eilte er in die Mühle zurück und klagte dem Müller sein Unglück, daß ihm all sein Hab und Gut und das ihm anvertraute Pferd gestohlen sei, über welches letztere er sich gar nicht zufrieden geben konnte.[3] Der Müller aber stand mit einem vollen Geldsack vor ihm, er hatte ihn in der Oberstube aus dem Schranke geholt und sagte zu dem Ulan: 'Lieber Kasper, sei Er zufrieden, ich verdanke Ihm die Rettung meines Vermögens; auf diesen Sack, der oben in Seiner Stube lag, hatten es die Räuber gemünzt,[4] und Seiner Verteidigung danke ich alles, mir ist nichts gestohlen. Die Sein Pferd und Sein Felleisen im Stall fanden, müssen ausgestellte Diebeswachen gewesen sein,[5] sie zeigten durch die Schüsse an, daß Gefahr da sei, weil sie wahrscheinlich am Sattelzeug erkannten, daß ein Kavallerist im Hause herberge. Nun soll Er meinethalben keine Not haben, ich will mir alle Mühe geben und kein Geld sparen, Ihm Seinen Gaul wiederzufinden, und finde ich ihn nicht, so will ich Ihm einen kaufen, so teuer er sein mag.' Kasper sagte: 'Geschenkt nehme ich nichts, das ist gegen meine Ehre; aber wenn Er mir im Notfall siebzig Taler vorschießen will, so kriegt er meine Verschreibung, ich schaffe sie in zwei Jahren wieder.'[6] Hierüber wurden sie einig, und der Ulan trennte sich von ihm, um nach seinem Dorfe zu eilen, wo auch ein Gerichtshalter der umliegenden Edelleute wohnt,[7] bei dem er die Sache berichten wollte. Der Müller blieb zurück, um seine Frau und seinen Sohn zu erwarten, welche auf einem Dorfe in der Nähe bei einer Hochzeit waren. Dann wollte er dem Ulanen nachkommen und die Anzeige vor Gericht auch machen.

Er kann sich denken, lieber Herr Schreiber, mit welcher Betrübnis der arme Kasper den Weg nach unserm Dorfe eilte, zu Fuß und arm, wo er hatte

---

[1]**zwei Männer . . . Arm** two men, with soot on their faces, charged at him with clubs, but he defended himself and hit one of them on the arm

[2]**eine Tafel . . . einzutreten** to kick in a panel of the door

[3]**daß ihm . . . konnte** that all his worldly possessions and the horse, which had been entrusted to him, had been stolen — the loss of the latter left him disconsolate

[4]**hatten es . . . gemünzt** the robbers were looking for (had designs on) the bag

[5]**müssen ausgestellte . . . sein** must have been lookouts

[6]**aber wenn . . . wieder** but if you advance me seventy thalers in this emergency, I'll give you a promissory note to repay them in two years

[7]**wo auch . . . wohnt** where a magistrate representing the local nobility lives

stolz einreiten wollen; einundfünfzig Taler, die er erbeutet hatte, sein Patent[1] als Unteroffizier, sein Urlaub, und die Kränze auf seiner Mutter Grab und für die schöne Annerl waren ihm gestohlen. Es war ihm ganz verzweifelt zumute, und so kam er um ein Uhr in der Nacht in seiner Heimat an und pochte gleich an der Türe des Gerichtshalters, dessen Haus das erste vor dem Dorfe ist. Er ward eingelassen und machte seine Anzeige und gab alles an, was ihm geraubt worden war. Der Gerichtshalter trug ihm auf, er solle gleich zu seinem Vater gehn, welcher der einzige Bauer im Dorfe sei, der Pferde habe, und solle mit diesem und seinem Bruder in der Gegend herum patrouillieren, ob er vielleicht den Räubern auf die Spur komme; indessen wolle er andere Leute zu Fuß aussenden und den Müller, wenn er komme, um die weiteren Umstände vernehmen. Kasper ging nun von dem Gerichtshalter weg nach dem väterlichen Hause; da er aber an meiner Hütte vorüber mußte und durch das Fenster hörte, daß ich ein geistliches Lied sang, wie ich denn vor Gedanken an seine selige Mutter nicht schlafen konnte, so pochte er an und sagte: 'Gelobt sei Jesus Christus, liebe Großmutter, Kasper ist hier.' Ach, wie fuhren mir die Worte durch Mark und Bein![2] Ich stürzte an das Fenster, öffnete es und küßte und drückte ihn mit unendlichen Tränen. Er erzählte mir sein Unglück mit großer Eile und sagte, welchen Auftrag er an seinen Vater vom Gerichtshalter habe; er müsse drum jetzt gleich hin, um den Dieben nachzusetzen, denn seine Ehre hänge davon ab, daß er sein Pferd wiedererhalte.

Ich weiß nicht, aber das Wort Ehre fuhr mir recht durch alle Glieder, denn ich wußte schwere Gerichte, die ihm bevorstanden.[3] 'Tue deine Pflicht und gib Gott allein die Ehre!' sagte ich; und er eilte von mir nach Finkels Hof, der am andern Ende des Dorfs liegt. Ich sank, als er fort war, auf die Knie und betete zu Gott, er möge ihn doch in seinen Schutz nehmen; ach, ich betete mit einer Angst wie niemals und mußte dabei immer sagen: 'Herr, dein Wille geschehe wie im Himmel, so auf Erden.'

Der Kasper lief zu seinem Vater mit einer entsetzlichen Angst. Er stieg hinten über den Gartenzaun, er hörte die Pumpe gehen, er hörte im Stall wiehern, das fuhr ihm durch die Seele; er stand still, er sah im Mondschein, daß zwei Männer sich wuschen, es wollte ihm das Herz brechen. Der eine sprach: 'Das verfluchte Zeug geht nicht herunter;'[4] da sagte der andre: 'Komm erst in den Stall, dem Gaul den Schwanz abzuschlagen und die Mähnen zu verschneiden.[5] Hast du das Felleisen auch tief genug unterm Mist begraben?' — 'Ja,' sagte der andre. Da gingen sie nach dem Stall, und Kasper, vor Jammer wie ein Rasender, sprang hervor und schloß die Stalltüre hinter ihnen und schrie: 'Im Namen des Herzogs! Ergebt euch! Wer sich widersetzt, den schieße ich nieder!' Ach, da hatte er seinen Vater und seinen Stiefbruder als die Räuber sei-

---

[1] **sein Patent** his commission

[2] **wie fuhren . . . Bein** his words chilled me to the very bone

[3] **ich wußte . . . bevorstanden** I knew that he would be sorely tried

[4] **Das verfluchte . . . herunter** This damned stuff won't come off

[5] **dem Gaul . . . verschneiden** dock the nag's tail and cut the mane (i.e., change the animal's appearance)

nes Pferdes gefangen. 'Meine Ehre, meine Ehre ist verloren!' schrie er, 'ich bin
der Sohn eines ehrlosen Diebes.' Als die beiden im Stall diese Worte hörten, ist
ihnen bös zumute geworden;[1] sie schrien: 'Kasper, lieber Kasper, um Gottes
willen, bringe uns nicht ins Elend, Kasper, du sollst ja alles wiederhaben, um
deiner seligen Mutter willen, deren Sterbetag heute ist, erbarme dich deines
Vaters und Bruders!' Kasper aber war wie verzweifelt, er schrie nur immer:
'Meine Ehre, meine Pflicht!' und da sie nun mit Gewalt die Türe erbrechen
wollten und ein Fach in der Lehmwand einstoßen, um zu entkommen,[2] schoß
er ein Pistol in die Luft und schrie: 'Hülfe, Hülfe, Diebe, Hülfe!' Die Bauern,
von dem Gerichtshalter erweckt, welche schon herannahten, um sich über die
verschiedenen Wege zu bereden, auf denen sie die Einbrecher in die Mühle
verfolgen wollten,[3] stürzten auf den Schuß und das Geschrei ins Haus. Der alte Finkel flehte immer noch, der Sohn solle ihm die Türe öffnen; der aber sagte: 'Ich bin ein Soldat und muß der Gerechtigkeit dienen.' Da traten der
Gerichtshalter und die Bauern heran. Kasper sagte: "Um Gottes Barmherzigkeit willen, Herr Gerichtshalter, mein Vater, mein Bruder sind selbst die Diebe, o daß ich nie geboren wäre! Hier im Stalle habe ich sie gefangen, mein
Felleisen liegt im Miste vergraben.' Da sprangen die Bauern in den Stall und
banden den alten Finkel und seinen Sohn und schleppten sie in ihre Stube.
Kasper aber grub das Felleisen hervor und nahm die zwei Kränze heraus und
ging nicht in die Stube, er ging nach dem Kirchhofe an das Grab seiner Mutter. Der Tag war angebrochen. Ich war auf der Wiese gewesen und hatte für
mich und für Kasper zwei Kränze von Blümelein Vergißnichtmein geflochten;
ich dachte: er soll mit mir das Grab seiner Mutter schmücken, wenn er von
seinem Ritt zurückkommt. Da hörte ich allerlei ungewohnten Lärm im Dorf,
und weil ich das Getümmel nicht mag und am liebsten alleine bin, so ging ich
ums Dorf herum nach dem Kirchhof. Da fiel ein Schuß, ich sah den Dampf in
die Höhe steigen, ich eilte auf den Kirchhof — o du lieber Heiland, erbarme
dich sein! Kasper lag tot auf dem Grabe seiner Mutter, er hatte sich die Kugel
durch das Herz geschossen, auf welches er sich das Kränzlein, das er für schön
Annerl mitgebracht, am Knopfe befestigt hatte; durch diesen Kranz hatte er
sich ins Herz geschossen. Den Kranz für die Mutter hatte er schon an das
Kreuz befestigt. Ich meinte, die Erde täte sich unter mir auf bei dem Anblick,[4]
ich stürzte über ihn hin und schrie immer: 'Kasper, o du unglückseliger
Mensch, was hast du getan? Ach, wer hat dir denn dein Elend erzählt? O
warum habe ich dich von mir gelassen, ehe ich dir alles gesagt! Gott, was wird
dein armer Vater, dein Bruder sagen, wenn sie dich so finden!' Ich wußte
nicht, daß er sich wegen diesen das Leid angetan;[5] ich glaubte, es habe eine
ganz andere Ursache. Da kam es noch ärger. Der Gerichtshalter und die Bau-

[1]**ist ihnen . . . geworden** they got a sinking feeling

[2]**ein Fach . . . entkommen** kick a hole in the clay wall in order to escape

[3]**um sich . . . wollten** to discuss the various ways in which they could pursue the bur-
glars who had broken into the mill

[4]**Ich meinte . . . Anblick** I believed the earth beneath me would crack open (and swallow me) at that sight

[5]**daß er . . . angetan** that he had done it because of them

ern brachten den alten Finkel und seinen Sohn mit Stricken gebunden; der Jammer erstickte mir die Stimme in der Kehle, ich konnte kein Wort sprechen; der Gerichtshalter fragte mich, ob ich meinen Enkel nicht gesehn. Ich zeigte hin, wo er lag. Er trat zu ihm; er glaubte, er weine auf dem Grabe; er schüttelte ihn, da sah er das Blut niederstürzen. 'Jesus, Marie!" rief er aus, 'der Kasper hat Hand an sich gelegt.'[1] Da sahen die beiden Gefangenen sich schrecklich an; man nahm den Leib des Kaspers und trug ihn neben ihnen her nach dem Hause des Gerichtshalters; es war ein Wehgeschrei im ganzen Dorfe, die Bauernweiber führten mich nach. Ach, das war wohl der schrecklichste Weg in meinem Leben!"

Da ward die Alte wieder still, und ich sagte zu ihr: "Liebe Mutter, Euer Leid ist entsetzlich, aber Gott hat Euch auch recht lieb; die er am härtesten schlägt, sind seine liebsten Kinder. Sagt mir nun, liebe Mutter, was Euch bewogen hat, den weiten Weg hieher zu gehen, und um was Ihr die Bittschrift einreichen wollt?"[2]

"Ei, das kann Er sich doch wohl denken," fuhr sie ganz ruhig fort, "um ein ehrliches Grab für Kasper und die schöne Annerl, der ich das Kränzlein zu ihrem Ehrentag mitbringe; es ist ganz mit Kaspers Blut unterlaufen,[3] seh Er einmal!"

Da zog sie einen kleinen Kranz von Flittergold aus ihrem Bündel und zeigte ihn mir; ich konnte bei dem anbrechenden Tage sehen, daß er vom Pulver geschwärzt und mit Blut besprengt war. Ich war ganz zerrissen von dem Unglück der guten Alten, und die Größe und Festigkeit, womit sie es trug, erfüllte mich mit Verehrung.[4] "Ach, liebe Mutter," sagte ich, "wie werdet Ihr der armen Annerl aber ihr Elend beibringen, daß sie gleich nicht vor Schrecken tot niedersinkt, und was ist denn das für ein Ehrentag, zu welchem Ihr dem Annerl den traurigen Kranz bringet?"

"Lieber Mensch," sprach sie, "komme Er nur mit, Er kann mich zu ihr begleiten, ich kann doch nicht geschwind fort, so werden wir sie gerade zu rechter Zeit noch finden. Ich will Ihm unterwegs noch alles erzählen." Nun stand sie auf und betete ihren Morgensegen ganz ruhig und brachte ihre Kleider in Ordnung, und ihren Bündel hängte sie dann an meinen Arm; es war zwei Uhr des Morgens, der Tag graute, und wir wandelten durch die stillen Gassen.

"Seh Er," erzählte die Alte fort, "als der Finkel und sein Sohn eingesperrt waren, mußte ich zum Gerichtshalter auf die Gerichtsstube; der tote Kasper wurde auf einen Tisch gelegt und, mit seinem Ulanenmantel bedeckt, hereingetragen, und nun mußte ich alles dem Gerichtshalter sagen, was ich von ihm wußte, und was er mir heute morgen durch das Fenster gesagt hatte. Das schrieb er alles auf sein Papier nieder, das vor ihm lag. Dann sah er die Schreibtafel durch, die sie bei Kasper gefunden; da standen mancherlei Rech-

---

[1] **der Kasper . . . gelegt** Kasper's taken his own life (died by his own hand)

[2] **was Euch . . . wollt** what's prompted you to come such a long way and what's the purpose of the petition you want to submit

[3] **unterlaufen** soaked

[4] **Ich war . . . Verehrung** I was torn apart by the good old woman's misfortune, and the grandeur and steadfastness with which she bore it filled me with admiration

nungen drin, einige Geschichten von der Ehre und auch die von dem französischen Unteroffizier, und hinter ihr war mit Bleistift etwas geschrieben." Da gab mir die Alte die Brieftasche, und ich las folgende letzte Worte des unglücklichen Kaspers: "Auch ich kann meine Schande nicht überleben. Mein Vater und mein Bruder sind Diebe, sie haben mich selbst bestohlen; mein Herz brach mir, aber ich mußte sie gefangennehmen und den Gerichten übergeben, denn ich bin ein Soldat meines Fürsten, und meine Ehre erlaubt mir keine Schonung. Ich habe meinen Vater und Bruder der Rache übergeben um der Ehre willen. Ach, bitte doch jedermann für mich,[1] daß man mir hier, wo ich gefallen bin, ein ehrliches Grab neben meiner Mutter vergönne! Das Kränzlein, durch welches ich mich erschossen, soll die Großmutter der schönen Annerl schicken und sie von mir grüßen; ach, sie tut mir leid durch Mark und Bein, aber sie soll doch den Sohn eines Diebes nicht heiraten, denn sie hat immer viel auf Ehre gehalten. Liebe schöne Annerl, mögest du nicht so sehr erschrecken über mich, gib dich zufrieden,[2] und wenn du mir jemals ein wenig gut warst, so rede nicht schlecht von mir! Ich kann ja nichts für meine Schande![3] Ich hatte mir so viele Mühe gegeben,[4] in Ehren zu bleiben mein Leben lang, ich war schon Unteroffizier und hatte den besten Ruf bei der Schwadron, ich wäre gewiß noch einmal Offizier geworden, und Annerl, dich hätte ich doch nicht verlassen und hätte keine Vornehmere gefreit — aber der Sohn eines Diebes, der seinen Vater aus Ehre selbst fangen und richten lassen muß, kann seine Schande nicht überleben. Annerl, liebes Annerl, nimm doch ja das Kränzlein, ich bin dir immer treu gewesen, so Gott mir gnädig sei! Ich gebe dir nun deine Freiheit wieder, aber tue mir die Ehre und heirate nie einen, der schlechter wäre als ich. Und wenn du kannst, so bitte für mich, daß ich ein ehrliches Grab neben meiner Mutter erhalte; und wenn du hier in unserm Ort sterben solltest, so lasse dich auch bei uns begraben; die gute Großmutter wird auch zu uns kommen, da sind wir alle beisammen. Ich habe fünfzig Taler in meinem Felleisen, die sollen auf Interessen gelegt werden für dein erstes Kind. Meine silberne Uhr soll der Herr Pfarrer haben, wenn ich ehrlich begraben werde. Mein Pferd, die Uniform und Waffen gehören dem Herzog, diese meine Brieftasche gehöre dein. Adies, herztausender Schatz,[5] adies, liebe Großmutter, betet für mich und lebt alle wohl! — Gott erbarme sich meiner — ach, meine Verzweiflung ist groß!'

Ich konnte diese letzten Worte eines gewiß edeln unglücklichen Menschen nicht ohne bittere Tränen lesen. — "Der Kasper muß ein gar guter Mensch gewesen sein, liebe Mutter," sagte ich zu der Alten, welche nach diesen Worten stehenblieb und meine Hand drückte und mit tiefbewegter Stimme sagte: "Ja, es war der beste Mensch auf der Welt. Aber die letzten Worte

[1]**Ach, bitte . . . mich** Oh, let everyone plead for me (intercede on my behalf)

[2]**gib dich zufrieden** be content

[3]**Ich kann . . . Schande** I'm not at fault for my disgrace

[4]**Ich hatte . . . gegeben** I tried so hard

[5]**Adies, herztausender Schatz** Farewell, thousandfold treasure of my heart (**Adies** = **Adieu**)

von der Verzweiflung hätte er nicht schreiben sollen, die bringen ihn um sein ehrliches Grab, die bringen ihn auf die Anatomie. Ach, lieber Schreiber, wenn Er hierin nur helfen könnte!"

"Wieso, liebe Mutter?" fragte ich, "was können diese letzten Worte dazu beitragen?"[1] — "Ja gewiß," erwiderte sie, "der Gerichtshalter hat es mir selbst gesagt. Es ist ein Befehl an alle Gerichte ergangen, daß nur die Selbstmörder aus Melancholie ehrlich sollen begraben werden, alle aber, die aus Verzweiflung Hand an sich gelegt, sollen auf die Anatomie; und der Gerichtshalter hat mir gesagt, daß er den Kasper, weil er selbst seine Verzweiflung eingestanden, auf die Anatomie schicken müße."

"Das ist ein wunderlich Gesetz," sagte ich, "denn man könnte wohl bei jedem Selbstmord einen Prozeß anstellen, ob er aus Melancholie oder Verzweiflung entstanden, der so lange dauern müßte, daß der Richter und die Advokaten drüber in Melancholie und Verzweiflung fielen und auf die Anatomie kämen.[2] Aber seid nur getröstet, liebe Mutter, unser Herzog ist ein so guter Herr, wenn er die ganze Sache hört, wird er dem armen Kasper gewiß sein Plätzchen neben der Mutter vergönnen."

"Das gebe Gott!" erwiderte die Alte. "Sehe Er nun, lieber Mensch: als der Gerichtshalter alles zu Papier gebracht hatte, gab er mir die Brieftasche und den Kranz für die schöne Annerl, und so bin ich dann gestern hierher gelaufen, damit ich ihr an ihrem Ehrentag den Trost noch mit auf den Weg geben kann. — Der Kasper ist zu rechter Zeit gestorben; hätte er alles gewußt, er wäre närrisch geworden vor Betrübnis."[3]

"Was ist es denn nun mit der schönen Annerl?" fragte ich die Alte; "bald sagt Ihr, sie habe nur noch wenige Stunden, bald sprecht Ihr von ihrem Ehrentag, und sie werde Trost gewinnen durch Eure traurige Nachricht. Sagt mir doch alles heraus; will sie Hochzeit halten mit einem andern, ist sie tot, krank? Ich muß alles wissen, damit ich es in die Bittschrift setzen kann."

Da erwiderte die Alte: "Ach, lieber Schreiber, es ist nun so, Gottes Wille geschehe! Sehe Er, als Kasper kam, war ich doch nicht recht froh; als Kasper sich das Leben nahm, war ich doch nicht recht traurig; ich hätte es nicht überleben können, wenn Gott sich meiner nicht erbarmt gehabt hätte mit größerem Leid.[4] Ja, ich sage Ihm: es war mir ein Stein vor das Herz gelegt, wie ein Eisbrecher, und alle die Schmerzen, die wie Grundeis gegen mich stürzten und mir das Herz gewiß abgestoßen hätten, die zerbrachen an diesem Stein und trieben kalt vorüber.[5] Ich will Ihm etwas erzählen, das ist betrübt:

---

[1] **was können . . . beitragen** how can these last words contribute to it

[2] **daß der Richter . . . kämen** so that even the judge and the attorneys would become melancholy and fall into despair and be sent to the anatomy laboratory

[3] **er wäre . . . Betrübnis** he'd have gone crazy from grief

[4] **ich hätte . . . Leid** I would not have been able to survive it if God, in His infinite mercy, had not pitied me and inflicted even greater suffering upon me

[5] **es war . . . vorüber** much like an icebreaker, a boulder was put in front of my heart and all the pain that came crashing against me like huge chunks of ice would have torn my heart away, yet these chunks shattered against the boulder and the fragments swirled coldly by me

Als mein Patchen, die schöne Annerl, ihre Mutter verlor, die eine Base[1] von mir war und sieben Meilen von uns wohnte, war ich bei der kranken Frau. Sie war die Witwe eines armen Bauern und hatte in ihrer Jugend einen Jäger liebgehabt, ihn aber wegen seines wilden Lebens nicht genommen. Der Jäger war endlich in solch Elend gekommen, daß er auf Tod und Leben wegen eines Mordes gefangen saß.[2] Das erfuhr meine Base auf ihrem Krankenlager, und es tat ihr so weh, daß sie täglich schlimmer wurde und endlich in ihrer Todesstunde, als sie mir die liebe schöne Annerl als mein Patchen übergab und Abschied von mir nahm, noch in den letzten Augenblicken zu mir sagte: 'Liebe Anne Margret, wenn du durch das Städtchen kömmst, wo der arme Jürge gefangen liegt, so lasse ihm sagen durch den Gefangenwärter, daß ich ihm bitte auf meinem Todesbett, er solle sich zu Gott bekehren, und daß ich herzlich für ihn gebetet habe in meiner letzten Stunde, und daß ich ihn schön grüßen lasse." — Bald nach diesen Worten starb die gute Base und als sie begraben war, nahm ich die kleine Annerl, die drei Jahr alt war, auf den Arm und ging mit ihr nach Haus.

Vor dem Städtchen, durch das ich mußte, kam ich an der Scharfrichterei vorüber, und weil der Meister berühmt war als ein Viehdoktor, sollte ich einige Arznei mitnehmen für unsern Schulzen.[3] Ich trat in die Stube und sagte dem Meister, was ich wollte, und er antwortete, daß ich ihm auf den Boden folgen solle, wo er die Kräuter liegen habe, und ihm helfen aussuchen. Ich ließ Annerl in der Stube und folgte ihm. Als wir zurück in die Stube traten, stand Annerl vor einem kleinen Schranke, der an der Wand befestigt war, und sprach: 'Großmutter, da ist eine Maus drin; hört, wie es klappert; da ist eine Maus drin!'

Auf diese Rede des Kindes machte der Meister ein sehr ernsthaftes Gesicht, riß den Schrank auf und sprach 'Gott sei uns gnädig!' denn er sah sein Richtschwert, das allein in dem Schranke an einem Nagel hing, hin und her wanken. Er nahm das Schwert herunter, und mir schauderte. 'Liebe Frau,' sagte er, 'wenn Ihr das kleine liebe Annerl liebhabt, so erschreckt nicht, wenn ich ihm mit meinem Schwert, rings um das Hälschen, die Haut ein wenig aufritze;[4] denn das Schwert hat vor ihm gewankt, es hat nach seinem Blut verlangt, und wenn ich ihm den Hals damit nicht ritze, so steht dem Kinde groß Elend im Leben bevor.'[5] Da faßte er das Kind, welches entsetzlich zu schreien begann, ich schrie auch und riß das Annerl zurück. Indem trat der Bürgermeister des Städtchens herein, der von der Jagd kam und dem Richter einen kranken Hund zur Heilung bringen wollte. Er fragte nach der Ursache des Geschreis, Annerl schrie: 'Er will mich umbringen!' Ich war außer mir vor Entsetzen. Der Richter erzählte dem Bürgermeister das Ereignis. Dieser verwies

[1] **Base** female cousin

[2] **daß er . . . saß** that he was jailed and sentenced to death for murder

[3] **kam ich . . . Schulzen** I walked by the house of the executioner and, since he was a famous veterinarian, our mayor had asked me to pick up some medicine

[4] **wenn ich . . . aufritze** if I slightly nick the skin all the way around her neck with my sword

[5] **so steht . . . bevor** the child will encounter great misery in life

ihm seinen Aberglauben, wie er es nannte, heftig und unter starken Drohungen;[1] der Richter blieb ganz ruhig dabei und sprach: 'So habens meine Väter gehalten, so halt ichs.' Da sprach der Bürgermeister: 'Meister Franz, wenn Ihr glaubtet, Euer Schwert habe sich gerührt, weil ich Euch hiermit anzeige, daß morgen früh um sechs Uhr der Jäger Jürge von Euch soll geköpft werden, so wollt ich es noch verzeihen; aber daß Ihr daraus etwas auf dies liebe Kind schließen wollt, das ist unvernünftig und toll.[2] Es könnte so etwas einen Menschen in Verzweiflung bringen, wenn man es ihm später in seinem Alter sagte, daß es ihm in seiner Jugend geschehen sei.[3] Man soll keinen Menschen in Versuchung führen.' — 'Aber auch keines Richters Schwert,'[4] sagte Meister Franz vor sich und hing sein Schwert wieder in den Schrank. Nun küßte der Bürgermeister das Annerl und gab ihm eine Semmel aus seiner Jagdtasche, und da er mich gefragt, wer ich sei, wo ich her komme und wo ich hin wolle, und ich ihm den Tod meiner Base erzählt hatte und auch den Auftrag an den Jäger Jürge, sagte er mir: 'Ihr sollt ihn ausrichten, ich will Euch selbst zu ihm führen; er hat ein hartes Herz, vielleicht wird ihn das Andenken einer guten Sterbenden in seinen letzten Stunden rühren.' Da nahm der gute Herr mich und Annerl auf seinen Wagen, der vor der Tür hielt, und fuhr mit uns in das Städtchen hinein.

Er hieß mich zu seiner Köchin gehn;[5] da kriegten wir gutes Essen, und gegen Abend ging er mit mir zu dem armen Sünder; und als ich dem die letzten Worte meiner Base erzählte, fing er bitterlich an zu weinen und schrie: 'Ach Gott, wenn sie mein Weib geworden, wäre es nicht so weit mit mir gekommen.' Dann begehrte er, man solle den Herrn Pfarrer doch noch einmal zu ihm bitten, er wolle mit ihm beten. Das versprach ihm der Bürgermeister und lobte ihn wegen seiner Sinnesveränderung und fragte ihn, ob er vor seinem Tode noch einen Wunsch hätte, den er ihm erfüllen könne. Da sagte der Jäger Jürge: 'Ach, bittet hier die gute alte Mutter, daß sie doch morgen mit dem Töchterlein ihrer seligen Base bei meinem Rechte zugegen sein mögen;[6] das wird mir das Herz stärken in meiner letzten Stunde.' Da bat mich der Bürgermeister, und so graulich es mir war, so konnte ich es dem armen elenden Menschen nicht abschlagen. Ich mußte ihm die Hand geben und es ihm feierlich versprechen, und er sank weinend auf das Stroh. Der Bürgermeister ging

---

[1] **Dieser verwies . . . Drohungen** He sharply reproached and threatened him for what he called his superstition

[2] **wenn ihr . . . toll** if you happened to believe that your sword moved because I charged you — as I now actually do — to behead game warden Jürge tomorrow morning at six, I'd excuse (forgive) you; but when you try to draw that conclusion about this dear little child, why that's just senseless and crazy

[3] **Es könnte . . . sei** Something like this could drive a person to despair if (she were) told later in life that it had happened in (her) childhood

[4] **Man soll . . . Schwert** One should not lead a person into temptation. — Nor (should one do that to) an executioner's sword

[5] **Er hieß . . . gehn** He had me go to his cook

[6] **bei meinem . . . mögen** may be present at my execution

dann mit mir zu seinem Freunde, dem Pfarrer, dem ich nochmals alles erzählen mußte, ehe er sich ins Gefängnis begab.

Die Nacht mußte ich mit dem Kinde in des Bürgermeisters Haus schlafen, und am andern Morgen ging ich den schweren Gang zu der Hinrichtung des Jägers Jürge. Ich stand neben dem Bürgermeister im Kreis und sah, wie er das Stäblein brach.[1] Da hielt der Jäger Jürge noch eine schöne Rede, und alle Leute weinten, und er sah mich und die kleine Annerl, die vor mir stand, gar beweglich an, und dann küßte er den Meister Franz, der Pfarrer betete mit ihm, die Augen wurden ihm verbunden, und er kniete nieder. Da gab ihm der Richter den Todesstreich. 'Jesus, Maria, Joseph!' schrie ich aus; denn der Kopf des Jürgen flog gegen Annerl zu und biß mit seinen Zähnen dem Kinde in sein Röckchen, das ganz entsetzlich schrie. Ich riß meine Schürze vom Leibe und warf sie über den scheußlichen Kopf, und Meister Franz eilte herbei, riß ihn los und sprach: 'Mutter, Mutter, was habe ich gestern morgen gesagt? Ich kenne mein Schwert, es ist lebendig!' — Ich war niedergesunken vor Schreck, das Annerl schrie entsetzlich. Der Bürgermeister war ganz bestürzt und ließ mich und das Kind nach seinem Hause fahren; da schenkte mir seine Frau andre Kleider für mich und das Kind, und nach Mittag schenkte uns der Bürgermeister noch Geld, und viele Leute des Städtchens auch, die Annerl sehen wollten, so daß ich an zwanzig Taler und viele Kleider für sie bekam. Am Abend kam der Pfarrer ins Haus und redete mir lange zu, daß ich das Annerl nur recht in der Gottesfurcht erziehen sollte und auf alle die betrübten Zeichen gar nichts geben, das seien nur Schlingen des Satans, die man verachten müsse;[2] und dann schenkte er mir noch eine schöne Bibel für das Annerl, die sie noch hat, und dann ließ uns der gute Bürgermeister, am andern Morgen, noch an drei Meilen weit nach Haus fahren. Ach, du mein Gott, und alles ist doch eingetroffen!"[3] sagte die Alte und schwieg.

Eine schauerliche Ahnung ergriff mich, die Erzählung der Alten hatte mich ganz zermalmt.[4] "Um Gottes willen, Mutter," rief ich aus, "was ist es mit der armen Annerl geworden; ist denn gar nicht zu helfen?"

"Es hat sie mit den Zähnen dazu gerissen," sagte die Alte; "heut wird sie gerichtet;[5] aber sie hat es in der Verzweiflung getan, die Ehre, die Ehre lag ihr im Sinn. Sie war zuschanden gekommen aus Ehrsucht, sie wurde verführt von einem Vornehmen, er hat sie sitzen lassen,[6] sie hat ihr Kind erstickt in derselben Schürze, die ich damals über den Kopf des Jägers Jürge warf, und die sie

---

[1]**Stäblein brach** broke the little staff. *Note*: the breaking of the staff, symbolic of breaking the staff of life, was standard practice at German executions.

[2]**redete mir . . . müsse** talked to me for a long time and told me that I should raise Annerl to fear the Lord and to disregard all these evil omens, which were only the snares of Satan that had to be scorned

[3]**Ach, du . . . eingetroffen** Oh, dear Lord, everything happened anyway

[4]**Eine schauerliche . . . zermalmt** A horrible premonition came over me; the old woman's story had completely devastated me

[5]**heute wird sie gerichtet** today she'll be executed

[6]**Sie war . . . lassen** She was disgraced on account of honor; she was seduced by a nobleman and he abandoned her

mir heimlich entwendet hat. Ach, es hat sie mit Zähnen dazu gerissen, sie hat es in der Verwirrung getan. Der Verführer hatte ihr die Ehe versprochen und gesagt, der Kasper sei in Frankreich geblieben.[1] Dann ist sie verzweifelt und hat das Böse getan und hat sich selbst bei den Gerichten angegeben.[2] Um vier Uhr wird sie gerichtet. Sie hat mir geschrieben, ich möchte noch zu ihr kommen; das will ich nun tun und ihr das Kränzlein und den Gruß von dem armen Kasper bringen und die Rose, die ich heut nacht erhalten; das wird sie trösten. Ach, lieber Schreiber, wenn Er es nur in der Bittschrift auswirken kann, daß ihr Leib und auch der Kasper dürfen auf unsern Kirchhof gebracht werden."[3]

"Alles, alles will ich versuchen!" rief ich aus, "gleich will ich nach dem Schlosse laufen; mein Freund, der Ihr die Rose gab, hat die Wache dort, er soll mir den Herzog wecken, ich will vor sein Bett knien und ihn um Pardon für Annerl bitten."

"Pardon?" sagte die Alte kalt. "Es hat sie ja mit Zähnen dazu gezogen; hör Er, lieber Freund, Gerechtigkeit ist besser als Pardon; was hilft aller Pardon auf Erden? Wir müssen doch alle vor das Gericht:

> Ihr Toten, ihr Toten sollt auferstehn,
> Ihr sollt vor das Jüngste Gerichte gehn.

Seht, sie will keinen Pardon, man hat ihn ihr angeboten, wenn sie den Vater des Kindes nennen wolle; aber das Annerl hat gesagt: 'Ich habe sein Kind ermordet und will sterben und ihn nicht unglücklich machen; ich muß meine Strafe leiden, daß ich zu meinem Kinde komme, aber ihn kann es verderben, wenn ich ihn nenne.' Darüber wurde ihr das Schwert zuerkannt.[4] Gehe Er zum Herzog, und bitte Er für Kasper und Annerl um ein ehrlich Grab! Gehe Er gleich! Seh Er: dort geht der Herr Pfarrer ins Gefängnis; ich will ihn ansprechen, daß er mich mit hinein zum schönen Annerl nimmt. Wenn Er sich eilt, so kann Er uns draußen am Gerichte vielleicht den Trost noch bringen mit dem ehrlichen Grab für Kasper und Annerl."[5]

Unter diesen Worten waren wir mit dem Prediger zusammengetroffen; die Alte erzählte ihr Verhältnis zu der Gefangenen, und er nahm sie freundlich mit zum Gefängnis. Ich aber eilte nun, wie ich noch nie gelaufen, nach dem Schlosse, und es machte mir einen tröstenden Eindruck, es war mir wie ein Zeichen der Hoffnung, als ich an Graf Grossingers Hause vorüberstürzte und

---

[1]**Der Verführer . . . geblieben** Her seducer had promised to marry her and had told her that Kasper had remained (died) in France

[2]**hat sich . . . angegeben** turned herself in

[3]**wenn Er . . . werden** if your petition could just manage to work things out so that her body and also that of Kasper may be brought to our churchyard (cemetery)

[4]**Darüber wurde . . . zuerkannt** She then was sentenced to die by the sword (of the executioner)

[5]**Wenn Er . . . Annerl** If you hurry, you still may be able to deliver, at the site of the execution, the comforting message that Kasperl and Annerl have been granted honorable graves

aus einem offnen Fenster des Gartenhauses eine liebliche Stimme zur Laute singen hörte:

> Die Gnade sprach von Liebe,
> Die Ehre aber wacht
> Und wünscht voll Lieb der Gnade
> In Ehren gute Nacht.
>
> Die Gnade nimmt den Schleier,
> Wenn Liebe Rosen gibt,
> Die Ehre grüßt den Freier,
> Weil sie die Gnade liebt.

Ach, ich hatte der guten Wahrzeichen noch mehr![1] Einhundert Schritte weiter fand ich einen weißen Schleier auf der Straße liegend; ich raffte ihn auf, er war voll von duftenden Rosen. Ich hielt ihn in der Hand und lief weiter, mit dem Gedanken: ach Gott, das ist die Gnade. Als ich um die Ecke bog, sah ich einen Mann, der sich in seinem Mantel verhüllte, als ich vor ihm vorübereilte, und mir heftig den Rücken wandte, um nicht gesehen zu werden.[2] Er hätte es nicht nötig gehabt, ich sah und hörte nichts in meinem Innern als: Gnade, Gnade! und stürzte durch das Gittertor in den Schloßhof. Gott sei Dank, der Fähndrich, Graf Grossinger, der unter den blühenden Kastanienbäumen vor der Wache auf und ab ging, trat mir schon entgegen.

"Lieber Graf," sagte ich mit Ungestüm, "Sie müssen mich gleich zum Herzog bringen, gleich auf der Stelle, oder alles ist zu spät, alles ist verloren!"

Er schien verlegen über diesen Antrag und sagte: "Was fällt Ihnen ein, zu dieser ungewohnten Stunde?[3] Es ist nicht möglich; kommen Sie zur Parade, da will ich Sie vorstellen."

Mir brannte der Boden unter den Füßen; "jetzt," rief ich aus, "oder nie! Es muß sein, es betrifft das Leben eines Menschen."

"Es kann jetzt nicht sein," erwiderte Grossinger scharf absprechend, "es betrifft meine Ehre; es ist mir untersagt, heute nacht irgendeine Meldung zu tun."[4]

Das Wort Ehre machte mich verzweifeln; ich dachte an Kaspers Ehre, an Annerls Ehre und sagte: "Die vermaledeite Ehre![5] Gerade um die letzte Hülfe

---

[1]**Ach ich . . . mehr** Oh, I had other good omens

[2]**Als ich . . . werden** When I turned the corner, I saw a man who, as I dashed past him, wrapped himself in his cloak and quickly turned his back to me in order not to be recognized

[3]**Er schien . . . Stunde** He seemed to become ill at ease over my request and said: "at this unusual hour? what in the world are you thinking of?"

[4]**erwiderte Grossinger . . . tun** sharply rejecting my request, Grossinger replied: "it concerns my honor (it's a matter of honor); I have express orders not to deliver any reports tonight"

[5]**Die vermaledeite Ehre!** Honor be damned!

zu leisten, welche so eine Ehre übriggelassen, muß ich zum Herzoge,[1] Sie müssen mich melden, oder ich schreie laut nach dem Herzog."

"So Sie sich rühren," sagte Grossinger heftig, "lasse ich Sie in die Wache werfen, Sie sind ein Phantast, Sie kennen keine Verhältnisse."[2]

"O, ich kenne Verhältnisse, schreckliche Verhältnisse! Ich muß zum Herzoge, jede Minute ist unerkäuflich!" versetzte ich; "wollen Sie mich nicht gleich melden, so eile ich allein zu ihm."

Mit diesen Worten wollte ich nach der Treppe, die zu den Gemächern des Herzogs hinaufführte, als ich den nämlichen in einem Mantel Verhüllten, der mir begegnete, nach dieser Treppe eilend bemerkte.[3] Grossinger drehte mich mit Gewalt um, daß ich diesen nicht sehen sollte. "Was machen Sie, Töriger?" flüsterte er mir zu, "schweigen Sie, ruhen Sie, Sie machen mich unglücklich!"

"Warum halten Sie den Mann nicht zurück, der da hinaufging?" sagte ich; "er kann nichts Dringenderes vorzubringen haben als ich.[4] Ach, es ist so dringend, ich muß, ich muß! Es betrifft das Schicksal eines unglücklichen, verführten, armen Geschöpfes."

Grossinger erwiderte: "Sie haben den Mann hinaufgehen sehen; wenn Sie je ein Wort davon äußern, so kommen Sie vor meine Klinge;[5] gerade, weil *er* hinaufging, können *Sie nicht* hinauf, der Herzog hat Geschäfte mit ihm."

Da erleuchteten sich die Fenster des Herzogs. "Gott, er hat Licht, er ist auf!" sagte ich, "ich muß ihn sprechen, um des Himmels willen, lassen Sie mich, oder ich schreie Hülfe."

Grossinger faßte mich beim Arm und sagte: "Sie sind betrunken, kommen Sie in die Wache. Ich bin Ihr Freund, schlafen Sie aus[6] und sagen Sie mir das Lied, das die Alte heut nacht an der Türe sang, als ich die Runde vorüberführte, das Lied interessiert mich sehr."

"Gerade wegen der Alten und den Ihrigen[7] muß ich mit dem Herzoge sprechen!" rief ich aus.

"Wegen der Alten?" versetzte Grossinger, "wegen der sprechen Sie mit mir, die großen Herrn haben keinen Sinn für so etwas; geschwind kommen Sie nach der Wache!"

---

[1] **Gerade um . . . Herzoge** I've got to see the duke over a case of failed honor so he can help (intervene) before it's too late

[2] **So Sie . . . Verhältnisse** "(You) make one move," Grossinger said vehemently, "(and) I'll have you thrown into the guardroom, you're crazy, you don't know the situation"

[3] **als ich . . . bemerkte** when I noticed the man, who earlier had wrapped himself in his cloak, hurrying toward the staircase

[4] **er kann . . . ich** he can have no more urgent business than I do

[5] **Sie haben . . . Klinge** You saw the man go up; if you ever whisper even one word about it (to anyone), you'll face my blade

[6] **schlafen Sie aus** sleep it off

[7] **den Ihrigen** her family (kin)

Er wollte mich fortziehen; da schlug die Schloßuhr halb vier. Der Klang schnitt mir wie ein Schrei der Not durch die Seele,[1] und ich schrie aus voller Brust zu den Fenstern des Herzogs hinauf:

"Hülfe! Um Gottes willen, Hülfe für ein elendes, verführtes Geschöpf!" Da ward Grossinger wie unsinnig. Er wollte mir den Mund zuhalten, aber ich rang mit ihm; er stieß mich in den Nacken, er schimpfte; ich fühlte, ich hörte nichts. Er rief nach der Wache, der Korporal eilte mit etlichen Soldaten herbei, mich zu greifen; aber in dem Augenblick ging des Herzogs Fenster auf, und es rief herunter:

"Fähndrich Graf Grossinger, was ist das für ein Skandal? Bringen Sie den Menschen herauf, gleich auf der Stelle!"

Ich wartete nicht auf den Fähndrich; ich stürzte die Treppe hinauf, ich fiel nieder zu den Füßen des Herzogs, der mich betroffen und unwillig aufstehen hieß. Er hatte Stiefel und Sporen an, und doch einen Schlafrock, den er sorgfältig über der Brust zusammenhielt.

Ich trug dem Herzoge alles, was mir die Alte von dem Selbstmorde des Ulans, von der Geschichte der schönen Annerl erzählt hatte, so gedrängt vor, als es die Not erforderte, und flehte ihm wenigstens um den Aufschub der Hinrichtung auf wenige Stunden[2] und um ein ehrliches Grab für die beiden Unglücklichen an, wenn Gnade unmöglich sei. — "Ach, Gnade, Gnade!" rief ich aus, indem ich den gefundenen weißen Schleier voll Rosen aus dem Busen zog; "dieser Schleier, den ich auf meinem Wege hierher gefunden, schien mir Gnade zu verheißen."[3]

Der Herzog griff mit Ungestüm nach dem Schleier und war heftig bewegt; er drückte den Schleier in seinen Händen, und als ich die Worte aussprach: "Euer Durchlaucht![4] Dieses arme Mädchen ist ein Opfer falscher Ehrsucht; ein Vornehmer hat sie verführt und ihr die Ehe versprochen; ach, sie ist so gut, daß sie lieber sterben will als ihn nennen" — da unterbrach mich der Herzog, mit Tränen in den Augen, und sagte: "Schweigen Sie, ums Himmels willen, schweigen Sie!" — Und nun wendete er sich zu dem Fähndrich, der an der Türe stand, und sagte mit dringender Eile: "Fort eilend zu Pferde mit diesem Menschen hier; reiten Sie das Pferd tot; nur nach dem Gerichte hin: heften sie diesen Schleier an Ihren Degen, winken und schreien Sie Gnade, Gnade![5] Ich komme nach."

Grossinger nahm den Schleier; er war ganz verwandelt, er sah aus wie ein Gespenst vor Angst und Eile;[6] wir stürzten in den Stall, saßen zu Pferde und ritten im Galopp; er stürmte wie ein Wahnsinniger zum Tore hinaus. Als er

---

[1] **Der Klang . . . Seele** The sound, like a cry of distress, cut me to the quick

[2] **so gedrängt . . . Stunden** as urgently as the situation demanded and pleaded with him at least to postpone the execution for a few hours

[3] **schien mir . . . verheißen** seemed to promise mercy

[4] **Euer Durchlaucht** Your Highness

[5] **Fort eilend . . . Gnade** You and this man hurry — don't spare the horses — gallop to the execution site: tie this veil to your sword, wave it, and shout mercy, mercy

[6] **er war . . . Eile** he was a changed man, fear and the need for haste made him look like a ghost

den Schleier an seine Degenspitze heftete, schrie er: "Herr Jesus, meine Schwester!" Ich verstand nicht, was er wollte. Er stand hoch im Bügel und wehte und schrie:[1] "Gnade, Gnade!" Wir sahen auf dem Hügel die Menge um das Gericht versammelt. Mein Pferd scheute vor dem wehenden Tuch. Ich bin ein schlechter Reiter, ich konnte den Grossinger nicht einholen, er flog im schnellsten Karriere;[2] ich strengte alle Kräfte an. Trauriges Schicksal! Die Artillerie exerzierte in der Nähe, der Kanonendonner machte es unmöglich, unser Geschrei aus der Ferne zu hören. Grossinger stürzte, das Volk stob auseinander, ich sah in den Kreis, ich sah einen Stahlblitz in der frühen Sonne[3] — ach Gott, es war der Schwertblitz des Richters! — Ich sprengte heran, ich hörte das Wehklagen der Menge. "Pardon, Pardon!" schrie Grossinger und stürzte mit wehendem Schleier durch den Kreis, wie ein Rasender, aber der Richter hielt ihm das blutende Haupt der schönen Annerl entgegen, das ihn wehmütig anlächelte. Da schrie er: "Gott sei mir gnädig!" und fiel auf die Leiche hin zur Erde; "tötet mich, tötet mich, ihr Menschen; ich habe sie verführt, ich bin ihr Mörder!"

Eine rächende Wut ergriff die Menge; die Weiber und Jungfrauen drangen heran und rissen ihn von der Leiche und traten ihn mit Füßen, er wehrte sich nicht; die Wachen konnten das wütende Volk nicht bändigen.[4] Da erhob sich ein Geschrei: "Der Herzog, der Herzog!" — Er kam im offnen Wagen gefahren; ein blutjunger Mensch, den Hut tief ins Gesicht gedrückt, in einem Mantel gehüllt, saß neben ihm. Die Menschen schleifen Grossinger herbei. "Jesus, mein Bruder!" schrie der junge Offizier mit der weiblichsten Stimme aus dem Wagen. Der Herzog sprach bestürzt zu ihm: "Schweigen Sie!" Er sprang aus dem Wagen, der junge Mensch wollte folgen, der Herzog drängte ihn schier unsanft zurück, aber so beförderte sich die Entdeckung, daß der junge Mensch die als Offizier verkleidete Schwester Grossingers sei.[5] Der Herzog ließ den mißhandelten, ohnmächtigen Grossinger in den Wagen legen, die Schwester nahm keine Rücksicht mehr, sie warf ihren Mantel über ihn; jedermann sah sie in weiblicher Kleidung. Der Herzog war verlegen, aber er sammelte sich und befahl, den Wagen sogleich umzuwenden und die Gräfin mit ihrem Bruder nach ihrer Wohnung zu fahren. Dieses Ereignis hatte die Wut der Menge einigermaßen gestillt. Der Herzog sagte laut zu dem wachthabenden Offizier: "Die Gräfin Grossinger hat ihren Bruder an ihrem Hause vorbeireiten sehen, den Pardon zu bringen und wollte diesem freudigen Ereignis beiwohnen; als ich zu demselben Zwecke vorüberfuhr, stand sie am

---

[1] **Er stand . . . schrie** He stood high in his stirrups and waved and shouted

[2] **im schnellsten Karriere** at a dead run

[3] **Grossinger stürzte . . . Sonne** Grossinger was thrown, the crowd scattered, I saw the crowd surrounding the executioner's block, I saw steel flashing in the early sunlight

[4] **die Wachen . . . bändigen** the guards could not control the furious crowd

[5] **der Herzog drängte . . . sei** the duke pushed him almost roughly backwards; this shove led to the revelation that the young man dressed as an officer was Grossinger's sister

Fenster und bat mich, sie in meinem Wagen mitzunehmen;[1] ich konnte es dem gutmütigen Kinde nicht abschlagen. Sie nahm einen Mantel und Hut ihres Bruders, um kein Aufsehen zu erregen, und hat, von dem unglücklichen Zufall überrascht, die Sache gerade dadurch zu einem abenteuerlichen Skandal gemacht.[2] Aber wie konnten Sie, Herr Leutnant, den unglücklichen Grafen Grossinger nicht vor dem Pöbel schützen? Es ist ein gräßlicher Fall, daß er, mit dem Pferde stürzend, zu spät kam, er kann doch aber nichts dafür. Ich will die Mißhandler des Grafen verhaftet und bestraft wissen."[3]

Auf diese Rede des Herzogs erhob sich ein allgemeines Geschrei: "Er ist ein Schurke, er ist der Verführer, der Mörder der schönen Annerl gewesen, er hat es selbst gesagt, der elende, der schlechte Kerl!"

Als dies von allen Seiten hertönte und auch der Prediger und der Offizier und die Gerichtspersonen es bestätigten, war der Herzog so tief erschüttert, daß er nichts sagte, als: "Entsetzlich, entsetzlich, o, der elende Mensch!"

Nun trat der Herzog blaß und bleich in den Kreis, er wollte die Leiche der schönen Annerl sehen. Sie lag auf dem grünen Rasen in einem schwarzen Kleide mit weißen Schleifen. Die alte Großmutter, welche sich um alles, was vorging, nicht bekümmerte, hatte ihr das Haupt an den Rumpf gelegt und die schreckliche Trennung mit ihrer Schürze bedeckt;[4] sie war beschäftigt, ihr die Hände über die Bibel zu falten, welche der Pfarrer in dem kleinen Städtchen der kleinen Annerl geschenkt hatte; das goldene Kränzlein band sie ihr auf den Kopf und steckte die Rose vor die Brust, welche ihr Grossinger in der Nacht gegeben hatte, ohne zu wissen, wem er sie gab.

Der Herzog sprach bei diesem Anblick: "Schönes, unglückliches Annerl! Schändlicher Verführer, du kamst zu spät! — Arme alte Mutter, du bist ihr allein treu geblieben, bis in den Tod." Als er mich bei diesen Worten in seiner Nähe sah, sprach er zu mir: "Sie sagten mir von einem letzten Willen des Korporal Kasper, haben Sie ihn bei sich?" Da wendete ich mich zu der Alten und sagte: "Arme Mutter, gebt mir die Brieftasche Kaspers; Seine Durchlaucht wollen seinen letzten Willen lesen."

Die Alte, welche sich um nichts bekümmerte, sagte mürrisch: "Ist Er auch wieder da? Er hätte lieber ganz zu Hause bleiben können. Hat Er die Bittschrift? Jetzt ist es zu spät; ich habe dem armen Kinde den Trost nicht geben können, daß sie zu Kasper in ein ehrliches Grab soll; ach, ich hab es ihr vorgelogen,[5] aber sie hat mir nicht geglaubt."

---

[1] **und wollte . . . mitzunehmen** and wanted to be present at this joyous event; as I happened to be driving past for the same purpose, she was standing at a window and asked me to take her along in my coach

[2] **Sie nahm . . . gemacht** In order not to attract any attention, she put on her brother's cloak and hat and, surprised by this unfortunate development (coincidence), she unwittingly has given this whole affair the appearance of a scandalous adventure

[3] **Ich will . . . wissen** I want to see the count's assailants (abusers) arrested and punished

[4] **hatte ihr . . . bedeckt** had put her head and body together and had covered the horrible separation with her apron

[5] **ich habe . . . vorgelogen** I lied to her about it

Der Herzog unterbrach sie und sprach: "Ihr habt nicht gelogen, gute Mutter; der Mensch hat sein Möglichstes getan, der Sturz des Pferdes ist an allem schuld. Aber sie soll ein ehrliches Grab haben bei ihrer Mutter und bei Kasper, der ein braver Kerl war; es soll ihnen beiden eine Leichenpredigt[1] gehalten werden über die Worte: 'Gebt Gott allein die Ehre!' Der Kasper soll als Fähndrich begraben werden, seine Schwadron soll ihm dreimal ins Grab schießen, und des Verderbers Grossingers Degen soll auf seinen Sarg gelegt werden."

Nach diesen Worten ergriff er Grossingers Degen, der mit dem Schleier noch an der Erde lag, nahm den Schleier herunter, bedeckte Annerl damit und sprach: "Dieser unglückliche Schleier, der ihr so gern Gnade gebracht hätte, soll ihr die Ehre wiedergeben; sie ist ehrlich und begnadigt gestorben, der Schleier soll mit ihr begraben werden." Den Degen gab er dem Offizier der Wache mit den Worten: "Sie werden heute noch meine Befehle wegen der Bestattung des Ulanen und dieses armen Mädchens bei der Parade empfangen."[2]

Nun las er auch die letzten Worte Kaspers laut mit vieler Rührung; die alte Großmutter umarmte mit Freudentränen seine Füße, als wäre sie das glücklichste Weib. Er sagte zu ihr: "Gebe Sie sich zufrieden, Sie soll eine Pension haben bis an Ihr seliges Ende, ich will Ihrem Enkel und der Annerl einen Denkstein setzen lassen." Nun befahl er dem Prediger, mit der Alten und einem Sarge, in welchen die Gerichtete gelegt wurde, nach seiner Wohnung zu fahren und sie dann nach ihrer Heimat zu bringen und das Begräbnis zu besorgen. Da währenddem seine Adjutanten mit Pferden gekommen waren, sagte er noch zu mir: "Geben Sie meinem Adjutanten Ihren Namen an, ich werde Sie rufen lassen; Sie haben einen schönen menschlichen Eifer gezeigt."[3] Der Adjutant schrieb meinen Namen in seine Schreibtafel und machte mir ein verbindliches Kompliment. Dann sprengte der Herzog, von den Segenswünschen der Menge begleitet, in die Stadt. Die Leiche der schönen Annerl ward nun mit der guten alten Großmutter in das Haus des Pfarrers gebracht, und in der folgenden Nacht fuhr dieser mit ihr nach der Heimat zurück. Der Offizier traf, mit dem Degen Grossingers und einer Schwadron Ulanen, auch daselbst am folgenden Abend ein. Da wurde nun der brave Kasper, mit Grossingers Degen auf der Bahre und dem Fähndrichspatent,[4] neben der schönen Annerl, zur Seite seiner Mutter begraben. Ich war auch hingeeilt und führte die alte Mutter, welche kindisch vor Freude war, aber wenig redete; und als die Ulanen dem Kasper zum drittenmal ins Grab schossen, fiel sie mir tot in die Arme. Sie hat ihr Grab auch neben den Ihrigen empfangen. Gott gebe ihnen allen eine freudige Auferstehung!

---

[1]**Leichenpredigt** funeral sermon

[2]**Sie werden . . . empfangen** you'll get my orders concerning the interment of the lancer and this poor girl at the parade today

[3]**Geben Sie . . . gezeigt** Give your name to my adjutant, I'll call for you; you've displayed a splendid human concern and initiative

[4]**mit Grossingers . . . Fähndrichspatent** with Grossinger's sword and the cadet commission on the bier

Sie sollen treten auf die Spitzen,
Wo die lieben Engelein sitzen,
Wo kömmt der liebe Gott gezogen
Mit einem schönen Regenbogen;
Da sollen ihre Seelen vor Gott bestehn,
Wann wir werden zum Himmel eingehn.
Amen.

Als ich in die Hauptstadt zurückkam, hörte ich, Graf Grossinger sei gestorben; er habe Gift genommen. In meiner Wohnung fand ich einen Brief von ihm; er sagte mir darin:

"Ich habe Ihnen viel zu danken. Sie haben meine Schande, die mir lange das Herz abnagte, zutage gebracht.[1] Jenes Lied der Alten kannte ich wohl, die Annerl hatte es mir oft vorgesagt, sie war ein unbeschreiblich edles Geschöpf. Ich war ein elender Verbrecher. Sie hatte ein schriftliches Eheversprechen von mir gehabt und hat es verbrannt. Sie diente bei einer alten Tante von mir, sie litt oft an Melancholie. Ich habe mich durch gewisse medizinische Mittel, die etwas Magisches haben, ihrer Seele bemächtigt.[2] — Gott sei mir gnädig! — Sie haben auch die Ehre meiner Schwester gerettet. Der Herzog liebt sie, ich war sein Günstling — die Geschichte hat ihn erschüttert — Gott helfe mir, ich habe Gift genommen

Joseph Graf Grossinger."

Die Schürze der schönen Annerl, in welche ihr der Kopf des Jägers Jürge bei seiner Enthauptung gebissen, ist auf der herzoglichen Kunstkammer bewahrt worden. Man sagt, die Schwester des Grafen Grossinger werde der Herzog mit dem Namen: *Voile de Grace*, auf deutsch "Gnadenschleier," in den Fürstenstand erheben und sich mit ihr vermählen.[3] Bei der nächsten Revue in der Gegend von D... soll das Monument auf den Gräbern der beiden unglücklichen Ehrenopfer, auf dem Kirchhofe des Dorfs, errichtet und eingeweiht werden, der Herzog wird mit der Fürstin selbst zugegen sein. Er ist ausnehmend zufrieden damit; die Idee soll von der Fürstin und dem Herzoge zusammen erfunden sein. Es stellt die falsche und wahre Ehre vor, die sich vor einem Kreuze beiderseits gleich tief zur Erde beugen; die Gerechtigkeit steht mit dem geschwungenen Schwerte zur einen Seite, die Gnade zur andern Seite und wirft einen Schleier heran.[4] Man will im Kopfe der Gerechtigkeit Ähn-

[1] **Sie haben . . . gebracht** You've exposed my disgrace, which has been gnawing at my heart for a long time

[2] **Ich habe . . . bemächtigt** I gained control of her soul through certain drugs (medicinal preparations) that have magical properties

[3] **in den .. vermählen** elevate her to the rank of princess and marry her

[4] **Es stellt . . . heran** It depicts true and false honor, with each bowing almost to the ground beside a cross: Justice, swinging a sword, is standing at one side; and Mercy, throwing a veil, is standing at the other

lichkeit mit dem Herzoge, in dem Kopfe der Gnade Ähnlichkeit mit dem Gesichte der Fürstin finden.

DER TOLLE INVALIDE AUF DEM FORT RATONNEAU[1]

Ludwig Achim von Arnim

Graf Dürande, der gute alte Kommandant von Marseille, saß einsam frierend an einem kalt stürmenden Oktoberabende bei dem schlecht eingerichteten Kamine[2] seiner prachtvollen Kommandantenwohnung und rückte immer näher und näher zum Feuer, während die Kutschen zu einem großen Balle in der Straße vorüber rollten, und sein Kammerdiener Basset, der zugleich sein liebster Gesellschafter war, im Vorzimmer heftig schnarchte. Auch im südlichen Frankreich ist es nicht immer warm, dachte der alte Herr und schüttelte mit dem Kopfe, die Menschen bleiben auch da nicht immer jung, aber die lebhafte gesellige Bewegung nimmt so wenig Rücksicht auf das Alter, wie die Baukunst auf den Winter.[3] Was sollte er, der Chef aller Invaliden, die damals (während des Siebenjährigen Krieges) die Besatzung von Marseille und seiner Forts ausmachten,[4] mit seinem hölzernen Beine auf dem Balle, nicht einmal die Lieutenants seines Regiments waren zum Tanze zu brauchen. Hier am Kamine schien ihm dagegen sein hölzernes Bein höchst brauchbar, weil er den Basset nicht wecken mochte, um den Vorrat grüner Olivenäste, den er sich zur Seite hatte hinlegen lassen, allmählich in die Flamme zu schieben. Ein solches Feuer hat großen Reiz; die knisternde Flamme ist mit dem grünen Laube wie durchflochten, halbbrennend, halbgrünend erscheinen die Blätter wie verliebte Herzen.[5] Auch der alte Herr dachte dabei an Jugendglanz und vertiefte sich in den Konstruktionen jener Feuerwerke, die er sonst schon für den Hof angeordnet hatte und spekulierte auf neue, noch mannigfachere Farbenstrahlen und Drehungen,[6] durch welche er am Geburtstage des Königs die Marseiller überraschen wollte. Es sah nun leerer in seinem Kopfe als auf dem

---

[1]Arnim published this novella in 1818.

[2]**bei dem . . . Kamine** at the inefficient (poorly functioning) fireplace

[3]**die lebhafte . . . Winter** the active (lively) social scene shows as little consideration to old age as does the architecture to winter

[4]**der Chef . . . ausmachten** the commander of all the invalids who at that time (during the Seven Years' War) constituted the garrison of Marseille and its forts. *Note*: the Seven Years' War was fought between 1756-63.

[5]**Ein solches . . . Herzen** Such a fire has great charm; the crackling flames seem to intertwine with the foliage, and the leaves, half red, half green, take on the appearance of hearts in love

[6]**vertiefte sich . . . Drehungen** lapsed into a revery over the fireworks he already had designed and put on for the court and speculated over new, even more varied flashes of color and brilliant pinwheels

Balle aus. Aber in der Freude des Gelingens, wie er schon alles strahlen, sausen, prasseln, dann wieder alles in stiller Größe leuchten sah,[1] hatte er immer mehr Olivenäste ins Feuer geschoben und nicht bemerkt, daß sein hölzernes Bein Feuer gefangen hatte und schon um ein Drittel abgebrannt war. Erst jetzt, als er aufspringen wollte, weil der große Schluß, das Aufsteigen von tausend Raketen, seine Einbildungskraft beflügelte und entflammte,[2] bemerkte er, indem er auf seinen Polsterstuhl zurück sank, daß sein hölzernes Bein verkürzt sei und daß der Rest auch noch in besorglichen Flammen stehe. In der Not, nicht gleich aufkommen zu können, rückte er seinen Stuhl wie einen Piekschlitten mit dem flammenden Beine[3] bis in die Mitte des Zimmers, rief seinen Diener und dann nach Wasser. Mit eifrigem Bemühen sprang ihm in diesem Augenblicke eine Frau zu Hilfe, die in das Zimmer eingelassen, lange durch ein bescheidnes Husten die Aufmerksamkeit des Kommandanten auf sich zu ziehen gesucht hatte, doch ohne Erfolg.[4] Sie suchte das Feuer mit ihrer Schürze zu löschen, aber die glühende Kohle des Beins setzte die Schürze in Flammen und der Kommandant schrie nun in wirklicher Not nach Hilfe, nach Leuten. Bald drangen diese von der Gasse herein, auch Basset war erwacht; der brennende Fuß, die brennende Schürze brachten alle ins Lachen, doch mit dem ersten Wassereimer, den Basset aus der Küche holte, war alles gelöscht und die Leute empfahlen sich.[5] Die arme Frau triefte vom Wasser, sie konnte sich nicht gleich vom Schrecken erholen, der Kommandant ließ ihr seinen warmen Rockelor[6] umhängen und ein Glas starken Wein reichen. Die Frau wollte aber nichts nehmen und schluchzte nur über ihr Unglück und bat den Kommandanten, mit ihm einige Worte ins geheim zu sprechen. So schickte er seinen nachlässigen Diener fort und setzte sich sorgsam in ihre Nähe. "Ach, mein Mann," sagte sie in einem fremden deutschen Dialekte des Französischen, "mein Mann kommt von Sinnen, wenn er die Geschichte hört; ach, mein armer Mann, da spielt ihm der Teufel sicher wieder einen Streich!"[7] Der Kommandant fragte nach dem Manne und die Frau sagte ihm, daß sie eben wegen dieses ihres lieben Mannes zu ihm gekommen, ihm einen Brief des Obersten vom Regiment Pikardie zu überbringen. Der Oberste setzte die Brille auf, erkannte das Wappen seines Freundes und durchlief das Schreiben, dann

---

[1] **in der . . . sah** in joyful anticipation of success, he already saw everything sparkle, whistle, crackle, and end in a flash of silent, radiant brilliance

[2] **weil er . . . entflammte** because the grand finale, the ascent of a thousand rockets, inflamed and gave wings to his imagination

[3] **rückte er . . . Beine** with his burning leg, he maneuvered his chair as he would a pointed sleigh

[4] **die in . . . Erfolg** who, having been admitted into the room earlier, for a long time had been trying to attract the commandant's attention with a modest cough, but without success

[5] **die Leute empfahlen sich** the people took their leave

[6] **Rockelor** overcoat

[7] **mein Mann . . . Streich** my husband will lose his mind when he hears of this incident; ah, my poor husband, the devil will surely play another trick on him

sagte er: "Also Sie sind jene Rosalie, eine geborene Demoiselle Lilie[1] aus Leipzig, die den Sergeanten Francœur geheiratet hat, als er am Kopf verwundet in Leipzig gefangen lag? Erzählen Sie, das ist eine seltne Liebe! Was waren Ihre Eltern, legten die Ihnen kein Hindernis in den Weg? Und was hat denn Ihr Mann für scherzhafte Grillen als Folge seiner Kopfwunde behalten,[2] die ihn zum Felddienste untauglich machen, obgleich er als der bravste und geschickteste Sergeant, als die Seele des Regiments geachtet wurde?"[3] — "Gnädiger Herr," antwortete die Frau mit neuer Betrübnis, "meine Liebe trägt die Schuld von allem dem Unglück, ich habe meinen Mann unglücklich gemacht und nicht jene Wunde; meine Liebe hat den Teufel in ihn gebracht und plagt ihn und verwirrt seine Sinne. Statt mit den Soldaten zu exerzieren, fängt er zuweilen an, ihnen ungeheure, ihm vom Teufel eingegebene Sprünge vor zu machen, und verlangt, daß sie ihm diese nachmachen; oder er schneidet ihnen Gesichter,[4] daß ihnen der Schreck in alle Glieder fährt, und verlangt, daß sie sich dabei nicht rühren noch regen und neulich, was endlich dem Fasse den Boden ausschlug, warf er den kommandierenden General, der in einer Affäre den Rückzug des Regiments befahl, vom Pferde,[5] setzte sich darauf und nahm mit dem Regimente die Batterie fort." — "Ein Teufelskerl," rief der Kommandant, "wenn doch so ein Teufel in alle unsre kommandierenden Generale führe, so hätten wir kein zweites Roßbach[6] zu fürchten, ist Ihre Liebe *solche* Teufelsfabrik, so wünschte ich, Sie liebten unsre ganze Armee." — "Leider im Fluche meiner Mutter," seufzte die Frau. "Meinen Vater habe ich nicht gekannt. Meine Mutter sah viele Männer bei sich, denen ich aufwarten mußte,[7] das war meine einzige Arbeit. Ich war träumerig und achtete gar nicht der freundlichen Reden dieser Männer, meine Mutter schützte mich gegen ihre Zudringlichkeit. Der Krieg hatte diese Herren meist zerstreut, die meine Mutter besuchten und bei ihr Hazardspiele heimlich spielten;[8] wir lebten zu ihrem Ärger sehr einsam. Freund und Feind waren ihr darum gleich verhaßt, ich durfte keinem eine Gabe bringen, der verwundet oder hungrig vor dem Hause vorüberging. Das tat mir sehr leid und einstmals war ich ganz allein und besorgte unser Mittagessen, als viele Wagen mit Verwundeten vorüberzogen, die ich an der Sprache für Franzosen erkannte, die von den Preußen gefangen worden. Immer wollte ich mit dem fertigen Essen zu jenen hinunter, doch ich

[1] **eine geborene . . . Lilie** born (with the maiden name of) Lilie

[2] **Und was . . . behalten** And what kind of odd fancies has your husband retained as a consequence of his head wound

[3] **als der . . . wurde** was considered the best, the most efficient sergeant, the (very life and) soul of the regiment

[4] **Statt mit . . . Gesichter** Instead of drilling the soldiers, he'll at times demonstrate crazy, devil-inspired leaps and order his men to imitate them; or he'll make faces

[5] **und neulich . . . Pferde** and recently, what finally proved to be the last straw, he unhorsed the commanding general who had ordered the Regiment to retreat from an engagement

[6] **Roßbach** Frederick the Great defeated the vastly superior French forces there in 1757.

[7] **denen ich aufwarten mußte** whom I had to look after (serve)

[8] **Hazardspiele heimlich spielten** secretly played games of chance

fürchtete die Mutter; als ich aber Francœur mit verbundenem Kopfe auf dem letzten Wagen liegen gesehen,[1] da weiß ich nicht, wie mir geschah;[2] die Mutter war vergessen, ich nahm Suppe und Löffel, und, ohne unsre Wohnung abzuschließen, eilte ich dem Wagen nach in die Pleißenburg.[3] Ich fand ihn; er war schon abgestiegen; dreist redete ich die Aufseher an und wußte dem Verwundeten gleich das beste Strohlager zu erstehen.[4] Und als er darauf gelegt, welche Seligkeit, dem Notleidenden die warme Suppe zu reichen! Er wurde munter in den Augen und schwor mir, daß ich einen Heiligenschein um meinen Kopf trage. Ich antwortete ihm, das sei meine Haube, die ich im eiligen Bemühen um ihn aufgeschlagen. Er sagte, der Heiligenschein komme aus meinen Augen! Ach, das Wort konnte ich gar nicht vergessen, und hätte er mein Herz nicht schon gehabt, ich hätte es ihm dafür schenken müssen." — "Ein wahres, ein schönes Wort!" sagte der Kommandant, und Rosalie fuhr fort: "Das war die schönste Stunde meines Lebens, ich sah ihn immer eifriger an, weil er behauptete, daß es ihm wohltue und als er mir endlich einen kleinen Ring an den Finger steckte, fühlte ich mich so reich, wie ich noch niemals gewesen. In diese glückliche Stille trat meine Mutter scheltend und fluchend ein; ich kann nicht nachsagen, wie sie mich nannte, ich schämte mich auch nicht, denn ich wußte, daß ich schuldlos war und daß er Böses nicht glauben würde. Sie wollte mich fortreißen, aber er hielt mich fest und sagte ihr, daß wir verlobt wären, ich trüge schon seinen Ring. Wie verzog sich das Gesicht meiner Mutter; mir war's, als ob eine Flamme aus ihrem Halse brenne, und ihre Augen kehrte sie in sich, sie sahen ganz weiß aus;[5] sie verfluchte mich und übergab mich mit feierlicher Rede dem Teufel. Und wie so ein heller Schein durch meine Augen am Morgen gelaufen, als ich Francœur gesehen, so war mir jetzt, als ob eine schwarze Fledermaus ihre durchsichtigen Flügeldecken über meine Augen legte; die Welt war mir halb verschlossen, und ich gehörte mir nicht mehr ganz.[6] Mein Herz verzweifelte und ich mußte lachen. 'Hörst du, der Teufel lacht schon aus dir!' sagte die Mutter und ging triumphierend fort, während ich ohnmächtig niederstürzte. Als ich wieder zu mir gekommen, wagte ich nicht zu ihr zu gehen und den Verwundeten zu verlassen, auf den der Vorfall schlimm gewirkt hatte; ja ich trotzte heimlich der Mutter wegen des Schadens, den sie dem Unglücklichen getan.[7] Erst am dritten Tage schlich ich, ohne es Francœur zu sagen, abends nach dem Hause,

---

[1]**gesehen** *Note:* Arnim, like many writers of the period, at times omits the tense auxiliaries **sein** and **haben** from the present perfect and past perfect tenses.

[2]**da weiß . . . geschah** I don't know what came over me

[3]**Pleißenburg** A fortress in Leipzig

[4]**dreist redete . . . erstehen** I spoke boldly to the guards and managed to get the best straw bed for the wounded man

[5]**Wie verzog . . . aus** How my mother's face contorted; it seemed that flames shot out of her mouth and she rolled her eyes so that only the whites were visible

[6]**die Welt . . . ganz** I seemed to be locked out of half the world and I no longer was in complete control (possession) of myself

[7]**auf den . . . getan** who suffered a setback from this incident; actually, I secretly was angry with my mother for the harm she had inflicted upon the unfortunate man

wagte nicht an zu klopfen;[1] endlich trat eine Frau, die uns bedient hatte, heraus und berichtete, die Mutter habe ihre Sachen schnell verkauft und sei mit einem fremden Herrn, der ein Spieler sein sollte, fortgefahren, und niemand wisse wohin. So war ich nun von aller Welt ausgestoßen und es tat mir wohl, so entfesselt von jeder Rücksicht in die Arme meines Francœurs zu fallen.[2] Auch meine jugendlichen Bekanntinnen in der Stadt wollten mich nicht mehr kennen,[3] so konnte ich ganz ihm und seiner Pflege leben. Für ihn arbeitete ich; bisher hatte ich nur mit dem Spitzenklöppeln zu meinem Putze gespielt,[4] ich schämte mich nicht, diese meine Handarbeiten zu verkaufen, ihm brachte es Bequemlichkeit und Erquickung. Aber immer mußte ich der Mutter denken, wenn seine Lebendigkeit im Erzählen mich nicht zerstreute; die Mutter erschien mir schwarz mit flammenden Augen, immer fluchend vor meinen inneren Augen und ich konnte sie nicht loswerden. Meinem Francœur wollte ich nichts sagen, um ihm nicht das Herz schwer zu machen; ich klagte über Kopfweh, das ich nicht hatte, über Zahnweh, das ich nicht fühlte, um weinen zu können wie ich mußte. Ach, hätte ich damals mehr Vertrauen zu ihm gehabt, ich hätte sein Unglück nicht gemacht;[5] aber jedesmal, wenn ich ihm erzählen wollte, daß ich durch den Fluch meiner Mutter vom Teufel besessen zu sein glaubte, schloß mir der Teufel den Mund, auch fürchtete ich, daß er mich dann nicht mehr lieben könnte, daß er mich verlassen würde und den bloßen Gedanken konnte ich kaum überleben. Diese innere Qual, vielleicht auch die angestrengte Arbeit zerrüttete endlich meinen Körper, heftige Krämpfe, die ich ihm verheimlichte, drohten, mich zu ersticken, und Arzneien schienen diese übel nur zu mehren. Kaum war er hergestellt, so wurde die Hochzeit von ihm angeordnet.[6] Ein alter Geistlicher hielt eine feierliche Rede, in der er meinem Francœur alles ans Herz legte, was ich für ihn getan,[7] wie ich ihm Vaterland, Wohlstand und Freundschaft zum Opfer gebracht, selbst den mütterlichen Fluch auf mich geladen; alle diese Not müsse er mit mir teilen, alles Unglück gemeinsam tragen. Meinem Manne schauderte bei den Worten, aber er sprach doch ein vernehmliches Ja, und wir wurden vermählt. Selig waren die ersten Wochen, ich fühlte mich zur Hälfte von meinen Leiden erleichtert und ahnte nicht gleich, daß eine Hälfte des Fluches zu meinem Manne übergegangen sei.[8] Bald aber klagte er, daß jener Prediger in seinem schwarzen Kleide ihm immer vor Augen stehe und ihm drohe, daß er dadurch

---

[1]**wagte nicht an zu klopfen** dared not knock (modern **anzuklopfen**)

[2]**So war . . . fallen** Thus I was rejected by the whole world and it was a joy to be freed from all responsibilities and to sink into my Francœur's arms

[3]**wollten mich . . . kennen** no longer wanted to have anything to do with me

[4]**Spitzenklöppeln . . . gespielt** toyed with lace making for mere adornment

[5]**ich hätte . . . gemacht** I would not have caused (been the cause of) his misery

[6]**Kaum war . . . angeordnet** Barely recovered, he arranged for the wedding

[7]**eine feierliche . . . getan** a solemn speech in which he enjoined my Francœur to take everything I had done for him to heart

[8]**ich fühlte . . . sei** I felt relieved of half my sufferings and didn't immediately sense that the other half of the curse had been transferred to my husband

einen so heftigen Zorn und Widerwillen gegen Geistliche, Kirchen und heilige Bilder empfinde, daß er ihnen fluchen müsse und wisse nicht warum, und um sich diesen Gedanken zu entschlagen, überlasse er sich jedem Einfall, er tanze und trinke und so in dem Umtriebe des Bluts werde ihm besser.[1] Ich schob alles auf die Gefangenschaft,[2] obgleich ich wohl ahnete, daß es der Teufel sei, der ihn plage. Er wurde ausgewechselt[3] durch die Vorsorge seines Obersten, der ihn beim Regimente wohl vermißt hatte, denn Francœur ist ein außerordentlicher Soldat. Mit leichtem Herzen zogen wir aus Leipzig und bildeten eine schöne Zukunft in unsern Gesprächen aus.[4] Kaum waren wir aber aus der Not ums tägliche Bedürfnis, zum Wohlleben der gut versorgten Armee in die Winterquartiere gekommen, so stieg die Heftigkeit meines Mannes mit jedem Tage, er trommelte tagelang, um sich zu zerstreuen, zankte, machte Händel, der Oberst konnte ihn nicht begreifen; nur mit mir war er sanft wie ein Kind. Ich wurde von einem Knaben entbunden,[5] als der Feldzug sich wieder eröffnete, und mit der Qual der Geburt schien der Teufel, der mich geplagt, ganz von mir gebannt. Francœur wurde immer mutwilliger und heftiger. Der Oberst schrieb mir, er sei tollkühn wie ein Rasender, aber bisher immer glücklich gewesen; seine Kameraden meinten, er sei zuweilen wahnsinnig und er fürchte, ihn unter die Kranken oder Invaliden abgeben zu müssen.[6] Der Oberst hatte einige Achtung gegen mich, er hörte auf meine Vorbitte, bis endlich seine Wildheit gegen den kommandierenden General dieser Abteilung, die ich schon erzählte, ihn in Arrest brachte, wo der Wundarzt erklärte, er leide wegen der Kopfwunde, die ihm in der Gefangenschaft vernachlässigt worden, an Wahnsinn[7] und müsse wenigstens ein paar Jahre im warmen Klima bei den Invaliden zubringen, ob sich dieses Übel vielleicht ausscheide. Ihm wurde gesagt, daß er zur Strafe wegen seines Vergehens unter die Invaliden komme und er schied mit Verwünschungen vom Regimente.[8] Ich bat mir das Schreiben vom Obersten aus, ich beschloß Ihnen zutraulich alles zu eröffnen, damit er nicht nach der Strenge des Gesetzes, sondern nach seinem Unglück, dessen einzige Ursache meine Liebe war, beurteilt werde,[9] und daß Sie ihn zu seinem Besten in eine kleine abgelegene Ortschaft legen, damit er hier in der

[1] um sich . . . besser to rid himself of this notion, he'd give in to every whim; he'd dance and drink and claim that the strong circulation of his blood made him feel better

[2] Ich schob . . . Gefangenschaft I blamed it all on his prisoner of war status

[3] Er wurde ausgewechselt He was exchanged (as a prisoner of war)

[4] und bildeten . . . aus and in our discussions we conjured up a wonderful future

[5] Ich wurde . . . entbunden I gave birth to a boy

[6] er fürchte . . . müssen he feared he would have to leave him with the sick or invalids

[7] er leide . . . Wahnsinn he was suffering from insanity, because his head wound had been neglected during his imprisonment

[8] Ihm wurde . . . Regimente He was told that, as punishment for his offense, he was being transferred to a disabled unit and, cursing, he left his regiment

[9] ich beschloß . . . werde I decided to confide everything in you so that he would not be judged in accordance with the severity of law, but in keeping with his illness, whose sole cause is my love

großen Stadt nicht zum Gerede der Leute wird. Aber, gnädiger Herr, Ihr Eh-
renwort darf eine Frau schon fordern, die Ihnen heut einen kleinen Dienst erwiesen, daß Sie dies Geheimnis seiner Krankheit, welches er selbst nicht ahnet
und das seinen Stolz empören würde, unverbrüchlich bewahren."[1] — "Hier
meine Hand," rief der Kommandant, der die eifrige Frau mit Wohlgefallen an-
gehört hatte, "noch mehr, ich will Ihre Vorbitte dreimal erhören,[2] wenn Francœur dumme Streiche macht. Das beste aber ist, diese zu vermeiden, und
darum schicke ich ihn gleich zur Ablösung nach einem Fort, das nur drei
Mann Besatzung braucht; Sie finden da für sich und für Ihr Kind eine beque-
me Wohnung, er hat da wenig Veranlassung zu Torheiten, und die er begeht,
bleiben verschwiegen." Die Frau dankte für diese gütige Vorsorge, küßte dem
alten Herrn die Hand und er leuchtete ihr dafür, als sie mit vielen Knixsen die
Treppe hinunterging.[3] Das verwunderte den alten Kammerdiener Basset, und
es fuhr ihm durch den Kopf, was seinem Alten ankomme: Ob der wohl gar mit
der brennenden Frau eine Liebschaft gestiftet habe,[4] die seinem Einflusse
nachteilig werden könne. Nun hatte der alte Herr die Gewohnheit, abends im
Bette, wenn er nicht schlafen konnte, alles was am Tage geschehen, laut zu
überdenken, als ob er dem Bette seine Beichte hätte abstatten müssen.[5] Und
während nun die Wagen vom Balle zurück rollten und ihn wach erhielten,
lauerte Basset im anderen Zimmer, und hörte die ganze Unterredung, die ihm
um so wichtiger schien, weil Francœur sein Landsmann und Regimentskame-
rad gewesen, obgleich er viel älter als Francœur war. Und nun dachte er
gleich an einen Mönch, den er kannte, der schon manchem den Teufel ausgetrieben hatte und zu dem wollte er Francœur bald hinführen; er hatte eine
rechte Freude am Quacksalbern und freute sich einmal wieder, einen Teufel
austreiben zu sehen.[6] Rosalie hatte, sehr befriedigt über den Erfolg ihres Be-
suchs, gut geschlafen; sie kaufte am Morgen eine neue Schürze und trat mit
dieser ihrem Manne entgegen, der mit entsetzlichem Gesange seine müden Invaliden in die Stadt führte. Er küßte sie, hob sie in die Luft und sagte ihr: "Du
riechst nach dem trojanischen Brande, ich hab dich wieder, schöne Helena!"[7] — Rosalie entfärbte sich und hielt es für nötig, als er fragte, ihm zu eröffnen, daß sie wegen der Wohnung beim Obersten gewesen, daß diesem
gerade das Bein in Flammen gestanden und, daß ihre Schürze verbrannt. Ihm
war es nicht recht, daß sie nicht zu seiner Ankunft gewartet habe, doch ver-

[1] **daß Sie . . . bewahren** that you keep the secret of his malady inviolate since he himself
has no inkling of it and since it would wound his pride

[2] **noch mehr . . . erhören** moreover, I'll listen to your pleas three times

[3] **er leuchtete . . . hinunterging** he lit the way for her as she went down the steps, curt-
seying often

[4] **und er . . . habe** and he wondered what had come over the old man, whether he might
have started an affair with the woman who had caught on fire

[5] **als ob . . . müssen** as if he were compelled to confess to his bed

[6] **er hatte . . . sehen** he really enjoyed quackery and looked forward to seeing a devil exorcised once again

[7] **Du riechst . . . Helena** You smell like the burning of Troy, I've got you again, fair
Helen

gaß er das in tausend Späßen über die brennende Schürze. Er stellte darauf seine Leute dem Kommandanten vor, rühmte alle ihre leiblichen Gebrechen und geistigen Tugenden so artig, daß er des alten Herrn Wohlwollen erwarb, der so in sich meinte:[1] Die Frau liebt ihn, aber sie ist eine Deutsche und versteht keinen Franzosen; ein Franzose hat immer den Teufel im Leibe! — Er ließ ihn ins Zimmer kommen, um ihn näher kennen zu lernen, fand ihn im Befestigungswesen wohlunterrichtet, und was ihn noch mehr entzückte: er fand in ihm einen leidenschaftlichen Feuerkünstler,[2] der bei seinem Regimente schon alle Arten Feuerwerke ausgearbeitet hatte. Der Kommandant trug ihm seine neue Erfindung zu einem Feuerwerke am Geburtstage des Königs vor, bei welcher ihn gestern der Beinbrand gestört hatte und Francœur ging mit funkelnder Begeisterung darauf ein. Nun eröffnete ihm der Alte, daß er mit zwei andern Invaliden die kleine Besatzung des Forts Ratonneau ablösen sollte, dort sei ein großer Pulvervorrat und dort solle er mit seinen beiden Soldaten fleißig Raketen füllen, Feuerräder drehen und Frösche binden.[3] Indem der Kommandant ihm den Schlüssel des Pulverturms und das Inventarium reichte, fiel ihm die Rede der Frau ein, und er hielt ihn mit den Worten noch fest: "Aber Euch plagt doch nicht der Teufel und Ihr stiftet mir Unheil?"[4] — "Man darf den Teufel nicht an die Wand malen, sonst hat man ihn im Spiegel,"[5] antwortete Francœur mit einem gewissen Zutrauen. Das gab dem Kommandanten Vertrauen, er reichte ihm die Schlüssel, das Inventarium und den Befehl an die jetzige kleine Garnison, auszuziehn. So wurde er entlassen und auf dem Hausflur fiel ihm Basset um den Hals,[6] sie hatten sich gleich erkannt und erzählten einander in aller Kürze, wie es ihnen ergangen. Doch weil Francœur an große Strenge in allem Militärischen gewöhnt war, so riß er sich los, und bat ihn auf den nächsten Sonntag, wann er abkommen könnte, zu Gast nach dem Fort Ratonneau, zu dessen Kommandanten, der er selbst zu sein die Ehre habe.

Der Einzug auf dem Fort war für alle gleich fröhlich, die abziehenden Invaliden hatten die schönste Aussicht auf Marseille bis zum Überdruß genossen, und die einziehenden waren entzückt über die Aussicht, über das zierliche Werk, über die bequemen Zimmer und Betten; auch kauften sie von den Abziehenden ein paar Ziegen, ein Taubenpaar, ein Dutzend Hühner und die Kunststücke, um in der Nähe einiges Wild in aller Stille belauern zu können;

---

[1]**rühmte alle . . . meinte** praised their physical infirmities and spiritual virtues with such charm that he gained the good will of the old man, who thought to himself

[2]**fand ihn . . . Feuerkünstler** discovered he was well-versed in the art of fortification and, what delighted him even more, also discovered that he was an avid pyrotechnician

[3]**die kleine . . . binden** relieve the small garrison of Fort Ratonneau, where there was a large supply of gunpowder and he and his two men were to fill rockets, wind pinwheels, and tie frogs. *Note*: a **Frosch** is a type of firecracker.

[4]**stiftet mir Unheil** make trouble for me

[5]**Man darf . . . Spiegel** One shouldn't speak of the devil, lest he appear

[6]**fiel ihm . . . Hals** Basset embraced him

denn müßige Soldaten sind ihrer Natur nach Jäger.[1] Als Francœur sein Kommando angetreten, befahl er sogleich seinen beiden Soldaten, Brunet und Tessier, mit ihm den Pulverturm zu eröffnen, das Inventarium durchzugehen, um dann einen gewissen Vorrat zur Feuerwerkerarbeit in das Laboratorium zu tragen. Das Inventarium war richtig und er beschäftigte gleich einen seiner beiden Soldaten mit den Arbeiten zum Feuerwerk; mit dem andern ging er zu allen Kanonen und Mörsern, um die metallnen zu polieren, und die eisernen schwarz anzustreichen.[2] Bald füllte er auch eine hinlängliche Zahl Bomben und Granaten, ordnete auch alles Geschütz so, wie es stehen mußte, um den einzigen Aufgang nach dem Fort zu bestreichen.[3] "Das Fort ist nicht zu nehmen!" rief er einmal über das andere begeistert. "Ich will das Fort behaupten, auch wenn die Engländer mit hunderttausend Mann landen und stürmen! Aber die Unordnung war hier groß!" — "So sieht es überall auf den Forts und Batterien aus," sagte Tessier, "der alte Kommandant kann mit seinem Stelzfuß nicht mehr so weit steigen, und gottlob! bis jetzt ist es den Engländern noch nicht eingefallen, zu landen." — "Das muß anders werden," rief Francœur, "ich will mir lieber die Zunge verbrennen, ehe ich zugebe, daß unsre Feinde Marseille einäschern oder wir sie doch fürchten müssen."

Die Frau mußte ihm helfen das Mauerwerk von Gras und Moos zu reinigen, es abzuweißen und die Lebensmittel in den Kasematten zu lüften.[4] In den ersten Tagen wurde fast nicht geschlafen, so trieb der unermüdliche Francœur zur Arbeit und seine geschickte Hand fertigte in dieser Zeit, wozu ein anderer wohl einen Monat gebraucht hätte. Bei dieser Tätigkeit ließen ihn seine Grillen ruhen; er war hastig, aber alles zu einem festen Ziele, und Rosalie segnete den Tag, der ihn in diese höhere Luftregion gebracht, wo der Teufel keine Macht über ihn zu haben schien. Auch die Witterung hatte sich durch Wendung des Windes erwärmt und erhellt, daß ihnen ein neuer Sommer zu begegnen schien; täglich liefen Schiffe im Hafen ein und aus, grüßten und wurden begrüßt von den Forts am Meere. Rosalie, die nie am Meere gewesen, glaubte sich in eine andere Welt versetzt, und ihr Knabe freute sich, nach so mancher harten Einkerkerung auf Wagen und in Wirtsstuben, der vollen Freiheit in dem eingeschlossenen kleinen Garten des Forts, den die früheren Bewohner nach Art der Soldaten, besonders der Artilleristen, mit den künstlichsten mathematischen Linienverbindungen in Buchsbaum geziert hatten.[5] Darüber dem Fort flatterte die Fahne mit den Lilien, der Stolz Francœurs, ein segensreiches Zeichen der Frau, die eine geborne Lilie, die liebste Unterhal-

---

[1] **die Kunststücke . . . Jäger** those devices needed to prey on some nearby game, since idle soldiers are hunters by nature

[2] **Kanonen und . . . anzustreichen** canons and mortars, polishing the ones made of brass, painting black the ones made of iron

[3] **ordnete auch . . . bestreichen** positioned all the pieces so that they would control (sweep over) the sole access to the fort

[4] **es abzuweißen . . . lüften** to whitewash the walls and air out the provisions in the turrets

[5] **mit den . . . hatten** had decorated by laying out rows of boxwood hedges in mathematical precision

tung des Kindes. So kam der erste Sonntag von allen gesegnet und Francœur
befahl seiner Frau, für den Mittag ihm etwas Gutes zu besorgen, wo er seinen
Freund Basset erwarte, insbesondre machte er Anspruch auf einen guten Eierkuchen,[1] denn die Hühner des Forts legten fleißig, lieferte auch eine Zahl wilder Vögel, die Brunet geschossen hatte, in die Küche. Unter diesen
Vorbereitungen kam Basset hinaufgekeucht und war entzückt über die Ver-
wandlung des Forts, erkundigte sich auch im Namen des Kommandanten nach
dem Feuerwerke und erstaunte über die große Zahl fertiger Raketen und
Leuchtkugeln.[2] Die Frau ging nun an ihre Küchenarbeit, die beiden Soldaten
zogen aus um Früchte zur Mahlzeit zu holen, alle wollten an dem Tage recht
selig schwelgen[3] und sich die Zeitung vorlesen lassen, die Basset mitgebracht
hatte. Im Garten saß nun Basset dem Francœur gegenüber und sah ihn stillschweigend an, dieser fragte nach der Ursache. "Ich meine, Ihr seht so gesund
aus wie sonst und alles, was Ihr tut, ist so vernünftig." — "Wer zweifelt daran?" fragte Francœur mit einer Aufwallung, "das will ich wissen!" — Basset
suchte umzulenken, aber Francœur hatte etwas Furchtbares in seinem Wesen,
sein dunkles Auge befeuerte sich, sein Kopf erhob sich, seine Lippen drängten
sich vor. Das Herz war schon dem armen Schwätzer Basset gefallen, er sprach,
dünnstimmig wie eine Violine, von Gerüchten beim Kommandanten: er sei
vom Teufel geplagt, von seinem guten Willen ihn durch einen Ordensgeistli-
chen, den Vater Philipp, exorzieren zu lassen, den er deswegen vor Tische
hinaufbestellt habe, unter dem Vorwande, daß er eine Messe der vom Gottes-
dienst entfernten Garnison in der kleinen Kapelle lesen müsse.[4] Francœur ent-
setzte sich über die Nachricht, er schwur, daß er sich blutig an dem rächen
wolle, der solche Lüge über ihn ausgebracht, er wisse nichts vom Teufel, und
wenn es gar keinen gäbe, so habe er auch nichts dagegen einzuwenden, denn
er habe nirgends die Ehre seiner Bekanntschaft gemacht.[5] Basset sagte, er sei
ganz unschuldig, er habe die Sache vernommen, als der Kommandant mit sich
laut gesprochen habe, auch sei ja dieser Teufel die Ursache, warum Francœur
vom Regiment fortgekommen. "Und wer brachte dem Kommandanten die
Nachricht?" fragte Francœur zitternd. "Eure Frau," antwortete jener, "aber in
der besten Absicht, um Euch zu entschuldigen, wenn Ihr hier wilde Streiche
machtet." — "Wir sind geschieden!" schrie Francœur und schlug sich vor
den Kopf, "sie hat mich verraten, mich vernichtet, hat Heimlichkeiten mit
dem Kommandanten, sie hat unendlich viel für mich getan und gelitten, sie
hat mir unendlich wehe getan, ich bin ihr nichts mehr schuldig, wir sind geschieden!" — Allmählich schien er stiller zu werden, je lauter es in ihm wurde; er sah wieder den schwarzen Geistlichen vor Augen, wie die vom tollen

---

[1]**machte er . . . Eierkuchen** he requested an omelet

[2]**die große . . . Leuchtkugeln** the large number of finished rockets and flares

[3]**alle wollten . . . schwelgen** they all wanted to revel and feast on this day

[4]**ihn durch . . . müsse** to have him exorcised by a monk, father Philipp, whom he had
asked to come before lunch under the pretext of celebrating a mass in the small chapel
since the garrison was too far removed to attend regular services

[5]**und wenn . . . gemacht** and would raise no objections if he didn't even exist, since he
never had had the honor of meeting him

Hunde Gebissenen den Hund immer zu sehen meinen,[1] da trat Vater Philipp in den Garten und er ging mit Heftigkeit auf ihn zu, um zu fragen, was er wolle. Dieser meinte seine Beschwörung anbringen zu müssen,[2] redete den Teufel heftig an, indem er seine Hände in kreuzenden Linien über Francœur bewegte. Das alles empörte Francœur, er gebot ihm, als Kommandant des Forts, den Platz sogleich zu verlassen. Aber der unerschrockne Philipp eiferte um so heftiger gegen den Teufel in Francœur und als er sogar seinen Stab erhob, ertrug Francœurs militärischer Stolz diese Drohung nicht.[3] Mit wütender Stärke ergriff er den kleinen Philipp bei seinem Mantel und warf ihn über das Gitter, das den Eingang schützte, und wäre der gute Mann nicht an den Spitzen des Türgitters mit dem Mantel hängen geblieben, er hätte einen schweren Fall die steinerne Treppe hinunter gemacht. Nahe diesem Gitter war der Tisch gedeckt, das erinnerte Francœur an das Essen. Er rief nach dem Essen und Rosalie brachte es, etwas erhitzt vom Feuer, aber sehr fröhlich, denn sie bemerkte nicht den Mönch außer dem Gitter, der sich kaum vom ersten Schrecken erholt hatte und still vor sich betete, um neue Gefahr abzuwenden; kaum beachtete sie, daß ihr Mann und Basset, jener finster, dieser verlegen[4] nach dem Tische blickten. Sie fragte nach den beiden Soldaten, aber Francœur sagte: "Sie können nachessen, ich habe Hunger, daß ich die Welt zerreißen könnte." Darauf legte sie die Suppe vor und gab Basset aus Artigkeit das meiste, dann ging sie nach der Küche, um den Eierkuchen zu backen. "Wie hat denn meine Frau dem Kommandanten gefallen?" fragte Francœur. "Sehr gut," antwortete Basset, "er wünschte, daß es ihm in der Gefangenschaft so gut geworden wäre wie Euch." — "Er soll sie haben!" antwortete er. "Nach den beiden Soldaten, die fehlen, fragte sie, was mir fehlt, das fragte sie nicht; Euch suchte sie als einen Diener des Kommandanten zu gewinnen,[5] darum füllte sie Euren Teller, daß er überfloß, Euch bot sie das größte Glas Wein an, gebt Achtung, sie bringt Euch auch das größte Stück Eierkuchen. Wenn das der Fall ist, dann stehe ich auf, dann führt sie nur fort und laßt mich hier allein." — Basset wollte antworten, aber im Augenblicke trat die Frau mit dem Eierkuchen herein. Sie hatte ihn schon in drei Stücke geschnitten, ging zu Basset und schob ihm ein Stück mit den Worten auf den Teller: "Einen bessern Eierkuchen findet Ihr nicht beim Kommandanten, Ihr müßt mich rühmen!" — Finster blickte Francœur in die Schüssel, die Lücke war fast so groß wie die beiden Stücke, die noch blieben, er stand auf und sagte: "Es ist nicht anders, wir sind geschieden!" Mit diesen Worten ging er nach dem Pulverturme, schloß die eiserne Tür auf, trat ein und schloß sie wieder hinter sich zu. Die Frau sah ihm verwirrt nach und ließ die Schüssel fallen: "Gott, ihn plagt der Böse; wenn er

[1] **er sah . . . meinen** he imagined he again saw the priest, dressed in black, just as those people who have been bitten by a rabid dog always imagine they see that dog

[2] **Dieser meinte . . . zu müssen** He believed he had to commence with the exorcism

[3] **eiferte um so . . . nicht** strove even more zealously to drive the devil out of Francœur and, when he went so far as to raise his staff, Francœur's military pride could not bear this threat

[4] **jener finster, dieser verlegen** the former scowling, the latter embarrassed

[5] **Euch suchte . . . gewinnen** she sought to win you, the commandant's servant, over

nur nicht Unheil stiftet im Pulverturm." — "Ist das der Pulverturm?" rief
Basset, "er sprengt sich in die Luft, rettet Euch und Euer Kind!" Mit diesen
Worten lief er fort, auch der Mönch wagte sich nicht wieder herein und lief
ihm nach. Rosalie eilte in die Wohnung zu ihrem Kinde, riß es aus dem Schlafe, aus der Wiege, sie wußte nichts mehr von sich, bewußtlos wie sie Francœur einst gefolgt, so entfloh sie ihm[1] mit dem Kinde und sagte vor sich hin:
"Kind, das tue ich nur deinetwegen, mir wäre besser mit ihm zu sterben; Hagar, du hast nicht gelitten wie ich, denn ich verstoße mich selbst!"[2] — Unter
solchen Gedanken kam sie herab auf einem falschen Wege und stand am
sumpfigen Ufer des Flusses. Sie konnte aus Ermattung nicht mehr gehen und
setzte sich deswegen in einen Nachen, der, nur leicht ans Ufer gefahren, leicht
abzustoßen war, und ließ sich den Fluß herabtreiben; sie wagte nicht umzu-
blicken; wenn am Hafen ein Schuß geschah, meinte sie, das Fort sei gesprengt
und ihr halbes Leben verloren, so verfiel sie allmählich in einen dumpfen, fie-
berartigen Zustand.[3]

Unterdessen waren die beiden Soldaten, mit Äpfeln und Trauben bepackt,
in die Nähe des Forts gekommen, aber Francœurs starke Stimme rief ihnen,
indem er eine Flintenkugel über ihre Köpfe abfeuerte: "Zurück!" dann sagte er
durch das Sprachrohr: "An der hohen Mauer werde ich mit euch reden, ich
habe hier allein zu befehlen und will auch allein hier leben, so lange es dem
Teufel gefällt!" Sie wußten nicht, was das bedeuten solle, aber es war nichts
anders zu tun, als dem Willen des Sergeanten Folge zu leisten. Sie gingen herab zu dem steilen Abhange des Forts, welcher die hohe Mauer hieß, und
kaum waren sie dort angelangt, so sahen sie Rosaliens Bette und des Kindes
Wiege an einem Seile niedersinken, dem folgten ihre Betten und Geräte und
Francœur rief durch das Sprachrohr: "Das Eurige nehmt; Bette, Wiege und
Kleider meiner entlaufenen Frau bringt zum Kommandanten, da werdet Ihr sie
finden; sagt, das schicke ihr Satanas, und diese alte Fahne, um ihre Schande
mit dem Kommandanten zu zu decken!"[4] Bei diesen Worten warf er die große
französische Flagge, die auf dem Fort geweht hatte, herab und fuhr fort: "Dem
Kommandanten lasse ich hierdurch Krieg erklären, er mag sich waffnen bis
zum Abend, dann werde ich mein Feuer eröffnen; er soll nicht schonen, denn
ich schone ihn beim Teufel nicht; er soll alle seine Hände ausstrecken, er wird
mich doch nicht fangen; er hat mir den Schlüssel zum Pulverturm gegeben,
ich will ihn brauchen, und wenn er mich zu fassen meint, fliege ich mit ihm
gen Himmel, vom Himmel in die Hölle, das wird Staub geben."[5] — Brunet
wagte endlich zu reden und rief hinauf: "Gedenkt an unsern gnädigsten Kö-

---

[1]**sie wußte . . . ihm** unaware of what she was doing, she fled from Francœur just as un-
consciously as she earlier had followed him

[2]**Hagar . . . selbst** Hagar, your suffering was less than mine is because I'm banishing myself. *Note:* Abraham, at the behest of Sarah, banished the maid Hagar and her son Ishmael,
after Isaac was born.

[3]**so verfiel . . . Zustand** thus she slowly lapsed into a dull, feverish stupor

[4]**zu zu decken** to cover over (**zuzudecken**)

[5]**und wenn . . . geben** if he thinks he can take me prisoner, I'll blow him and myself sky
high and then to hell and gone — that'll be a dusty mess

nig, daß der über Euch steht, ihm werdet Ihr doch nicht widerstreben." Dem antwortete Francœur: "In mir ist der König aller Könige dieser Welt, in mir ist der Teufel, und im Namen des Teufels sage ich euch, redet kein Wort, sonst zerschmettere ich euch!" — Nach dieser Drohung packten beide stillschweigend das Ihre[1] zusammen und ließen das übrige stehen; sie wußten, daß oben große Steinmassen angehäuft waren, die unter der steilen Felswand alles zerschmettern konnten. Als sie nach Marseille zum Kommandanten kamen, fanden sie ihn schon in Bewegung, denn Basset hatte ihn von allem unterrichtet; er sendete die beiden Ankommenden mit einem Wagen nach dem Fort, um die Sachen der Frau gegen den drohenden Regen zu sichern;[2] andere sandte er aus, um die Frau mit dem Kinde auf zu finden, während er die Offiziere bei sich versammelte, um mit ihnen zu überlegen, was zu tun sei. Die Besorgnis dieses Kriegsrats richtete sich besonders auf den Verlust des schönen Forts, wenn es in die Luft gesprengt würde; bald kam aber ein Abgesandter der Stadt, wo sich das Gerücht verbreitet hatte, und stellte den Untergang des schönsten Teiles der Stadt als ganz unvermeidbar dar.[3] Es wurde allgemein anerkannt, daß mit Gewalt nicht verfahren werden dürfe, denn Ehre sei nicht gegen einen einzelnen Menschen zu erringen, wohl aber ein ungeheuerer Verlust durch Nachgiebigkeit abzuwenden; der Schlaf werde die Wut Francœurs doch endlich überwinden, dann sollten entschlossene Leute das Fort erklettern und ihn fesseln. Dieser Ratschluß war kaum gefaßt, so wurden die beiden Soldaten eingeführt, welche Rosaliens Betten und Gerät zurückgebracht hatten. Sie hatten eine Bestellung Francœurs zu überbringen, daß ihm der Teufel verraten, sie wollten ihn im Schlafe fangen, aber er warne sie aus Liebe zu einigen Teufelskameraden, die zu dem Unternehmen gebraucht werden sollten, denn er werde ruhig in seinem verschlossenen Pulverturme mit geladenen Gewehren schlafen und ehe sie die Türe erbrechen könnten, wäre er längst erwacht und der Turm mit einem Schusse in die Pulverfässer zersprengt. "Er hat recht," sagte der Kommandant, "er kann nicht anders handeln, wir müssen ihn aushungern." — "Er hat den ganzen Wintervorrat für uns alle hinaufgeschafft," bemerkte Brunet, "wir müssen wenigstens ein halbes Jahr warten, auch sagte er, daß ihm die vorbeifahrenden Schiffe, welche die Stadt versorgen, reichlichen Zoll geben sollten, sonst bohre er sie in den Grund, und zum Zeichen, daß niemand in der Nacht fahren sollte ohne seine Bewilligung, werde er am Abend einige Kugeln über den Fluß sausen lassen."[4] — "Wahrhaftig, er schießt!" rief einer der Offiziere, und alle liefen nach einem Fenster des obern Stockwerks. Welch ein Anblick! An allen Ecken

---

[1] **das Ihre** their belongings

[2] **die Sachen . . . sichern** to secure the woman's belongings from the threatening rain

[3] **und stellte . . . dar** declared that the destruction of the most beautiful part of the city was unavoidable

[4] **daß ihm . . . lassen** that the passing ships, which supplied the city, had to pay him a handsome toll, otherwise he'd scuttle them and, as a sign that no one was to sail at night without his permission, he was going to send (random) shots whistling across the river in the evening

des Forts eröffneten die Kanonen ihren feurigen Rachen,[1] die Kugeln sausten durch die Luft, in der Stadt versteckte sich die Menge mit großem Geschrei und nur einzelne wollten ihren Mut im kühnen Anschauen der Gefahr beweisen. Aber sie wurden auch reichlich dafür belohnt, denn mit hellem Lichte schoß Francœur ein Bündel Raketen aus einer Haubitze in die Luft und ein Bündel Leuchtkugeln aus einem Mörser, denen er aus Gewehren unzählige andere nachsandte. Der Kommandant versicherte, diese Wirkung sei trefflich, er habe es nie gewagt, Feuerwerke mit Wurfgeschütz in die Luft zu treiben, aber die Kunst werde dadurch gewissermaßen zu einer meteorischen, der Francœur verdiene schon deswegen begnadigt zu werden.[2]

Diese nächtliche Erleuchtung hatte eine andre Wirkung, die wohl in keines Menschen Absicht lag; sie rettete Rosalien und ihrem Kinde das Leben. Beide waren in dem ruhigen Treiben des Kahnes eingeschlummert und Rosalie sah im Traume ihre Mutter von innerlichen Flammen durchleuchtet und verzehrt[3] und fragte sie, warum sie so leide. Da war's, als ob eine laute Stimme ihr in die Ohren rief: "Mein Fluch brennt mich wie dich, und kannst du ihn nicht lösen, so bleib ich eigen allem Bösen."[4] Sie wollte noch mehr sprechen, aber Rosalie war schon aufgeschreckt, sah über sich das Bündel Leuchtkugeln im höchsten Glanze, hörte neben sich einen Schiffer rufen: "Steuert links, wir fahren sonst ein Boot in den Grund, worin ein Weib mit einem Kinde sitzt." Und schon rauschte die vordere Spitze eines großen Flußschiffes wie ein geöffneter Walfischrachen hinter ihr, da wandte er sich links, aber ihr Nachen wurde doch seitwärts nachgerissen. "Helft meinem armen Kinde!" rief sie und der Haken eines Stangenruders verband sie mit dem großen Schiffe, das bald darauf Anker warf. "Wäre das Feuerwerk auf dem Fort Ratonneau nicht aufgegangen," rief der eine Schiffer, "ich hätte Euch nicht gesehen, und wir hätten Euch ohne bösen Willen in den Grund gesegelt, wie kommt Ihr so spät und allein aufs Wasser, warum habt Ihr uns nicht angeschrieen?" Rosalie beantwortete schnell die Fragen und bat nur dringend, sie nach dem Hause des Kommandanten zu bringen. Der Schiffer gab ihr aus Mitleid seinen Jungen zum Führer.

Sie fand alles in Bewegung beim Kommandanten, sie bat ihn seines Versprechens eingedenk zu sein, daß er ihrem Manne drei Versehen verzeihen wolle.[5] Er leugnete, daß von solchen Versehen die Rede gewesen, es sei über Scherz und Grillen geklagt worden, das sei aber teuflischer Ernst. — "So ist das Unrecht auf Eurer Seite," sagte die Frau gefaßt, denn sie fühlte sich nicht

---

[1] **eröffneten die Kanonen . . . Rachen** the canons opened their fiery maws

[2] **Der Kommandant . . . werden** The commandant declared the result magnificent; he himself never had dared to shoot fireworks into the air from mortars, but the art (of pyrotechnics) was thereby advanced to such meteoric heights, so to speak, that this advance alone earned Francœur a pardon

[3] **ihre Mutter . . . verzehrt** her mother being illuminated and consumed by internal flames

[4] **und kannst . . . Bösen** and if you can't break it, I'll remain a victim of all that is evil

[5] **sie bat . . . wolle** she asked him to remember his promise to forgive her husband three mistakes. *Note*: **eingedenk** is somewhat antiquated and means "to be heedful of."

mehr schicksallos,[1] "auch habe ich den Zustand des armen Mannes angezeigt und doch habt Ihr ihm einen so gefährlichen Posten vertraut, Ihr habt mir Geheimnis angelobt, und doch habt Ihr alles an Basset, Euren Diener, erzählt, der uns mit seiner törichten Klugheit und Vorwitzigkeit in das ganze Unglück gestürzt hat; nicht mein armer Mann, Ihr seid an allem Unglück schuld, Ihr müßt dem König davon Rechenschaft geben."[2] — Der Kommandant verteidigte sich gegen den Vorwurf, daß er etwas dem Basset erzählt habe; dieser gestand, daß er ihn im Selbstgespräche belauscht, und so war die ganze Schuld auf seine Seele geschoben. Der alte Mann sagte, daß er den andern Tag sich vor dem Fort wolle totschießen lassen, um seinem Könige die Schuld mit seinem Leben abzuzahlen, aber Rosalie bat ihn, sich nicht zu übereilen, er möge bedenken,[3] daß sie ihn schon einmal aus dem Feuer gerettet habe. Ihr wurde ein Zimmer im Hause des Kommandanten angewiesen und sie brachte ihr Kind zur Ruhe, während sie selbst mit sich zu Rate ging und zu Gott flehte, ihr anzugeben, wie sie ihre Mutter den Flammen und ihren Mann dem Fluche entreißen könne.[4] Aber auf ihren Knien versank sie in einen tiefen Schlaf und war sich am Morgen keines Traumes, keiner Eingebung bewußt[5]. Der Kommandant, der schon früh einen Versuch gegen das Fort gemacht hatte, kam verdrießlich zurück. Zwar hatte er keine Leute verloren, aber Francœur hatte so viele Kugeln mit solcher Geschicklichkeit links und rechts und über sie hinsausen lassen, daß sie ihr Leben nur seiner Schonung dankten. Den Fluß hatte er durch Signalschüsse gesperrt, auch auf der Chaussee durfte niemand fahren, kurz, aller Verkehr der Stadt war für diesen Tag gehemmt, und die Stadt drohete, wenn der Kommandant nicht vorsichtig verfahre, sondern wie in Feindesland ihn zu belagern denke, daß sie die Bürger aufbieten und mit dem Invaliden schon fertig werden wolle.[6]

Drei Tage ließ sich der Kommandant so hinhalten, jeden Abend verherrlichte ein Feuerwerk, jeden Abend erinnerte Rosalie an sein Versprechen der Nachsicht.[7] Am dritten Tage sagte er ihr, der Sturm sei auf den andern Mittag festgesetzt, die Stadt gebe nach, weil aller Verkehr gestört sei und endlich

[1]**denn sie . . . schicksallos** because she no longer felt that her life lacked meaning (purpose)

[2]**Ihr habt . . . geben** you promised to keep it a secret, yet you told everything to Basset, your servant, who with his foolhardiness (crazy scheme) and meddling plunged us into this misfortune; not my husband, but you are at fault for all this misery, you are the one who'll have to answer to the king

[3]**bat ihn . . . bedenken** asked him not to do anything rash, he should consider

[4]**während sie . . . könne** while she thought (took counsel of herself) and prayed for God to show her a way to tear away her mother from the flames and her husband from the curse

[5]**und war . . . bewußt** and she was conscious of no dream, of no divine inspiration

[6]**die Stadt . . . wolle** the city threatened that, if the commandant did not proceed cautiously, but thought of besieging him as if he were in hostile territory, it would summon the citizens and (make a) deal with the invalid

[7]**jeden Abend . . . Nachsicht** every evening was illuminated by splendid fireworks, every evening Rosalie reminded him of his promise of leniency

Hungersnot ausbrechen könne. Er werde den Eingang stürmen, während ein andrer Teil von der andern Seite heimlich anzuklettern suche, so daß diese vielleicht früher ihrem Manne in den Rücken kämen, ehe er nach dem Pulverturm springen könne; es werde Menschen kosten, der Ausgang sei ungewiß, aber er wolle den Schimpf von sich ablenken, daß durch seine Feigheit ein toller Mensch zu dem Dünkel gekommen, einer ganzen Stadt zu trotzen; das größte Unglück sei ihm lieber als dieser Verdacht, er habe seine Angelegenheiten mit der Welt und vor Gott zu ordnen gesucht,[1] Rosalie und ihr Kind würden sich in seinem Testamente nicht vergessen finden. Rosalie fiel ihm zu Füßen und fragte, was denn das Schicksal ihres Mannes sei, wenn er im Sturme gefangen würde. Der Kommandant wendete sich ab und sagte leise: "Der Tod unausbleiblich, auf Wahnsinn würde von keinem Kriegsgerichte erkannt werden, es ist zu viel Einsicht, Vorsicht und Klugheit in der ganzen Art, wie er sich nimmt; der Teufel kann nicht vor Gericht gezogen werden, er muß für ihn leiden."[2] — Nach einem Strome von Tränen erholte sich Rosalie und sagte: Wenn sie das Fort ohne Blutvergießen, ohne Gefahr in die Gewalt des Kommandanten brächte, würde dann sein Vergehen als ein Wahnsinn Begnadigung finden? — "Ja, ich schwör's!" rief der Kommandant, "aber es ist vergeblich, Euch haßt er vor allen und rief gestern einem unsrer Vorposten zu, er wolle das Fort übergeben, wenn wir ihm den Kopf seiner Frau schicken könnten." — "Ich kenne ihn," sagte die Frau, "ich will den Teufel beschwören in ihm, ich will ihm Frieden geben, sterben würde ich doch mit ihm, also ist nur Gewinn für mich, wenn ich von seiner Hand sterbe, der ich vermählt bin durch den heiligsten Schwur."[3] — Der Kommandant bat sie, sich wohl zu bedenken, erforschte ihre Absicht, widerstand aber weder ihren Bitten noch der Hoffnung, auf diesem Wege dem gewissen Untergange zu entgehen.

Vater Philipp hatte sich im Hause eingefunden und erzählte, der unsinnige Francœur habe jetzt eine große weiße Flagge ausgesteckt, auf welcher der Teufel gemalt sei, aber der Kommandant wollte nichts von seinen Neuigkeiten wissen und befahl ihm, zu Rosalie zu gehen, die ihm beichten wolle. Nachdem Rosalie ihre Beichte in aller Ruhe eines gottergebnen Gemütes abgelegt hatte,[4] bat sie den Vater Philipp, sie nur bis zu einem sichern Steinwalle zu begleiten, wo keine Kugel ihn treffen könne, dort wolle sie ihm ihr Kind und Geld zur

---

[1] **es werde . . . gesucht** it would cost lives, the outcome was uncertain, but he wanted to avoid the criticism that, owing to his cowardice, a madman had arrived at the arrogant notion that he could defy a whole city; the greatest calamity was preferable to such criticism and he therefore had attempted to put his worldly and spiritual affairs in order

[2] **Der Tod . . . leiden** Death is inevitable, no court martial would ever recognize a defense of insanity: there's too much intelligence, caution, and cleverness in the way he behaves; the devil can't be brought to trial, so Francœur will have to suffer in his stead

[3] **also ist . . . Schwur** thus I have only to gain if I die at the hands of the man to whom I am wed by the most sacred of vows

[4] **Nachdem Rosalie . . . hatte** After Rosalie had confessed in a devout spirit of utmost tranquillity

Erziehung desselben übergeben,[1] sie könne sich noch nicht von dem lieben Kinde trennen. Er versprach es ihr zögernd, nachdem er sich im Hause erkundigt hatte, ob er auch dort noch sicher gegen die Schüsse sei, denn sein Glaube, Teufel austreiben zu können, hatte sich in ihm ganz verloren; er gestand, was er bisher ausgetrieben hätte, möchte wohl der rechte Teufel nicht gewesen sein, sondern ein geringerer Spuk.[2]

Rosalie kleidete ihr Kind noch einmal unter mancher Träne weiß mit roten Bandschleifen an, dann nahm sie es auf den Arm und ging schweigend die Treppe hinunter. Unten stand der alte Kommandant und konnte ihr nur die Hand drücken und mußte sich umwenden, weil er sich der Tränen vor den Zuschauern schämte.[3] So trat sie auf die Straße, keiner wußte ihre Absicht, Vater Philipp blieb etwas zurück, weil er des Mitgehens gern überhoben gewesen,[4] dann folgte die Menge müßiger Menschen auf den Straßen, die ihn fragten, was es bedeute. Viele fluchten auf Rosalien, weil sie Francœurs Frau war, aber dieser Fluch berührte sie nicht.

Der Kommandant führte unterdessen seine Leute auf verborgenen Wegen nach den Plätzen, von welchen der Sturm eröffnet werden sollte, wenn die Frau den Wahnsinn des Mannes nicht beschwören könnte.

Am Tore schon verließ die Menge Rosalie, denn Francœur schoß von Zeit zu Zeit über diese Fläche, auch Vater Philipp klagte, daß ihm schwach werde, er müsse sich niederlassen.[5] Rosalie bedauerte es und zeigte ihm den Felsenwall, wo sie ihr Kind noch einmal stillen[6] und es dann in den Mantel niederlegen wollte, dort möge es gesucht werden, da liege es sicher aufbewahrt, wenn sie nicht zu ihm zurückkehren könne. Vater Philipp setzte sich betend hinter den Felsen, und Rosalie ging mit festem Schritt dem Steinwalle zu, wo sie ihr Kind tränkte und segnete, es in ihren Mantel wickelte und in Schlummer brachte. Da verließ sie es mit einem Seufzer, der die Wolken in ihr brach, daß blaue Hellung und das stärkende Sonnenbild sie bestrahlten.[7] Nun war sie dem harten Manne sichtbar, als sie am Steinwalle heraustrat, ein Licht schlug am Tore auf, ein Druck, als ob sie umstürzen müßte, ein Rollen in der Luft, ein Sausen, das sich damit mischte, zeigte ihr an, daß der Tod nahe an ihr vor-

---

[1]**dort wolle ... übergeben** there she wanted to hand over to him the child as well as money for its education. *Note:* the antecedent of the demonstrative pronoun **desselben** is **Kind**.

[2]**möchte wohl ... Spuk** may well not have been the devil himself, but only a minor spook

[3]**weil er sich ... schämte** because he was ashamed of his tears in front of bystanders. *Note:* **sich schämen** at times requires a genitive object; when it is accompanied by the preposition **über**, it requires an accusative object.

[4]**weil er ... gewesen** because he would rather have been spared the task of going along. *Note:* **überheben** is a genitive verb.

[5]**daß ihm ... niederlassen** that he was feeling weak, he had to sit down

[6]**stillen** nurse

[7]**Da verließ ... bestrahlten** Then she left it with a sigh — a sigh that scattered the clouds within her — and blue skies and the strength-giving rays of the sun shone on her

übergegangen.[1] Es wurde ihr aber nicht mehr bange, eine Stimme sagte ihr innerlich, daß nichts untergehen könne, was diesen Tag bestanden,[2] und ihre Liebe zum Manne, zum Kinde regte sich noch in ihrem Herzen, als sie ihren Mann vor sich auf dem Festungswerke stehen und laden, das Kind hinter sich schreien hörte; sie taten ihr beide mehr leid als ihr eignes Unglück, und der schwere Weg war nicht der schwerste Gedanke ihres Herzens. Und ein neuer Schuß betäubte ihre Ohren und schmetterte ihr Felsstaub ins Gesicht, aber sie betete und sah zum Himmel. So betrat sie den engen Felsgang, der wie ein verlängerter Lauf für zwei mit Kartätschen geladene Kanonen mit boshaftem Geize die Masse des verderblichen Schusses gegen die Andringenden zusammenzuhalten bestimmt war.[3] — "Was siehst du, Weib" brüllte Francœur, "sieh nicht in die Luft, deine Engel kommen nicht, hier steht dein Teufel und dein Tod." — "Nicht Tod, nicht Teufel trennen mich mehr von dir," sagte sie getrost und schritt weiter hinauf die großen Stufen. "Weib," schrie er, "du hast mehr Mut als der Teufel, aber es soll dir doch nichts helfen." — Er blies die Lunte an, die eben verlöschen wollte,[4] der Schweiß stand ihm hellglänzend über Stirn und Wangen, es war, als ob zwei Naturen in ihm rangen. Und Rosalie wollte nicht diesen Kampf hemmen und der Zeit vorgreifen, auf die sie zu vertrauen begann;[5] sie ging nicht vor, sie kniete auf die Stufen nieder, als sie drei Stufen von den Kanonen entfernt war, wo sich das Feuer kreuzte. Er riß Rock und Weste an der Brust auf, um sich Luft zu machen, er griff in sein schwarzes Haar, das verwildert in Locken starrte, und riß es sich wütend aus. Da öffnete sich die Wunde am Kopfe in dem wilden Erschüttern durch Schläge, die er an seine Stirn führte, Tränen und Blut löschten den brennenden Zündstrick, ein Wirbelwind warf das Pulver von den Zündlöchern der Kanonen[6] und die Teufelsflagge vom Turm. "Der Schornsteinfeger macht sich Platz, er schreit zum Schornstein hinaus!"[7] rief er und deckte seine Augen. Dann besann er sich, öffnete die Gittertüre, schwankte zu seiner Frau, hob sie auf, küßte sie, endlich sagte er: "Der schwarze Bergmann hat sich durchgear-

[1] **ein Licht . . . vorübergegangen** a light flashed at the gate, a pressure that almost knocked her down, a roar that combined with a rushing sound, (all) revealed to her how closely death had brushed past her

[2] **daß nichts . . . bestanden** that nothing that survived this day could perish

[3] **So betrat . . . war** She then entered the narrow passage in the cliff that seemed to be an extension of the barrels of two canons which, loaded with grape shot, had been positioned with the malicious intent of concentrating, with as much economy and devastation as possible, the main load of the shot in the direction of the invaders

[4] **Er blies . . . wollte** He blew on the slow match (fuse) that was about to go out

[5] **Und Rosalie . . . begann** And Rosalie, who did not wish to interfere or prematurely anticipate the outcome of this conflict, began to have more and more faith

[6] **Da öffnete . . . Kanonen** Then, from the wild blows he delivered to his forehead, his wound reopened; tears and blood extinguished his match; and a whirlwind blew the powder from the touch holes of the canons

[7] **Der Schornsteinfeger . . . hinaus** The chimney sweep (i.e., the devil) is clearing the way, he's shouting up the chimney

beitet,[1] es strahlt wieder Licht in meinen Kopf, und Luft zieht hindurch, und die Liebe soll wieder ein Feuer zünden, daß uns nicht mehr friert. Ach Gott! was hab ich in diesen Tagen verbrochen! Laß uns nicht feiern, sie werden mir nur wenig Stunden noch schenken, wo ist mein Kind, ich muß es küssen, weil ich noch frei bin; was ist Sterben? Starb ich nicht schon einmal, als du mich verlassen, und nun kommst du wieder, und dein Kommen gibt mir mehr, als dein Scheiden mir nehmen konnte, ein unendliches Gefühl meines Daseins, dessen Augenblicke mir genügen.[2] Nun lebte ich gern mit dir und wäre deine Schuld noch größer als meine Verzweiflung gewesen, aber ich kenne das Kriegsgesetz, und ich kann nun gottlob in Vernunft als ein reuiger Christ sterben." — Rosalie konnte in ihrer Entzückung, von ihren Tränen fast erstickt, kaum sagen, daß *ihm* verziehen, daß *sie* ohne Schuld und ihr Kind nahe sei.[3] Sie verband seine Wunde in Eile, dann zog sie ihn die Stufen hinunter bis hin zu dem Steinwalle, wo sie das Kind verlassen. Da fanden sie den guten Vater Philipp bei dem Kinde, der allmählich hinter Felsstücken zu ihm hingeschlichen war, und das Kind ließ etwas aus den Händen fliegen, um nach dem Vater sie auszustrecken. Und während sich alle drei umarmt hielten, erzählte Vater Philipp, wie ein Taubenpaar vom Schloß heruntergeflattert sei und mit dem Kinde artig gespielt, sich von ihm habe anrühren lassen, und es gleichsam in seiner Verlassenheit getröstet habe. Als er das gesehen, habe er sich dem Kinde zu nahen gewagt. "Sie waren wie gute Engel meines Kindes Spielkameraden auf dcm Fort gewesen, sie haben es treulich aufgesucht, sie kommen sicher wieder und werden es nicht verlassen." Und wirklich umflogen sie die Tauben freundlich und trugen in ihren Schnäbeln grüne Blätter. "Die Sünde ist von uns geschieden,"[4] sagte Francœur, "nie will ich wieder auf den Frieden schelten, der Friede tut mir so gut."

Inzwischen hatte sich der Kommandant mit seinen Offizieren genähert, weil er den glücklichen Ausgang durch sein Fernrohr gesehen. Francœur übergab ihm seinen Degen, er kündigte Francœur Verzeihung an, weil seine Wunde ihn des Verstandes beraubt gehabt und befahl einem Chirurgen, diese Wunde zu untersuchen und besser zu verbinden. Francœur setzte sich nieder und ließ ruhig alles mit sich geschehen, er sah nur Frau und Kind an. Der Chirurg wunderte sich, daß er keinen Schmerz zeigte, er zog ihm einen Knochensplitter aus der Wunde, der ringsumher eine Eiterung hervorgebracht hatte; es schien, als ob die gewaltige Natur Francœurs ununterbrochen und allmählich an der Hinausschaffung gearbeitet habe, bis ihm endlich äußere Gewalt, die eigne Hand seiner Verzweiflung die äußere Rinde durchbrochen.[5]

---

[1] **Der schwarze . . . durchgearbeitet** The black miner has liberated himself

[2] **dein Kommen . . . genügen** your arrival gives me more than your departure took from me: an infinite sense (a real appreciation) of my life, the individual moments of which are enough for me

[3] **von ihren . . . sei** almost choked by her tears, Rosalie could barely say *he* was pardoned, *she* was innocent, and their child was close by

[4] **die Sünde . . . geschieden** we are freed of sin

[5] **er zog ihm . . . durchbrochen** he pulled a bone fragment, which had caused a lot of festering, from his forehead; it seemed as if Francœur's strong constitution had been

Er versicherte, daß ohne diese glückliche Fügung ein unheilbarer Wahnsinn den unglücklichen Francœur hätte aufzehren müssen.[1] Damit ihm keine Anstrengung schade, wurde er auf einen Wagen gelegt, und sein Einzug in Marseille glich unter einem Volke, das Kühnheit immer mehr als Güte zu achten weiß, einem Triumphzuge; die Frauen warfen Lorbeerkränze auf den Wagen, alles drängte sich, den stolzen Bösewicht kennenzulernen,[2] der so viele tausend Menschen während drei Tage beherrscht hatte. Die Männer aber reichten ihre Blumenkränze Rosalien und ihrem Kinde und rühmten sie als Befreierin und schwuren, ihr und dem Kinde reichlich zu vergelten, daß sie ihre Stadt vom Untergange gerettet habe.

Nach solchem Tage läßt sich in *einem* Menschenleben selten noch etwas erleben, was der Mühe des Erzählens wert wäre,[3] wenn gleich die Wiederbeglückten, die Fluchbefreiten, erst in diesen ruhigeren Jahren den ganzen Umfang des gewonnenen Glücks erkannten. Der gute, alte Kommandant nahm Francœur als seinen Sohn an, und konnte er ihm auch nicht seinen Namen übertragen, so ließ er ihm doch einen Teil seines Vermögens und seinen Segen. Was aber Rosalie noch inniger berührte, war ein Bericht, der erst nach Jahren aus Prag einlief, in welchem ein Freund der Mutter anzeigte, daß diese wohl ein Jahr unter verzehrenden Schmerzen den Fluch bereut habe, den sie über ihre Tochter ausgestoßen, und bei dem sehnlichen Wunsche nach Erlösung des Leibes und der Seele sich und der Welt zum Überdruß bis zu dem Tage gelebt habe, der Rosaliens Treue und Ergebenheit in Gott gekrönt; an dem Tage sei sie, durch einen Strahl aus ihrem Innern beruhigt, im gläubigen Bekenntnis des Erlösers selig entschlafen.[4]

> *Gnade* löst den Fluch der *Sünde*,
> *Liebe* treibt den *Teufel* aus.

---

slowly but surely working to bring the fragment to the surface — finally, an external force, his own desperate blows, had caused it to break through the skin

[1]**Er versicherte . . . müssen** He declared that without this fortunate twist the unfortunate Francœur would surely have been consumed by an incurable madness

[2]**die Frauen . . . kennenzulernen** the women tossed laurel wreaths on the cart and everyone crowded forward in order to make the acquaintance of the proud scoundrel

[3]**was der . . . wäre** that would be worth the trouble of recounting

[4]**daß diese . . . entschlafen** that, tormented by pain for a full year, she had regretted the curse she had laid upon her daughter and, tired of life, she ardently had wished for the salvation of her body and soul; she had lived until the day Rosalie's trust and faith in God had been crowned — on that day, comforted by an inner radiance, she died professing her faith in the Redeemer

DIE JUDENBUCHE[1]
EIN SITTENGEMÄLDE AUS DEM
GEBIRGICHTEN WESTFALEN[2]

Annette von Droste-Hülshoff

Wo ist die Hand so zart, daß ohne Irren
Sie sondern mag beschränkten Hirnes Wirren,
So fest, daß ohne Zittern sie den Stein
Mag schleudern auf ein arm verkümmert Sein?
Wer wagt es, eitlen Blutes Drang zu messen
Zu wägen jedes Wort, das unvergessen
In junge Brust die zähen Wurzeln trieb,
Des Vorurteils geheimen Seelendieb?
Du Glücklicher, geboren und gehegt
Im lichten Raum, von frommer Hand gepflegt,
Leg hin die Waagschal', nimmer dir erlaubt!
Laß ruhn den Stein — er trifft dein eignes Haupt![3] —

Friedrich Mergel, geboren 1738, war der einzige Sohn eines sogenannten Halbmeiers oder Grundeigentümers geringerer Klasse[4] im Dorfe B., das, so schlecht gebaut und rauchig es sein mag, doch das Auge jedes Reisenden fesselt durch die überaus malerische Schönheit seiner Lage in der grünen Waldschlucht eines bedeutenden und geschichtlich merkwürdigen Gebirges. Das Ländchen, dem es angehörte, war damals einer jener abgeschlossenen Erdwinkel ohne Fabriken und Handel, ohne Heerstraßen,[5] wo noch ein fremdes Ge-

---

[1]Droste-Hülshoff published this novella in 1842.

[2]**Ein Sittengemälde . . . Westfalen** A Portrait of Life from the Hills of Westphalia

[3]**Wo ist . . . Haupt** Where is the hand so gentle that, without error, is able to untangle the confusions of a simple mind, one so steady it can cast the first stone at a poor wretched creature without trembling? Who dares to take the measure of vanity, the silent thief that creates prejudice and robs humankind of its soul; who dares to weigh every word that drives its tough roots into a young heart? You fortunate one, born and cherished in bright light, nurtured by a pious hand, lay aside the scales! Let lie the stone — lest it hit your own head! —

[4]**eines sogenannten . . . Klasse** of a small dairy farmer (of a so-called half dairy farmer) or property owner from the lower class

[5]**Das Ländchen . . . Heerstraßen** The small province to which it belonged at that time was one of those remote corners of the earth that had no factories, commerce, or highways

sicht Aufsehen erregte und eine Reise von dreißig Meilen selbst den Vorneh-
meren zum Ulysses seiner Gegend machte — kurz, ein Fleck, wie es deren
sonst so viele in Deutschland gab, mit all den Mängeln und Tugenden, all der
Originalität und Beschränktheit, wie sie nur in solchen Zuständen gedeihen.[1]
Unter höchst einfachen und häufig unzulänglichen Gesetzen waren die Begriffe der Einwohner von Recht und Unrecht einigermaßen in Verwirrung geraten, oder vielmehr, es hatte sich neben dem gesetzlichen ein zweites Recht
gebildet, ein Recht der öffentlichen Meinung, der Gewohnheit und der durch
Vernachlässigung entstandenen Verjährung.[2] Die Gutsbesitzer, denen die nie-
dere Gerichtsbarkeit zustand, straften und belohnten nach ihrer in den meisten Fällen redlichen Einsicht; der Untergebene tat, was ihm ausführbar und
mit einem etwas weiten Gewissen verträglich schien,[3] und nur dem Verlieren-
den fiel es zuweilen ein, in alten staubichten Urkunden nachzuschlagen. Es ist
schwer, jene Zeit unparteiisch ins Auge zu fassen; sie ist seit ihrem Verschwinden entweder hochmütig getadelt oder albern gelobt worden, da den,
der sie erlebte, zu viel teure Erinnerungen blenden und der Spätergeborene
sie nicht begreift.[4] Soviel darf man indessen behaupten, daß die Form schwächer, der Kern fester, Vergehen häufiger, Gewissenlosigkeit seltener waren.
Denn wer nach seiner Überzeugung handelt, und sei sie noch so mangelhaft,
kann nie ganz zugrunde gehen, wogegen nichts seelentötender wirkt, als gegen das innere Rechtsgefühl das äußere Recht in Anspruch nehmen.[5]

Ein Menschenschlag, unruhiger und unternehmender als alle seine Nachbarn, ließ in dem kleinen Staate, von dem wir reden, manches weit greller
hervortreten als anderswo unter gleichen Umständen.[6] Holz- und Jagdfrevel
waren an der Tagesordnung, und bei den häufig vorfallenden Schlägereien

---

[1] **ein Fleck . . . gedeihen** a place, of which there were so many in Germany, that had all
the deficiencies and virtues, all the peculiarities and limitations that thrive in such circumstances

[2] **einigermaßen in . . . Verjährung** had become somewhat confused, or stated differently, in addition to the official legal system, through the course of years a second system
had developed that was based on public opinion, custom, and neglect of the official laws

[3] **Die Gutsbesitzer . . . schien** The landholders, who were in charge of the lower courts,
punished and rewarded according to their own, mostly honest judgements; those subject
to the law did what seemed feasible and what comported with the broad dictates of conscience

[4] **Es ist . . . begreift** It is difficult to judge that time impartially — since its passing, it has
been the subject of either arrogant criticism or foolish praise; he who lived through it is
blinded by fond memories and he who was born later is unable to understand it

[5] **Denn wer . . . nehmen** Because whoever acts in accordance with his or her convictions,
no matter how faulty, can never totally perish; whereas nothing is more deadly to the soul
than an appeal to the external letter of the law in a situation that goes against an individual's inner sense of justice (right)

[6] **Ein Menschenschlag . . . Umständen** A breed of people in this province, more restless
and enterprising than all its neighbors, carried on to a more pronounced degree than
would have been the case elsewhere under the same circumstances

hatte sich jeder selbst seines zerschlagenen Kopfes zu trösten.[1] Da jedoch große und ergiebige Waldungen den Hauptreichtum des Landes ausmachten, ward allerdings scharf über die Forsten gewacht, aber weniger auf gesetzlichen Wege als in stets erneuten Versuchen, Gewalt und List mit gleichen Waffen zu überbieten.[2]

Das Dorf B. galt für die hochmütigste, schlauste und kühnste Gemeinde des ganzen Fürstentums. Seine Lage inmitten tiefer und stolzer Waldeinsamkeit mochte schon früh den angeborenen Starrsinn der Gemüter nähren;[3] die Nähe eines Flusses, der in die See mündete und bedeckte Fahrzeuge trug, groß genug, um Schiffbauholz bequem und sicher außer land zu führen, trug sehr dazu bei, die natürliche Kühnheit der Holzfrevler zu ermutigen, und der Umstand, daß alles umher von Förstern wimmelte, konnte hier nur aufregend wirken, da bei den häufig vorkommenden Scharmützeln der Vorteil meist auf seiten der Bauern blieb.[4] Dreißig, vierzig Wagen zogen zugleich aus in den schönen Mondnächten mit ungefähr doppelt soviel Mannschaft jedes Alters, vom halbwüchsigen Knaben bis zum siebzigjährigen Ortsvorsteher, der als erfahrener Leitbock den Zug mit gleich stolzem Bewußtsein anführte, als er seinen Sitz in der Gerichtsstube einnahm.[5] Die Zurückgebliebenen horchten sorglos dem allmählichen Verhallen des Knarrens und Stoßens der Räder in den Hohlwegen und schliefen sacht weiter. Ein gelegentlicher Schuß, ein schwacher Schrei ließen wohl einmal eine junge Frau oder Braut auffahren; kein anderer achtete darauf. Beim ersten Morgengrau kehrte der Zug ebenso schweigend heim, die Gesichter glühend wie Erz, hier und dort einer mit verbundenem Kopf, was weiter nicht in Betracht kam, und nach ein paar Stunden war die Umgegend voll von dem Mißgeschick eines oder mehrerer Forstbeamten, die aus dem Walde getragen wurden, zerschlagen, mit Schnupftabak geblendet und für einige Zeit unfähig, ihrem Berufe nachzukommen.[6]

[1]**Holz- und . . . trösten** Violations of forest and game laws were quite common; and since fights often broke out, everyone had to console himself over his own broken (bashed-in) head

[2]**Da jedoch . . . überbieten** Since the chief wealth of the province consisted of vast and profitable timberlands, the forests were carefully guarded, but less by legal means than by constant attempts to outdo the violence and craftiness (of the thieves) with their own weapons

[3]**mochte schon . . . nähren** may have fed the ingrained stubbornness of their spirits at an early stage

[4]**der Umstand . . . blieb** the circumstance that the whole area was teeming with foresters could only serve as a provocation, for in the many skirmishes that took place, the advantage usually went to the peasants

[5]**Ortsvorsteher, der . . . einnahm** the village magistrate (mayor) who, as an experienced leader, headed up the procession with the same self-confident pride he exhibited when he took his seat in the courtroom

[6]**von dem . . . nachzukommen** about the mishap that had befallen one or more (several) forestry officials who, severely beaten and blinded by snuff, were carried out of the forest and unable to pursue their jobs (professions) for quite some time

In diesen Umgebungen ward Friedrich Mergel geboren, in einem Hause, das durch die stolze Zugabe eines Rauchfangs und minder kleiner Glasscheiben die Ansprüche seines Erbauers, so wie durch seine gegenwärtige Verkommenheit die kümmerlichen Umstände des jetzigen Besitzers bezeugte.[1] Das frühere Geländer um Hof und Garten war einem vernachlässigten Zaune gewichen, das Dach schadhaft, fremdes Vieh weidete auf den Triften, fremdes Korn wuchs auf dem Acker zunächst am Hofe, und der Garten enthielt, außer ein paar holzichten Rosenstöcken aus besserer Zeit, mehr Unkraut als Kraut.[2] Freilich hatten Unglücksfälle manches hiervon herbeigeführt; doch war auch viel Unordnung und böse Wirtschaft im Spiel.[3] Friedrichs Vater, der alte Hermann Mergel, war in seinem Junggesellenstande ein sogenannter ordentlicher Säufer, das heißt einer, der nur an Sonn- und Festtagen in der Rinne lag[4] und die Woche hindurch so manierlich war wie ein anderer. So war denn auch seine Bewerbung um ein recht hübsches und wohlhabendes Mädchen ihm nicht erschwert. Auf der Hochzeit gings lustig zu. Mergel war gar nicht so arg betrunken, und die Eltern der Braut gingen abends vergnügt heim; aber am nächsten Sonntage sah man die junge Frau schreiend und blutrünstig durchs Dorf zu den Ihrigen rennen,[5] alle ihre guten Kleider und neues Hausgerät im Stich lassend. Das war freilich ein großer Skandal und Ärger für Mergel, der allerdings Trostes bedurfte.[6] So war denn auch am Nachmittage keine Scheibe an seinem Hause mehr ganz, und man sah ihn noch spät in die Nacht vor der Türschwelle liegen, einen abgebrochenen Flaschenhals von Zeit zu Zeit zum Munde führend und sich Gesicht und Hände jämmerlich zerschneidend. Die junge Frau blieb bei ihren Eltern, wo sie bald verkümmerte und starb. Ob nun den Mergel Reue quälte oder Scham, genug, er schien der Trostmittel immer bedürftiger und fing bald an, den gänzlich verkommenen Subjekten zu werden.[7]

Die Wirtschaft verfiel; fremde Mägde brachten Schimpf und Schaden; so verging Jahr auf Jahr. Mergel war und blieb ein verlegener und zuletzt ziem-

[1]**das durch . . . bezeugte** which, through the proud addition of a chimney and larger than customary window panes, bore witness to the pretensions of the builder; in much the same fashion, the current dilapidation bore witness to the impoverished state of the present owner

[2]**Das frühere . . . Hofe** The railing that earlier had surrounded the yard and garden had given way to a neglected fence, the roof was damaged (leaked), the cattle of strangers grazed in the pastures, the grain of strangers grew on the field next to the farmyard, and except for a few neglected rose bushes — remnants of better days — the garden grew (contained) more weeds than vegetables

[3]**Freilich hatten . . . Spiel** Misfortune, to be sure, had brought about much of this ruin, but a great deal of slovenliness and poor management had also played (major) roles

[4]**war in . . . lag** in his bachelor days was a normal drunkard ("regular boozer"), that is to say, one who lay in the gutter only on Sundays and holidays

[5]**zu den Ihrigen rennen** running to her family

[6]**Trostes bedurfte** needed consolation. *Note:* **bedürfen** is a genitive verb.

[7]**er schien . . . zu werden** he seemed in ever greater need of the means of consolation and soon went totally to wrack and ruin

lich armseliger Witwer,[1] bis er mit einem Male wieder als Bräutigam auftrat. War die Sache an und für sich unerwartet, so trug die Persönlichkeit der Braut noch dazu bei, die Verwunderung zu erhöhen.[2] Margreth Semmler war eine brave, anständige Person, so in den Vierzigen, in ihrer Jugend eine Dorf-schönheit[3] und noch jetzt als sehr klug und wirtlich geachtet, dabei nicht unvermögend; und so mußte es jedem unbegreiflich sein, was sie zu diesem Schritte getrieben. Wir glauben den Grund eben in dieser ihrer selbstbewußten Vollkommenheit zu finden. Am Abend vor der Hochzeit soll sie gesagt haben: "Eine Frau, die von ihrem Manne übel behandelt wird, ist dumm oder taugt nicht: wenn's mir schlecht geht, so sagt, es liege an mir."[4] Der Erfolg zeigte leider, daß sie ihre Kräfte überschätzt hatte. Anfangs imponierte sie ihrem Manne; er kam nicht nach Haus oder kroch in die Scheune, wenn er sich übernommen hatte;[5] aber das Joch war zu drückend, um lange getragen zu werden, und bald sah man ihn oft genug quer über die Gasse ins Haus taumeln, hörte drinnen sein wüstes Lärmen und sah Margreth eilends Tür und Fenster schließen. An einem solchen Tage — keinem Sonntage mehr — sah man sie abends aus dem Hause stürzen, ohne Haube und Halstuch, das Haar wild um den Kopf hängend, sich im Garten neben ein Krautbeet niederwerfen und die Erde mit den Händen aufwühlen, dann ängstlich um sich schauen, rasch ein Bündel Kräuter brechen und damit langsam wieder dem Hause zugehen, aber nicht hinein, sondern in die Scheune. Es hieß, an diesem Tage habe Mergel zuerst Hand an sie gelegt, obwohl das Bekenntnis nie über ihre Lippen kam.

Das zweite Jahr dieser unglücklichen Ehe ward mit einem Sohne, — man kann nicht sagen — erfreut; denn Margreth soll sehr geweint haben, als man ihr das Kind reichte. Dennoch, obwohl unter einem Herzen voll Gram getragen,[6] war Friedrich ein gesundes hübsches Kind, das in der frischen Luft kräftig gedieh. Der Vater hatte ihn sehr lieb, kam nie nach Hause, ohne ihm ein Stückchen Wecken oder dergleichen mitzubringen,[7] und man meinte sogar, er sei seit der Geburt des Knaben ordentlicher geworden; wenigstens ward der Lärmen im Hause geringer.

Friedrich stand in seinem neunten Jahre. Es war um das Fest der Heiligen Drei Könige,[8] eine harte, stürmische Winternacht. Hermann war zu einer Hochzeit gegangen und hatte sich schon beizeiten auf den Weg gemacht, da

---

[1] **ein verlegener . . . Witwer** an embarrassed and, finally, impoverished widower

[2] **War die Sache . . . erhöhen** This development, in and of itself unexpected, was made even more astonishing by the personality (character) of the bride

[3] **war eine . . . Dorfschönheit** was a good, decent person in her forties who in her youth had been a village beauty

[4] **oder taugt . . . mir** or worthless: if things go badly for me, say it's my fault

[5] **wenn er . . . hatte** when he had had too much to drink

[6] **unter einem . . . getragen** carried (for nine months) under a grief-stricken (heavy) heart

[7] **ohne ihm . . . mitzubringen** without bringing him a small bun or something similar

[8] **das Fest . . . Könige** the feast of Epiphany (celebrated on 6 January)

das Brauthaus dreiviertel Meilen entfernt lag. Obgleich er versprochen hatte, abends wiederzukommen, rechnete Frau Mergel doch um so weniger darauf, da sich nach Sonnenuntergang dichtes Schneegestöber eingestellt hatte. Gegen zehn Uhr schürte sie die Asche am Herde zusammen und machte sich zum Schlafengehen bereit. Friedrich stand neben ihr, schon halb entkleidet, und horchte auf das Geheul des Windes und das Klappen der Bodenfenster.

"Mutter, kommt der Vater heute nicht?" fragte er. — "Nein, Kind, morgen." — "Aber warum nicht, Mutter? Er hat's doch versprochen." — "Ach Gott, wenn der alles hielte, was er verspricht! Mach, mach voran, daß du fertig wirst."[1]

Sie hatten sich kaum niedergelegt, so erhob sich eine Windsbraut,[2] als ob sie das Haus mitnehmen wollte. Die Bettstatt bebte, und im Schornstein rasselte es wie ein Kobold. — "Mutter — es pocht draußen!" — "Still, Fritzchen, das ist das lockere Brett im Giebel, das der Wind jagt." — "Nein, Mutter, an der Tür!" — "Sie schließt nicht; die Klinke ist zerbrochen. Gott, schlaf doch! Bring mich nicht um das armselige bißchen Nachtruhe."[3] — "Aber wenn nun der Vater kommt?" — Die Mutter drehte sich heftig im Bett um. — "Den hält der Teufel fest genug" — "Wo ist der Teutel, Mutter?" — "Wart, du Unrast! Er steht vor der Tür und will dich holen, wenn du nicht ruhig bist!"

Friedrich ward still; er horchte noch ein Weilchen und schlief dann ein. Nach einigen Stunden erwachte er. Der Wind hatte sich gewendet und zischte jetzt wie eine Schlange durch die Fensterritze an seinem Ohr. Seine Schulter war erstarrt; er kroch tief unters Deckbett und lag aus Furcht ganz still. Nach einer Weile bemerkte er, daß die Mutter auch nicht schlief. Er hörte sie weinen und mitunter: "Gegrüßt seist du, Maria!" und: "bitte für uns arme Sünder!" Die Kügelchen des Rosenkranzes glitten an seinem Gesicht hin. — Ein unwillkürlicher Seufzer entfuhr ihm. — "Friedrich, bist du wach?" — "Ja, Mutter." — "Kind, bete ein wenig — du kannst ja schon das halbe Vaterunser — daß Gott uns bewahre vor Wasser- und Feuersnot."[4]

Friedrich dachte an den Teufel, wie der wohl aussehen möge. Das mannigfache Geräusch und Getöse im Hause kam ihm wunderlich vor. Er meinte, es müsse etwas Lebendiges drinnen sein und draußen auch. "Hör, Mutter, gewiß, da sind Leute, die pochen." — "Ach nein, Kind; aber es ist kein altes Brett im Hause, das nicht klappert." — "Hör doch!"

Die Mutter richtete sich auf; das Toben des Sturms ließ einen Augenblick nach. Man hörte deutlich an den Fensterläden pochen und mehrere Stimmen: "Margreth! Frau Margreth, heda, aufgemacht!" — Margreth stieß einen heftigen Laut aus: "Da bringen sie mir das Schwein wieder!"

---

[1]**Mach, mach . . . wirst** Go, go on, get ready (for bed)

[2]**so erhob . . . Windsbraut** a gale started to blow

[3]**Bring mich . . . Nachtruhe** Don't rob me of the little sleep I manage to get at night

[4]**du kannst . . . Feuersnot** you already know half the Lord's Prayer — (pray) that God may preserve us from flood and fire

Der Rosenkranz flog klappernd auf den Brettstuhl,[1] die Kleider wurden herbeigerissen. Sie fuhr zum Herde, und bald darauf hörte Friedrich sie mit trotzigen Schritten über die Tenne gehen. Margreth kam gar nicht wieder; aber in der Küche war viel Gemurmel und fremde Stimmen. Zweimal kam ein fremder Mann in die Kammer und schien ängstlich etwas zu suchen. Mit einem Male ward eine Lampe hereingebracht. Zwei Männer führten die Mutter. Sie war weiß wie Kreide und hatte die Augen geschlossen. Friedrich meinte, sie sei tot; er erhob ein fürchterliches Geschrei, worauf ihm jemand eine Ohrfeige gab, was ihn zur Ruhe brachte,[2] und nun begriff er nach und nach aus den Reden der Umstehenden, daß der Vater von Ohm[3] Franz Semmler und dem Hülsmeyer tot im Holze gefunden sei und jetzt in der Küche liege.

Sobald Margreth wieder zur Besinnung kam, suchte sie die fremden Leute loszuwerden. Der Bruder blieb bei ihr, und Friedrich, dem bei strenger Strafe im Bett zu bleiben geboten war, hörte die ganze Nacht hindurch das Feuer in der Küche knistern und ein Geräusch wie von Hin- und Herrutschen und Bürsten. Gesprochen ward wenig und leise, aber zuweilen drangen Seufzer herüber, die dem Knaben, so jung er war, durch Mark und Bein gingen. Einmal verstand er, daß der Oheim sagte: "Margreth, zieh dir das nicht zu Gemüt; wir wollen jeder drei Messen lesen lassen, und um Ostern gehen wir zusammen eine Bittfahrt zur Mutter Gottes von Werl."[4]

Als nach zwei Tagen die Leiche fortgetragen wurde, saß Margreth am Herde, das Gesicht mit der Schürze verhüllend. Nach einigen Minuten, als alles still geworden war, sagte sie in sich hinein: "Zehn Jahre, zehn Kreuze! Wir haben sie doch zusammen getragen, und jetzt bin ich allein!" Dann lauter: "Fritzchen, komm her!" — Friedrich kam scheu heran; die Mutter war ihm ganz unheimlich geworden mit den schwarzen Bändern und den verstörten Zügen.[5] "Fritzchen," sagte sie, "willst du jetzt auch fromm sein, daß ich Freude an dir habe, oder willst du unartig sein und lügen, oder saufen und stehlen?" — "Mutter, Hülsmeyer stiehlt." — "Hülsmeyer? Gott bewahre! Soll ich dir auf den Rücken kommen?[6] Wer sagt dir so schlechtes Zeug?" — "Er hat neulich den Aaron geprügelt und ihm sechs Groschen genommen." — "Hat er dem Aaron Geld genommen, so hat ihm der verfluchte Jude gewiß zuvor darum betrogen. Hülsmeyer ist ein ordentlicher angesessener Mann, und die Juden sind alle Schelme." — "Aber, Mutter, Brandis sagt auch, daß er Holz und Rehe stiehlt." — "Kind, Brandis ist ein Förster." — "Mutter, lügen die Förster?"

---

[1]**Brettstuhl** a device used for winding yarn

[2]**er erhob . . . brachte** he started a terrible screaming, whereupon someone slapped his face, which quieted him (settled him down)

[3]**Ohm** uncle (**Oheim**)

[4]**zieh dir . . . Werl** don't take it so hard, we'll each have three masses read and at Easter we'll make a pilgrimage to the shrine of the Mother of God at Werl

[5]**mit den . . . Zügen** with her black mourning ribbons and troubled features (expression)

[6]**Gott bewahre . . . kommen** God forbid! Do you want me to smack you

Margreth schwieg eine Weile, dann sagte sie: "Höre, Fritz, das Holz läßt unser Herrgott frei wachsen, und das Wild wechselt aus eines Herren Lande in das andere; die können niemand angehören. Doch das verstehst du noch nicht; jetzt geh in den Schuppen und hole mir Reisig."

Friedrich hatte seinen Vater auf dem Stroh gesehen, wo er, wie man sagt, blau und fürchterlich ausgesehen haben soll. Aber davon erzählte er nie und schien ungern daran zu denken. Überhaupt hatte die Erinnerung an seinen Vater eine mit Grausen gemischte Zärtlichkeit in ihm zurückgelassen, wie denn nichts so fesselt wie die Liebe und Sorgfalt eines Wesens, das gegen alles übrige verhärtet scheint, und bei Friedrich wuchs dieses Gefühl mit den Jahren durch das Gefühl mancher Zurücksetzung von seiten anderer.[1] Es war ihm äußerst empfindlich, wenn, solange er Kind war, jemand des Verstorbenen nicht allzu löblich gedachte; ein Kummer, den ihm das Zartgefühl der Nachbarn nicht ersparte. Es ist gewöhnlich in jenen Gegenden, den Verunglückten die Ruhe im Grabe abzusprechen.[2] Der alte Mergel war das Gespenst des Brederholzes geworden; einen Betrunkenen führte er als Irrlicht bei einem Haar in den Zellerkolk (Teich);[3] die Hirtenknaben, wenn sie nachts bei ihren Feuern kauerten und die Eulen in den Gründen schrieen, hörten zuweilen in abgebrochenen Tönen ganz deutlich dazwischen sein: "Hör mal an, feins Liseken,"[4] und ein unprivilegierter Holzhauer, der unter der breiten Eiche eingeschlafen und dem es darüber Nacht geworden war, hatte beim Erwachen sein geschwollenes blaues Gesicht durch die Zweige lauschen sehen. Friedrich mußte von andern Knaben vieles darüber hören; dann heulte er, schlug um sich, stach auch einmal mit seinem Messerchen und wurde bei dieser Gelegenheit jämmerlich geprügelt. Seitdem trieb er seiner Mutter Kühe allein an das andere Ende des Tales, wo man ihn oft stundenlang in derselben Stellung im Grase liegen und den Thymian aus dem Boden rupfen sah.

Er war zwölf Jahre alt, als seine Mutter einen Besuch von ihrem jüngeren Bruder erhielt, der in Brede wohnte und seit der törichten Heirat seiner Schwester ihre Schwelle nicht betreten hatte. Simon Semmler war ein kleiner, unruhiger, magerer Mann mit vor dem Kopf liegenden Fischaugen und überhaupt einem Gesicht wie ein Hecht, ein unheimlicher Geselle, bei dem dicktuende Verschlossenheit oft mit ebenso gesuchter Treuherzigkeit wechselte, der gern einen aufgeklärten Kopf vorgestellt hätte und statt dessen für einen fatalen, Händel suchenden Kerl galt, dem jeder um so lieber aus dem Wege ging, je mehr er in das Alter trat, wo ohnehin beschränkte Menschen leicht an An-

---

[1]**wie denn . . . anderer** since nothing binds as firmly as the love and care of a person who seems hardened against everything else. As the years passed, this feeling was intensified by the perception that he was often snubbed by others

[2]**Es ist . . . abzusprechen** In those parts (of the country) it is customary to deny the victim of an accidental death peace in the grave

[3]**einen Betrunkenen . . . (Teich)** in the form of a will-o'-the-wisp he came within a hair of leading a drunk into Zeller Pond

[4]**Hör mal . . . Liseken** listen, pretty Liseken (a line from his favorite song)

sprüchen gewinnen, was sie an Brauchbarkeit verlieren.[1] Dennoch freute sich die arme Margreth, die sonst keinen der Ihrigen mehr am Leben hatte.

"Simon, bist du da?" sagte sie und zitterte, daß sie sich am Stuhle halten mußte. "Willst du sehen, wie es mir geht und meinem schmutzigen Jungen?" Simon betrachtete sie ernst und reichte ihr die Hand: "Du bist alt geworden, Margreth!" — Margreth seufzte: "Es ist mir derweil oft bitterlich gegangen mit allerlei Schicksalen."[2] — "Ja, Mädchen, zu spät gefreit hat immer gereut![3] Jetzt bist du alt, und das Kind ist klein. Jedes Ding hat seine Zeit. Aber wenn ein altes Haus brennt, dann hilft kein Löschen." — Über Margreths vergrämtes Gesicht flog eine Flamme, so rot wie Blut.

"Aber ich höre, dein Junge ist schlau und gewichst," fuhr Simon fort. — "Ei nun, so ziemlich, und dabei fromm." — "Hum, 's hat mal einer eine Kuh gestohlen, der hieß auch Fromm. Aber er ist still und nachdenklich, nicht wahr? Er läuft nicht mit den anderen Buben?" "Er ist ein eigenes Kind," sagte Margreth wie für sich, "es ist nicht gut." — Simon lachte hell auf: "Dein Junge ist scheu, weil ihn die anderen ein paarmal gut durchgedroschen haben. Das wird ihnen der Bursche schon wieder bezahlen. Hülsmeyer war neulich bei mir, der sagte: es ist ein Junge wie 'n Reh."

Welcher Mutter geht das Herz nicht auf, wenn sie ihr Kind loben hört? Der armen Margreth ward selten so wohl, jedermann nannte ihren Jungen tückisch und verschlossen. Die Tränen traten ihr in die Augen. "Ja, gottlob, er hat gerade Glieder." — "Wie sieht er aus?" fuhr Simon fort. — "Er hat viel von dir, Simon, viel."

Simon lachte: "Ei, das muß ein rarer Kerl sein, ich werde alle Tage schöner. An der Schule soll er sich wohl nicht verbrennen.[4] Du läßt ihn die Kühe hüten? Ebenso gut. Es ist doch nicht halb wahr, was der Magister sagt. Aber wo hütet er? Im Telgengrund? im Roderholze? im Teutoburger Wald?[5] auch des Nachts und früh?" — "Die ganzen Nächte durch; aber wie meinst du das?"

Simon schien dies zu überhören; er reckte den Hals zur Türe hinaus: "Ei, da kommt der Gesell! Vaterssohn! er schlenkert gerade so mit den Armen wie dein seliger Mann. Und schau mal an! wahrhaftig, der Junge hat meine blonden Haare!"

In der Mutter Züge kam ein heimliches, stolzes Lächeln; ihres Friedrichs blonde Locken und Simons rötliche Bürsten! Ohne zu antworten, brach sie ei-

---

[1]**ein unheimlicher . . . verlieren** a weird fellow who alternated between a pompous reserve and a feigned frankness, who wanted to be regarded as enlightened (smart), but who was considered a dangerous trouble maker whom everyone wanted to avoid — all the more when he approached that age at which men of limited intelligence try to gain by pretension what they lose in ability

[2]**Es ist . . . Schicksalen** In the meantime (at times), I've had a bad time of it, suffered many a bitter setback

[3]**zu spät . . . gereut** late marriage always leads to regrets (marry in haste, repent at leisure). *Note:* Simon speaks mainly in platitudes.

[4]**An der . . . verbrennen** He's not too hot in school (not doing well)

[5]**Telgengrund . . . Roderholz . . . Teutoburger Wald** are all place names

nen Zweig von der nächsten Hecke und ging ihrem Sohne entgegen, scheinbar, eine träge Kuh anzutreiben, im Grunde aber, ihm einige rasche, halbdro-
hende Worte zuzuraunen; denn sie kannte seine störrische Natur, und Simons
Weise war ihr heute einschüchternder vorgekommen als je.[1] Doch ging alles
über Erwarten gut; Friedrich zeigte sich weder verstockt noch frech, vielmehr
etwas blöde und sehr bemüht, dem Ohm zu gefallen. So kam es denn dahin,
daß nach einer halbstündigen Unterredung Simon eine Art Adoption des
Knaben in Vorschlag brachte, vermöge deren er denselben zwar nicht gänzlich seiner Mutter entziehen, aber doch über den größten Teil seiner Zeit verfügen wollte, wofür ihm dann am Ende des alten Junggesellen Erbe zufallen
solle, das ihm freilich ohnedies nicht entgehen konnte.[2] Margreth ließ sich geduldig auseinander setzen, wie groß der Vorteil, wie gering die Entbehrung
ihrerseits bei dem Handel sei.[3] Sie wußte am besten, was eine kränkliche
Witwe an der Hülfe eines zwölfjährigen Knaben entbehrt, den sie bereits gewöhnt hat, die Stelle einer Tochter zu ersetzen. Doch sie schwieg und gab sich
in alles.[4] Nur bat sie den Bruder, streng, doch nicht hart gegen den Knaben zu
sein.

"Er ist gut," sagte sie, "aber ich bin eine einsame Frau; mein Kind ist nicht
wie einer, über den Vaterhand regiert hat." Simon nickte schlau mit dem
Kopf: "Laß mich nur gewähren, wir wollen uns schon vertragen, und weißt
du was? Gib mir den Jungen gleich mit, ich habe zwei Säcke aus der Mühle zu
holen; der kleinste ist ihm grad recht, und so lernt er mir zur Hand gehen.
Komm, Fritzchen, zieh deine Holzschuh an!" — Und bald sah Margreth den
beiden nach, wie sie fortschritten, Simon voran, mit seinem Gesicht die Luft
durchschneidend, während ihm die Schöße des roten Rocks wie Feuerflam-
men nachzogen. So hatte er ziemlich das Ansehen eines feurigen Mannes, der
unter dem gestohlenen Sacke büßt; Friedrich ihm nach, fein und schlank für
sein Alter, mit zarten, fast edlen Zügen und langen, blonden Locken, die besser gepflegt waren, als sein übriges Äußere erwarten ließ; übrigens zerlumpt,
sonneverbrannt und mit dem Ausdruck der Vernachlässigung und einer gewissen rohen Melancholie in den Zügen. Dennoch war eine große Famili-
enähnlichkeit beider nicht zu verkennen,[5] und wie Friedrich so langsam
seinem Führer nachtrat, die Blicke fest auf denselben geheftet, der ihn gerade
durch das Seltsame seiner Erscheinung anzog, erinnerte er unwillkürlich an

[1] **sie kannte . . . je** she knew his stubborn ways and Simon's behavior today seemed
more intimidating to her than ever

[2] **eine Art . . . konnte** suggested an adoption of sorts by which he (Simon) wouldn't
completely take him from his mother, but would have him at his disposal most of the
time; in return he would become the old bachelor's sole heir, a situation that would
(legally) have been the case anyway

[3] **Margreth . . . sei** Margreth patiently listened to his explanation of how much she
would gain and how little she would lose through the deal

[4] **gab sich in alles** agreed to everything

[5] **Dennoch war . . . verkennen** Nevertheless, a great family resemblance between the
two was undeniable

jemand, der in einem Zauberspiegel das Bild seiner Zukunft mit verstörter Aufmerksamkeit betrachtet.

Jetzt nahten die beiden sich der Stelle des Teutoburger Waldes, wo das Brederholz den Abhang des Gebirges niedersteigt und einen sehr dunkeln Grund ausfüllt. Bis jetzt war wenig gesprochen worden. Simon schien nachdenkend, der Knabe zerstreut, und beide keuchten unter ihren Säcken. Plötzlich fragte Simon: "Trinkst du gern Branntwein?" — Der Knabe antwortete nicht. "Ich frage, trinkst du gern Branntwein? Gibt dir die Mutter zuweilen welchen?" — "Die Mutter hat selbst keinen," sagte Friedrich. — "So, so, desto besser! — kennst du das Holz da vor uns?" — "Das ist das Brederholz." — "Weißt du auch, was darin vorgefallen ist?" — Friedrich schwieg. Indessen kamen sie der düstern Schlucht immer näher. "Betet die Mutter noch so viel?" hob Simon wieder an. — "Ja, jeden Abend zwei Rosenkränze." — "So? Und du betest mit?" — Der Knabe lachte halb verlegen mit einem durchtriebenen Seitenblicke."[1] — "Die Mutter betet in der Dämmerung vor dem Essen den einen Rosenkranz, dann bin ich meist noch nicht wieder da mit den Kühen, und den andern im Bette, dann schlaf ich gewöhnlich ein." — "So, so, Geselle!"

Diese letzten Worte wurden unter dem Schirme einer weiten Buche gesprochen, die den Eingang der Schlucht überwölbte. Es war jetzt ganz finster; das erste Mondviertel stand am Himmel, aber seine schwachen Schimmer dienten nur dazu, den Gegenständen, die sie zuweilen durch eine Lücke der Zweige berührten, ein fremdartiges Ansehen zu geben. Friedrich hielt sich dicht hinter seinem Ohm; sein Odem ging schnell, und wer seine Züge hätte unterscheiden können, würde den Ausdruck einer ungeheuren, doch mehr phantastischen als furchtsamen Spannung darin wahrgenommen haben.[2] So schritten beide rüstig voran, Simon mit dem festen Schritt des abgehärteten Wanderers, Friedrich schwankend und wie im Traum. Es kam ihm vor, als ob alles sich bewegte und die Bäume in den einzelnen Mondstrahlen bald zusammen, bald voneinander schwankten. Baumwurzeln und schlüpfrige Stellen, wo sich das Regenwasser gesammelt,[3] machten seinen Schritt unsicher; er war einige Male nahe daran, zu fallen. Jetzt schien sich in einiger Entfernung das Dunkel zu brechen, und bald traten beide in eine ziemlich große Lichtung. Der Mond schien klar hinein und zeigte, daß hier noch vor kurzem die Axt unbarmherzig gewütet hatte. Überall ragten Baumstümpfe hervor, manche mehrere Fuß über der Erde, wie sie gerade in der Eile am bequemsten zu durchschneiden gewesen waren; die verpönte Arbeit mußte unversehens un-

---

[1] **Der Knabe . . . Seitenblicke** Slightly (half) embarrassed, the boy laughed and gave him a cunning (sly) look

[2] **sein Odem . . . haben** his breath (**Atem**) came rapidly and if anyone had been able to see his features, he would have seen a tremendous tension that was caused more by imagination than by fear

[3] **gesammelt** collected. *Note*: Droste at times omits tense auxiliaries.

terbrochen worden sein,[1] denn eine Buche lag quer über dem Pfad, in vollem
Laube, ihre Zweige hoch über sich streckend und im Nachtwinde mit den
noch frischen Blättern zitternd. Simon blieb einen Augenblick stehen und betrachtete den gefällten Stamm mit Aufmerksamkeit. In der Mitte der Lichtung
stand eine alte Eiche, mehr breit als hoch; ein blasser Strahl, der durch die
Zweige auf ihren Stamm fiel, zeigte, daß er hohl sei, was ihn wahrscheinlich
vor der allgemeine Zerstörung geschützt hatte. Hier ergriff Simon plötzlich des
Knaben Arm.

"Friedrich, kennst du den Baum? Das ist die breite Eiche." — Friedrich
fuhr zusammen und klammerte sich mit kalten Händen an seinen Ohm. —
"Sieh," fuhr Simon fort, "hier haben Ohm Franz und der Hülsmeyer deinen
Vater gefunden, als er in der Betrunkenheit ohne Buße und Ölung zum Teufel
gefahren war."[2] — "Ohm, Ohm!" keuchte Friedrich. — "Was fällt dir ein? Du
wirst dich doch nicht fürchten? Satan von einem Jungen, du kneipst[3] mir den
Arm! Laß los, los!" — Er suchte den Knaben abzuschütteln. — "Dein Vater
war übrigens eine gute Seele; Gott wird's nicht so genau mit ihm nehmen. Ich
hatt' ihn so lieb wie meinen eigenen Bruder." — Friedrich ließ den Arm seines
Ohms los; beide legten schweigend den übrigen Teil des Waldes zurück, und
das Dorf Brede lag vor ihnen mit seinen Lehmhütten und den einzelnen bessern Wohnungen von Ziegelsteinen, zu denen auch Simons Haus gehörte.

Am nächsten Abend saß Margreth schon seit einer Stunde mit ihrem Rok-
ken[4] vor der Tür und wartete auf ihren Knaben. Es war die erste Nacht, die sie
zugebracht hatte, ohne den Atem ihres Kindes neben sich zu hören, und
Friedrich kam noch immer nicht. Sie war ärgerlich und ängstlich und wußte,
daß sie beides ohne Grund war. Die Uhr im Turm schlug sieben, das Vieh
kehrte heim; er war noch immer nicht da, und sie mußte aufstehen, um nach
den Kühen zu schauen. Als sie wieder in die dunkle Küche trat, stand Friedrich am Herde; er hatte sich vornüber gebeugt und wärmte die Hände an den
Kohlen. Der Schein spielte auf seinen Zügen und gab ihnen ein widriges Ansehen von Magerkeit und ängstlichem Zucken. Margreth blieb in der Tennentür[5] stehen, so seltsam verändert kam ihr das Kind vor.

"Friedrich, wie geht's dem Ohm?" Der Knabe murmelte einige unverständliche Worte und drängte sich dicht an die Feuermauer. — "Friedrich,
hast du das Reden verlernt? Junge, tu das Maul auf! Du weißt ja doch, daß
ich auf dem rechten Ohr nicht gut höre." — Das Kind erhob seine Stimme und
geriet dermaßen ins Stammeln, daß Margreth es um nichts mehr begriff.[6] —

---

[1]**mehrere Fuß . . . sein** several feet above ground level, a height at which they could be
cut most comfortably by someone in a hurry; the illegal work must have been interrupted
unexpectedly

[2]**als er . . . war** when in his drunkenness he went to hell without confession and extreme
unction

[3]**du kneipst** you're pinching

[4]**Rocken** distaff (the staff that holds wool for spinning)

[5]**Tennentür** the door to the threshing-floor

[6]**und geriet . . . begriff** and started to stammer so badly that Margeth couldn't understand him any better

"Was sagst du? Einen Gruß von Meister Semmler? wieder fort? wohin? die Kühe sind schon zu Hause. Verfluchter Junge, ich kann dich nicht verstehen. Wart, ich muß einmal sehen, ob du keine Zunge im Munde hast!" — Sie trat heftig einige Schritte vor. Das Kind sah zu ihr auf mit dem Jammerblick eines armen, halbwüchsigen Hundes, der Schildwacht stehen lernt,[1] und begann in der Angst mit den Füßen zu stampfen und den Rücken an der Feuermauer zu reiben.

Margreth stand still; ihre Blicke wurden ängstlich. Der Knabe erschien ihr wie zusammengeschrumpft, auch seine Kleider waren nicht dieselben, nein, das war ihr Kind nicht! und dennoch — "Friedrich, Friedrich!" rief sie.

In der Schlafkammer klappte eine Schranktür, und der Gerufene trat hervor, in der einen Hand eine sogenannte Holschenvioline, das heißt einen alten Holzschuh, mit drei bis vier zerschabten Geigensaiten überspannt, in der anderen einen Bogen, ganz des Instrumentes würdig. So ging er gerade auf sein verkümmertes Spiegelbild zu, seinerseits mit einer Haltung bewußter Würde und Selbständigkeit, die in diesem Augenblicke den Unterschied zwischen beiden sonst merkwürdig ähnlichen Knaben stark hervortreten ließ.[2]

"Da, Johannes!" sagte er und reichte ihm mit einer Gönnermiene[3] das Kunstwerk, "da ist die Violine, die ich dir versprochen habe. Mein Spielen ist vorbei, ich muß jetzt Geld verdienen." — Johannes warf noch einmal einen schnellen Blick auf Margreth, streckte dann langsam seine Hand aus, bis er das Dargebotene fest ergriffen hatte, und brachte es wie verstohlen unter die Flügel seines armseligen Jäckchens.

Margreth stand ganz still und ließ die Kinder gewähren. Ihre Gedanken hatten eine andere, sehr ernste Richtung genommen, und sie blickte mit unruhigem Auge von einem auf den andern. Der fremde Knabe hatte sich wieder über die Kohlen gebeugt mit einem Ausdruck augenblicklichen Wohlbehagens, der an Albernheit grenzte, während in Friedrichs Zügen der Wechsel eines offenbar mehr selbstischen als gutmütigen Mitgefühls spielte und sein Auge in fast glasartiger Klarheit zum erstenmale bestimmt den Ausdruck jenes ungebändigten Ehrgeizes und Hanges zum Großtun zeigte, der nachher als so starkes Motiv seiner meisten Handlungen hervortrat.[4] Der Ruf seiner Mutter störte ihn aus Gedanken, die ihm ebenso neu als angenehm waren. Sie saß wieder am Spinnrade.

"Friedrich," sagte sie zögernd, "sag einmal — " und schwieg dann. Friedrich sah auf und wandte sich, da er nichts weiter vernahm, wieder zu seinem

[1] **mit dem ... lernt** with the pitiful look of a poor, half-grown dog (first) learning how to stand guard (watch)

[2] **So ging ... ließ** He went straight to his sorry-looking double with such an air of conscious dignity and independence that it brought out in marked contrast the difference between the two boys who otherwise bore each other a remarkably close resemblance

[3] **Gönnermiene** the demeanor of a patron

[4] **Friedrichs Zügen ... hervortrat** Friedrich's features alternated between an obviously more selfish than compassionate expression and his eye took on that clear, glassy look that revealed, for the first time, the unbridled ambition and inclination to boasting that later came to be such a strong motive for most of his actions

Schützling. "Nein, höre — " und dann leiser: "Was ist das für ein Junge? Wie heißt er?" — Friedrich antwortete ebenso leise: "Das ist des Ohms Simon Schweinehirt, der eine Botschaft an den Hülsmeyer hat. Der Ohm hat mir ein paar Schuhe und eine Weste von Drillich gegeben, die hat mir der Junge unterwegs getragen; dafür hab ich ihm meine Violine versprochen; er ist ja doch ein armes Kind; Johannes heißt er." — "Nun?" sagte Margreth. — "Was willst du, Mutter?" — "Wie heißt er weiter?" — "Ja — weiter nicht — oder warte — doch: Niemand, Johannes Niemand heißt er. — Er hat keinen Vater," fügte er leiser hinzu.

Margreth stand auf und ging in die Kammer. Nach einer Weile kam sie heraus mit einem harten, finstern Ausdruck in den Mienen. — "So, Friedrich," sagte sie, "laß den Jungen gehen, daß er seine Bestellung machen kann. — Junge, was liegst du da in der Asche? Hast du zu Hause nichts zu tun?" — Der Knabe raffte sich mit der Miene eines Verfolgten so eilfertig auf, daß ihm alle Glieder im Wege standen und die Holschenvioline bei einem Haar ins Feuer gefallen wäre. — "Warte, Johannes," sagte Friedrich stolz, "ich will dir mein halbes Butterbrot geben, es ist mir doch zu groß, die Mutter schneidet allemal übers ganze Brot."[1] — "Laß doch," sagte Margreth, "er geht ja nach Hause." — "Ja, aber er bekommt nichts mehr; Ohm Simon ißt um 7 Uhr." Margreth wandte sich zu dem Knaben: "Hebt man dir nichts auf? Sprich: wer sorgt für dich?" — "Niemand," stotterte das Kind. — "Niemand?" wiederholte sie; "da nimm, nimm!" fügte sie heftig hinzu; "du heißt Niemand, und niemand sorgt für dich! Das sei Gott geklagt! Und nun mach dich fort! Friedrich, geh nicht mit ihm, hörst du, geht nicht zusammen durchs Dorf." — "Ich will ja nur Holz holen aus dem Schuppen," antwortete Friedrich. — Als beide Knaben fort waren, warf sich Margreth auf einen Stuhl und schlug die Hände mit dem Ausdruck des tiefsten Jammers zusammen. Ihr Gesicht war bleich wie ein Tuch. "Ein falscher Eid, ein falscher Eid" stöhnte sie. "Simon, Simon, wie willst du vor Gott bestehen!"

So saß sie eine Weile, starr mit geklemmten Lippen, wie in völliger Geistesabwesenheit. Friedrich stand vor ihr und hatte sie schon zweimal angeredet: "Was ist's? Was willst du?" rief sie auffahrend. — "Ich bringe Euch[2] Geld," sagte er, mehr erstaunt als erschreckt. — "Geld? wo?" Sie regte sich, und die kleine Münze fiel klingend auf den Boden. Friedrich hob sie auf. — "Geld von Ohm Simon, weil ich ihm habe arbeiten helfen. Ich kann mir nun selber was verdienen." — "Geld vom Simon? Wirf's fort, fort! — gib's den Armen. Doch nein, behalt's," flüsterte sie kaum hörbar, "wir sind selber arm; wer weiß, ob wir bei dem Betteln vorbeikommen!"[3] — "Ich soll Montag wieder zum Ohm und ihm bei der Einsaat helfen."[4] — "Du wieder zu ihm? Nein, nein, nimmermehr!" — Sie umfaßte ihr Kind mit Heftigkeit. — "Doch," fügte

---

[1]**schneidet allemal . . . Brot** always cuts across the whole loaf (cuts too big a piece)

[2]**Euch** you. *Note*: Droste, like many 19th-century authors, uses the plural second person familiar (capitalized) in order to show politeness when addressing people in the second person singular. Modern German uses the polite **Sie**.

[3]**ob wir . . . vorbeikommen** whether we'll escape begging

[4]**bei der Einsaat helfen** help with the sowing

sie hinzu, und ein Tränenstrom stürzte ihr plötzlich über die eingefallenen Wangen, "geh, er ist mein einziger Bruder, und die Verleumdung ist groß! Aber halt Gott vor Augen und vergiß das tägliche Gebet nicht!"

Margreth legte das Gesicht an die Mauer und weinte laut. Sie hatte manche harte Last getragen, ihres Mannes üble Behandlung, noch schwerer seinen Tod, und es war eine bittere Stunde, als die Witwe das letzte Stück Ackerland einem Gläubiger zur Nutznießung überlassen mußte[1] und der Pflug vor ihrem Hause stillestand. Aber so war ihr nie zumute gewesen; dennoch, nachdem sie einen Abend durchweint, eine Nacht durchwacht hatte, war sie dahin gekommen, zu denken, ihr Bruder Simon könne so gottlos nicht sein, der Knabe gehöre gewiß nicht ihm, Ähnlichkeiten wollen nichts beweisen. Hatte sie doch selbst vor vierzig Jahren ein Schwesterchen verloren, das genau dem Hechelkrämer glich. Was glaubt man nicht gern, wenn man so wenig hat und durch Unglauben dies wenige verlieren soll!

Von dieser Zeit an war Friedrich selten mehr zu Hause. Simon schien alle wärmeren Gefühle, deren er fähig war, dem Schwestersohn zugewendet zu haben; wenigstens vermißte er ihn sehr und ließ nicht nach mit Botschaften, wenn ein häusliches Geschäft ihn auf einige Zeit bei der Mutter hielt. Der Knabe war seitdem wie verwandelt, das träumerische Wesen gänzlich von ihm gewichen, er trat fest auf, fing an, sein Äußeres zu beachten und bald in den Ruf eines hübschen, gewandten Burschen zu kommen.[2] Sein Ohm, der nicht wohl ohne Projekte leben konnte, unternahm mitunter ziemlich bedeutende öffentliche Arbeiten, zum Beispiel beim Wegbau, wobei Friedrich für einen seiner besten Arbeiter und überall als seine rechte Hand galt; denn obgleich dessen Körperkräfte noch nicht ihr volles Maß erreicht hatten, kam ihm doch nicht leicht jemand an Ausdauer gleich.[3] Margreth hatte bisher ihren Sohn nur geliebt, jetzt fing sie an, stolz auf ihn zu werden und sogar eine Art Hochachtung vor ihm zu fühlen, da sie den jungen Menschen so ganz ohne ihr Zutun sich entwickeln sah, sogar ohne ihren Rat, den sie, wie die meisten Menschen, für unschätzbar hielt und deshalb die Fähigkeiten nicht hoch genug anzuschlagen wußte, die eines so kostbaren Förderungsmittels entbehren konnten.[4]

In seinem achtzehnten Jahre hatte Friedrich sich bereits einen bedeutenden Ruf in der jungen Dorfwelt gesichert durch den Ausgang einer Wette, infolge deren er einen erlegten Eber über zwei Meilen weit auf seinem Rücken trug, ohne abzusetzen. Indessen war der Mitgenuß des Ruhms auch so ziem-

---

[1] **das letzte . . . mußte** had to turn over to a creditor the use of the last arable piece of land (field)

[2] **fing an . . . kommen** started to pay attention to his appearance and he soon acquired a reputation for being a handsome, clever lad

[3] **denn obgleich . . . gleich** although he had not yet acquired the full physical strength of an adult, no one could easily match his endurance

[4] **jetzt fing . . . konnten** now she started to become proud of him and even began to feel a certain amount of respect for him since she saw the young man mature without her advice, which she, like most people, considered precious (invaluable). She therefore could not praise him highly enough for being able to get along without this valuable counsel

lich der einzige Vorteil, den Margreth aus diesen günstigen Umständen zog,
da Friedrich immer mehr auf sein Äußeres verwandte und allmählich anfing,
es schwer zu verdauen, wenn Geldmangel ihn zwang, irgend jemand im Dorf
darin nachzustehen.[1] Zudem waren alle seine Kräfte auf den auswärtigen Er-
werb gerichtet; zu Hause schien ihm, ganz im Widerspiel mit seinem sonstigen
Rufe, jede anhaltende Beschäftigung lästig, und er unterzog sich lieber einer
harten aber kurzen Anstrengung, die ihm bald erlaubte, seinem früheren Hir-
tenamte wieder nachzugehen, was bereits begann, seinem Alter unpassend zu
werden, und ihm gelegentlichen Spott zuzog, vor dem er sich aber durch ein
paar derbe Zurechtweisungen mit der Faust Ruhe verschaffte.[2] So gewöhnte
man sich daran, ihn bald geputzt und fröhlich als anerkannten Dorfelegant[3] an
der Spitze des jungen Volks zu sehen, bald wieder als zerlumpten Hirtenbu-
ben einsam und träumerisch hinter den Kühen herschleichend oder in einer
Waldlichtung liegend, scheinbar gedankenlos und das Moos von den Bäumen
rupfend.

Um diese Zeit wurden die schlummernden Gesetze doch einigermaßen
aufgerüttelt durch eine Bande von Holzfrevlern, die unter dem Namen der
Blaukittel alle ihre Vorgänger so weit an List und Frechheit übertraf,[4] daß es
dem Langmütigsten zuviel werden mußte. Ganz gegen den gewöhnlichen
Stand der Dinge, wo man die stärksten Böcke der Herde mit dem Finger bezeichnen konnte, war es hier trotz aller Wachsamkeit bisher nicht möglich
gewesen, auch nur ein Individuum namhaft zu machen.[5] Ihre Benennung erhielten sie von der ganz gleichförmigen Tracht, durch die sie das Erkennen er-
schwerten, wenn etwa ein Förster noch einzelne Nachzügler im Dickicht
verschwinden sah. Sie verheerten alles wie die Wanderraupe,[6] ganze Wald-
strecken wurden in einer Nacht gefällt und auf der Stelle fortgeschafft, so daß
man am andern Morgen nichts fand als Späne und wüste Haufen von Top-
holz, und der Umstand, daß nie Wagenspuren einem Dorfe zuführten, son-

---

[1]**Indessen war . . . nachzustehen** Reflected glory was all that accrued to Margreth because Friedrich paid increasingly more attention to his exterior appearance and found it
hard to swallow when lack of funds put him behind someone in the village (forced him to
play second fiddle)

[2]**ganz im . . . verschaffte** contrary to his reputation, all long-lasting work was burden-
some to him and he preferred to exert a strenuous, but short effort that quickly allowed
him to pursue his earlier occupation of cowherd. Since he was outgrowing this job, he began to attract ridicule that he silenced with a few hard punches

[3]**als anerkannter Dorfelegant** as the recognized village fop

[4]**die schlummernde . . . übertraf** the slumbering laws were shaken by a gang of timber
thieves who, under the name of the Blue Smocks, by far surpassed all their predecessors
in cunning and impudence

[5]**Ganz gegen . . . machen** Quite in contrast to the normal state of affairs in which one
could point the finger at the strongest rams of the herd (i.e., leaders of the gang), in this
instance, despite constant vigilance, it had not been possible to identify (name) even one
individual

[6]**Sie verheerten . . . Wanderraupe** Like a plague of caterpillars, they destroyed everything

dern immer vom Flusse her und dorthin zurück, bewies, daß man unter dem Schutze und vielleicht mit dem Beistande der Schiffeigentümer handelte. In der Bande mußten sehr gewandte Spione sein, denn die Förster konnten wochenlang umsonst wachen; in der ersten Nacht, gleichviel, ob stürmisch oder mondhell, wo sie vor Übermüdung nachließen, brach die Zerstörung ein. Seltsam war es, daß das Landvolk umher ebenso unwissend und gespannt schien als die Förster selber. Von einigen Dörfern ward mit Bestimmtheit gesagt, daß sie nicht zu den Blaukitteln gehörten, aber keines konnte als dringend verdächtig bezeichnet werden, seit man das verdächtigste von allen, das Dorf B., freisprechen mußte.[1] Ein Zufall hatte dies bewirkt, eine Hochzeit, auf der fast alle Bewohner dieses Dorfes notorisch die Nacht zugebracht hatten,[2] während zu eben dieser Zeit die Blaukittel eine ihrer stärksten Expeditionen ausführten.

Der Schaden in den Forsten war indes allzugroß, deshalb wurden die Maßregeln dagegen auf eine bisher unerhörte Weise gesteigert; Tag und Nacht wurde patrouilliert, Ackerknechte, Hausbediente mit Gewehren versehen und den Forstbeamten zugesellt. Dennoch war der Erfolg nur gering, und die Wächter hatten oft kaum das eine Ende des Forstes verlassen, wenn die Blaukittel schon zum andern einzogen. Das währte länger als ein volles Jahr, Wächter und Blaukittel, Blaukittel und Wächter, wie Sonne und Mond immer abwechselnd im Besitz des Terrains und nie zusammentreffend.

Es war im Juli 1756 früh um drei; der Mond stand klar am Himmel, aber sein Glanz fing an zu ermatten, und im Osten zeigte sich bereits ein schmaler gelber Streif, der den Horizont besäumte und den Eingang einer engen Talschlucht wie mit einem Goldbande schloß. Friedrich lag im Grase, nach seiner gewohnten Weise, und schnitzelte an einem Weidenstabe, dessen knotigem Ende er die Gestalt eines ungeschlachten Tieres zu geben versuchte.[3] Er sah übermüdet aus, gähnte, ließ mitunter seinen Kopf an einem verwitterten Stammknorren ruhen und Blicke, dämmeriger als der Horizont, über den mit Gestrüpp und Aufschlag fast verwachsenen Eingang des Grundes streifen. Ein paarmal belebten sich seine Augen und nahmen den ihnen eigentümlichen glasartigen Glanz an, aber gleich nachher schloß er sie wieder halb und gähnte und dehnte sich, wie es nur faulen Hirten erlaubt ist. Sein Hund lag in einiger Entfernung nah bei den Kühen, die, unbekümmert um die Forstgesetze, ebenso oft den jungen Baumspitzen als dem Grase zusprachen[4] und in die frische Morgenluft schnaubten. Aus dem Walde drang von Zeit zu Zeit ein dumpfer, krachender Schall; der Ton hielt nur einige Sekunden an, begleitet von einem langen Echo an den Bergwänden, und wiederholte sich etwa alle fünf bis acht

---

[1] **aber keines ... mußte** but not one came under strong suspicion since (the inhabitants of) the most likely one, the village of B., dispelled all such notions (proved their innocence)

[2] **eine Hochzeit ... hatten** a wedding, at which almost all the residents of this village were conspicuously present for the whole night

[3] **und schnitzelte ... versuchte** and whittled on a willow staff whose knotty (gnarled) end he tried to carve into the crude shape of an animal

[4] **den Kühen ... zusprachen** the cows, unconcerned about forestry laws, ate the tops of the saplings as often as they ate the grass

Minuten. Friedrich achtete nicht darauf; nur zuweilen, wenn das Getöse ungewöhnlich stark oder anhaltend war, hob er den Kopf und ließ seine Blicke langsam über die verschiedenen Pfade gleiten, die ihren Ausgang in dem Talgrunde fanden.[1]

Es fing bereits stark zu dämmern an; die Vögel begannen leise zu zwitschern, und der Tau stieg fühlbar aus dem Grunde. Friedrich war an dem Stamm hinabgeglitten und starrte, die Arme über den Kopf verschlungen, in das leise einschleichende Morgenrot. Plötzlich fuhr er auf: über sein Gesicht fuhr ein Blitz, er horchte einige Sekunden mit vorgebeugtem Oberleib wie ein Jagdhund, dem die Luft Witterung zuträgt.[2] Dann schob er schnell zwei Finger in den Mund und pfiff gellend und anhaltend. — "Fidel, du verfluchtes Tier!" — Ein Steinwurf traf die Seite des unbesorgten Hundes, der, vom Schlafe aufgeschreckt, zuerst um sich biß und dann heulend auf drei Beinen dort Trost suchte, von wo das Übel ausgegangen war.[3] In demselben Augenblicke wurden die Zweige eines nahen Gebüsches fast ohne Geräusch zurückgeschoben, und ein Mann trat heraus, im grünen Jagdrock, den silbernen Wappenschild am Arm, die gespannte Büchse in der Hand. Er ließ schnell seine Blicke über die Schlucht fahren und sie dann mit besonderer Schärfe auf dem Knaben verweilen, trat dann vor, winkte nach dem Gebüsch, und allmählich wurden sieben bis acht Männer sichtbar, alle in ähnlicher Kleidung, Weidmesser im Gürtel und die gespannten Gewehre in der Hand.

"Friedrich, was war das?" fragte der zuerst Erschienene. — "Ich wollte, daß der Racker auf der Stelle krepierte.[4] Seinetwegen können die Kühe mir die Ohren vom Kopf fressen." — "Die Canaille hat uns gesehen," sagte ein anderer. — "Morgen sollst du auf die Reise mit einem Stein am Halse,"[5] fuhr Friedrich fort und stieß nach dem Hunde. — "Friedrich, stell dich nicht an wie ein Narr! Du kennst mich, und du verstehst mich auch!" — Ein Blick begleitete diese Worte, der schnell wirkte. — "Herr Brandis, denkt an meine Mutter!" — "Das tu ich. Hast du nichts im Walde gehört?" — "Im Walde?" — Der Knabe warf einen raschen Blick auf des Försters Gesicht. — "Eure Holzfäller, sonst nichts." — "Meine Holzfäller!"

Die ohnehin dunkle Gesichtsfarbe des Försters ging in tiefes Braunrot über. "Wie viele sind ihrer, und wo treiben sie ihr Wesen?"[6] — "Wohin Ihr sie geschickt habt; ich weiß es nicht." — Brandis wandte sich zu seinen Gefährten: "Geht voran; ich komme gleich nach."

---

[1]**wenn das . . . fanden** when the noise was unusually loud or prolonged, he lifted his head and let his eyes sweep over the various paths that led out of the valley

[2]**Plötzlich fuhr . . . zuträgt** Suddenly he jumped up — his facial expression changed instantly, for a few seconds he listened, leaning forward like a hunting dog picking up a scent

[3]**trost suchte . . . war** sought comfort (solace) from the very source of its misery

[4]**Ich wollte . . . krepierte** I wish this damned dog would croak (kick the bucket) on the spot

[5]**Morgen sollst . . . Halse** Tomorrow you're going swimming with a stone around your neck

[6]**Wie viele . . . Wesen** How many of them are there and where are they (carrying on)

Als einer nach dem andern im Dickicht verschwunden war, trat Brandis dicht vor den Knaben: "Friedrich," sagte er mit dem Ton unterdrückter Wut, "meine Geduld ist zu Ende; ich möchte dich prügeln wie einen Hund, und mehr seid ihr auch nicht wert. Ihr Lumpenpack,[1] dem kein Ziegel auf dem Dach gehört! Bis zum Betteln habt ihr es, gottlob, bald gebracht, und an meiner Tür soll deine Mutter, die alte Hexe, keine verschimmelte Brotrinde bekommen.[2] Aber vorher sollt ihr mir noch beide ins Hundeloch."[3]

Friedrich griff krampfhaft nach einem Aste. Er war totenbleich, und seine Augen schienen wie Kristallkugeln aus dem Kopfe schießen zu wollen. Doch nur einen Augenblick. Dann kehrte die größte, an Erschlaffung grenzende Ruhe zurück. "Herr," sagte er fest, mit fast sanfter Stimme; "Ihr habt gesagt, was Ihr nicht verantworten könnt, und ich vielleicht auch.[4] Wir wollen es gegeneinander aufgehen lassen,[5] und nun will ich Euch sagen, was Ihr verlangt. Wenn Ihr die Holzfäller nicht selbst bestellt habt, so müssen es die Blaukittel sein; denn aus dem Dorfe ist kein Wagen gekommen; ich habe den Weg ja vor mir, und vier Wagen sind es. Ich habe sie nicht gesehen, aber den Hohlweg hinauffahren hören." Er stockte einen Augenblick. — "Könnt Ihr sagen, daß ich je einen Baum in Eurem Revier gefällt habe? Überhaupt, daß ich je anderwärts gehauen habe als auf Bestellung? Denkt nach, ob Ihr das sagen könnt?"

Ein verlegenes Murmeln war die ganze Antwort des Försters, der nach Art der meisten rauhen Menschen leicht bereute. Er wandte sich unwirsch und schritt dem Gebüsche zu. — "Nein, Herr," rief Friedrich, "wenn Ihr zu den anderen Förstern wollt, die sind dort an der Buche hinaufgegangen." — "An der Buche?" sagte Brandis zweifelhaft, "nein, dort hinüber, nach dem Mastergrunde." — "Ich sage Euch, an der Buche; des langen Heinrich Flintenriemen blieb noch am krummen Ast dort hängen;[6] ich hab's ja gesehen!"

Der Förster schlug den bezeichneten Weg ein. Friedrich hatte die ganze Zeit hindurch seine Stellung nicht verlassen; halb liegend, den Arm um einen dürren Ast geschlungen, sah er dem Fortgehenden unverrückt nach, wie er durch den halbverwachsenen Steig glitt, mit dem vorsichtigen, weiten Schritten seines Metiers, so geräuschlos, wie ein Fuchs die Hühnersteige erklimmt.[7] Hier sank ein Zweig hinter ihm, dort einer; die Umrisse seiner Gestalt schwanden immer mehr. Da blitzte es noch einmal durchs Laub. Es war ein Stahlknopf seines Jagdrocks; nun war er fort. Friedrichs Gesicht hatte während

---

[1] **Ihr Lumpenpack** You bunch of bums

[2] **Bis zum . . . kommen** You'll soon be begging, thank God, and your mother, that old hag, won't get even a moldy crust of bread at my door

[3] **Hundeloch** the slammer (jail)

[4] **Ihr habt . . . auch** You said some irresponsible things, and so, perhaps, did I

[5] **Wir wollen . . . lassen** Let's leave it at that (call it even)

[6] **des langen . . . hängen** tall Henry's sling got hung up on that crooked branch over there

[7] **Steig glitt . . . erklimmt** glided (walked) along the path with the long, cautious steps of his profession; he went as silently as a fox climbing up a chicken ladder (to the roost)

dieses allmählichen Verschwindens den Ausdruck seiner Kälte verloren, und seine Züge schienen zuletzt unruhig bewegt. Gereute es ihn vielleicht, den Förster nicht um Verschweigung seiner Angaben gebeten zu haben?[1] Er ging einige Schritte voran, blieb dann stehen. "Es ist zu spät," sagte er vor sich hin und griff nach seinem Hute. Ein leises Picken im Gebüsche, nicht zwanzig Schritte von ihm. Es war der Förster, der den Flintenstein schärfte. Friedrich horchte. — "Nein!" sagte er dann mit entschlossenem Tone, raffte seine Siebensachen[2] zusammen und trieb das Vieh eilfertig die Schlucht entlang.

Um Mittag saß Frau Margreth am Herd und kochte Tee. — Friedrich war krank heimgekommen, er klagte über heftige Kopfschmerzen und hatte auf ihre besorgte Nachfrage erzählt, wie er sich schwer geärgert über den Förster, kurz den ganzen eben beschriebenen Vorgang mit Ausnahme einiger Kleinigkeiten, die er besser fand für sich zu behalten. Margreth sah schweigend und trübe in das siedende Wasser. Sie war es wohl gewohnt, ihren Sohn mitunter klagen zu hören, aber heute kam er ihr so angegriffen vor wie sonst nie. Sollte wohl eine Krankheit im Anzuge sein? Sie seufzte tief und ließ einen eben ergriffenen Holzblock fallen.

"Mutter!" rief Friedrich aus der Kammer. — "Was willst du?" — "War das ein Schuß?" — "Ach nein, ich weiß nicht, was du meinst." — "Es pocht mir wohl nur so im Kopfe," versetzte er.

Die Nachbarin trat herein und erzählte mit leisem Flüstern irgendeine unbedeutende Klatscherei, die Margreth ohne Teilnahme anhörte. Dann ging sie. — "Mutter!" rief Friedrich. Margreth ging zu ihm hinein. "Was erzählte die Hülsmeyer?" — "Ach gar nichts, Lügen, Wind!" — Friedrich richtete sich auf. — "Von der Gretchen Siemers; du weißt ja wohl, die alte Geschichte; und ist doch nichts Wahres dran." — Friedrich legte sich wieder hin. "Ich will sehen, ob ich schlafen kann," sagte er.

Margreth saß am Herde; sie spann und dachte wenig Erfreuliches. Im Dorfe schlug es halb zwölf; die Tür klinkte, und der Gerichtsschreiber[3] Kapp trat herein. — "Guten Tag, Frau Mergel," sagte er, "könnt Ihr mir einen Trunk Milch geben? Ich komme von M." — Als Frau Mergel das Verlangte brachte, fragte er: "Wo ist Friedrich?" Sie war gerade beschäftigt, einen Teller hervorzulangen, und überhörte die Frage. Er trank zögernd und in kurzen Absätzen. "Wißt Ihr wohl," sagte er dann, "daß die Blaukittel in dieser Nacht wieder im Masterholze eine ganze Strecke so kahl gefegt haben, wie meine Hand?" — "Ei du frommer Gott!" versetzte sie gleichgültig. "Die Schandbuben," fuhr der Schreiber fort, "ruinieren alles; wenn sie noch Rücksicht nähmen auf das junge Holz, aber Eichenstämmchen wie mein Arm dick, wo nicht einmal eine Ruderstange drin steckt! Es ist, als ob ihnen anderer Leute Schaden ebenso lieb wäre wie ihr Profit!" — "Es ist schade!" sagte Margreth.

---

[1]**Gereute es . . . haben** Did he perhaps regret not having asked the forester to keep the source of his information to himself

[2]**raffte seine Siebensachen** grabbed his things (kit and caboodle)

[3]**Gerichtsschreiber** clerk of the court

Der Amtsschreiber hatte getrunken und ging noch immer nicht. Er schien etwas auf dem Herzen zu haben.[1] "Habt Ihr nichts von Brandis gehört?" fragte er plötzlich. — "Nichts; er kommt niemals hier ins Haus." — "So wißt Ihr nicht, was ihm begegnet ist?" — "Was denn?" fragte Margreth gespannt. — "Er ist tot!" — "Tot!" rief sie, "was tot? Um Gottes willen! Er ging ja noch heute morgen ganz gesund hier vorüber mit der Flinte auf dem Rücken!" — "Er ist tot," wiederholte der Schreiber, sie scharf fixierend, "von den Blaukitteln erschlagen. Vor einer Viertelstunde wurde die Leiche ins Dorf gebracht."

Margreth schlug die Hände zusammen. — "Gott im Himmel, geh nicht mit ihm ins Gericht![2] Er wußte nicht, was er tat!" — "Mit ihm?" rief der Amtsschreiber, "mit dem verfluchten Mörder, meint Ihr?" Aus der Kammer drang ein schweres Stöhnen. Margreth eilte hin, und der Schreiber folgte ihr. Friedrich saß aufrecht im Bette, das Gesicht in die Hände gedrückt und ächzte wie ein Sterbender. — "Friedrich, wie ist dir?" sagte die Mutter. — "Wie ist dir?" wiederholte der Amtsschreiber. — "O mein Leib, mein Kopf!" jammerte er. — "Was fehlt ihm?" — "Ach, Gott weiß es," versetzte sie; "er ist schon um vier mit den Kühen heimgekommen, weil ihm so übel war." — "Friedrich, Friedrich, antworte doch! Soll ich zum Doktor?" — "Nein, nein," ächzte er, "es ist nur Kolik, es wird schon besser."

Er legte sich zurück; sein Gesicht zuckte krampfhaft vor Schmerz; dann kehrte die Farbe wieder. "Geht," sagte er matt, "ich muß schlafen, dann geht's vorüber." — "Frau Mergel," sagte der Amtsschreiber ernst, "ist es gewiß, daß Friedrich um vier zu Hause kam und nicht wieder fortging?" — Sie sah ihn starr an. "Fragt jedes Kind auf der Straße. Und fortgehen? — wollte Gott, er könnte es!" — "Hat er Euch nichts von Brandis erzählt?" — "In Gottes Namen, ja, daß er ihn im Walde geschimpft und unsere Armut vorgeworfen hat, der Lump! — Doch Gott verzeih' mir, er ist tot! — Geht!" fuhr sie heftig fort; "seid Ihr gekommen, um ehrliche Leute zu beschimpfen? Geht!" — Sie wandte sich wieder zu ihrem Sohne; der Schreiber ging. — "Friedrich, wie ist dir?" sagte die Mutter. "Hast du wohl gehört? Schrecklich, schrecklich! Ohne Beichte und Absolution!" — "Mutter, Mutter, um Gottes willen, laß mich schlafen; ich kann nicht mehr!"

In diesem Augenblick trat Johannes Niemand in die Kammer; dünn und lang wie eine Hopfenstange,[3] aber zerlumpt und scheu, wie wir ihn vor fünf Jahren gesehen. Sein Gesicht war noch bleicher als gewöhnlich. "Friedrich," stotterte er, "du sollst sogleich zum Ohm kommen, er hat Arbeit für dich; aber sogleich." — Friedrich drehte sich gegen die Wand. — "Ich komme nicht," sagte er barsch, "ich bin krank." — "Du mußt aber kommen," keuchte Johannes, "er hat gesagt, ich müßte dich mitbringen." Friedrich lachte höhnisch auf: "Das will ich doch sehen!" — "Laß ihn in Ruhe, er kann nicht," seufzte Margreth, "du siehst ja, wie es steht." — Sie ging auf einige Minuten hinaus; als sie zurückkam, war Friedrich bereits angekleidet. — "Was fällt dir ein?"

[1] **Er schien . . . zu haben** He seemed to have something on his mind

[2] **Gott im Himmel . . . Gericht** Dear God in heaven, don't stand in judgment of him

[3] **dünn und . . . Hopfenstange** as tall and skinny as a bean pole (**Hopfenstange**, a long pole used in the cultivation of hops)

rief sie, "du kannst, du sollst nicht gehen!" — "Was sein muß, schickt sich wohl,"[1] versetzte er und war schon zur Türe hinaus mit Johannes. — "Ach Gott," seufzte die Mutter, "wenn die Kinder klein sind, treten sie uns in den Schoß und wenn sie groß sind, ins Herz!"

Die gerichtliche Untersuchung hatte ihren Anfang genommen, die Tat lag klar am Tage; über den Täter aber waren die Anzeichen so schwach, daß, obschon alle Umstände die Blaukittel dringend verdächtigten, man doch nicht mehr als Mutmaßungen wagen konnte.[2] Eine Spur schien Licht geben zu wollen: doch rechnete man aus Gründen wenig darauf. Die Abwesenheit des Gutsherrn hatte den Gerichtsschreiber genötigt, auf eigene Hand die Sache einzuleiten.[3] Er saß am Tische; die Stube war gedrängt voll von Bauern, teils neugierigen, teils solchen, von denen man in Ermangelung eigentlicher Zeugen einigen Aufschluß zu erhalten hoffte.[4] Hirten, die in derselben Nacht gehütet, Knechte, die den Acker in der Nähe bestellt, alle standen stramm und fest, die Hände in den Taschen, gleichsam als stillschweigende Erklärung, daß sie nicht einzuschreiten gesonnen seien.[5] Acht Forstbeamte wurden vernommen. Ihre Aussagen waren völlig gleichlautend: Brandis habe sie am zehnten abends zur Runde bestellt, da ihm von einem Vorhaben der Blaukittel müsse Kunde zugekommen sein;[6] doch habe er sich nur unbestimmt darüber geäußert. Um zwei Uhr in der Nacht seien sie ausgezogen und auf manche Spuren der Zerstörung gestoßen, die den Oberförster sehr übel gestimmt; sonst sei alles still gewesen. Gegen vier Uhr habe Brandis gesagt: "Wir sind angeführt,[7] laßt uns heimgehen." Als sie nun um den Bremerberg gewendet und zugleich der Wind umgeschlagen, habe man deutlich im Masterholz fällen gehört und aus der schnellen Folge der Schläge geschlossen, daß die Blaukittel am Werk seien. Man habe nun eine Weile beratschlagt, ob es tunlich sei, mit so geringer Macht die kühne Bande anzugreifen, und sich dann ohne bestimmten Entschluß dem Schalle langsam genähert. Nun folgte der Auftritt mit Friedrich. Ferner: nachdem Brandis sie ohne Weisung fortgeschickt, seien sie eine Weile vorangeschritten und dann, als sie bemerkt, daß das Getöse im noch ziemlich weit entfernten Walde gänzlich aufgehört, stille gestanden, um den Oberförster zu erwarten. Die Zögerung habe sie verdrossen, und nach etwa zehn Minuten seien sie weitergegangen und so bis an den Ort der Verwüstung. Alles sei vorüber gewesen, kein Laut mehr im Walde, von zwanzig gefällten Stäm-

---

[1] **Was sein . . . wohl** What has to be, has to be

[2] **obschon alle . . . konnte** although all indicators (circumstantial evidence) pointed at the Blue Smocks, only conjectures could be advanced

[3] **den Gerichtsschreiber . . . einzuleiten** forced the clerk of the court to proceed on his own

[4] **die Stube . . . hoffte** the courtroom was packed with peasants, some were there out of curiosity, others were there because, in the absence of eyewitnesses, the clerk hoped to get some information from them

[5] **als stillschweigende . . . seien** as a silent declaration that they were not getting involved

[6] **da ihm . . . sein** he must have gotten some information about the Blue Smocks's plans

[7] **Wir sind angeführt** We're on a wild goose chase (we received disinformation)

men noch acht vorhanden, die übrigen bereits fortgeschafft. Es sei ihnen unbegreiflich, wie man dieses ins Werk gestellt, da keine Wagenspuren zu finden gewesen. Auch habe die Dürre der Jahreszeit und der mit Fichtennadeln bestreute Boden keine Fußstapfen unterscheiden lassen, obgleich der Grund ringsumher wie festgestampft war. Da man nun überlegt, daß es zu nichts nützen könne, den Oberförster zu erwarten, sei man rasch der andern Seite des Waldes zugeschritten, in der Hoffnung, vielleicht noch einen Blick von den Frevlern zu erhaschen.[1] Hier habe sich einem von ihnen beim Ausgange des Waldes die Flaschenschnur in Brombeerranken verstrickt,[2] und als er umgeschaut, habe er etwas im Gestrüpp blitzen sehen; es war die Gurtschnalle des Oberförsters, den man nun hinter den Ranken liegend fand, grad ausgestreckt, die rechte Hand um den Flintenlauf geklemmt, die andere geballt und die Stirn von einer Axt gespalten.

Dies waren die Aussagen der Förster; nun kamen die Bauern an die Reihe, aus denen jedoch nichts zu bringen war. Manche behaupteten, um vier Uhr noch zu Hause oder anderswo beschäftigt gewesen zu sein, und keiner wollte etwas bemerkt haben. Was war zu machen? Sie waren sämtlich angesessene, unverdächtige Leute. Man mußte sich mit ihren negativen Zeugnissen begnügen.

Friedrich ward hereingerufen. Er trat ein mit einem Wesen, das sich durchaus nicht von seinem gewöhnlichen unterschied, weder gespannt noch keck. Das Verhör währte ziemlich lange, und die Fragen waren mitunter ziemlich schlau gestellt;[3] er beantwortete sie jedoch alle offen und bestimmt und erzählte den Vorgang zwischen ihm und dem Oberförster ziemlich der Wahrheit gemäß, bis auf das Ende, das er geratener fand, für sich zu behalten.[4] Sein Alibi zur Zeit des Mordes war leicht erwiesen. Der Förster lag am Ausgange des Masterholzes; über dreiviertel Stunden Weges von der Schlucht, in der er Friedrich um vier Uhr angeredet und aus der dieser seine Herde schon zehn Minuten später ins Dorf getrieben. Jedermann hatte dies gesehen; alle anwesenden Bauern beeiferten sich, es zu bezeugen; mit diesem hatte er geredet, jenem zugenickt.

Der Gerichtsschreiber saß unmutig und verlegen da. Plötzlich fuhr er mit der Hand hinter sich und brachte etwas Blinkendes vor Friedrichs Auge. "Wem gehört dies?" — Friedrich sprang drei Schritt zurück. "Herr Jesus! Ich dachte, Ihr wolltet mir den Schädel einschlagen." Seine Augen waren rasch über das tödliche Werkzeug gefahren und schienen momentan auf einem ausgebrochenen Splitter am Stiele zu haften. "Ich weiß es nicht," sagte er fest. — Es war die Axt, die man in dem Schädel des Oberförsters eingeklammert gefunden hatte. — "Sieh sie genau an," fuhr der Gerichtsschreiber fort. Friedrich faßte sie mit der Hand, besah sie oben, unten, wandte sie um. "Es ist eine

[1]**einen Blick . . . zu erhaschen** to catch a glimpse of the miscreants (thieves)

[2]**die Flaschenschnur . . . verstrickt** got his canteen strap entangled in blackberry brambles

[3]**die Fragen . . . gestellt** the questions at times were phrased slyly

[4]**erzählte den . . . behalten** described the episode between him and the forester fairly accurately, except for the end, which he considered wiser to keep to himself

Axt wie andere," sagte er dann und legte sie gleichgültig auf den Tisch. Ein Blutfleck ward sichtbar; er schien zu schaudern, aber er wiederholte noch einmal sehr bestimmt: "Ich kenne sie nicht." Der Gerichtsschreiber seufzte vor Unmut. Er selbst wußte um nichts mehr und hatte nur einen Versuch zu möglicher Entdeckung durch Überraschung machen wollen.[1] Es blieb nichts übrig, als das Verhör zu schließen.

Denjenigen, die vielleicht auf den Ausgang dieser Begebenheit gespannt sind, muß ich sagen, daß diese Geschichte nie aufgeklärt wurde, obwohl noch viel dafür geschah und diesem Verhöre mehrere folgten. Den Blaukitteln schien durch das Aufsehen, das der Vorgang gemacht, und die darauf folgenden geschärften Maßregeln der Mut genommen; sie waren von nun an wie verschwunden, und obgleich späterhin noch mancher Holzfrevler erwischt wurde, fand man doch nie Anlaß, ihn der berüchtigten Bande zuzuschreiben.[2] Die Axt lag zwanzig Jahre nachher als unnützes Corpus delicti im Gerichtsarchiv, wo sie wohl noch jetzt ruhen mag mit ihren Rostflecken. Es würde in einer erdichteten Geschichte unrecht sein, die Neugier des Lesers so zu täuschen. Aber dies alles hat sich wirklich zugetragen; ich kann nichts davon oder dazutun.[3]

Am nächsten Sonntage stand Friedrich sehr früh auf, um zur Beichte zu gehen. Es war Mariä Himmelfahrt und die Pfarrgeistlichen schon vor Tagesanbruch im Beichtstuhle.[4] Nachdem er sich im Finstern angekleidet, verließ er so geräuschlos wie möglich den engen Verschlag, der ihm in Simons Hause eingeräumt war. In der Küche mußte sein Gebetbuch auf dem Sims liegen, und er hoffte, es mit Hülfe des schwachen Mondlichts zu finden; es war nicht da. Er warf die Augen suchend umher und fuhr zusammen; in der Kammertür stand Simon, fast unbekleidet; seine dürre Gestalt, sein ungekämmtes, wirres Haar und die vom Mondschein verursachte Blässe des Gesichts gaben ihm ein schauerlich verändertes Ansehen. "Sollte er nachtwandeln?" dachte Friedrich und verhielt sich ganz still. — "Friedrich, wohin?" flüsterte der Alte. — "Ohm, seid Ihr's? Ich will beichten gehen." — "Das dacht' ich mir; geh in Gottes Namen, aber beichte wie ein guter Christ." — "Das will ich," sagte Friedrich. — "Denk an die zehn Gebote: du sollst kein Zeugnis ablegen gegen deinen Nächsten."[5] — "Kein falsches!" — "Nein, gar keines; du bist schlecht unterrichtet; wer einen andern in der Beichte anklagt, der empfängt das Sakrament unwürdig."[6]

---

[1]**Er selbst . . . wollen** He was at his wits' end and had only wanted to make some sort of discovery through surprise

[2]**erwischt wurde . . . zuzuschreiben** was caught, there never was sufficient evidence to lead to the assumption (conviction) that he was a member of the infamous gang

[3]**ich kann . . . dazutun** I can neither subtract nor add anything

[4]**Es war . . . Beichtstuhle** It was the feast of the Assumption and the priests had been in their confessionals since before daybreak. *Note:* this feast is celebrated on August 15.

[5]**du sollst . . . Nächsten** thou shalt not bear witness against thy neighbor

[6]**wer einen . . . unwürdig** whoever accuses (bears witness against) another person during confession is unworthy of receiving the sacrament

Beide schwiegen. — "Ohm, wie kommt Ihr darauf?" sagte Friedrich dann; "Eu'r Gewissen ist nicht rein; Ihr habt mich belogen." — "Ich? So?" — "Wo ist Eure Axt?" — "Meine Axt? Auf der Tenne." — "Habt Ihr einen neuen Stiel hineingemacht? Wo ist der alte?" — "Den kannst du heute bei Tage im Holzschuppen finden. Geh," fuhr er verächtlich fort, "ich dachte, du seist ein Mann; aber du bist ein altes Weib, das gleich meint, das Haus brennt, wenn ihr Feuertopf raucht. Sieh," fuhr er fort, "wenn ich mehr von der Geschichte weiß als der Türpfosten da, so will ich ewig nicht selig werden.[1] Längst war ich zu Haus," fügte er hinzu. — Friedrich stand beklemmt und zweifelnd. Er hätte viel darum gegeben, seines Ohms Gesicht sehen zu können. Aber während sie flüsterten, hatte der Himmel sich bewölkt.

"Ich habe schwere Schuld," seufzte Friedrich, "daß ich ihn den unrechten Weg geschickt — obgleich — doch, dies hab ich nicht gedacht; nein, gewiß nicht. Ohm, ich habe Euch ein schweres Gewissen zu danken."[2] — "So geh, beicht!" flüsterte Simon mit bebender Stimme; "verunehre das Sakrament durch Angeberei und setze armen Leuten einen Spion auf den Hals,[3] der schon Wege finden wird, ihnen das Stückchen Brot aus den Zähnen zu reißen, wenn er gleich nicht reden darf — geh!" — Friedrich stand unschlüssig; er hörte ein leises Geräusch; die Wolken verzogen sich, das Mondlicht fiel wieder auf die Kammertür: sie war geschlossen. Friedrich ging an diesem Morgen nicht zur Beichte.

Der Eindruck, den dieser Vorfall auf Friedrich gemacht, erlosch leider nur zu bald. Wer zweifelt daran, daß Simon alles tat, seinen Adoptivsohn dieselben Wege zu leiten, die er selber ging? Und in Friedrich lagen Eigenschaften, die dies nur zu sehr erleichterten: Leichtsinn, Erregbarkeit, und vor allem ein grenzenloser Hochmut, der nicht immer den Schein verschmähte und dann alles daran setzte, durch Wahrmachung des Usurpierten möglicher Beschämung zu entgehen.[4] Seine Natur war nicht unedel, aber er gewöhnte sich, die innere Schande der äußern vorzuziehen.[5] Man darf nur sagen, er gewöhnte sich zu prunken, während seine Mutter darbte.[6]

Diese unglückliche Wendung seines Charakters war indessen das Werk mehrerer Jahre, in denen man bemerkte, daß Margreth immer stiller über ihren Sohn ward und allmählich in einen Zustand der Verkommenheit versank, den man früher bei ihr für unmöglich gehalten hätte. Sie wurde scheu, saum-

---

[1] **so will . . . werden** I renounce all hopes of salvation (may I go to hell)

[2] **Ohm, ich . . . zu danken** Uncle, I've got you to thank for a bad conscience

[3] **verunehre das . . . Hals** dishonor the sacrament by tattling (squealing) and set a spy on poor people. *Note*: by "spy," Simon has the priest of the confessional in mind.

[4] **Und in . . . entgehen** And Friedrich possessed characteristics that made this all too easy: frivolity, a hot temper, and, foremost, an unbridled arrogance that did not disdain mere outward appearance. Having once embraced false outward appearance, he did everything possible to make it seem true in order to escape possible humiliation

[5] **die innere . . . vorzuziehen** preferred inner to outer shame

[6] **er gewöhnte . . . darbte** he got accustomed to showing off, while his mother lived in want

119

selig, sogar unordentlich, und manche meinten, ihr Kopf habe gelitten.[1] Friedrich ward desto lauter; er versäumte keine Kirchweih oder Hochzeit, und da ein sehr empfindliches Ehrgefühl ihn die geheime Mißbilligung mancher nicht übersehen ließ, war er gleichsam immer unter Waffen, der öffentlichen Meinung nicht sowohl Trotz zu bieten, als sie den Weg zu leiten, der ihm gefiel.[2] Er war äußerlich ordentlich, nüchtern, anscheinend treuherzig, aber listig, prahlerisch und oft roh, ein Mensch, an dem niemand Freude haben konnte, am wenigsten seine Mutter, und der dennoch durch seine gefürchtete Kühnheit und noch mehr gefürchtete Tücke ein gewisses Übergewicht im Dorfe erlangt hatte, das um so mehr anerkannt wurde, je mehr man sich bewußt war, ihn nicht zu kennen und nicht berechnen zu können, wessen er am Ende fähig sei.[3] Nur ein Bursch im Dorfe, Wilm Hülsmeyer, wagte im Bewußtsein seiner Kraft und guter Verhältnisse ihm die Spitze zu bieten; und da er gewandter in Worten war als Friedrich und immer, wenn der Stachel saß, einen Scherz daraus zu machen wußte, so war dies der einzige, mit dem Friedrich ungern zusammentraf.[4]

Vier Jahre waren verflossen; es war im Oktober; der milde Herbst von 1760, der alle Scheunen mit Korn und alle Keller mit Wein füllte, hatte seinen Reichtum auch über diesen Erdwinkel strömen lassen, und man sah mehr Betrunkene, hörte von mehr Schlägereien und dummen Streichen als je. Überall gab's Lustbarkeiten; der blaue Montag kam in Aufnahme,[5] und wer ein paar Taler erübrigt hatte, wollte gleich eine Frau dazu, die ihm heute essen und morgen hungern helfen könne. Da gab es im Dorfe eine tüchtige solide Hochzeit, und die Gäste durften mehr erwarten als eine verstimmte Geige, ein Glas Branntwein und was sie an guter Laune selber mitbrachten.[6] Seit früh war alles auf den Beinen; vor jeder Tür wurden Kleider gelüftet, und B. glich den ganzen Tag einer Trödelbude. Da viele Auswärtige erwartet wurden, wollte jeder gern die Ehre des Dorfes oben halten.

Es war sieben Uhr abends und alles in vollem Gange; Jubel und Gelächter an allen Enden, die niederen Stuben zum Ersticken angefüllt mit blauen, roten und gelben Gestalten, gleich Pfandställen, in denen eine zu große Herde ein-

---

[1]**Sie war . . . gelitten** She became shy, negligent, slovenly, and many believed her sanity had been affected

[2]**und da . . . gefiel** and since his exaggerated sense of honor did not allow him to ignore the disapproval of others, he always seemed to be on the defensive and attempted not so much to defy public opinion, but to guide it in the direction that most suited him

[3]**ein gewisses . . . sei** achieved a certain authority that grew with the realization that no one really knew him and no one could predict what he actually might be capable of doing

[4]**Nur ein Bursch . . . wußte** Only one lad in the village, Wilm Hülsmeyer, confident of his strength and social position, dared defy him; since he was more adept in verbal exchanges than Friedrich and always managed to turn a situation in which a barb stuck into a joke, he was the only one whom Friedrich did not like to encounter (meet)

[5]**der blaue . . . Aufnahme** blue Monday came into vogue

[6]**eine verstimmte . . . mitbrachten** a badly tuned violin, a glass of brandy, and the good mood (humor) that they themselves brought with them (along)

gepfercht ist.[1] Auf der Tenne ward getanzt, das heißt: wer zwei Fuß Raum er-
obert hatte, drehte sich darauf immer rundum und suchte durch Jauchzen zu
ersetzen, was an Bewegung fehlte.[2] Das Orchester war glänzend, die erste Geige als anerkannte Künstlerin prädominierend, die zweite und eine große Baßviole mit drei Saiten von Dilettanten ad libitum gestrichen; Branntwein und
Kaffee in Überfluß, alle Gäste von Schweiß triefend; kurz, es war ein köstli-
ches Fest. — Friedrich stolzierte umher wie ein Hahn, im neuen himmelblauen
Rock, und machte sein Recht als erster Elegant geltend.[3] Als auch die Gutsherrschaft anlangte, saß er gerade hinter der Baßgeige und strich die tiefste
Saite mit großer Kraft und vielem Anstand.

"Johannes!" rief er gebieterisch, und heran trat sein Schützling von dem
Tanzplatze, wo er auch seine ungelenken Beine zu schlenkern und eins zu
jauchzen versucht hatte.[4] Friedrich reichte ihm den Bogen, gab durch eine
stolze Kopfbewegung seinen Willen zu erkennen und trat zu den Tanzenden.
"Nun lustig, Musikanten: den Papen von Istrup!"[5] — Der beliebte Tanz ward
gespielt, und Friedrich machte Sätze vor den Augen seiner Herrschaft, daß die
Kühe an der Tenne die Hörner zurückzogen und Kettengeklirr und Gebrumm
an ihren Ständern herlief. Fußhoch über die anderen tauchte sein blonder
Kopf auf und nieder, wie ein Hecht, der sich im Wasser überschlägt; an allen
Enden schrien Mädchen auf, denen er zum Zeichen der Huldigung mit einer
raschen Kopfbewegung sein langes Flachshaar ins Gesicht schleuderte.

"Jetzt ist es gut!" sagte er endlich und trat schweißtriefend an den Kre-
denztisch; "die gnädigen Herrschaften sollen leben und alle die hochadeligen
Prinzen und Prinzessinnen, und wer's nicht mittrinkt, den will ich an die Ohren schlagen, daß er die Engel singen hört!" — Ein lautes Vivat beantwortete
den galanten Toast. — Friedrich machte seinen Bückling. — "Nichts für un-
gut, gnädige Herrschaften; wir sind nur ungelehrte Bauersleute!" — In diesem
Augenblick erhob sich ein Getümmel am Ende der Tenne, Geschrei, Schelten,
Gelächter, alles durcheinander. "Butterdieb, Butterdieb!" riefen ein paar Kinder, und heran drängte sich, oder vielmehr ward geschoben Johannes Niemand, den Kopf zwischen die Schultern ziehend und mit aller Macht nach
dem Ausgange strebend. — "Was ist's? Was habt ihr mit unserem Johannes?" rief Friedrich gebieterisch.

---

[1]**gleich Pfandställen . . . ist** like a cattle pen into which too large a herd had been
crammed. *Note*: a **Pfandstall** is a pen in which the confiscated cattle of bad debtors are
kept.

[2]**wer zwei . . . fehlte** whoever managed to gain two square feet of space whirled around
in it and tried to compensate for the lack of movement by whooping (it up)

[3]**Friedrich machte . . . geltend** Friedrich, proud as the cock of the walk, strutted
around in his new sky blue coat and asserted his position as the chief village fop (dandy)

[4]**"Johannes!" rief . . . hatte** "Johannes!" he called imperiously, and his ward (protégé)
came from the dance floor where, in clumsy fashion, he too had been flinging his legs
around and trying to whoop (it up)

[5]**Nun lustig . . . Istrup** Musicians! Let's now have 'The Priest of Istrup' (the title of a
popular dance tune). *Note*: Istrup is a place name and **Papen** = **Pfaffe**.

"Das sollt Ihr früh genug gewahr werden," keuchte ein altes Weib mit der Küchenschürze und einem Wischhader in der Hand. — Schande! Johannes, der arme Teufel, dem zu Hause das Schlechteste gut genug sein mußte, hatte versucht, sich ein halbes Pfündchen Butter für die kommende Dürre zu sichern,[1] und ohne daran zu denken, daß er es, sauber in sein Schnupftuch gewickelt, in der Tasche geborgen, war er ans Küchenfeuer getreten, und nun rann das Fett schmählich die Rockschöße entlang. — Allgemeiner Aufruhr; die Mädchen sprangen zurück, aus Furcht, sich zu beschmutzen, oder stießen den Delinquenten vorwärts. Andere machten Platz, sowohl aus Mitleid als Vorsicht. Aber Friedrich trat vor: "Lumpenhund!" rief er; ein paar derbe Maulschellen trafen den geduldigen Schützling;[2] dann stieß er ihn an die Tür und gab ihm einen tüchtigen Fußtritt mit auf den Weg.

Er kehrte niedergeschlagen zurück; seine Würde war verletzt, das allgemeine Gelächter schnitt ihm durch die Seele; ob er sich gleich durch einen tapfern Juchheschrei wieder in den Gang zu bringen suchte — es wollte nicht mehr recht gehen.[3] Er war im Begriff sich wieder hinter die Baßviole zu flüchten; doch zuvor noch ein Knalleffekt:[4] er zog seine silberne Taschenuhr hervor, zu jener Zeit ein seltener und kostbarer Schmuck. "Es ist bald zehn," sagte er. "Jetzt den Brautmenuet! Ich will Musik machen."

"Eine prächtige Uhr!" sagte der Schweinehirt und schob sein Gesicht in ehrfurchtsvoller Neugier vor. — "Was hat sie gekostet?" rief Wilm Hülsmeyer, Friedrichs Nebenbuhler. — "Willst du sie bezahlen?" fragte Friedrich. "Hast du sie bezahlt?" antwortete Wilm. Friedrich warf einen stolzen Blick auf ihn und griff in schweigender Majestät zum Fiedelbogen. — "Nun, nun," sagte Hülsmeyer, "dergleichen hat man schon erlebt. Du weißt wohl, der Franz Ebel hatte auch eine schöne Uhr, bis der Jude Aaron sie ihm wieder abnahm." — Friedrich antwortete nicht, sondern winkte stolz der ersten Violine, und sie begannen aus Leibeskräften zu streichen.

Die Gutsherrschaft war indessen in die Kammer getreten, wo der Braut von den Nachbarfrauen das Zeichen ihres neuen Standes, die weiße Stirnbinde,[5] umgelegt wurde. Das junge Blut weinte sehr, teils weil es die Sitte so wollte, teils aus wahrer Beklemmung. Sie sollte einem verworrenen Haushalt vorstehen,[6] unter den Augen eines mürrischen alten Mannes, den sie noch obendrein lieben sollte. Er stand neben ihr, durchaus nicht wie der Bräutigam des hohen Liedes, der "in die Kammer tritt wie die Morgensonne."[7] — "Du

---

[1] **hatte versucht . . . zu sichern** had tried to secure (appropriate) a half pound of butter for the impending drought (hard times to come)

[2] **"Lumpenhund!" . . . Schützling** "worthless scum!" he shouted; and he gave his ward several hard slaps to the face

[3] **ob er . . . gehen** although he tried to recapture the festive mood with a loud yell of jubilation, it was gone

[4] **Knalleffekt** sensation

[5] **das Zeichen . . . Stirnbinde** the symbol of her new (married) state, the white headband

[6] **Sie sollte . . . vorstehen** She was supposed to manage a disorderly household

[7] *Note:* Droste here is alluding to and quoting from Solomon's "Song of Songs."

hast nun genug geweint," sagte er verdrießlich; "bedenk, du bist es nicht, die mich glücklich macht, ich mache dich glücklich!" — Sie sah demütig zu ihm auf und schien zu fühlen, daß er recht habe. — Das Geschäft war beendigt; die junge Frau hatte ihrem Manne zugetrunken, junge Spaßvögel hatten durch den Dreifuß geschaut, ob die Binde gerade sitze;[1] und man drängte sich wieder der Tenne zu, von wo unauslöschliches Gelächter und Lärm herüberschallte. Friedrich war nicht mehr dort. Eine große, unerträgliche Schmach hatte ihn getroffen, da der Jude Aaron, ein Schlächter und gelegentlicher Althändler aus dem nächsten Städtchen, plötzlich erschienen war und nach einem kurzen, und unbefriedigenden Zwiegespräch ihn laut vor allen Leuten um den Betrag von zehn Talern für eine schon um Ostern gelieferte Uhr gemahnt hatte. Friedrich war wie vernichtet fortgegangen und der Jude ihm gefolgt, immer schreiend "O weh mir! Warum hab ich nicht gehört auf vernünftige Leute! Haben sie mir nicht hundertmal gesagt, Ihr hättet all Eu'r Gut am Leibe und kein Brot im Schranke!"[2] — Die Tenne tobte von Gelächter; manche hatten sich auf den Hof nachgedrängt. — "Packt den Juden! Wiegt ihn gegen ein Schwein!"[3] riefen einige; andere waren ernst geworden. — "Der Friedrich sah so blaß aus wie ein Tuch," sagte eine alte Frau, und die Menge teilte sich, wie der Wagen des Gutsherrn in den Hof lenkte.

Herr von S. war auf dem Heimwege verstimmt, die jedesmalige Folge, wenn der Wunsch, seine Popularität aufrecht zu erhalten, ihn bewog, solchen Festen beizuwohnen.[4] Er sah schweigend aus dem Wagen. "Was sind denn das für ein paar Figuren?" — Er deutete auf zwei dunkle Gestalten, die vor dem Wagen rannten wie Strauße. Nun schlüpften sie ins Schloß. — "Auch ein paar selige Schweine aus unserm eigenen Stall!" seufzte Herr von S. — Zu Hause angekommen, fand er die Hausflur vom ganzen Dienstpersonal eingenommen, das zwei Kleinknechte umstand, welche sich blaß und atemlos auf der Stiege niedergelassen hatten. Sie behaupteten, von des alten Mergels Geist verfolgt worden zu sein, als sie durchs Brederholz heimkehrten. Zuerst hatte es über ihnen an der Höhe gerauscht und geknistert; darauf hoch in der Luft ein Geklapper wie von aneinander geschlagenen Stöcken;[5] plötzlich ein gellender Schrei und ganz deutlich die Worte: "O weh, meine arme Seele!" hoch von oben herab. Der eine wollte auch glühende Augen durch die Zweige funkeln gesehen haben, und beide waren gelaufen, was ihre Beine vermochten.

"Dummes Zeug!" sagte der Gutsherr verdrießlich und trat in die Kammer, sich umzukleiden. Am anderen Morgen wollte die Fontäne im Garten nicht springen, und es fand sich, daß jemand eine Röhre verrückt hatte, augen-

---

[1]**junge Spaßvögel . . . sitze** young jokers had looked through a tripod to see if the headband was straight (an old custom used to predict how the marriage would work out)

[2]**Ihr hättet . . . Schranke** you wore all your possessions on your back and had no bread in the cupboard

[3]**Wiegt ihn . . . Schwein** Weigh him to see if he's heavier than a pig

[4]**verstimmt, die . . . beizuwohnen** in a bad mood, which was always the consequence when he decided to keep up his popularity by attending such festivities

[5]**darauf hoch . . . Stöcken** then, high up in the air, rattling as if two staffs were being hit together

scheinlich um nach dem Kopfe eines vor vielen Jahren hier verscharrten Pfer-
degerippes zu suchen, der für ein bewährtes Mittel wider allen Hexen- und
Geisterspuk gilt.[1] "Hm," sagte der Gutsherr, "was die Schelme nicht stehlen,
das verderben die Narren."

Drei Tage später tobte ein furchtbarer Sturm. Es war Mitternacht, aber alles im Schlosse außer dem Bett. Der Gutsherr stand am Fenster und sah besorgt ins Dunkle, nach seinen Feldern hinüber. An den Scheiben flogen Blätter
und Zweige her; mitunter fuhr ein Ziegel hinab und schmetterte auf das Pfla-
ster des Hofes. "Furchtbares Wetter!" sagte Herr von S. Seine Frau sah ängstlich aus. "Ist das Feuer auch gewiß gut verwahrt?" sagte sie; "Gretchen, sieh
noch einmal nach, gieß es lieber ganz aus! — Kommt, wir wollen das Evange-
lium Johannis beten." Alles kniete nieder, und die Hausfrau begann: "Im Anfang war das Wort, und das Wort war bei Gott, und Gott war das Wort." —
Ein furchtbarer Donnerschlag. Alle fuhren zusammen; dann furchtbares Geschrei und Getümmel die Treppe heran. — "Um Gottes willen! Brennt es?"
rief Frau von S. und sank mit dem Gesichte auf den Stuhl. Die Türe ward auf-
gerissen, und herein stürzte die Frau des Juden Aaron, bleich wie der Tod, das
Haar wild um den Kopf, von Regen triefend. Sie warf sich vor dem Gutsherrn
auf die Knie. "Gerechtigkeit!" rief sie, "Gerechtigkeit! Mein Mann ist erschlagen!" und sank ohnmächtig zusammen.

Es war nur zu wahr, und die nachfolgende Untersuchung bewies, daß der
Jude Aaron durch einen Schlag an die Schläfe mit einem stumpfen Instrumente, wahrscheinlich einem Stabe, sein Leben verloren hatte, durch einen einzigen Schlag. An der linken Schläfe war der blaue Fleck, sonst keine Verletzung
zu finden. Die Aussagen der Jüdin und ihres Knechtes Samuel lauteten so: Aaron war vor drei Tagen am Nachmittage ausgegangen, um Vieh zu kaufen,
und hatte dabei gesagt, er werde wohl über Nacht ausbleiben, da noch einige
böse Schuldner in B. und S. zu mahnen seien.[2] In diesem Falle werde er in B.
beim Schlächter Salomon übernachten. Als er am folgenden Tage nicht heim-
kehrte, war seine Frau sehr besorgt geworden und hatte sich endlich heute
um drei nachmittags in Begleitung ihres Knechtes und des großen Schlächter-
hundes auf den Weg gemacht. Beim Juden Salomon wußte man nichts von
Aaron; er war gar nicht da gewesen. Nun waren sie zu allen Bauern gegangen,
von denen sie wußten, daß Aaron einen Handel mit ihnen im Auge hatte. Nur
zwei hatten ihn gesehen, und zwar an demselben Tage, an welchem er ausgegangen. Es war darüber sehr spät geworden. Die große Angst trieb das Weib
nach Haus, wo sie ihren Mann wiederzufinden eine schwache Hoffnung nährte.[3] So waren sie im Brederholz vom Gewitter überfallen worden und hatten
unter einer großen, am Berghange stehenden Buche Schutz gesucht; der Hund
hatte unterdessen auf eine auffallende Weise umhergestöbert und sich end-

[1]**und es . . . gilt** and it was discovered that someone had moved a (water) pipe, apparently to look for the head of a horse — a time-tested talisman that protected against
witches and ghosts — that been buried there many years ago

[2]**da noch . . . seien** since several defaulted debtors in B. and S. needed to be admonished

[3]**wo sie . . . nährte** she nursed a faint hope of finding her husband there

lich, trotz allem Locken, im Walde verlaufen.[1] Mit einem Male sieht die Frau
beim Leuchten des Blitzes etwas Weißes neben sich im Moose. Es ist der Stab
ihres Mannes, und fast im selben Augenblicke bricht der Hund durchs Gebüsch und trägt etwas im Maule: es ist der Schuh ihres Mannes. Nicht lange,
so ist in einem mit dürrem Laube gefüllten Graben der Leichnam des Juden
gefunden. — Dies war die Angabe des Knechtes, von der Frau nur im allgemeinen unterstützt; ihre übergroße Spannung hatte nachgelassen, und sie
schien jetzt halb verwirrt oder vielmehr stumpfsinnig. — "Aug um Auge,
Zahn um Zahn!" dies waren die einzigen Worte, die sie zuweilen hervorstieß.

In derselben Nacht noch wurden die Schützen aufgeboten, um Friedrich
zu verhaften. Der Anklage bedurfte es nicht, da Herr von S. selbst Zeuge eines
Auftritts gewesen war, der den dringendsten Verdacht auf ihn werfen mußte;
zudem die Gespenstergeschichte von jenem Abende, das Aneinanderschlagen
der Stäbe im Brederholz, der Schrei aus der Höhe. Da der Amtsschreiber gerade abwesend war, so betrieb Herr von S. selbst alles rascher, als sonst geschehen wäre. Dennoch begann die Dämmerung bereits anzubrechen, bevor die
Schützen so geräuschlos wie möglich das Haus der armen Margreth umstellt
hatten. Der Gutsherr selber pochte an; es währte kaum eine Minute, bis geöffnet ward und Margreth völlig gekleidet in der Türe erschien. Herr von S. fuhr
zurück; er hätte sie fast nicht erkannt, so blaß und steinern sah sie aus.

"Wo ist Friedrich?" fragte er mit unsicherer Stimme. — "Sucht ihn," ant-
wortete sie und setzte sich auf einen Stuhl. Der Gutsherr zögerte noch einen
Augenblick. "Herein, herein!" sagte er dann barsch; "worauf warten wir?"
Man trat in Friedrichs Kammer. Er war nicht da, aber das Bett noch warm.
Man stieg auf den Söller, in den Keller, stieß ins Stroh, schaute hinter jedes
Faß, sogar in den Backofen; er war nicht da. Einige gingen in den Garten, sa-
hen hinter den Zaun und in die Apfelbäume hinauf; er war nicht zu finden. —
"Entwischt!" sagte der Gutsherr mit sehr gemischten Gefühlen; der Anblick
der alten Frau wirkte gewaltig auf ihn. "Gebt den Schlüssel zu jenem Kof-
fer." — Margreth antwortete nicht. — "Gebt den Schlüssel!" wiederholte der
Gutsherr und merkte jetzt erst, daß der Schlüssel steckte. Der Inhalt des Kof-
fers kam zum Vorschein: des Entflohenen gute Sonntagskleider und seiner
Mutter ärmlicher Staat; dann zwei Leichenhemden mit schwarzen Bändern,[2]
das eine für einen Mann, das andere für eine Frau gemacht. Herr von S. war
tief erschüttert. Ganz zu unterst auf dem Boden des Koffers lag die silberne
Uhr und einige Schriften von sehr leserlicher Hand; eine derselben von einem
Manne unterzeichnet, den man in starkem Verdacht der Verbindung mit den
Holzfrevlern hatte.[3] Herr von S. nahm sie mit zur Durchsicht, und man verließ
das Haus, ohne daß Margreth ein anderes Lebenszeichen von sich gegeben

---

[1]**der Hund . . . verlaufen** in the meantime, the dog had been sniffing around in a
strange way and, in spite of all calls (to heel), finally had run off in the forest

[2]**dann zwei . . . Bändern** then two shrouds with black ribbons

[3]**einige Schriften . . . hatte** several documents in very legible handwriting; one of which
was signed by a man who was strongly suspected of having connections with the timber
thieves

hätte, als daß sie unaufhörlich die Lippen nagte und mit den Augen zwinkerte.

Im Schlosse angelangt, fand der Gutsherr den Amtsschreiber, der schon am vorigen Abend heimgekommen war und behauptete, die ganze Geschichte verschlafen zu haben, da der gnädige Herr nicht nach ihm geschickt. — "Sie kommen immer zu spät," sagte Herr von S. verdrießlich. "War denn nicht irgendein altes Weib im Dorfe, das Ihrer Magd die Sache erzählte? Und warum weckte man Sie dann nicht?" — "Gnädiger Herr," versetzte Kapp, "allerdings hat meine Anne Marie den Handel um eine Stunde früher erfahren als ich; aber sie wußte, daß Ihro Gnaden[1] die Sache selbst leiteten, und dann," fügte er mit klagender Miene hinzu, "daß ich so todmüde war." — "Schöne Polizei!" murmelte der Gutsherr, "jede alte Schachtel im Dorf weiß Bescheid, wenn es recht geheim zugehen soll."[2] Dann fuhr er heftig fort: "Das müßte wahrhaftig ein dummer Teufel von Delinquenten sein, der sich packen ließe!"[3]

Beide schwiegen eine Weile. "Mein Fuhrmann hatte sich in der Nacht verirrt," hob der Amtsschreiber wieder an; "über eine Stunde lang hielten wir im Walde; es war ein Mordwetter; ich dachte, der Wind werde den Wagen umreißen. Endlich, als der Regen nachließ, fuhren wir in Gottes Namen darauf los, immer in das Zellerfeld hinein, ohne eine Hand vor den Augen zu sehen. Da sagte der Kutscher: 'Wenn wir nur nicht den Steinbrüchen zu nahe kommen!' Mir war selbst bange; ich ließ halten und schlug Feuer, um wenigstens etwas Unterhaltung an meiner Pfeife zu haben. Mit einem Male hörten wir ganz nah, perpendikulär unter uns die Glocke schlagen. Euer Gnaden mögen glauben, daß mir fatal zumut wurde. Ich sprang aus dem Wagen, denn seinen eigenen Beinen kann man trauen, aber denen der Pferde nicht. So stand ich, in Kot und Regen, ohne mich zu rühren, bis es gottlob sehr bald anfing zu dämmern. Und wo hielten wir? Dicht an der Heerser Tiefe und den Turm von Heerse gerade unter uns. Wären wir noch zwanzig Schritt weiter gefahren, wir wären alle Kinder des Todes gewesen." — "Das war in der Tat kein Spaß," versetzte der Gutsherr, halb versöhnt.

Er hatte unterdessen die mitgenommenen Papiere durchgesehen. Es waren Mahnbriefe um geliehene Gelder, die meisten von Wucherern.[4] "Ich hätte nicht gedacht," murmelte er, "daß die Mergels so tief drin steckten."[5] — "Ja, und daß es so an den Tag kommen muß," versetzte Kapp, "das wird kein kleiner Ärger für Frau Margreth sein." — "Ach Gott, die denkt jetzt daran nicht!" Mit diesen Worten stand der Gutsherr auf und verließ das Zimmer,

[1]**Ihro Gnaden** Your Grace

[2]**jede alte . . . soll** every old bag in the village knows all about things that ought to be kept strictly secret

[3]**Das müßte . . . ließe** He'd have to be one hell of a stupid miscreant to let himself be caught

[4]**Es waren . . . Wucherern** They were letters demanding payment, most of them from usurers (loan sharks)

[5]**daß die . . . steckten** that the Mergels were in such deep trouble

um mit Herrn Kapp die gerichtliche Leichenschau vorzunehmen.[1] — Die Untersuchung war kurz, gewaltsamer Tod erwiesen, der vermutliche Täter entflohen, die Anzeigen gegen ihn zwar gravierend, doch ohne persönliches Geständnis nicht beweisend, seine Flucht allerdings sehr verdächtig.[2] So mußte die gerichtliche Verhandlung ohne genügenden Erfolg geschlossen werden.

Die Juden der Umgegend hatten großen Anteil gezeigt. Das Haus der Witwe ward nie leer von Jammernden und Ratenden. Seit Menschengedenken waren nicht so viel Juden beisammen in L. gesehen worden. Durch den Mord ihres Glaubensgenossen aufs äußerste erbittert, hatten sie weder Mühe noch Geld gespart, dem Täter auf die Spur zu kommen. Man weiß sogar, daß einer derselben, gemeinhin der Wucherjoel[3] genannt, einem seiner Kunden, der ihm mehrere Hunderte schuldete und den er für einen besonders listigen Kerl hielt, Erlaß der ganzen Summe angeboten hatte, falls er ihm zur Verhaftung des Mergel verhelfen wolle;[4] denn der Glaube war allgemein unter den Juden, daß der Täter nur mit guter Beihülfe entwischt und wahrscheinlich noch in der Umgegend sei. Als dennoch alles nichts half und die gerichtliche Verhandlung für beendet erklärt worden war,[5] erschien am nächsten Morgen eine Anzahl der angesehensten Israeliten im Schlosse, um dem gnädigen Herrn einen Handel anzutragen. Der Gegenstand war die Buche, unter der Aarons Stab gefunden und wo der Mord wahrscheinlich verübt worden war. — "Wollt ihr sie fällen? So mitten im vollen Laube?" fragte der Gutsherr. — "Nein, Ihro Gnaden, sie muß stehenbleiben im Winter und Sommer, solange ein Span daran ist." — "Aber, wenn ich nun den Wald hauen lasse, so schadet es dem jungen Aufschlag."[6] — "Wollen wir sie doch nicht um gewöhnlichen Preis." Sie boten zweihundert Taler. Der Handel ward geschlossen und allen Förstern streng eingeschärft,[7] die Judenbuche auf keine Weise zu schädigen. — Darauf sah man an einem Abende wohl gegen sechzig Juden, ihren Rabbiner an der Spitze, in das Brederholz ziehen, alle schweigend und mit gesenkten Augen. Sie blieben über eine Stunde im Walde und kehrten dann ebenso ernst und feierlich zurück, durch das Dorf B. bis in das Zellerfeld, wo sie sich zerstreuten und jeder seines Weges ging. Am nächsten Morgen stand an der Buche mit dem Beil eingehauen:

אִם־תַּעֲמֹד בַּמָּקוֹם הַזֶּה יִכְּנַע בְּךָ כַּאֲשֶׁר אַתָּה עָשֶׂה לִי

[1] **die gerichtliche . . . vorzunehmen** to conduct the official examination of the body

[2] **Die Untersuchung . . . verdächtig** The brief investigation established that death was caused by violence, that the presumed perpetrator had fled, that the evidence against him, while grave (damning), was inconclusive without a confession, that his flight was very suspicious

[3] **Wucherjoel** Joel the Usurer (loan shark)

[4] **Erlaß der . . . wolle** offered to cancel the whole debt if his help led to Mergel's arrest

[5] **die gerichtliche . . . war** the official (judicial) inquest had been declared closed

[6] **so schadet . . . Aufschlag** it'll damage the young aftergrowth (saplings)

[7] **allen Förstern streng eingeschärft** all foresters received strict orders

Und wo war Friedrich? Ohne Zweifel fort, weit genug, um die kurzen Arme einer so schwachen Polizei nicht mehr fürchten zu dürfen. Er war bald verschollen, vergessen. Ohm Simon redete selten von ihm, und dann schlecht; die Judenfrau tröstete sich am Ende und nahm einen anderen Mann. Nur die arme Margreth blieb ungetröstet.

Etwa ein halbes Jahr nachher las der Gutsherr einige eben erhaltene Briefe in Gegenwart des Amtsschreibers. — "Sonderbar, sonderbar!" sagte er. "Denken Sie sich, Kapp, der Mergel ist vielleicht unschuldig an dem Morde. Soeben schreibt mir der Präsident des Gerichtes zu P.: 'Le vrai n'est pas toujours vraisemblable;'[1] das erfahre ich oft in meinem Berufe und jetzt neuerdings. Wissen Sie wohl, daß Ihr lieber Getreuer, Friedrich Mergel, den Juden mag ebensowenig erschlagen haben als ich oder Sie? Leider fehlen die Beweise, aber die Wahrscheinlichkeit ist groß. Ein Mitglied der Schlemmingschen Bande (die wir jetzt, nebenbei gesagt, größtenteils unter Schloß und Riegel haben), Lumpenmoises genannt, hat im letzten Verhöre ausgesagt,[2] daß ihn nichts mehr gereue als der Tod eines Glaubensgenossen, Aaron, den er im Walde erschlagen und doch nur sechs Groschen bei ihm gefunden habe. Leider ward das Verhör durch die Mittagsstunde unterbrochen, und während wir tafelten, hat sich der Hund von einem Juden an seinem Strumpfband erhängt. Was sagen Sie dazu? Aaron ist zwar ein verbreiteter Name usw." — "Was sagen Sie dazu?" wiederholte der Gutsherr: "und weshalb wäre der Esel von einem Burschen denn gelaufen?" — Der Amtsschreiber dachte nach. — "Nun, vielleicht der Holzfrevel wegen, mit denen wir ja gerade in Untersuchung waren. Heißt es nicht: der Böse läuft vor seinem eigenen Schatten? Mergels Gewissen war schmutzig genug auch ohne diesen Flecken."

Dabei beruhigte man sich. Friedrich war hin, verschwunden und — Johannes Niemand, der arme, unbeachtete Johannes, am gleichen Tage mit ihm. —

Eine schöne lange Zeit war verflossen, achtundzwanzig Jahre, fast die Hälfte eines Menschenlebens; der Gutsherr war sehr alt und grau geworden, sein gutmütiger Gehilfe Kapp längst begraben. Menschen, Tiere und Pflanzen waren entstanden, gereift, vergangen, nur Schloß B. sah immer gleich grau und vornehm auf die Hütten herab, die wie alte hektische Leute[3] immer fallen zu wollen schienen und immer standen. Es war am Vorabende des Weihnachtsfestes, den 24. Dezember 1788. Tiefer Schnee lag in den Höhlenwegen, wohl an zwölf Fuß hoch, und eine durchdringende Frostluft machte die Fensterscheiben in der geheizten Stube gefrieren. Mitternacht war nahe, dennoch flimmerten überall matte Lichtchen aus den Schneehügeln, und in jedem Hause lagen die Einwohner auf den Knien, um den Eintritt des heiligen Christfestes mit Gebet zu erwarten, wie dies in katholischen Ländern Sitte ist oder

---

[1] **'Le vrai . . . vraisamblable'** the truth doesn't always look like the truth

[2] **Ein Mitglied . . . ausgesagt** A member of the Schlemming gang (most of whom, by the way, we now have under lock and key), called Moses the Ragman, stated when last interrogated

[3] **hektische Leute** people with consumption (tuberculosis)

wenigstens damals allgemein war. Da bewegte sich von der Breder Höhe herab eine Gestalt langsam gegen das Dorf; der Wanderer schien sehr matt oder krank; er stöhnte schwer und schleppte sich äußerst mühsam durch den Schnee.

An der Mitte des Hanges stand er still, lehnte sich auf seinen Krückenstab und starrte unverwandt auf die Lichtpunkte. Es war so still überall, so tot und kalt; man mußte an Irrlichter auf Kirchhöfen denken. Nun schlug es zwölf im Turm; der letzte Schlag verdröhnte langsam, und im nächsten Hause erhob sich ein leiser Gesang, der, von Hause zu Hause schwellend, sich über das ganze Dorf zog:

> Ein Kindelein so löbelich
> Ist uns geboren heute,
> Von einer Jungfrau säuberlich,
> Des freun sich alle Leute;
> Und wär das Kindelein nicht geborn,
> So wären wir alle zusammen verlorn:
> Das Heil ist unser aller.
> O du mein liebster Jesu Christ,
> Der du als Mensch geboren bist,
> Erlös uns von der Hölle!

Der Mann am Hange war in die Knie gesunken und versuchte mit zitternder Stimme einzufallen: es ward nur ein lautes Schluchzen daraus,[1] und schwere, heiße Tropfen fielen in den Schnee. Die zweite Strophe begann; er betete leise mit; dann die dritte und vierte. Das Lied war geendigt, und die Lichter in den Häusern begannen sich zu bewegen. Da richtete der Mann sich mühselig auf und schlich langsam hinab in das Dorf. An mehreren Häusern keuchte er vorüber, dann stand er vor einem still und pochte leise an.

"Was ist denn das?" sagte drinnen eine Frauenstimme; "die Türe klapperte, und der Wind geht doch nicht." — Er pochte stärker: "Um Gottes willen, laßt einen halberfrorenen Menschen ein, der aus der türkischen Sklaverei kommt!" — Geflüster in der Küche. "Geht ins Wirtshaus," antwortete eine andere Stimme, "das fünfte Haus von hier!" — "Um Gottes Barmherzigkeit willen, laßt mich ein! Ich habe kein Geld." Nach einigem Zögern ward die Tür geöffnet, und ein Mann leuchtete mit der Lampe hinaus. — "Kommt nur herein," sagte er dann, "Ihr werdet uns den Hals nicht abschneiden!"

In der Küche befanden sich außer dem Manne eine Frau in den mittleren Jahren, eine alte Mutter und fünf Kinder. Alle drängten sich um den Eintretenden her und musterten ihn mit scheuer Neugier. Eine armselige Figur! Mit schiefem Halse, gekrümmtem Rücken, die ganze Gestalt gebrochen und kraftlos; langes, schneeweißes Haar hing um sein Gesicht, das den verzogenen Ausdruck langen Leidens trug.[2] Die Frau ging schweigend an den Herd und legte frisches Reisig zu. — "Ein Bett können wir Euch nicht geben," sagte sie;

---

[1] **und versuchte . . . daraus** and tried to join in with a trembling voice: he managed only a loud sobbing

[2] **das den . . . trug** that bore the expression of long (years of) suffering

129

"aber ich will hier eine gute Streu machen; Ihr müßt Euch schon so behelfen." — "Gotts Lohn!" versetzte der Fremde; "ich bin's wohl schlechter gewohnt." — Der Heimgekehrte ward als Johannes Niemand erkannt, und er selbst bestätigte, daß er derselbe sei, der einst mit Friedrich Mergel entflohen.

Das Dorf war am folgenden Tage voll von den Abenteuern des so lange Verschollenen. Jeder wollte den Mann aus der Türkei sehen, und man wunderte sich beinahe, daß er noch aussehe wie andere Menschen. Das junge Volk hatte zwar keine Erinnerungen von ihm, aber die Alten fanden seine Züge noch ganz wohl heraus, so erbärmlich entstellt er auch war.[1]

"Johannes, Johannes, was seid Ihr grau geworden!" sagte eine alte Frau. "Und woher habt Ihr den schiefen Hals?" — "Vom Holz- und Wassertragen in der Sklaverei," versetzte er. "Und was ist aus Mergel geworden? Ihr seid doch zusammen fortgelaufen?" — "Freilich wohl; aber ich weiß nicht, wo er ist, wir sind voneinander gekommen. Wenn Ihr an ihn denkt, betet für ihn," fügte er hinzu, "er wird es wohl nötig haben."

Man fragte ihn, warum Friedrich sich denn aus dem Staube gemacht, da er den Juden doch nicht erschlagen? — "Nicht?" sagte Johannes und horchte gespannt auf, als man ihm erzählte, was der Gutsherr geflissentlich verbreitet hatte,[2] um den Fleck von Mergels Namen zu löschen. — "Also ganz umsonst," sagte er nachdenkend, "ganz umsonst so viel ausgestanden!"[3] Er seufzte tief und fragte nun seinerseits nach manchem. Simon war lange tot, aber zuvor noch ganz verarmt durch Prozesse und böse Schuldner, die er nicht gerichtlich belangen durfte, weil es, wie man sagte, zwischen ihnen keine reine Sache war.[4] Er hatte zuletzt Bettelbrot gegessen und war in einem fremden Schuppen auf dem Stroh gestorben. Margreth hatte länger gelebt, aber in völliger Geistesstumpfheit. Die Leute im Dorf waren es bald müde geworden, ihr beizustehen, da sie alles verkommen ließ, was man ihr gab, wie es denn die Art der Menschen ist, gerade die Hilflosesten zu verlassen, solche, bei denen der Beistand nicht nachhaltig wirkt und die der Hilfe immer gleich bedürftig bleiben.[5] Dennoch hatte sie nicht eigentlich Not gelitten; die Gutsherrschaft sorgte sehr für sie, schickte ihr täglich das Essen und ließ ihr auch ärztliche Behandlung zukommen, als ihr kümmerlicher Zustand in völlige Abzehrung übergegangen war.[6] In ihrem Hause wohnte jetzt der Sohn des ehemaligen Schweinehirten, der an jenem unglücklichen Abende Friedrichs Uhr so sehr bewundert hatte. — "Alles hin, alles tot!" seufzte Johannes.

[1] **aber die . . . war** but the old people clearly recognized his features despite his deplorable deformities

[2] **geflissentlich verbreitet hatte** had diligently broadcast (disseminated)

[3] **ganz umsonst so viel ausgestanden** suffered so much — all for nothing

[4] **aber zuvor . . . war** but before that he had become totally impoverished through law suits and bad debtors whom he could not sue because, it was rumored, their deals were dirty (illegal)

[5] **bei denen . . . bleiben** with people for whom aid does not have a lasting impact, but need help constantly

[6] **ließ ihr . . . war** and also arranged for medical care when her poor condition deteriorated to the point of complete emaciation

Am Abend, als es dunkel geworden war und der Mond schien, sah man ihn im Schnee auf dem Kirchhofe umherhumpeln; er betete bei keinem Grabe, ging auch an keines dicht hinan, aber auf einige schien er aus der Ferne starre Blicke zu heften. So fand ihn der Förster Brandis, der Sohn des Erschlagenen, den die Gutsherrschaft abgeschickt hatte, ihn ins Schloß zu holen.

Beim Eintritt in das Wohnzimmer sah er scheu umher, wie vom Licht geblendet, und dann auf den Baron, der sehr zusammengefallen in seinem Lehnstuhl saß, aber noch immer mit den hellen Augen und dem roten Käppchen auf dem Kopfe wie vor achtundzwanzig Jahren; neben ihm die gnädige Frau, auch alt, sehr alt geworden.

"Nun, Johannes," sagte der Gutsherr, "erzähl mir einmal recht ordentlich von deinen Abenteuern. Aber," er musterte ihn durch die Brille, "du bist ja erbärmlich mitgenommen[1] in der Türkei!" — Johannes begann: wie Mergel ihn nachts von der Herde abgerufen und gesagt, er müsse mit ihm fort. — "Aber warum lief der dumme Junge denn? Du weißt doch, daß er unschuldig war?" — Johannes sah vor sich nieder: "Ich weiß nicht recht, mich dünkt, es war wegen Holzgeschichten. Simon hatte so allerlei Geschäfte; mir sagte man nichts davon, aber ich glaube nicht, daß alles war, wie es sein sollte." — "Was hat denn Friedrich dir gesagt?" — "Nichts, als daß wir laufen müßten, sie wären hinter uns her. So liefen wir bis Heerse; da war es noch dunkel, und wir versteckten uns hinter das große Kreuz am Kirchhofe, bis es etwas heller würde, weil wir uns vor den Steinbrüchen am Zellerfelde fürchteten, und wie wir eine Weile gesessen hatten, hörten wir mit einem Male über uns schnauben und stampfen und sahen lange Feuerstrahlen in der Luft gerade über dem Heerser Kirchturm. Wir sprangen auf und liefen, was wir konnten, in Gottes Namen gerade aus, und wie es dämmerte, waren wir wirklich auf dem rechten Wege nach P."

Johannes schien noch vor der Erinnerung zu schaudern, und der Gutsherr dachte an seinen seligen Kapp und dessen Abenteuer am Heerser Hange. — "Sonderbar!" lachte er, "so nah wart ihr einander! Aber fahr fort." — Johannes erzählte nun, wie sie glücklich durch P. und über die Grenze gekommen. Von da an hatten sie sich als wandernde Handwerksbursche durchgebettelt bis Freiburg im Breisgau. "Ich hatte meinen Brotsack bei mir," sagte er, "und Friedrich ein Bündelchen; so glaubte man uns." — In Freiburg hatten sie sich von den Österreichern anwerben lassen;[2] ihn hatte man nicht gewollt, aber Friedrich bestand darauf. So kam er unter den Train.[3] "Den Winter über blieben wir in Freiburg," fuhr er fort, "und es ging uns ziemlich gut; nur auch, weil Friedrich mich oft erinnerte und mir half, wenn ich etwas verkehrt machte. Im Frühling mußten wir marschieren, nach Ungarn, und im Herbst ging der Krieg mit den Türken los. Ich kann nicht viel davon nachsagen, denn ich wurde gleich in der ersten Affäre gefangen und bin seitdem sechsundzwanzig Jahre in der türkischen Sklaverei gewesen!" — "Gott im Himmel! Das ist doch schrecklich!" sagte Frau von S. — "Schlimm genug, die Türken halten uns

[1] **erbärmlich mitgenommen** suffered pitifully (terribly)
[2] **von den . . . lassen** they were recruited by the Austrians
[3] **Train** train (service corps)

Christen nicht besser als Hunde; das schlimmste war, daß meine Kräfte unter der harten Arbeit vergingen; ich ward auch älter und sollte noch immer tun wie vor Jahren."

Er schwieg eine Weile. "Ja," sagte er dann, "es ging über Menschenkräfte und Menschengeduld; ich hielt es auch nicht aus. — Von da kam ich auf ein holländisches Schiff." — "Wie kamst du denn dahin?" fragte der Gutsherr. — "Sie fischten mich auf, aus dem Bosporus," versetzte Johannes. Der Baron sah ihn befremdet an und hob den Finger warnend auf;[1] aber Johannes erzählte weiter. Auf dem Schiffe war es ihm nicht viel besser gegangen. "Der Skorbut riß ein; wer nicht ganz elend war, mußte über Macht arbeiten, und das Schiffstau regierte ebenso streng wie die türkische Peitsche.[2] Endlich," schloß er, "als wir nach Holland kamen, nach Amsterdam, ließ man mich frei, weil ich unbrauchbar war, und der Kaufmann, dem das Schiff gehörte, hatte auch Mitleiden mit mir und wollte mich zu seinem Pförtner machen. Aber" — er schüttelte den Kopf — "ich bettelte mich lieber durch bis hieher." — "Das war dumm genug," sagte der Gutsherr. Johannes seufzte tief: "O Herr, ich habe mein Leben zwischen Türken und Ketzern zubringen müssen; soll ich nicht wenigstens auf einem katholischen Kirchhofe liegen?" Der Gutsherr hatte seine Börse gezogen: "Da, Johannes, nun geh und komm bald wieder. Du mußt mir das alles noch ausführlicher erzählen; heute ging es etwas konfus durcheinander. — Du bist wohl noch sehr müde?" — "Sehr müde," versetzte Johannes; "und" — er deutete auf seine Stirn — "meine Gedanken sind zuweilen so kurios, ich kann nicht recht sagen, wie es so ist." — "Ich weiß schon," sagte der Baron, "von alter Zeit her. Jetzt geh! Hülsmeyers behalten dich wohl noch die Nacht über, morgen komm wieder."

Herr von S. hatte das innigste Mitleiden mit dem armen Schelm; bis zum folgenden Tage war überlegt worden, wo man ihn einmieten könne; essen sollte er täglich im Schlosse, und für Kleidung fand sich auch wohl Rat.[3] — "Herr," sagte Johannes, "ich kann auch noch wohl etwas tun; ich kann hölzerne Löffel machen, und Ihr könnt mich auch als Boten schicken." — Herr von S. schüttelte mitleidig den Kopf: "Das würde doch nicht sonderlich ausfallen."[4] — "O doch, Herr, wenn ich erst im Gange bin — es geht nicht schnell, aber hin komme ich doch, und es wird mir auch nicht sauer, wie man denken sollte." — "Nun," sagte der Baron zweifelnd, "willst du's versuchen? Hier ist ein Brief nach P. Es hat keine sonderliche Eile."

Am folgenden Tage bezog Johannes sein Kämmerchen bei einer Witwe im Dorfe. Er schnitzelte Löffel, aß auf dem Schlosse und machte Botengänge für den gnädigen Herrn. Im ganzen ging's ihm leidlich; die Herrschaft war sehr gütig, und Herr von S. unterhielt sich oft lange mit ihm über die Türkei, den österreichischen Dienst und die See. — "Der Johannes könnte viel erzählen,"

---

[1]**sah ihn . . . auf** the baron gave him a look of disapproval and lifted a finger in warning

[2]**Der Skorbutt . . . Peitsche** Scurvy broke out; whoever wasn't desperately sick had to work impossibly hard and the rope's end was as bad as the Turkish whip

[3]**bis zum . . . Rat** by the next day it had been decided where he would live; he would eat at the castle, and the problem of his clothing was also solved

[4]**Das würde . . . ausfallen** That wouldn't work out all that well

sagte er zu seiner Frau, "wenn er nicht so grundeinfältig wäre."[1] — "Mehr tiefsinnig als einfältig," versetzte sie; "ich fürchte immer, er schnappt noch über."[2] — "Ei bewahre!" antwortete der Baron, "er war sein Leben lang ein Simpel; simple Leute werden nie verrückt."

Nach einiger Zeit blieb Johannes auf einem Botengange über Gebühr lange aus. Die gute Frau von S. war sehr besorgt um ihn und wollte schon Leute aussenden, als man ihn die Treppe heraufstelzen hörte. — "Du bist lange ausgeblieben, Johannes," sagte sie; "ich dachte schon, du hättest dich im Brederholz verirrt." — "Ich bin durch den Föhrengrund gegangen." — "Das ist ja ein weiter Umweg; warum gingst du nicht durchs Brederholz?" — Er sah trübe zu ihr auf: "Die Leute sagten mir, der Wald sei gefällt, und jetzt seien so viele Kreuz- und Querwege darin, da fürchtete ich, nicht wieder hinauszukommen. Ich werde alt und duselig,"[3] fügte er langsam hinzu. — "Sahst du wohl," sagte Frau von S. nachher zu ihrem Manne, "wie wunderlich und quer er aus den Augen sah? Ich sage dir, Ernst, das nimmt noch ein schlimmes Ende."

Indessen nahte der September heran. Die Felder waren leer, das Laub begann abzufallen, und mancher Hektische fühlte die Schere an seinem Lebensfaden.[4] Auch Johannes schien unter dem Einflusse des nahen Äquinoktiums zu leiden; die ihn in diesen Tagen sahen, sagen, er habe auffallend verstört ausgesehen und unaufhörlich leise mit sich selber geredet, was er auch sonst mitunter tat, aber selten. Endlich kam er eines Abends nicht nach Hause. Man dachte, die Herrschaft habe ihn verschickt; am zweiten auch nicht; am dritten Tage ward seine Hausfrau ängstlich. Sie ging ins Schloß und fragte nach. — "Gott bewahre," sagte der Gutsherr, "ich weiß nichts von ihm; aber geschwind den Jäger gerufen und Försters Wilhelm![5] Wenn der armselige Krüppel," setzte er bewegt hinzu, "auch nur in einen trockenen Graben gefallen ist, so kann er nicht wieder heraus. Wer weiß, ob er nicht gar eines von seinen schiefen Beinen gebrochen hat! — Nehmt die Hunde mit," rief er den abziehenden Jägern nach, "und sucht vor allem in den Gräben; seht in die Steinbrüche!" rief er lauter.

Die Jäger kehrten nach einigen Stunden heim; sie hatten keine Spur gefunden. Herr von S. war in großer Unruhe: "Wenn ich mir denke, daß einer so liegen muß wie ein Stein und kann sich nicht helfen! Aber er kann noch leben; drei Tage hält's ein Mensch wohl ohne Nahrung aus." Er machte sich selbst auf den Weg; in allen Häusern wurde nachgefragt, überall in die Hörner geblasen, gerufen, die Hunde zum Suchen angehetzt — umsonst! — Ein Kind hatte ihn gesehen, wie er am Rande des Brederholzes saß und an einem Löffel schnitzelte. "Er schnitt ihn aber ganz entzwei," sagte das kleine Mädchen. Das

---

[1] **wenn er . . . wäre** if he were not so thoroughly simple (such a total simpleton)

[2] **er schnappt noch über** he'll go off the deep end (go crazy)

[3] **Ich werde . . . duselig** I'm getting old and foggy-headed (confused)

[4] **und mancher . . . Lebensfaden** and many consumptive people felt the shears getting close to the thread of their lives (i.e., felt that death was close)

[5] **aber geschwind . . . Wilhelm** quick, call in the gamekeeper and Wilhelm, the forester's son. *Note* the unusual usage of the past participle **gerufen**.

war vor zwei Tagen gewesen. Nachmittags fand sich wieder eine Spur: abermals ein Kind, das ihn an der anderen Seite des Waldes bemerkt hatte, wo er im Gebüsch gesessen, das Gesicht auf den Knien, als ob er schliefe. Das war noch am vorigen Tage. Es schien, er hatte sich immer um das Brederholz herumgetrieben.

"Wenn nur das verdammte Buschwerk nicht so dicht wäre! da kann keine Seele hindurch," sagte der Gutsherr. Man trieb die Hunde in den jungen Schlag; man blies und hallote und kehrte endlich mißvergnügt heim, als man sich überzeugt, daß die Tiere den ganzen Wald abgesucht hatten. — "Laßt nicht nach! laßt nicht nach!" bat Frau von S.; "besser ein paar Schritte umsonst, als daß etwas versäumt wird." Der Baron war fast ebenso beängstigt wie sie. Seine Unruhe trieb ihn sogar nach Johannes' Wohnung, obwohl er sicher war, ihn dort nicht zu finden. Er ließ sich die Kammer des Verschollenen aufschließen. Da stand sein Bett noch ungemacht, wie er es verlassen hatte, dort hing sein guter Rock, den ihm die gnädige Frau aus dem alten Jagdkleide des Herrn hatte machen lassen; auf dem Tische ein Napf, sechs neue hölzerne Löffel und eine Schachtel. Der Gutsherr öffnete sie; fünf Groschen lagen darin, sauber in Papier gewickelt, und vier silberne Westenknöpfe; der Gutsherr betrachtete sie aufmerksam. "Ein Andenken von Mergel," murmelte er und trat hinaus, denn ihm ward ganz beengt in dem dumpfen, engen Kämmerchen. Die Nachsuchungen wurden fortgesetzt, bis man sich überzeugt hatte, Johannes sei nicht mehr in der Gegend, wenigstens nicht lebendig. So war er denn zum zweitenmal verschollen; ob man ihn wiederfinden würde — vielleicht einmal nach Jahren seine Knochen in einem trockenen Graben? Ihn lebend wiederzusehen, dazu war wenig Hoffnung, und jedenfalls nach achtundzwanzig Jahren gewiß nicht.

Vierzehn Tage später kehrte der junge Brandis morgens von einer Besichtigung seines Reviers durch das Brederholz heim. Es war ein für die Jahreszeit ungewöhnlich heißer Tag, die Luft zitterte, kein Vogel sang, nur die Raben krächzten langweilig aus den Ästen und hielten ihre offenen Schnäbel der Luft entgegen. Brandis war sehr ermüdet. Bald nahm er seine von der Sonne durchglühte Kappe ab, bald setzte er sie wieder auf. Es war alles gleich unerträglich, das Arbeiten durch den kniehohen Schlag sehr beschwerlich. Ringsumher kein Baum außer der Judenbuche. Dahin strebte er denn auch aus allen Kräften und ließ sich todmatt auf das beschattete Moos darunter nieder. Die Kühle zog so angenehm durch seine Glieder, daß er die Augen schloß. "Schändliche Pilze!" murmelte er halb im Schlaf. Es gibt nämlich in jener Gegend eine Art sehr saftiger Pilze, die nur ein paar Tage stehen, dann einfallen und einen unerträglichen Geruch verbreiten. Brandis glaubte solche unangenehmen Nachbarn zu spüren, er wandte sich ein paarmal hin und her, mochte aber doch nicht aufstehen; sein Hund sprang unterdessen umher, kratzte am Stamm der Buche und bellte hinauf. "Was hast du da, Bello? Eine Katze?" murmelte Brandis. Er öffnete die Wimper halb, und die Judenschrift fiel ihm ins Auge, sehr ausgewachsen, aber doch noch ganz kenntlich.[1] Er schloß die

---

[1]die Judenschrift . . . ausgewachsen the Jewish inscription, very distorted (by the growth of the bark and trunk), but still quite legible

Augen wieder; der Hund fuhr fort zu bellen und legte endlich seinem Herrn die kalte Schnauze ans Gesicht.

"Laß mich in Ruhe! Was hast du denn?" Hiebei sah Brandis, wie er so auf dem Rücken lag, in die Höhe, sprang dann mit einem Satze auf und wie besessen ins Gestrüpp hinein.[1] Totenbleich kam er auf dem Schlosse an: in der Judenbuche hänge ein Mensch; er habe die Beine gerade über seinem Gesichte hängen sehen. — "und du hast ihn nicht abgeschnitten, Esel?" rief der Baron. — "Herr," keuchte Brandis, "wenn Ew. Gnaden[2] dagewesen wären, so wüßten Sie wohl, daß der Mensch nicht mehr lebt. Ich glaubte anfangs, es seien die Pilze." Dennoch trieb der Gutsherr zur größten Eile und zog selbst mit hinaus.

Sie waren unter der Buche angelangt. "Ich sehe nichts," sagte Herr von S. — "Hierher müssen Sie treten, hierher, an diese Stelle!" — Wirklich, dem war so:[3] der Gutsherr erkannte seine eigenen abgetragenen Schuhe. — "Gott, es ist Johannes! — Setzt die Leiter an! — So — nun herunter! Sacht, sacht! Laßt ihn nicht fallen — Lieber Himmel, die Würmer sind schon daran! Macht dennoch die Schlinge auf und die Halsbinde." Eine breite Narbe ward sichtbar; der Gutsherr fuhr zurück. — "Mein Gott!" sagte er; er beugte sich wieder über die Leiche, betrachtete die Narbe mit großer Aufmerksamkeit und schwieg eine Weile in tiefer Erschütterung. Dann wandte er sich zu den Förstern: "Es ist nicht recht, daß der Unschuldige für den Schuldigen leide; sagt es nur allen Leuten: der da" — er deutete auf den Toten — "war Friedrich Mergel." — Die Leiche ward auf dem Schindanger verscharrt.[4]

Dies hat sich nach allen Hauptumständen wirklich so begeben im September des Jahres 1789. — Die hebräische Schrift an dem Baum heißt:

"Wenn du dich diesem Orte nahest, so wird es dir ergehen, wie du mir getan hast."

---

[1] **sprang dann . . . hinein** then jumped up and dashed into the bushes as if possessed

[2] **Ew. Gnaden** Your Grace (**Euer Gnaden**)

[3] **dem war so** Brandis was right (it was, as Brandis had said)

[4] **Die Leiche . . . verscharrt** The body was disposed of in the knacker's yard (i.e., thrown into the carrion pit) and covered with dirt. *Note:* suicides may not be buried in consecrated soil.

BERGKRISTALL[1]

Adalbert Stifter

Unsere Kirche feiert verschiedene Feste, welche zum Herzen dringen. Man kann sich kaum etwas Lieblicheres denken als Pfingsten und kaum etwas Ernsteres und Heiligeres als Ostern. Das Traurige und Schwermütige der Kar-woche und darauf das Feierliche des Sonntags begleiten uns durch das Leben. Eines der schönsten Feste feiert die Kirche fast mitten im Winter, wo beinahe die längsten Nächte und kürzesten Tage sind, wo die Sonne am schiefsten ge-gen unsere Gefilde steht, und Schnee alle Fluren deckt, das Fest der Weih-nacht. Wie in vielen Ländern der Tag vor dem Geburtsfeste des Herrn der Christabend heißt, so heißt er bei uns der Heilige Abend, der darauffolgende Tag der Heilige Tag und die dazwischenliegende Nacht die Weihnacht. Die katholische Kirche begeht den Christtag als den Tag der Geburt des Heilandes mit ihrer allergrößten kirchlichen Feier, in den meisten Gegenden wird schon die Mitternachtsstunde als die Geburtsstunde des Herrn mit prangender Nachtfeier geheiligt,[2] zu der die Glocken durch die stille, finstere, winterliche Mitternachtluft laden, zu der die Bewohner mit Lichtern oder auf dunkeln, wohlbekannten Pfaden aus schneeigen Bergen an bereiften Wäldern vorbei und durch knarrende Obstgärten zu der Kirche eilen, aus der die feierlichen Töne kommen, und die aus der Mitte des in beeiste Bäume gehüllten Dorfes mit den langen beleuchteten Fenstern emporragt.

Mit dem Kirchenfeste ist auch ein häusliches verbunden.[3] Es hat sich fast in allen christlichen Ländern verbreitet, daß man den Kindern die Ankunft des Christkindleins — auch eines Kindes, des wunderbarsten, das je auf der Welt war[4] — als ein heiteres, glänzendes, feierliches Ding zeigt, das durch das ganze Leben fortwirkt und manchmal noch spät im Alter bei trüben, schwer-mütigen oder rührenden Erinnerungen gleichsam als Rückblick in die einstige Zeit mit den bunten, schimmernden Fittichen durch den öden, traurigen und ausgeleerten Nachthimmel fliegt.[5] Man pflegt den Kindern die Geschenke zu

---

[1]Stifter published this story in a novella collection entitled *Bunte Steine* (1853).

[2]**mit prangender . . . geheiligt** sanctified with a splendid evening celebration

[3]**Mit dem . . . verbunden** The church holiday is connected with a domestic one

[4]**auch eines . . . war** also a child, the most wonderful ever on earth

[5]**manchmal noch . . . fliegt** at times it moves us even in old age when, in the midst of troubled, melancholy, or touching memories, it flies on colorful, sparkling pinions (wings) through the barren, sad, empty night sky and provides a glimpse into times past

geben, die das heilige Christkindlein gebracht hat,[1] um ihnen Freude zu machen. Das tut man gewöhnlich am Heiligen Abende, wenn die tiefe Dämmerung eingetreten ist. Man zündet Lichter, und meistens sehr viele, an, die oft mit den kleinen Kerzlein auf den schönen grünen Ästen eines Tannen- oder Fichtenbäumchens schweben, das mitten in der Stube steht. Die Kinder dürfen nicht eher kommen, als bis das Zeichen gegeben wird, daß der Heilige Christ zugegen gewesen ist und die Geschenke, die er mitgebracht, hinterlassen hat. Dann geht die Tür auf, die Kleinen dürfen hinein, und bei dem herrlichen, schimmernden Lichterglanze sehen sie Dinge auf dem Baume hängen oder auf dem Tische herumgebreitet, die alle Vorstellungen ihrer Einbildungskraft weit übertreffen,[2] die sie sich nicht anzurühren getrauen, und die sie endlich, wenn sie sie bekommen haben, den ganzen Abend in ihren Ärmchen herumtragen und mit sich in das Bett nehmen. Wenn sie dann zuweilen in ihre Träume hinein die Glockentöne der Mitternacht hören, durch welche die Großen in die Kirche zur Andacht gerufen werden, dann mag es ihnen sein, als zögen jetzt die Englein durch den Himmel, oder als kehre der Heilige Christ nach Hause, welcher nunmehr bei allen Kindern gewesen ist und jedem von ihnen ein herrliches Geschenk hinterbracht[3] hat.

Wenn dann der folgende Tag, der Christtag, kommt, so ist er ihnen so feierlich, wenn sie frühmorgens mit ihren schönsten Kleidern angetan in der warmen Stube stehen, wenn der Vater und die Mutter sich zum Kirchgange schmücken, wenn zu Mittage ein feierliches Mahl ist, ein besseres als in jedem Tage des ganzen Jahres, und wenn nachmittags oder gegen den Abend hin Freunde und Bekannte kommen, auf den Stühlen und Bänken herumsitzen, miteinander reden und behaglich durch die Fenster in die Wintergegend hinausschauen können, wo entweder die langsamen Flocken niederfallen oder ein trübender Nebel um die Berge steht, oder die blutrote, kalte Sonne hinabsinkt. An verschiedenen Stellen der Stube, entweder auf einem Stühlchen oder auf der Bank oder auf dem Fensterbrettchen liegen die zauberischen, nun aber schon bekannteren und vertrauteren Geschenke von gestern abend herum.

Hierauf vergeht der lange Winter, es kommt der Frühling und der unendlich dauernde Sommer — und wenn die Mutter wieder vom Heiligen Christe erzählt, daß nun bald sein Festtag sein wird und daß er auch diesmal herabkommen werde, ist es den Kindern, als sei seit seinem letzten Erscheinen eine ewige Zeit vergangen, und als liege die damalige Freude in einer weiten nebelgrauen Ferne.

Weil dieses Fest so lange nachhält, weil sein Abglanz so hoch in das Alter hinaufreicht,[4] so stehen wir so gerne dabei, wenn Kinder dasselbe begehen und sich darüber freuen. —

---

[1]**die das . . . hat** which the holy Christ Child has brought. *Note:* in Germany and Austria the Christ Child, not St. Nicholas (Santa Claus), brings children presents.

[2]**die alle . . . übertreffen** that exceed by far the limits of their imaginations

[3]**hinterbracht** left (**hinterlassen**)

[4]**Weil dieses . . . hinaufreicht** Because this holiday has such an impact, because its afterglow reaches (as far as) into old age

In den hohen Gebirgen unsers Vaterlandes steht ein Dörfchen mit einem kleinen, aber sehr spitzigen Kirchturme, der mit seiner roten Farbe, mit welcher die Schindeln bemalt sind, aus dem Grün vieler Obstbäume hervorragt und wegen derselben roten Farbe in dem duftigen und blauen Dämmern der Berge weithin ersichtlich ist. Das Dörfchen liegt gerade mitten in einem ziemlich weiten Tale, das fast wie ein länglicher Kreis gestaltet ist. Es enthält außer der Kirche eine Schule, ein Gemeindehaus und noch mehrere stattliche Häuser, die einen Platz gestalten, auf welchem vier Linden stehen, die ein steinernes Kreuz in ihrer Mitte haben. Diese Häuser sind nicht bloße Landwirtschaftshäuser, sondern sie bergen auch noch diejenigen Handwerke in ihrem Schoße, die dem menschlichen Geschlechte unentbehrlich sind, und die bestimmt sind, den Gebirgsbewohnern ihren einzigen Bedarf an Kunsterzeugnissen zu decken.[1] Im Tale und an den Bergen herum sind noch sehr viele zerstreute Hütten, wie das in Gebirgsgegenden sehr oft der Fall ist, welche alle nicht nur zur Kirche und Schule gehören, sondern auch jenen Handwerken, von denen gesprochen wurde, durch Abnahme der Erzeugnisse ihren Zoll entrichten.[2] Es gehören sogar noch weitere Hütten zu dem Dörfchen, die man von dem Tale aus gar nicht sehen kann, die noch tiefer in den Gebirgen stecken, deren Bewohner selten zu ihren Gemeindemitbrüdern[3] herauskommen und die im Winter oft ihre Toten aufbewahren müssen, um sie nach dem Wegschmelzen des Schnees zum Begräbnisse bringen zu können. Der größte Herr, den die Dörfler im Laufe des Jahres zu sehen bekommen, ist der Pfarrer. Sie verehren ihn sehr, und es geschieht gewöhnlich, daß derselbe durch längeren Aufenthalt im Dörfchen ein der Einsamkeit gewöhnter Mann wird,[4] daß er nicht ungerne bleibt, und einfach fortlebt. Wenigstens hat man seit Menschengedenken nicht erlebt, daß der Pfarrer des Dörfchens ein auswärtssüchtiger oder seines Standes unwürdiger Mann gewesen wäre.[5]

Es gehen keine Straßen durch das Tal, sie haben ihre zweigleisigen Wege, auf denen sie ihre Felderzeugnisse mit einspännigen Wäglein nach Hause bringen,[6] es kommen daher wenig Menschen in das Tal, unter diesen manchmal ein einsamer Fußreisender, der ein Liebhaber der Natur ist, eine Weile in der bemalten Oberstube des Wirtes wohnt und die Berge betrachtet, oder gar ein Maler, der den kleinen spitzen Kirchturm und die schönen Gipfel der Felsen in seine Mappe zeichnet. Daher bilden die Bewohner eine eigene Welt, sie kennen einander alle mit Namen und mit den einzelnen Geschichten[7] von

---

[1]**sie bergen . . . zu decken** they also contain those crafts (trades) that humankind finds indispensable and that fulfill the mountain people's needs for manufactured goods.

[2]**sondern auch . . . entrichten** but pay their tribute (dues) by buying the products of the above-mentioned trades

[3]**Gemeindemitbrüdern** fellow parishioners

[4]**ein der . . . wird** a man who gets used to the solitude

[5]**so daß . . . wäre** that the priest sought to leave or was a man unworthy of his profession (calling)

[6]**zweigleisigen Wege . . . bringen** roads with two ruts on which the villagers bring home the produce of their fields on small, one-horse carts

[7]**sie kennen . . . Geschichten** they all know each other by name and by individual story

Großvater und Urgroßvater her, trauern alle, wenn einer stirbt, wissen, wie er heißt, wenn einer geboren wird, haben eine Sprache, die von der der Ebene draußen abweicht, haben ihre Streitigkeiten, die sie schlichten, stehen einander bei, und laufen zusammen, wenn sich etwas Außerordentliches begibt.

Sie sind sehr stetig, und es bleibt immer beim alten. Wenn ein Stein aus einer Mauer fällt, wird derselbe wieder hineingesetzt, die neuen Häuser werden wie die alten gebaut, die schadhaften Dächer werden mit gleichen Schindeln ausgebessert, und wenn in einem Hause scheckige Kühe sind, so werden immer solche Kälber aufgezogen, und die Farbe bleibt bei dem Hause.

Gegen Mittag sieht man von dem Dorfe einen Schneeberg, der mit seinen glänzenden Hörnern fast oberhalb der Hausdächer zu sein scheint, aber in der Tat doch nicht so nahe ist. Er sieht das ganze Jahr, Sommer und Winter, mit seinen vorstehenden Felsen und mit seinen weißen Flächen in das Tal herab. Als das Auffallendste, was sie in ihrer Umgebung haben, ist der Berg der Gegenstand der Betrachtung der Bewohner, und er ist der Mittelpunkt vieler Geschichten geworden. Es lebt kein Mann und Greis in dem Dorfe, der nicht von den Zacken und Spitzen des Berges, von seinen Eisspalten und Höhlen, von seinen Wässern und Geröllströmen etwas zu erzählen wüßte,[1] was er entweder selbst erfahren oder von andern erzählen gehört hat. Dieser Berg ist auch der Stolz des Dorfes, als hätten sie ihn selber gemacht, und es ist nicht so ganz entschieden, wenn man auch die Biederkeit und Wahrheitsliebe der Talbewohner hoch anschlägt,[2] ob sie nicht zuweilen zur Ehre und zum Ruhme des Berges lügen. Der Berg gibt den Bewohnern außerdem, daß er ihre Merkwürdigkeit ist, auch wirklichen Nutzen; denn wenn eine Gesellschaft von Gebirgsreisenden hereinkommt, um von dem Tale aus den Berg zu besteigen, so dienen die Bewohner des Dorfes als Führer, und einmal Führer gewesen zu sein, dieses und jenes erlebt zu haben, diese und jene Stelle zu kennen, ist eine Auszeichnung, die jeder gerne von sich darlegt. Sie reden oft davon, wenn sie in der Wirtsstube beieinandersitzen, und erzählen ihre Wagnisse und ihre wunderbaren Erfahrungen und versäumen aber auch nie zu sagen, was dieser oder jener Reisende gesprochen habe, und was sie von ihm als Lohn für ihre Bemühungen empfangen hätten. Dann sendet der Berg von seinen Schneeflächen die Wasser ab, welche einen See in seinen Hochwäldern speisen und den Bach erzeugen, der lustig durch das Tal strömt, die Brettersäge, die Mahlmühle und andere kleine Werke treibt,[3] das Dorf reinigt und das Vieh tränkt. Von den Wäldern des Berges kommt das Holz, und sie halten die Lawinen auf. Durch die innern Gänge und Lockerheiten der Höhen sinken die Wasser durch, die dann in Adern durch das Tal gehen und in Brünnlein und Quellen hervorkommen, daraus die Menschen trinken und ihr herrliches, oft belobtes

---

[1] **von den . . . wüßte** knew a tale to tell about the crags and peaks of the mountain, about the crevasses and caves, about its waters and rock slides

[2] **wenn man . . . anschlägt** even if one ranks the integrity and honesty of the valley residents quite highly

[3] **welche einen . . . treibt** that feed a lake high in the mountain forests and form a stream that merrily courses through the valley and powers the sawmill, the gristmill, and other small works

Wasser dem Fremden reichen. Allein an letzteren Nutzen denken sie nicht und meinen, das sei immer so gewesen.

Wenn man auf die Jahresgeschichte des Berges sieht, so sind im Winter die zwei Zacken seines Gipfels, die sie Hörner heißen, schneeweiß und stehen, wenn sie an hellen Tagen sichtbar sind, blendend in der finstern Bläue der Luft; alle Bergfelder, die um diese Gipfel herumlagern, sind dann weiß; alle Abhänge sind so; selbst die steilrechten Wände, die die Bewohner Mauern heißen, sind mit einem angeflogenen weißen Reife bedeckt und mit zartem Eise wie mit einem Firnisse belegt,[1] so daß die ganze Masse wie ein Zauberpalast aus dem bereiften Grau der Wälderlast emporragt, welche schwer um ihre Füße herum ausgebreitet ist. Im Sommer, wo Sonne und warmer Wind den Schnee von den Steilseiten wegnimmt, ragen die Hörner nach dem Ausdrucke der Bewohner schwarz in den Himmel und haben nur schöne weiße Äderchen und Sprenkeln auf ihrem Rücken, in der Tat aber sind sie zart fernblau, und was sie Äderchen und Sprenkeln heißen, das ist nicht weiß, sondern hat das schöne Milchblau des fernen Schnees gegen das dunklere der Felsen.[2] Die Bergfelder um die Hörner aber verlieren, wenn es recht heiß ist, an ihren höheren Teilen wohl den Firn nicht, der gerade dann recht weiß auf das Grün der Talbäume herabsieht, aber es weicht von ihren unteren Teilen der Winterschnee, der nur einen Flaum machte, und es wird das unbestimmte Schillern von Bläulich und Grünlich sichtbar, das das Geschiebe von Eis ist, das dann bloßliegt[3] und auf die Bewohner unten hinabgrüßt. Am Rande dieses Schillerns, wo es von ferne wie ein Saum von Edelsteinsplittern aussieht, ist es in der Nähe ein Gemenge wilder, riesenhafter Blöcke, Platten und Trümmer, die sich drängen und verwirrt ineinandergeschoben sind.[4] Wenn ein Sommer gar heiß und lang ist, werden die Eisfelder weit hinauf entblößt, und dann schaut eine viel größere Fläche von Grün und Blau in das Tal, manche Kuppen und Räume werden entkleidet, die man sonst nur weiß erblickt hatte, der schmutzige Saum des Eises wird sichtbar, wo es Felsen, Erde und Schlamm schiebt,[5] und viel reichlichere Wasser als sonst fließen in das Tal. Dies geht fort, bis es nach und nach wieder Herbst wird, das Wasser sich verringert, zu einer Zeit einmal ein grauer Landregen die ganze Ebene des Tales bedeckt, worauf, wenn sich die Nebel von den Höhen wieder lösen, der Berg seine wei-

---

[1] **sind mit . . . belegt** are covered with a white, wind-blown frost and overlaid with a fragile coat of ice that looks like varnish

[2] **ragen die . . . Felsen** in the words of the inhabitants, the horns jut (tower) darkly into the sky and have only white veins and speckles on their backs; in actuality, however, they are a delicate, faint blue — what they call veins and speckles are not white, but reflections of the milky-blue color of the distant snow that stands in strong contrast to the darker blue of the cliffs

[3] **und es . . . bloßliegt** and an indeterminable, iridescent bluish-green color becomes visible — actually a bared (exposed) outcropping of a glacier

[4] **ist es . . . sind** close up, it is a wild, entangled heap of gigantic boulders, slabs, and rubble all piled on top of (into) one another

[5] **der schmutzige . . . schiebt** the dirty edge of the ice (glacier), which pushes boulders, earth, and mud, becomes visible

che Hülle abermals umgetan hat,[1] und alle Felsen, Kegel und Zacken in wei-
ßem Kleide dastehen. So spinnt es sich ein Jahr um das andere mit geringen
Abwechslungen ab und wird sich fortspinnen, solange die Natur so bleibt
und auf den Bergen Schnee und in den Tälern Menschen sind. Die Bewohner
des Tales heißen die geringen Veränderungen große, bemerken sie wohl und
berechnen an ihnen den Fortschritt des Jahres.[2] Sie bezeichnen an den Ent-
blößungen die Hitze und die Ausnahmen der Sommer.

Was nun noch die Besteigung des Berges betrifft, so geschieht dieselbe
von dem Tale aus. Man geht nach der Mittagsrichtung[3] zu auf einem guten,
schönen Wege, der über einen sogenannten Hals in ein anderes Tal führt.[4]
Hals heißen sie einen mäßig hohen Bergrücken, der zwei größere und bedeu-
tendere Gebirge miteinander verbindet und über den man zwischen den Gebirgen von einem Tale in ein anderes gelangen kann. Auf dem Halse, der den
Schneeberg mit einem gegenüberliegenden großen Gebirgszuges verbindet,
ist lauter Tannenwald. Etwa auf der größten Erhöhung desselben, wo nach
und nach sich der Weg in das jenseitige Tal hinabzusenken beginnt, steht eine
sogenannte Unglückssäule.[5] Es ist einmal ein Bäcker, welcher Brot in seinem
Korbe über den Hals trug, an jener Stelle tot gefunden worden. Man hat den
toten Bäcker mit dem Korbe und mit den umringenden Tannenbäumen auf
ein Bild gemalt, darunter eine Erklärung und eine Bitte um ein Gebet geschrieben, das Bild auf eine rot angestrichene hölzerne Säule getan und die
Säule an der Stelle des Unglücks aufgerichtet. Bei dieser Säule biegt man von
dem Wege ab und geht auf der Länge des Halses fort, statt über seine Breite in
das jenseitige Tal hinüberzuwandern. Die Tannen bilden dort einen Durchlaß,
als ob eine Straße zwischen ihnen hinginge. Es führt auch manchmal ein Weg
in dieser Richtung hin, der dazu dient, das Holz von den höheren Gegenden
zu der Unglückssäule herabzubringen, der aber dann wieder mit Gras ver-
wächst. Wenn man auf diesem Wege fortgeht, der sachte bergan führt, so gelangt man endlich auf eine freie, von Bäumen entblößte Stelle. Dieselbe ist
dürrer Heideboden, hat nicht einmal einen Strauch, sondern ist mit schwa-
chem Heidekraut, mit trockenen Moosen und mit Dürrbodendpflanzen bewachsen.[6] Die Stelle wird immer steiler, und man geht lange hinan; man geht
aber immer in einer Rinne, gleichsam wie in einem ausgerundeten Graben,
hinan, was den Nutzen hat, daß man auf der großen, baumlosen und überall
gleichen Stelle nicht leicht irren kann. Nach einer Zeit erscheinen Felsen, die
wie Kirchen gerade aus dem Grasboden aufsteigen und zwischen deren Mau-

---

[1] **wenn sich . . . hat** when the fog retreats from the heights, the mountain once again has
wrapped itself in its soft cloak

[2] **heißen die . . . Jahres** call the small changes great (ones), mark them well, and calculate
the progression of the year (passing of the seasons) by them

[3] **Mittagsrichtung** southerly direction. *Note* the compass directions: **Mitternacht** =
north, **Mittag** = south, **Morgen** = east, **Abend** = west.

[4] **der über . . . führt** that leads to another valley over a so-called neck (saddle)

[5] **Unglückssäule** memorial column (a post marking the site of a fatal accident)

[6] **dürrer Heideboden . . . bewachsen** dry heathland, doesn't have even one bush, but is
overgrown with spindly heather, dry mosses, and other heath plants

ern man längere Zeit hinangehen kann. Dann erscheinen wieder kahle, fast pflanzenlose Rücken, die bereits in die Lufträume der höheren Gegenden ragen und gerade zu dem Eise führen. Zu beiden Seiten dieses Weges sind steile Wände, und durch diesen Damm hängt der Schneeberg mit dem Halse zusammen.[1] Um das Eis zu überwinden, geht man eine geraume Zeit an der Grenze desselben, wo es von den Felsen umstanden ist, dahin, bis man zu dem ältern Firn gelangt, der die Eisspalten überbaut und in den meisten Zeiten des Jahres den Wanderer trägt.[2] An der höchsten Stelle des Firns erheben sich die zwei Hörner aus dem Schnee, wovon eines das höhere, mithin die Spitze des Berges ist. Diese Kuppen sind sehr schwer zu erklimmen; da sie mit einem oft breiteren, oft engeren Schneegraben — dem Firnschrunde — umgeben sind, der übersprungen werden muß,[3] und da ihre steilrechten Wände nur kleine Absätze haben, in welche der Fuß eingesetzt werden muß, so begnügen sich die meisten Besteiger des Berges damit, bis zu dem Firnschrunde gelangt zu sein und dort die Rundsicht, soweit sie nicht durch das Horn verdeckt ist, zu genießen. Die den Gipfel besteigen wollen, müssen dies mit Hilfe von Steigeisen, Stricken und Klammern tun.[4]

Außer diesem Berge stehen an derselben Mittagseite noch andere, aber keiner ist so hoch, wenn sie sich auch früh im Herbst mit Schnee bedecken und ihn bis tief in den Frühling hinein behalten. Der Sommer aber nimmt denselben immer weg, und die Felsen glänzen freundlich im Sonnenscheine, und die tiefergelegenen Wälder zeigen ihr sanftes Grün, von breiten blauen Schatten durchschnitten, die so schön sind, daß man sich in seinem Leben nicht satt daran sehen kann.

An den andern Seiten des Tales, nämlich von Mitternacht, Morgen und Abend her, sind die Berge langgestreckt und niederer, manche Felder und Wiesen steigen ziemlich hoch hinauf, und oberhalb ihrer[5] sieht man verschiedene Waldblößen, Alpenhütten und dergleichen, bis sie an ihrem Rande mit feingezacktem Walde am Himmel hingehen, welche Auszackung eben ihre geringe Höhe anzeigt,[6] während die mittäglichen Berge, obwohl sie noch großartigere Wälder hegen, doch mit einem ganz glatten Rande an dem glänzenden Himmel hinstreichen.

Wenn man so ziemlich mitten in dem Tale steht, so hat man die Empfindung, als ginge nirgends ein Weg in dieses Becken herein und keiner daraus hinaus; allein diejenigen, welche öfter im Gebirge gewesen sind, kennen diese

[1]**durch diesen . . . zusammen** this path connects the snowy mountain with the saddle

[2]**zu dem . . . trägt** to the older part of the glacier, where the snow bridging the crevasses can support the weight of a hiker during most parts of the year

[3]**Diese Kuppen . . . muß** These peaks are very difficult to climb since they are surrounded by a ditch over which one must jump; this ditch — the glacial cleft — is at some spots narrow and at others wide

[4]**Die den . . . tun** Those who want to climb to the top of the peak must do so with the aid of crampons, ropes, and clamps

[5]**oberhalb ihrer** on top of them (the mountains)

[6]**bis sie . . . anzeigt** until, at the tops, these mountains and the serrated tree lines of their forests fuse with the sky — this serration is an indicator of their low elevations

Täuschung gar wohl: in der Tat führen nicht nur verschiedene Wege, und darunter sogar manche durch die Verschiebungen der Berge fast auf ebenem Boden, in die nördlichen Flächen hinaus, sondern gegen Mittag, wo das Tal durch steilrechte Mauern fast geschlossen scheint, geht sogar ein Weg über den obbenannten Hals.[1]

Das Dörflein heißt Gschaid, und der Schneeberg, der auf seine Häuser herabschaut, heißt Gars.

Jenseits des Halses liegt ein viel schöneres und blühenderes Tal, als das von Gschaid ist, und es führt von der Unglückssäule der gebahnte Weg hinab.[2] Es hat an seinem Eingange einen stattlichen Marktflecken, Millsdorf, der sehr groß ist, verschiedene Werke hat und in manchen Häusern städtische Gewerbe und Nahrung treibt. Die Bewohner sind viel wolhhabender als die in Gschaid, und obwohl nur drei Wegstunden zwischen den beiden Tälern liegen, was für die an große Entfernungen gewöhnten und Mühseligkeiten liebenden Gebirgsbewohner eine unbedeutende Kleinigkeit ist, so sind doch Sitten und Gewohnheiten in den beiden Tälern so verschieden, selbst der äußere Anblick derselben ist so ungleich, als ob eine große Anzahl Meilen zwischen ihnen läge.[3] Das ist in Gebirgen sehr oft der Fall und hängt nicht nur von der verschiedenen Lage der Täler gegen die Sonne ab, die sie oft mehr oder weniger begünstigt, sondern auch von dem Geiste der Bewohner, der durch gewisse Beschäftigungen nach dieser oder jener Richtung gezogen wird.[4] Darin stimmen aber alle überein, daß sie an Herkömmlichkeiten und Väterweise hängen,[5] großen Verkehr leicht entbehren, ihr Tal außerordentlich lieben und ohne demselben kaum leben können.

Es vergehen oft Monate, oft fast ein Jahr, ehe ein Bewohner von Gschaid in das jenseitige Tal hinüberkommt und den großen Marktflecken Millsdorf besucht. Die Millsdorfer halten es ebenso, obwohl sie ihrerseits doch Verkehr mit dem Lande draußen pflegen und daher nicht so abgeschieden sind wie die Gschaider.[6] Es geht sogar ein Weg, der eine Straße heißen könnte, längs ihres Tales, und mancher Reisende und mancher Wanderer geht hindurch, ohne nur im geringsten zu ahnen, daß mitternachtwärts seines Weges jenseits des hohen herabblickenden Schneebergs noch ein Tal sei, in dem viele Häuser zerstreut sind, und in dem das Dörflein mit dem spitzigen Kirchturme steht.

---

[1]**wo das . . . Hals** where the valley seems to be closed in by perpendicular cliff walls, there is (even) a road that leads across the above-mentioned saddle

[2]**und es führt . . . hinab** and the road leads from the memorial post down to the valley

[3]**selbst der . . . läge** even the outward appearance of the two is so different (one would assume) that many miles lay between them

[4]**sondern auch . . . wird** but also by the spirit of the residents, which is pulled in one direction or another by certain occupations

[5]**Darin stimmen . . . hängen** But they all agree that they hang on to their traditions and ancestral customs

[6]**Die Millsdorfer . . . Gschaider** The inhabitants of Millsdorf hold to the same opinion (do the same thing), although they do engage in trade with the outside world and, as a consequence, are not as isolated as the residents of Gschaid

Unter den Gewerben des Dorfes, welche bestimmt sind, den Bedarf des Tales zu decken, ist auch das eines Schusters, das nirgends entbehrt werden kann, wo die Menschen nicht in ihrem Urzustande sind.[1] Die Gschaider aber sind so weit über diesem Stande, daß sie recht gute und tüchtige Gebirgsfuß-bekleidung brauchen.[2] Der Schuster ist mit einer kleinen Ausnahme der einzige im Tale. Sein Haus steht auf dem Platze in Gschaid, wo überhaupt die besseren stehen, und schaut mit seinen grauen Mauern, weißen Fenstersimsen und grün angestrichenen Fensterläden auf die vier Linden hinaus. Es hat im Erdgeschosse die Arbeitsstube, die Gesellenstube, so eine größere und kleinere Wohnstube, ein Verkaufsstübchen, nebst Küche und Speisekammer und allen zugehörigen Gelassen;[3] im ersten Stockwerke, oder eigentlich im Raume des Giebels, hat es die Oberstube oder eigentliche Prunkstube. Zwei Pracht-betten, schöne, geglättete Kästen mit Kleidern stehen da, dann ein Gläserkäst-chen mit Geschirren, ein Tisch mit eingelegter Arbeit, gepolsterte Sessel, ein Mauerkästchen mit den Ersparnissen, dann hängen an den Wänden Heiligen-bilder, zwei schöne Sackuhren, gewonnene Preise im Schießen, und endlich sind auch Scheibengewehre und Jagdbüchsen nebst ihrem Zugehöre in einem eigenen, mit Glastafeln versehenen Kasten aufgehängt.[4] An das Schusterhaus ist ein kleineres Häuschen, nur durch den Einfahrtsschwibbogen[5] getrennt, angebaut, welches genau dieselbe Bauart hat und zum Schusterhause wie ein Teil zum Ganzen gehört. Es hat nur eine Stube mit den dazugehörigen Wohn-teilen. Es hat die Bestimmung, dem Hausbesitzer, sobald er das Anwesen sei-nem Sohne oder Nachfolger übergeben hat, als sogenanntes Ausnahmstübchen zu dienen,[6] in welchem er mit seinem Weibe so lange haust, bis beide gestorben sind, die Stube wieder leer steht und auf einen neu-en Bewohner wartet. Das Schusterhaus hat nach rückwärts Stall und Scheune; denn jeder Talbewohner ist, selbst wenn er ein Gewerbe treibt, auch Landbe-bauer und zieht hieraus seine gute und nachhaltige Nahrung.[7] Hinter diesen Gebäuden ist endlich der Garten, der fast bei keinem besseren Hause in Gschaid fehlt und von dem sie ihr Gemüse, ihr Obst und für festliche Gele-

---

[1]**Unter den . . . sind** Among the village trades that meet the needs of the valley there is also that of a shoemaker — a craft that no area can dispense with if the people have ad-vanced beyond a primitive state

[2]**daß sie . . . brauchen** that they need very good, durable mountain footgear

[3]**und allen zugehörigen Gelassen** and all the customary rooms

[4]**geglättete Kästen . . . aufgehängt** polished wardrobes containing clothes, a china closet with a glass front, an inlaid table, upholstered arm chairs, a wall safe containing savings, pictures of saints hanging from the walls, two handsome pocket watches, prizes won in shooting matches, and also target rifles and shotguns along with their accouter-ments in their own glass-fronted cabinet

[5]**Einfahrtsschwibbogen** the arch over the entrance way

[6]**Es hat . . . dienen** Its purpose is to serve as the retirement home (room) for the owner of the house after he has turned over the property to his son or successor

[7]**jeder Talbewohner . . . Nahrung** every valley resident, even if he plies a trade, is also a farmer and extracts his lasting sustenance (from the soil)

genheiten ihre Blumen ziehen. Wie oft im Gebirge, so ist auch in Gschaid die Bienenzucht in diesen Gärten sehr verbreitet.

Die kleine Ausnahme, deren oben Erwähnung geschah, und die Neben-buhlerschaft der Alleinherrlichkeit des Schusters ist ein anderer Schuster,[1] der alte Tobias, der aber eigentlich kein Nebenbuhler ist, weil er nur mehr flickt, hierin viel zu tun hat und es sich nicht im entferntesten beikommen läßt,[2] mit dem vornehmen Platzschuster in einen Wettstreit einzugehen, insbesondere da der Platzschuster ihn häufig mit Lederflecken, Sohlenabschnitten und der-gleichen Dingen unentgeltlich versieht.[3] Der alte Tobias sitzt im Sommer am Ende des Dörfchens unter Holunderbüschen und arbeitet. Er ist umringt von Schuhen und Bundschuhen,[4] die aber sämtlich alt, grau, kotig und zerrissen sind. Stiefel mit langen Röhren sind nicht da, weil sie im Dorfe und in der Ge-gend nicht getragen werden; nur zwei Personen haben solche, der Pfarrer und der Schullehrer, welche aber beides, flicken und neue Ware machen, nur bei dem Platzschuster lassen. Im Winter sitzt der alte Tobias in seinem Stübchen hinter den Holunderstauden und hat warm geheizt, weil das Holz in Gschaid nicht teuer ist.

Der Platzschuster ist, ehe er das Haus angetreten hat, ein Gemsenwild-schütze[5] gewesen und hat überhaupt in seiner Jugend, wie die Gschaider sa-gen, nicht gut getan. Er war in der Schule immer einer der besten Schüler ge-wesen, hatte dann von seinem Vater das Handwerk gelernt, ist auf Wanderung gegangen und ist endlich wieder zurückgekehrt. Statt, wie es sich für einen Gewerbsmann ziemt[6] und wie sein Vater es zeitlebens getan, einen schwarzen Hut zu tragen, tat er einen grünen auf, steckte noch alle bestehen-den Federn darauf und stolzierte mit ihm und mit dem kürzesten Lodenrocke, den es im Tale gab, herum,[7] während sein Vater immer einen Rock von dunk-ler, womöglich schwarzer Farbe hatte, der auch, weil er einem Gewerbsmanne angehörte, immer sehr weit herabgeschnitten sein mußte. Der junge Schuster war auf allen Tanzplätzen und Kegelbahnen zu sehen. Wenn ihm jemand eine gute Lehre gab, so pfiff er ein Liedlein.[8] Er ging mit seinem Scheibengewehre zu allen Schießen der Nachbarschaft und brachte manchmal einen Preis nach Hause, was er für einen großen Sieg hielt. Der Preis bestand meistens aus Münzen, die künstlich gefaßt waren und zu deren Gewinnung der Schuster

---

[1]**und die . . . Schuster** and the only competition to the monopoly of the shoemaker is another cobbler

[2]**und es . . . läßt** and doesn't even remotely think of

[3]**ihn häufig . . . versieht** often supplies him with leather patches, remnants of soles, and similar things free of charge

[4]**Bundschuhen** peasant shoes (work boots)

[5]**Gemsenwildschütze** chamois poacher

[6]**wie es . . . ziemt** as is suitable (fit and proper) for a tradesman

[7]**und stolzierte . . . herum** and strutted around with it and with the shortest coarse woolen coat in the whole valley

[8]**Wenn ihm . . . Liedlein** When someone gave him good advice, he ignored him (thumbed his nose at him)

mehr gleiche Münzen ausgeben mußte, als der Preis enthielt,[1] besonders da er wenig haushälterisch mit dem Gelde war. Er ging auf alle Jagden, die in der Gegend abgehalten wurden, und hatte sich den Namen eines guten Schützen erworben. Er ging aber auch manchmal allein mit seiner Doppelbüchse und mit Steigeisen fort, und einmal sagte man, daß er eine schwere Wunde im Kopfe erhalten habe.

In Millsdorf war ein Färber, welcher gleich am Anfange des Marktfleckens, wenn man auf dem Wege von Gschaid hinüberkam, ein sehr ansehnliches Gewerbe[2] hatte, mit vielen Leuten, und sogar, was im Tale etwas Unerhörtes war, mit Maschinen arbeitete. Außerdem besaß er noch eine ausgebreitete Feldwirtschaft. Zu der Tochter dieses reichen Färbers ging der Schuster über das Gebirge, um sie zu gewinnen. Sie war wegen ihrer Schönheit weit und breit berühmt, aber auch wegen ihrer Eingezogenheit, Sittsamkeit und Häuslichkeit belobt.[3] Dennoch, hieß es, soll der Schuster ihre Aufmerksamkeit erregt haben.[4] Der Färber ließ ihn nicht in sein Haus kommen; und hatte die schöne Tochter schon früher keine öffentlichen Plätze und Lustbarkeiten besucht und war selten außer dem Hause ihrer Eltern zu sehen gewesen: so ging sie jetzt schon gar nirgends mehr hin als in die Kirche oder in ihrem Garten, oder in den Räumen des Hauses herum.

Einige Zeit nach dem Tode seiner Eltern, durch welchen ihm das Haus derselben zugefallen war, das er nun allein bewohnte, änderte sich der Schuster gänzlich. So wie er früher getollt hatte, so saß er jetzt in seiner Stube und hämmerte Tag und Nacht an seinen Sohlen. Er setzte prahlend einen Preis darauf, wenn es jemand gäbe, der bessere Schuhe und Fußbekleidungen machen könne. Er nahm keine andern Arbeiter als die besten und drillte sie noch sehr herum, wenn sie in seiner Werkstätte arbeiteten, daß sie ihm folgten und die Sache so einrichteten, wie er befahl.[5] Wirklich brachte er es jetzt auch dahin, daß nicht nur das ganze Dorf Gschaid, das zum größten Teile die Schusterarbeit aus benachbarten Tälern bezogen hatte, bei ihm arbeiten ließ, daß das ganze Tal bei ihm arbeiten ließ und daß endlich sogar einzelne von Millsdorf und andern Tälern hereinkamen und sich ihre Fußbekleidungen von dem Schuster in Gschaid machen ließen.[6] Sogar in die Ebene hinaus verbreitete sich sein Ruhm, daß manche, die in die Gebirge gehen wollten, sich die Schuhe dazu von ihm machen ließen.

[1] **aus Münzen . . . enthielt** of artistically mounted coins — but to win them, the shoemaker had to spend more coins of the same kind than the prize was worth

[2] **ansehnliches Gewerbe** prosperous business

[3] **aber auch . . . gelobt** but also praised for her retiring ways, modesty, and domestic industriousness

[4] **ihre Aufmerksamkeit erregt haben** attracted her attention

[5] **und drillte . . . befahl** and harped on them when they worked in his shop until they followed his directions and did things the way he ordered them

[6] **Wirklich brachte . . . ließen** He advanced his reputation to the point that not only the whole village of Gschaid, which hitherto had had its cobbler work done in the neighboring valleys, but the whole valley and even several people from Millsdorf and other valleys came to the shoemaker in Gschaid to have their footgear made

Er richtete das Haus sehr schön zusammen, und in dem Warengewölbe glänzten auf den Brettern die Schuhe, Bundstiefel und Stiefel; und wenn am Sonntage die ganze Bevölkerung des Tales hereinkam und man bei den vier Linden des Platzes stand, ging man gerne zu dem Schusterhause hin und sah durch die Gläser in die Warenstube, wo die Käufer und Besteller waren.

Nach seiner Vorliebe zu den Bergen machte er auch jetzt die Gebirgsbundschuhe am besten. Er pflegte in der Wirtsstube zu sagen: Es gäbe keinen, der ihm einen fremden Gebirgsbundschuh zeigen könne, der sich mit einem seinigen vergleichen lasse. "Sie wissen es nicht," pflegte er beizufügen, "sie haben es in ihrem Leben nicht erfahren, wie ein solcher Schuh sein muß, daß der gestirnte Himmel der Nägel recht auf der Sohle sitze und das gebührende Eisen enthalte, daß der Schuh außen hart sei, damit kein Geröllstein, wie scharf er auch sei, empfunden werde, und daß er sich von innen doch weich und zärtlich wie ein Handschuh an die Füße lege."[1]

Der Schuster hatte sich ein sehr großes Buch machen lassen, in welches er alle verfertigte Ware eintrug, die Namen derer beifügte, die den Stoff geliefert und die Ware gekauft hatten, und eine kurze Bemerkung über die Güte des Erzeugnisses beischrieb. Die gleichartigen Fußbekleidungen hatten ihre fortlaufenden Zahlen,[2] und das Buch lag in der großen Lade seines Gewölbes. Wenn die schöne Färberstochter von Millsdorf auch nicht aus der Eltern Hause[3] kam, wenn sie auch weder Freunde noch Verwandte besuchte, so konnte es der Schuster von Gschaid doch so machen, daß sie ihn von ferne sah,[4] wenn sie in die Kirche ging, wenn sie in dem Garten war und wenn sie aus den Fenstern ihres Zimmers auf die Matten blickte. Wegen dieses unausgesetzten Sehens hatte es die Färberin durch langes, inständiges und ausdauerndes Flehen für ihre Tochter dahin gebracht, daß der halsstarrige Färber nachgab[5] und daß der Schuster, weil er denn nun doch besser geworden, die schöne, reiche Millsdorferin als Eheweib nach Gschaid führte. Aber der Färber war deßungeachtet[6] auch ein Mann, der seinen Kopf hatte. Ein rechter Mensch, sagte er, müsse sein Gewerbe treiben, daß es blühe und vorwärtskomme, er müsse daher sein Weib, seine Kinder, sich und sein Gesinde ernähren, Hof und Haus im Stande des Glanzes halten und sich noch ein Erkleckliches erübrigen, welches letztere doch allein imstande sei, ihm Ansehen und Ehre in der

---

[1]**daß der . . . lege** that the nails on the soles, just as the stars in the sky, had to have their proper configurations; that the shoe had to have the right iron reinforcement and be hard on the outside, so that no loose stone, no matter how sharp, is felt; and that the inside had to be as soft and snug on the feet as kid gloves

[2]**die gleichartigen . . . Zahlen** shoes of the same type had sequential numbers

[3]**aus der Eltern Hause** out of her parents' house (**aus dem Haus der Eltern**)

[4]**doch so . . . sah** still managed to arrange it so that she saw him from afar

[5]**Wegen dieses . . . nachgab** Because they always saw him (because of this continuous looking), the dyer's wife, through long, insistent, and constant pleading on behalf of her daughter, managed to convince the stubborn dyer to relent (give in)

[6]**deßungeachtet** in spite of that

Welt zu geben;[1] darum erhalte seine Tochter nichts als eine vortreffliche Aus-
stattung, das andere ist Sache des Ehemanns, daß er es mache und für alle Zukunft es besorge. Die Färberei in Millsdorf und die Landwirtschaft auf dem
Färberhause sei für sich ein ansehnliches und ehrenwertes Gewerbe, das seiner Ehre willen bestehen und wozu alles, was da sei, als Grundstock dienen
müsse,[2] daher er nichts weggebe. Wenn einmal er und sein Eheweib, die Färberin, tot seien, dann gehöre Färberei und Landwirtschaft in Millsdorf ihrer
einzigen Tochter, nämlich der Schusterin in Gschaid, und Schuster und Schusterin könnten dann damit tun, was sie wollten: aber alles dieses nur, wenn
die Erben es wert wären, das Erbe zu empfangen; wären sie es nicht wert, so
ginge das Erbe auf die Kinder derselben, und wenn keine vorhanden wären,
mit der Ausnahme des lediglichen Pflichtteiles, auf andere Verwandte über.[3]
Der Schuster verlangte auch nichts, er zeigte im Stolze, daß es ihm nur um die
schöne Färberstochter in Millsdorf zu tun gewesen und daß er sie schon ernähren und erhalten könne, wie sie zu Hause ernährt und erhalten worden ist.
Er kleidete sie als sein Eheweib nicht nur schöner als alle Gschaiderinnen und
alle Bewohnerinnen des Tales, sondern auch schöner als sie sich je zu Hause
getragen hatte, und Speise, Trank und übrige Behandlung mußte besser und
rücksichtsvoller sein, als sie das gleiche im väterlichen Hause genossen hatte.
Und um dem Schwiegervater zu trotzen, kaufte er mit erübrigten Summen
nach und nach immer mehr Grundstücke so ein, daß er einen tüchtigen Besitz
beisammen hatte.

Weil die Bewohner von Gschaid so selten aus ihrem Tale kommen und
nicht einmal oft nach Millsdorf hinübergehen, von dem sie durch Bergrücken
und durch Sitten geschieden sind, weil ferner ihnen gar kein Fall vorkommt,
daß ein Mann sein Tal verläßt und sich in dem benachbarten ansiedelt
(Ansiedlungen in großen Entfernungen kommen öfter vor), weil endlich auch
kein Weib oder Mädchen gerne von einem Tale in ein anderes auswandert,
außer in dem ziemlich seltenen Falle, wenn sie der Liebe folgt und als Eheweib
und zu dem Ehemann in ein anderes Tal kommt: so geschah es, daß die schöne Färberstochter von Millsdorf, da sie Schusterin in Gschaid geworden war,
doch immer von allen Gschaidern als Fremde angesehen wurde, und wenn
man ihr auch nichts Übels antat, ja wenn man sie ihres schönen Wesens und
ihrer Sitten wegen sogar liebte, doch immer etwas vorhanden war, das wie
Scheu oder, wenn man will, wie Rücksicht aussah und nicht zu dem Innigen
und Gleichartigen kommen ließ,[4] wie Gschaiderinnen gegen Gschaiderinnen,
Gschaider gegen Gschaider hatten. Es war so, ließ sich nicht abstellen und

---

[1] **ein Erkleckliches . . . geben** save a substantial sum, the only thing that will gain him
respect and honor in the world

[2] **sei für . . . müsse** in and of itself was a large, respectable concern that, for the sake of
his honor, had to continue and serve as a foundation (for other things)

[3] **und wenn . . . über** and if there were none (no children), it would pass on to the other
relatives except for that portion due them by law

[4] **doch immer . . . ließ** still, there was a certain reserve (aversion) or, stated differently,
deference that precluded the development of intimacy and the feeling of equality

wurde durch die bessere Tracht und durch das erleichterte häusliche Leben der Schusterin noch vermehrt.

Sie hatte ihrem Manne nach dem ersten Jahre einen Sohn und in einigen Jahren darauf ein Töchterlein geboren. Sie glaubte aber, daß er die Kinder nicht so liebe, wie sie sich vorstellte, daß es sein solle,[1] und wie sie sich bewußt war, daß sie dieselben liebe; denn sein Angesicht war meistens ernsthaft und mit seinen Arbeiten beschäftigt. Er spielte und tändelte selten mit den Kindern und sprach stets ruhig mit ihnen, gleichsam so wie man mit Erwachsenen spricht. Was Nahrung und Kleidung und andere äußere Dinge anbelangte, hielt er die Kinder untadelig.

In der ersten Zeit der Ehe kam die Färberin öfter nach Gschaid, und die jungen Eheleute besuchten auch Millsdorf zuweilen bei Kirchweihen oder anderen festlichen Gelegenheiten. Als aber die Kinder auf der Welt waren, war die Sache anders geworden. Wenn schon Mütter ihre Kinder lieben und sich nach ihnen sehnen, so ist dieses von Großmüttern öfter in noch höherem Grade der Fall: sie verlangen zuweilen mit wahrlich krankhafter Sehnsucht nach ihren Enkeln. Die Färberin kam sehr oft nach Gschaid herüber, um die Kinder zu sehen, ihnen Geschenke zu bringen, eine Weile dazubleiben und dann mit guten Ermahnungen zu scheiden. Da aber das Alter und die Gesundheitsumstände der Färberin die öfteren Fahrten nicht mehr so möglich machten, und der Färber aus dieser Ursache Einsprache tat, wurde auf etwas anderes gesonnen, die Sache wurde umgekehrt, und die Kinder kamen jetzt zur Großmutter. Die Mutter brachte sie selber öfter in einem Wagen, öfter aber wurden sie, da sie noch im zarten Alter waren, eingemummt einer Magd mitgegeben, die sie in einem Fuhrwerke über den Hals brachte. Als sie aber größer waren, gingen sie zu Fuße entweder mit der Mutter oder mit einer Magd nach Millsdorf, ja da der Knabe geschickt, stark und klug geworden war, ließ man ihn allein den bekannten Weg über den Hals gehen, und wenn es sehr schön war und er bat, erlaubte man auch, daß ihn die kleine Schwester begleite. Dies ist bei den Gschaidern gebräuchlich, weil sie an starkes Fußgehen gewöhnt sind, und die Eltern überhaupt, namentlich aber ein Mann wie der Schuster, es gerne sehen und eine Freude daran haben, wenn ihre Kinder tüchtig werden.

So geschah es, daß die zwei Kinder den Weg über den Hals öfter zurücklegten als die übrigen Dörfler zusammengenommen, und da schon ihre Mutter in Gschaid immer gewissermaßen wie eine Fremde behandelt wurde, so wurden durch diesen Umstand auch die Kinder fremd, sie waren kaum Gschaider und gehörten halb nach Millsdorf hinüber.

Der Knabe Konrad hatte schon das ernste Wesen seines Vaters, und das Mädchen Susanna, nach ihrer Mutter so genannt, oder, wie man es zur Abkürzung nannte, Sanna, hatte viel Glauben zu seinen Kenntnissen, seiner Einsicht und seiner Macht und gab sich unbedingt unter seine Leitung,[2] geradeso wie die Mutter sich unbedingt unter die Leitung des Vaters gab, dem sie alle Einsicht und Geschicklichkeit zutraute.

---

[1]**wie sie . . . solle** as much as she thought (imagined) he should

[2]**gab sich . . . Leitung** accepted his leadership unconditionally

An schönen Tagen konnte man morgens die Kinder durch das Tal gegen Mittag wandern sehen, über die Wiese gehen und dort anlangen, wo der Wald des Halses gegen sie herschaut. Sie näherten sich dem Walde, gingen auf seinem Wege allgemach über die Erhöhung hinan und kamen, ehe der Mittag eingetreten war, auf den offenen Wiesen auf der andern Seite gegen Millsdorf hinunter. Konrad zeigte Sanna die Wiesen, die dem Großvater gehörten, dann gingen sie durch seine Felder, auf denen er ihr die Getreidearten erklärte, dann sahen sie auf Stangen unter dem Vorsprunge des Daches die langen Tücher zum Trocknen herabhängen, die sich im Winde schlängelten oder närrische Gesichter machten, dann hörten sie seine Walkmühle und seinen Lohstampf, die er an seinem Bache für Tuchmacher und Gerber angelegt hatte,[1] dann bogen sie noch um eine Ecke der Felder und gingen in kurzem durch die Hintertür in den Garten der Färberei, wo sie von der Großmutter empfangen wurden. Diese ahnte immer, wenn die Kinder kamen, sah zu den Fenstern aus und erkannte sie von weitem, wenn Sannas rotes Tuch recht in der Sonne leuchtete.

Sie führte die Kinder dann durch die Waschstube und Presse in das Zimmer, ließ sie niedersetzen, ließ nicht zu, daß sie Halstücher oder Jäckchen lüfteten, damit sie sich nicht verkühlten,[2] und behielt sie beim Essen da. Nach dem Essen durften sie sich lüften, spielen, durften in den Räumen des großväterlichen Hauses herumgehen oder sonst tun, was sie wollten, wenn es nur nicht unschicklich oder verboten war. Der Färber, welcher immer bei dem Essen war, fragte sie um ihre Schulgegenstände aus und schärfte ihnen besonders ein, was sie lernen sollten.[3] Nachmittags wurden sie von der Großmutter schon, ehe die Zeit kam, zum Aufbruche getrieben, daß sie ja nicht zu spät kämen. Obgleich der Färber keine Mitgift gegeben hatte und vor seinem Tode von seinem Vermögen nichts wegzugeben gelobt hatte, glaubte sich die Färberin an diese Dinge doch nicht so strenge gebunden, und sie gab den Kindern nicht allein während ihrer Anwesenheit allerlei, worunter nicht selten ein Münzstück und zuweilen gar von ansehnlichem Werte war,[4] sondern sie band ihnen auch immer zwei Bündelchen zusammen, in denen sich Dinge befanden, von denen sie glaubte, daß sie notwendig wären oder daß sie den Kindern Freude machen könnten. Und wenn oft die nämlichen Dinge im Schusterhause in Gschaid ohnedem in aller Trefflichkeit vorhanden waren, so gab sie die Großmutter in der Freude des Gebens doch, und die Kinder trugen sie als etwas Besonderes nach Hause. So geschah es nun, daß die Kinder am Heiligen Abend schon unwissend die Geschenke in Schachteln gut versiegelt

---

[1] **die sich . . . hatte** that twisted and coiled or made crazy (funny) faces; then they heard his fulling mill and bark pulper that he had set up next to the creek for the cloth makers and tanners

[2] **verkühlten** the Austrian expression for **sich erkälten** (to catch a cold) is **sich verkühlen.**

[3] **fragte sie . . . sollten** asked them about school matters and impressed upon them what they should learn

[4] **allerlei, worunter . . . war** all sorts of things, among them coins that occasionally were quite valuable

und verwahrt nach Hause trugen, die ihnen in der Nacht einbeschert werden sollten.[1]

Weil die Großmutter die Kinder immer schon vor der Zeit zum Fortgehen drängte, damit sie nicht zu spät nach Hause kämen, so erzielte sie hiedurch,[2] daß die Kinder gerade auf dem Wege bald an dieser, bald an jener Stelle sich aufhielten. Sie saßen gerne an dem Haselnußgehege, das auf dem Halse ist, und schlugen mit Steinen Nüsse auf, oder spielten, wenn keine Nüsse waren, mit Blättern oder mit Hölzlein oder mit den weichen, braunen Zäpfchen, die im ersten Frühjahre von den Zweigen der Nadelbäume herabfielen. Manchmal erzählte Konrad dem Schwesterchen Geschichten, oder wenn sie zu der roten Unglückssäule kamen, führte er sie ein Stück auf dem Seitenwege links gegen die Höhen hinan und sagte ihr, daß man da auf den Schneeberg gelange, daß dort Felsen und Steine seien, daß die Gemsen herumspringen und große Vögel fliegen. Er führte sie oft über den Wald hinaus, sie betrachteten dann den dürren Rasen und die kleinen Sträucher der Heidekräuter; aber er führte sie wieder zurück und brachte sie immer vor der Abenddämmerung nach Hause, was ihm stets Lob eintrug.

Einmal war am Heiligen Abende, da die erste Morgendämmerung in dem Tale von Gschaid in Helle übergegangen war, ein dünner trockener Schleier über den ganzen Himmel gebreitet, so daß man die ohnedem schiefe und ferne Sonne im Südosten nur als einen undeutlichen roten Fleck sah, überdies war an diesem Tage eine milde, beinahe laulichte Luft unbeweglich im ganzen Tale und auch an dem Himmel, wie die unveränderte und ruhige Gestalt der Wolken zeigte. Da sagte die Schustersfrau zu ihren Kindern: "Weil ein so angenehmer Tag ist, weil es so lange nicht geregnet hat und die Wege fest sind, und weil es auch der Vater gestern unter der Bedingung erlaubt hat, wenn der heutige Tag dazu geeignet ist, so dürft ihr zur Großmutter nach Millsdorf gehen; aber ihr müßt den Vater noch vorher fragen."

Die Kinder, welche noch in ihren Nachtkleidchen dastanden, liefen in die Nebenstube, in welcher der Vater mit einem Kunden sprach, und baten um die Wiederholung der gestrigen Erlaubnis, weil ein so schöner Tag sei.[3] Sie wurde ihnen erteilt, und sie liefen wieder zur Mutter zurück.

Die Schustersfrau zog nun ihre Kinder vorsorglich an, oder eigentlich, sie zog das Mädchen mit dichten, gut verwahrenden Kleidern an; denn der Knabe begann sich selber anzukleiden und stand viel früher fertig da, als die Mutter mit dem Mädchen hatte ins reine kommen können.[4] Als sie dieses Geschäft vollendet hatte, sagte sie: "Konrad, gib mir wohl acht: weil ich dir das Mädchen mitgehen lasse, so müsset ihr beizeiten fortgehen, ihr müsset an keinem Platze stehenbleiben, und wenn ihr bei der Großmutter gegessen habt, so

---

[1]**die ihnen . . . sollten** that were to be given them as presents at night

[2]**erzielte sie hiedurch** all she accomplished by this

[3]**und baten . . . sei** and requested a repetition of yesterday's permission because it was such a nice day

[4]**mit dem . . . können** had been able to get the girl ready

müsset ihr gleich wieder umkehren und nach Hause trachten;[1] denn die Tage sind jetzt sehr kurz und die Sonne geht gar bald unter."

"Ich weiß es schon, Mutter," sagte Konrad.

"Und siehe gut auf Sanna, daß sie nicht fällt oder sich erhitzt."

"Ja, Mutter."

"So, Gott behüte euch, und geht noch zum Vater und sagt, daß ihr jetzt fortgeht."

Der Knabe nahm eine von seinem Vater kunstvoll aus Kalbfellen genähte Tasche[2] an einem Riemen um die Schulter, und die Kinder gingen in die Nebenstube, um dem Vater Lebewohl zu sagen. Aus dieser kamen sie bald heraus und hüpften, von der Mutter mit einem Kreuze besegnet, fröhlich auf die Gasse.

Sie gingen schleunig längs des Dorfplatzes hinab und dann durch die Häusergasse und endlich zwischen den Planken der Obstgärten in das Freie hinaus. Die Sonne stand schon über den mit milchigen Wolkenstreifen durchwobenen Wald der morgendlichen Anhöhen,[3] und ihr trübes, rötliches Bild schritt durch die laublosen Zweige der Holzäpfelbäume mit den Kindern fort.

In dem ganzen Tale war kein Schnee, die größeren Berge, von denen er schon viele Wochen herabgeglänzt hatte, waren damit bedeckt, die kleineren standen in dem Mantel ihrer Tannenwälder und im Fahlrot ihrer entblößten Zweige unbeschneit und ruhig da. Der Boden war noch nicht gefroren, und er wäre vermöge der vorhergegangenen langen regenlosen Zeit ganz trocken gewesen,[4] wenn ihn nicht die Jahreszeit mit einer zarten Feuchtigkeit überzogen hätte, die ihn aber nicht schlüpfrig, sondern eher fest und widerprallend machte, daß sie leicht und gering darauf fortgingen. Das wenige Gras, welches noch auf den Wiesen und vorzüglich an den Wassergräben derselben war, stand in herbstlichem Ansehen. Es lag kein Reif und bei näherem Anblicke nicht einmal ein Tau, was nach der Meinung der Landleute baldigen Regen bedeutet.

Gegen die Grenzen der Wiesen zu war ein Gebirgsbach, über welche ein hoher Steg führte. Die Kinder gingen auf den Steg und schauten hinab. Im Bache war schier kein Wasser, ein dünner Faden von sehr stark blauer Farbe ging durch die trockenen Kiesel des Gerölles, die wegen Regenlosigkeit ganz weiß geworden waren, und sowohl die Wenigkeit als auch die Farbe des Wassers zeigten an, daß in den größeren Höhen schon Kälte herrschen müsse, die den Boden verschließe, daß er mit seiner Erde das Wasser nicht trübe,

[1]**nach Hause trachten** hurry home

[2]**nahm eine . . . Tasche** took a calfskin bag, artfully sewn by his father

[3]**den mit . . . Anhöhen** above the forest on the eastern hills (slopes), which were interlaced with milky strips of clouds

[4]**und er . . . gewesen** and it would have been quite dry, because it had not rained for a long time

und die das Eis erhärte, daß es in seinem Innern nur wenige klare Tropfen abgeben könne.[1]

Von dem Stege liefen die Kinder durch die Gründe fort und näherten sich immer mehr den Waldungen.

Sie trafen endlich die Grenze des Holzes und gingen in demselben weiter.

Als sie in die höheren Wälder des Halses hinaufgekommen waren, zeigten sich die langen Furchen des Fahrweges nicht mehr weich, wie es unten im Tale der Fall gewesen war, sondern sie waren fest, und zwar nicht aus Trockenheit, sondern, wie die Kinder sich bald überzeugten, weil sie gefroren waren. An manchen Stellen waren sie so überfroren, daß sie die Körper der Kinder trugen. Nach der Natur der Kinder gingen sie nun nicht mehr auf dem glatten Pfade neben dem Fahrwege, sondern in den Gleisen und versuchten, ob dieser oder jener Furchenaufwurf sie schon trage.[2] Als sie nach Verlauf einer Stunde auf der Höhe des Halses angekommen waren, war der Boden bereits so hart, daß er klang und Schollen wie Steine hatte.

An der roten Unglückssäule des Bäckers bemerkte Sanna zuerst, daß sie heute gar nicht dastehe. Sie gingen zu dem Platze hinzu und sahen, daß der runde, rot angestrichene Balken, der das Bild trug, in dem dürren Grase liege, das wie dünnes Stroh an der Stelle stand und den Anblick der liegenden Säule verdeckte.[3] Sie sahen zwar nicht ein, warum die Säule liege, ob sie umgeworfen worden oder ob sie von selber umgefallen sei, das sahen sie, daß sie an der Stelle, wo sie in die Erde ragte, sehr morsch war und daß sie daher sehr leicht habe umfallen können; aber da sie einmal lag, so machte es ihnen Freude, daß sie das Bild und die Schrift so nahe betrachten konnten, wie es sonst nie der Fall gewesen war. Als sie alles — den Korb mit den Semmeln, die bleichen Hände des Bäckers, seine geschlossenen Augen, seinen grauen Rock und die umstehenden Tannen — betrachtet hatten, als sie die Schrift gelesen und laut gesagt hatten, gingen sie wieder weiter.

Abermals nach einer Stunde wichen die dunkeln Wälder zu beiden Seiten zurück, dünnstehende Bäume, teils einzelne Eichen, teils Birken und Gebüschgruppen empfingen sie, geleiteten sie weiter, und nach kurzem liefen sie auf den Wiesen in das Millsdorfer Tal hinab.

Obwohl dieses Tal bedeutend tiefer liegt als das von Gschaid, und auch um so viel wärmer war, daß man die Ernte immer um vierzehn Tage früher beginnen konnte als in Gschaid, so war doch auch hier der Boden gefroren, und als die Kinder bis zu den Loh- und Walkwerken des Großvaters gekommen waren, lagen auf dem Wege, auf den die Räder oft Tropfen herausspritzten, schöne Eistäfelchen. Den Kindern ist das gewöhnlich ein sehr großes Vergnügen.

---

[1]**daß in . . . könne** that higher up such coldness must be prevailing that it not only sealed (froze) the ground and prevented it from clouding the water, but also hardened the ice so that it could emit only a few clear drops from its interior

[2]**in den . . . trage** in the ruts and tried to see whether this or that clump of earth pushed out from a rut would bear their weight

[3]**und den . . . verdeckte** and hid the post, which was lying on the ground, from view

Die Großmutter hatte sie kommen gesehen, war ihnen entgegengegangen, nahm Sanna bei den erfrornen Händchen und führte sie in die Stube.

Sie nahm ihnen die wärmeren Kleider ab, sie ließ in dem Ofen nachlegen[1] und fragte sie, wie es ihnen im Herübergehen gegangen sei.

Als sie hierauf die Antwort erhalten hatte, sagte sie: "Das ist schon recht, das ist gut, es freut mich gar sehr, daß ihr wieder gekommen seid; aber heute müßt ihr bald fort, der Tag ist kurz, und es wird auch kälter, am Morgen war es in Millsdorf nicht gefroren."

"In Gschaid auch nicht," sagte der Knabe.

"Siehst du, darum müßt ihr euch sputen, daß euch gegen Abend nicht zu kalt wird," antwortete die Großmutter.

Hierauf fragte sie, was die Mutter mache, was der Vater mache, und ob nichts Besonderes in Gschaid geschehen sei.

Nach diesen Fragen bekümmerte sie sich um das Essen, sorgte, daß es früher bereitet wurde als gewöhnlich, und richtete selber den Kindern kleine Leckerbissen zusammen, von denen sie wußte, daß sie eine Freude damit erregen würde.[2] Dann wurde der Färber gerufen, die Kinder bekamen an dem Tische aufgedeckt wie große Personen[3] und aßen nun mit Großvater und Großmutter, und die letzte legte ihnen hiebei besonders Gutes vor. Nach dem Essen streichelte sie Sannas unterdessen sehr rot gewordene Wangen.

Hierauf ging sie geschäftig hin und her und steckte das Kalbfellränzchen des Knaben voll[4] und steckte ihm noch allerlei in die Taschen. Auch in die Täschchen von Sanna tat sie allerlei Dinge. Sie gab jedem ein Stück Brot, es auf dem Wege zu verzehren, und in dem Ränzchen, sagte sie, seien noch zwei Weißbrote, wenn etwa der Hunger zu groß würde.

"Für die Mutter habe ich einen guten gebrannten Kaffee mitgegeben," sagte sie, "und in dem Fläschchen, das zugestopft und gut verbunden ist, befindet sich auch ein schwarzer Kaffeeausguß,[5] ein besserer, als die Mutter bei euch gewöhnlich macht, sie soll ihn nur kosten, wie er ist, er ist eine wahre Arznei, so kräftig, daß nur ein Schlückchen den Magen so wärmt, daß es den Körper in den kältesten Wintertagen nicht frieren kann. Die anderen Sachen, die in der Schachtel und in den Papieren im Ränzchen sind, bringt unversehrt nach Hause."

Da sie noch ein Weilchen mit den Kindern geredet hatte, sagte sie, daß sie gehen sollten.

"Habe acht, Sanna," sagte sie, "daß du nicht frierst, erhitze dich nicht; und daß ihr nicht über die Wiesen hinauf und unter den Bäumen lauft. Etwa kommt gegen Abend ein Wind,[6] da müßt ihr langsamer gehen. Grüßet Vater und Mutter und sagt, sie sollen recht glückliche Feiertage haben."

---

[1] **sie ließ . . . nachlegen** she had (a servant) put more wood into the stove

[2] **kleine Leckerbissen . . . würde** little tidbits that she knew would make them happy

[3] **an dem . . . Personen** the table was set as if the children were grown-ups

[4] **Hierauf ging . . . voll** She then walked about busily and stuffed the boy's calfskin bag

[5] **Kaffeeausguß** coffee essence (concentrated liquid coffee)

[6] **Etwa kommt . . . Wind** In case a wind happens to come along in the evening

Die Großmutter küßte beide Kinder auf die Wangen und schob sie durch die Tür hinaus. Nichtsdestoweniger ging sie aber auch selber mit, geleitete sie durch den Garten, ließ sie durch das Hinterpförtchen hinaus, schloß wieder und ging in das Haus zurück.

Die Kinder gingen an den Eistäfelchen neben den Werken des Großvaters vorbei, sie gingen durch die Millsdorfer Felder und wendeten sich gegen die Wiesen hinan.

Als sie auf den Anhöhen gingen, wo, wie gesagt wurde, zerstreute Bäume und Gebüschgruppen standen, fielen äußerst langsam einzelne Schneeflocken.

"Siehst du, Sanna," sagte der Knabe, "ich habe es gleich gedacht, daß wir Schnee bekommen; weißt du, da wir von Hause weggingen, sahen wir noch die Sonne, die so blutrot war wie eine Lampe bei dem heiligen Grabe,[1] und jetzt ist nichts mehr von ihr zu erblicken, und nur der graue Nebel ist über den Baumwipfeln oben. Das bedeutet allemal Schnee."

Die Kinder gingen freudiger fort, und Sanna war recht froh, wenn sie mit dem dunkeln Ärmel ihres Röckchens eine der fallenden Flocken auffangen konnte und wenn dieselbe recht lange nicht auf dem Ärmel zerfloß. Als sie endlich an dem äußersten Rand der Millsdorfer Höhen angekommen waren, wo es gegen die dunkeln Tannen des Halses hineingeht, war die dichte Waldwand schon recht lieblich gesprenkelt von den immer reichlicher herab-fallenden Flocken.[2] Sie gingen nunmehr in den dicken Wald hinein, der den größten Teil ihrer noch bevorstehenden Wanderung einnahm.

Es geht von dem Waldrande noch immer aufwärts, und zwar bis man zur roten Unglückssäule kommt, von wo sich, wie schon oben angedeutet wurde, der Weg gegen das Tal von Gschaid hinabwendet. Die Erhebung des Waldes von der Millsdorfer Seite ist sogar so steil, daß der Weg nicht gerade hinan-geht, sondern daß er in sehr langen Abweichungen von Abend nach Morgen und von Morgen nach Abend hinanklimmt.[3] An der ganzen Länge des Weges hinauf zur Säule und hinab bis zu den Wiesen von Gschaid sind hohe, dichte, ungelichtete Waldbestände,[4] und sie werden erst ein wenig dünner, wenn man in die Ebene gelangt ist und gegen die Wiesen des Tales von Gschaid hinauskommt. Der Hals ist auch, wenn er gleich nur eine kleine Verbindung zwischen zwei großen Gebirgshäuptern abgibt, doch selbst so groß, daß er, in die Ebene gelegt, einen bedeutenden Gebirgsrücken abgeben würde.[5]

Das erste, was die Kinder sahen, als sie die Waldung betraten, war, daß der gefrorne Boden sich grau zeigte, als ob er mit Mehl besät wäre, daß die Fahne manches dünnen Halmes des am Wege hin und zwischen den Bäumen

---

[1]**wie eine . . . Grabe** was as blood-red as a lamp at the Holy Sepulcher

[2]**lieblich geprenkelt . . . Flocken** beautifully speckled with snowflakes that were fal-ling ever more heavily

[3]**sondern daß . . . hinanklimmt** rather, it climbs (zigzags) upwards from west to east and from east to west

[4]**hohe, dichte . . . Waldbestände** high, dense, uncleared stands of timber

[5]**Der Hals . . . würde** Even though it represents only a small connection (corridor) be-tween two large mountain peaks, the saddle nevertheless is so large that if it were located on a plain, it would form a significant mountain ridge

stehenden dürren Grases mit Flocken beschwert war, und daß auf den verschiedenen grünen Zweigen der Tannen und Fichten, die sich wie Hände öff-
neten, schon weiße Fläumchen saßen.

"Schneit es denn jetzt bei dem Vater zu Hause auch?" fragte Sanna.

"Freilich," antwortete der Knabe, "es wird auch kälter, und du wirst sehen, daß morgen der ganze Teich gefroren ist."

"Ja, Konrad," sagte das Mädchen.

Es verdoppelte beinahe seine kleinen Schritte, um mit denen des dahinschreitenden Knaben gleichbleiben zu können.[1]

Sie gingen nun rüstig in den Windungen fort, jetzt von Abend nach Morgen, jetzt von Morgen nach Abend. Der von der Großmutter vorausgesagte
Wind stellte sich nicht ein,[2] im Gegenteile war es so stille, daß sich nicht ein
Ästchen oder Zweig rührte, ja sogar es schien im Walde wärmer, wie es in
lockeren Körpern, dergleichen ein Wald auch ist, immer im Winter zu sein
pflegt, und die Schneeflocken fielen stets reichlicher, so daß der ganze Boden
schon weiß war, daß der Wald sich grau zu bestäuben anfing, und daß auf
dem Hute und den Kleidern des Knaben sowie auf denen des Mädchens der
Schnee lag.

Die Freude der Kinder war sehr groß. Sie traten auf den weichen Flaum,
suchten mit dem Fuße absichtlich solche Stellen, wo er dichter zu liegen
schien, um dorthin zu treten und sich den Anschein zu geben, als wateten sie
bereits.[3] Sie schüttelten den Schnee nicht von den Kleidern ab.

Es war große Ruhe eingetreten. Von den Vögeln, deren doch manche auch
zuweilen im Winter in dem Walde hin und her fliegen und von denen die
Kinder im Herübergehen sogar mehrere zwitschern gehört hatten, war nichts
zu vernehmen, sie sahen auch keine auf irgendeinem Zweige sitzen oder fliegen, und der ganze Wald war gleichsam ausgestorben.

Weil nur die bloßen Fußstapfen der Kinder hinter ihnen blieben und weil
vor ihnen der Schnee rein und unverletzt war, so war daraus zu erkennen,
daß sie die einzigen waren, die heute über den Hals gingen.

Sie gingen in ihrer Richtung fort, sie näherten sich öfter den Bäumen, öfter entfernten sie sich, und wo dichtes Unterholz war, konnten sie den Schnee
auf den Bäumen liegen sehen.

Ihre Freude wuchs noch immer; denn die Flocken fielen stets dichter, und
nach kurzer Zeit brauchten sie nicht mehr den Schnee aufzusuchen, um in
ihm zu waten; denn er lag schon so dicht, daß sie ihn überall weich unter den
Sohlen empfanden und daß er sich bereits um ihre Schuhe zu legen begann;
und wenn es so ruhig und heimlich war, so war es, als ob sie das Knistern des
in die Nadeln herabfallenden Schnees vernehmen könnten.

"Werden wir heute auch die Unglückssäule sehen?" fragte das Mädchen.
"Sie ist ja umgefallen, und da wird es daraufschneien, und da wird die rote
Farbe weiß sein."

---

[1]**um mit . . . können** to be able to keep up with the boy's brisk stride

[2]**Der von . . . ein** The wind predicted by the grandmother did not set in

[3]**und sich . . . bereits** and pretended they already were wading (through it)

"Darum können wir sie doch sehen," antwortete der Knabe, "wenn auch
der Schnee auf sie fällt, und wenn sie auch weiß ist, so müssen wir sie liegen
sehen, weil sie eine dicke Säule ist und weil sie das schwarze eiserne Kreuz auf
der Spitze hat, das doch immer herausragen wird."

"Ja, Konrad."

Indessen, da sie noch weitergegangen waren, war der Schneefall so dicht
geworden, daß sie nur mehr die allernächsten Bäume sehen konnten.

Von der Härte des Weges oder gar von Furchenaufwerfungen war nichts
zu empfinden, der Weg war vom Schnee überall gleich weich und war überhaupt nur daran zu erkennen, daß er als ein gleichmäßiger weißer Streifen in
dem Walde fortlief. Auf allen Zweigen lag schon die schöne weiße Hülle.

Die Kinder gingen jetzt mitten auf dem Wege, sie furchten den Schnee mit
ihren Füßlein und gingen langsamer, weil das Gehen beschwerlicher ward.
Der Knabe zog seine Jacke empor an dem Halse zusammen, damit ihm nicht
der Schnee in den Nacken falle, und er setzte den Hut tiefer in das Haupt, daß
er geschützter sei. Er zog auch seinem Schwesterlein das Tuch, das ihm die
Mutter um die Schulter gegeben hatte, besser zusammen und zog es ihm mehr
vorwärts in die Stirne, daß es ein Dach bilde.

Der von der Großmutter vorausgesagte Wind war noch immer nicht gekommen; aber dafür wurde der Schneefall nach und nach so dicht, daß auch
nicht mehr die nächsten Bäume zu erkennen waren, sondern daß sie wie neb-
lige Säcke in der Luft standen.

Die Kinder gingen fort. Sie duckten die Köpfe dichter in ihre Kleider und
gingen fort.

Sanna nahm den Riemen, an welchem Konrad die Kalbfelltasche um die
Schulter hängen hatte, mit den Händchen, hielt sich daran, und so gingen sie
ihres Weges.

Die Unglückssäule hatten sie noch immer nicht erreicht. Der Knabe konnte
die Zeit nicht ermessen, weil keine Sonne am Himmel stand und weil es immer
gleichmäßig grau war.

"Werden wir bald zu der Unglückssäule kommen?" fragte Sanna.

"Ich weiß es nicht," antwortete der Knabe, "ich kann heute die Bäume
nicht sehen und den Weg nicht erkennen, weil er so weiß ist. Die Unglückssäule werden wir wohl gar nicht sehen, weil so viel Schnee liegen wird, daß
sie verhüllt sein wird und daß kaum ein Gräschen oder ein Arm des schwarzen Kreuzes hervorragen wird. Aber es macht nichts. Wir gehen immer auf
dem Wege fort, der Weg geht zwischen den Bäumen, und wenn er zu dem
Platze der Unglückssäule kommt, dann wird er abwärtsgehen, wir gehen auf
ihm fort, und wenn er aus den Bäumen hinausgeht, dann sind wir schon auf
den Wiesen von Gschaid, dann kommt der Steg, und dann haben wir nicht
mehr weit nach Hause."

"Ja, Konrad," sagte das Mädchen.

Sie gingen auf ihrem aufwärtsführenden Wege fort. Die hinter ihnen liegenden Fußstapfen waren jetzt nicht mehr lange sichtbar; denn die ungemei-
ne Fülle des herabfallenden Schnees deckte sie bald zu, daß sie verschwanden.
Der Schnee knisterte in seinem Falle nun auch nicht mehr in den Nadeln, sondern legte sich eilig und heimlich auf die weiße schon daliegende Decke nie-

der. Die Kinder nahmen die Kleider noch fester, um das immerwährende allseitige Hineinrieseln abzuhalten.[1]

Sie gingen sehr schleunig, und der Weg führte noch stets aufwärts.

Nach langer Zeit war noch immer die Höhe nicht erreicht, auf welcher die Unglückssäule stehen sollte und von wo der Weg gegen die Gschaider Seite sich hinunterwenden mußte.

Endlich kamen die Kinder in eine Gegend, in welcher keine Bäume standen.

"Ich sehe keine Bäume mehr," sagte Sanna.

"Vielleicht ist nur der Weg so breit, daß wir sie wegen des Schneiens nicht sehen können," antwortete der Knabe.

"Ja, Konrad," sagte das Mädchen.

Nach einer Weile blieb der Knabe stehen und sagte: "Ich sehe selber keine Bäume mehr, wir müssen aus dem Walde gekommen sein, auch geht der Weg immer bergan. Wir wollen ein wenig stehenbleiben und herumsehen, vielleicht erblicken wir etwas."

Aber sie erblickten nichts. Sie sahen durch einen trüben Raum in den Himmel. Wie bei dem Hagel über die weißen oder grünlich gedunsenen Wolken die finsteren fransenartigen Streifen herabstarren, so war es hier,[2] und das stumme Schütten dauerte fort. Auf der Erde sahen sie nur einen runden Fleck Weiß und dann nichts mehr.

"Weißt du, Sanna," sagte der Knabe, "wir sind auf dem dürren Grase, auf welches ich dich oft im Sommer heraufgeführt habe, wo wir saßen und wo wir den Rasen betrachteten, der nacheinander hinaufgeht und wo die schönen Kräuterbüschel wachsen. Wir werden da jetzt gleich rechts hinabgehen."

"Ja, Konrad."

"Der Tag ist kurz, wie die Großmutter gesagt hat und wie du auch wissen wirst, wir müssen uns daher sputen."

"Ja, Konrad," sagte das Mädchen.

"Warte ein wenig, ich will dich besser einrichten," erwiderte der Knabe.

Er nahm seinen Hut ab, setzte ihn Sanna auf das Haupt und befestigte ihn mit den beiden Bändchen unter ihrem Kinn. Das Tüchlein, welches sie umhatte, schützte sie zu wenig, während auf seinem Haupte eine solche Menge dichter Locken war, daß noch lange Schnee darauffallen konnte, ehe Nässe und Kälte durchzudringen vermochten. Dann zog er sein Pelzjäckchen aus und zog dasselbe über die Ärmelein der Schwester. Um seine eigenen Schultern und Arme, die jetzt das bloße Hemd zeigten, band er das kleinere Tüchlein, das Sanna über die Brust, und das größere, das sie über die Schultern gehabt hatte. Das sei für ihn genug, dachte er, wenn er nur stark auftrete, werde ihn nicht frieren.

Er nahm das Mädchen bei der Hand, und so gingen sie jetzt fort.

Das Mädchen schaute mit den willigen Äuglein in das ringsum herrschende Grau und folgte ihm gerne, nur daß es mit den kleinen eilenden Füßlein

---

[1]**um das . . . abzuhalten** in order to keep out the constantly trickling snow

[2]**Wie bei . . . hier** It was just as in a hailstorm — dark, finger-like strips pointed down from the bloated clouds, which had a white or greenish appearance

nicht so nachkommen konnte, wie er vorwärts strebte, gleich einem, der es zur Entscheidung bringen wollte.

Sie gingen nun mit der Unablässigkeit und Kraft, die Kinder und Tiere haben, weil sie nicht wissen, wieviel ihnen beschieden ist und wann ihr Vorrat erschöpft ist.[1]

Aber wie sie gingen, so konnten sie nicht merken, ob sie über den Berg hinabkamen oder nicht. Sie hatten gleich rechts nach abwärts gebogen, allein sie kamen wieder in Richtungen, die bergan führten. Oft begegneten ihnen Steilheiten, denen sie ausweichen mußten, und ein Graben, in dem sie fortgingen, führte sie in einer Krümmung herum.[2] Sie erklommen Höhen, die sich unter ihren Füßen steiler gestalteten als sie dachten, und was sie für abwärts hielten, war wieder eben, oder es war eine Höhlung, oder es ging immer gedehnt fort.

"Wo sind wir denn, Konrad?" fragte das Mädchen.

"Ich weiß es nicht," antwortete er.

"Wenn ich nur mit diesen meinen Augen etwas zu erblicken imstande wäre," fuhr er fort, "daß ich mich danach richten könnte."[3]

Aber es war rings um sie nichts als das blendende Weiß, überall das . Weiß, das aber selber nur einen immer kleineren Kreis um sie zog und dann in einen lichten, streifenweise niederfallenden Nebel überging, der jedes Weitere verzehrte und verhüllte[4] und zuletzt nichts anderes war als der unersättlich niederfallende Schnee.

"Warte, Sanna," sagte der Knabe, "wir wollen ein wenig stehenbleiben und horchen, ob wir nicht etwas hören können, was sich im Tale meldet, sei es nun ein Hund oder eine Glocke oder die Mühle, oder sei es ein Ruf, der sich hören läßt; hören müssen wir etwas, und dann werden wir wissen, wohin wir zu gehen haben."

Sie blieben nun stehen, aber sie hörten nichts. Sie blieben noch ein wenig länger stehen, aber es meldete sich nichts, es war nicht ein einziger Laut, auch nicht der leiseste, außer ihrem Atem zu vernehmen, ja in der Stille, die herrschte, war es, als sollten sie den Schnee hören, der auf ihre Wimpern fiel. Die Voraussage der Großmutter hatte sich noch immer nicht erfüllt, der Wind war nicht gekommen, ja, was in diesen Gegenden selten ist, nicht das leiseste Lüftchen rührte sich an dem ganzen Himmel.

Nachdem sie lange gewartet hatten, gingen sie wieder fort.

"Es tut auch nichts, Sanna," sagte der Knabe, "sei nur nicht verzagt, folge mir, ich werde dich doch noch hinüberführen. — Wenn nur das Schneien aufhörte!"

---

[1] **Sie gingen . . . ist** They now walked with the continuity and strength that children and animals have because they don't know how much energy is allotted them and when their supply will be exhausted

[2] **führte sie . . . herum** led them around a bend

[3] **daß ich . . . könnte** so that I could guide (orient) myself by it

[4] **in einen . . . verhüllte** changed to bright fog that fell down in streaks and devoured and enveloped everything

Sie war nicht verzagt, sondern hob die Füßchen, so gut es gehen wollte, und folgte ihm. Er führte sie in dem weißen, lichten, regsamen, undurchsichtigen Raume fort.

Nach einer Weile sahen sie Felsen. Sie hoben sich dunkel und undeutlich aus dem weißen und undurchsichtigen Lichte empor. Da die Kinder sich näherten, stießen sie fast daran. Sie stiegen wie eine Mauer hinauf und waren ganz gerade, so daß kaum ein Schnee an ihrer Seite haften konnte.

"Sanna," sagte er, "da sind die Felsen, gehen wir nur weiter, gehen wir weiter."

Sie gingen weiter, sie mußten zwischen die Felsen hinein und unter ihnen fort. Die Felsen ließen sie nicht rechts und nicht links ausweichen und führten sie in einem engen Wege dahin. Nach einer Zeit verloren sie dieselben wieder und konnten sie nicht mehr erblicken. So wie sie unversehens unter sie gekommen waren, kamen sie wieder unversehens von ihnen.[1] Es war wieder nichts um sie als das Weiß, und ringsum war kein unterbrechendes Dunkel zu schauen. Es schien eine große Lichtfülle zu sein, und doch konnte man nicht drei Schritte vor sich sehen; alles war, wenn man so sagen darf, in eine einzige weiße Finsternis gehüllt, und weil kein Schatten war, so war kein Urteil über die Größe der Dinge, und die Kinder konnten nicht wissen, ob sie aufwärts oder abwärts gehen würden, bis eine Steilheit ihren Fuß faßte und ihn aufwärts zu gehen zwang.

"Mir tun die Augen weh," sagte Sanna.

"Schaue nicht auf den Schnee," antwortete der Knabe, "sondern in die Wolken. Mir tun sie schon lange weh; aber es tut nichts, ich muß doch auf den Schnee schauen, weil ich auf den Weg zu achten habe. Fürchte dich nur nicht, ich führe dich doch hinunter ins Gschaid."

"Ja, Konrad."

Sie gingen wieder fort; aber wie sie auch gehen mochten, wie sie sich auch wenden mochten, es wollte kein Anfang zum Hinabwärtsgehen kommen.[2] An beiden Seiten waren steile Dachlehnen nach aufwärts,[3] mitten gingen sie fort, aber auch immer aufwärts. Wenn sie den Dachlehnen entrannen und sie nach abwärts beugten, wurde es gleich so steil, daß sie wieder umkehren mußten, die Füßlein stießen oft auf Unebenheiten, und sie mußten häufig Büheln ausweichen.[4]

Sie merkten auch, daß ihr Fuß, wo er tiefer durch den jungen Schnee einsank, nicht erdigen Boden unter sich empfand, sondern etwas anderes, das wie älterer, gefrorener Schnee war; aber sie gingen immerfort, und sie liefen mit Hast und Ausdauer. Wenn sie stehenblieben, war alles still, unermeßlich still; wenn sie gingen, hörten sie das Rascheln ihrer Füße, sonst nichts; denn

[1] **So wie . . . ihnen** They came out of them just as unexpectedly as they had come among them

[2] **wie sie . . . kommen** no matter which way they turned, the descent did not come (materialize)

[3] **Dachlehnen nach aufwärts** steep cliffs slanting upwards

[4] **die Füßlein . . . ausweichen** their small feet often encountered (stumbled over) uneven places and they frequently had to avoid hillocks

die Hüllen des Himmels sanken ohne Laut hernieder,[1] und so reich, daß man den Schnee hätte wachsen sehen können. Sie selber waren so bedeckt, daß sie sich von dem allgemeinen Weiß nicht hervorhoben[2] und sich, wenn sie um ein paar Schritte getrennt worden wären, nicht mehr gesehen hätten.

Eine Wohltat war es, daß der Schnee so trocken war wie Sand, so daß er von ihren Füßen und den Bundschühlein und Strümpfen daran leicht abglitt und abrieselte, ohne Ballen und Nässe zu machen.

Endlich gelangten sie wieder zu Gegenständen.

Es waren riesenhaft große, sehr durcheinanderliegende Trümmer,[3] die mit Schnee bedeckt waren, der überall in die Klüfte hineinrieselte, und an die sie sich ebenfalls fast anstießen, ehe sie sie sahen. Sie gingen ganz hinzu, die Dinge anzublicken.

Es war Eis — lauter Eis.

Es lagen Platten da, die mit Schnee bedeckt waren, an deren Seitenwänden aber das glatte grünliche Eis sichtbar war, es lagen Hügel da, die wie zusammengeschobener Schaum aussahen, an deren Seiten es aber matt nach einwärts flimmerte und glänzte, als wären Balken und Stangen von Edelsteinen durcheinandergeworfen worden,[4] es lagen ferner gerundete Kugeln da, die ganz mit Schnee umhüllt waren, es standen Platten und andere Körper auch schief oder gerade aufwärts, so hoch wie der Kirchturm in Gschaid oder wie Häuser. In einigen waren Höhlen eingefressen, durch die man mit einem Arme durchfahren konnte, mit einem Kopfe, mit einem Körper, mit einem ganzen großen Wagen voll Heu. Alle diese Stücke waren zusammen- oder emporgedrängt und starrten, so daß sie oft Dächer bildeten oder Uberhänge, über deren Ränder sich der Schnee herüberlegte und herabgriff wie lange weiße Tatzen.[5] Selbst ein großer, schreckhaft schwarzer Stein, wie ein Haus, lag unter dem Eise und war emporgestellt, daß er auf der Spitze stand, daß kein Schnee an seinen Seiten liegen bleiben konnte. Und nicht dieser Stein allein — noch mehrere und größere staken in dem Eise, die man erst später sah und die wie eine Trümmermauer an ihm hingingen.

"Da muß recht viel Wasser gewesen sein, weil soviel Eis ist," sagte Sanna.

"Nein, das ist von keinem Wasser," antwortete der Bruder, "das ist das Eis des Berges, das immer oben ist, weil es so eingerichtet ist."[6]

"Ja, Konrad," sagte Sanna.

---

[1]**hörten sie . . . hernieder** they heard the crunching of their feet, but nothing else; because the veils of heaven descended soundlessly

[2]**nicht hervorhoben** did not stand out (in relief)

[3]**riesenhaft grosse . . . Trümmer** gigantic pieces of debris scattered in disorderly profusion

[4]**die wie . . . worden** that looked like compressed foam, but whose sides revealed a dull interior shimmer and sparkle as if beams and poles of precious stones had been thrown together

[5]**Alle diese . . . Tatzen** All these chunks had been pushed together or upward so as to form roofs or eaves over whose edges the snow hung and reached down like long, white paws

[6]**das immer . . . ist** that's always up here, because that's the way things are

"Wir sind jetzt bis zu dem Eise gekommen," sagte der Knabe, "wir sind auf dem Berge, Sanna, weißt du, den man von unserm Garten aus im Sonnenscheine so weiß sieht. Merke gut auf, was ich dir sagen werde. Erinnerst du dich noch, wie wir oft nachmittags in dem Garten saßen, wie es recht schön war, wie die Bienen um uns summten, die Linden dufteten und die Sonne von dem Himmel schien?"

"Ja, Konrad, ich erinnere mich."

"Da sahen wir auch den Berg. Wir sahen, wie er so blau war, so blau wie das sanfte Firmament, wir sahen den Schnee, der oben ist, wenn auch bei uns Sommer war, eine Hitze herrschte und die Getreide reif wurden."

"Ja, Konrad."

"Und unten, wo der Schnee aufhört, da sieht man allerlei Farben, wenn man genau schaut, grün, blau, weißlich — das ist das Eis, das unten nur so klein ausschaut, weil man sehr weit entfernt ist, und das, wie der Vater sagte, nicht weggeht bis an das Ende der Welt. Und da habe ich oft gesehen, daß unterhalb des Eises die blaue Farbe noch fortgeht, das werden Steine sein, dachte ich, oder es wird Erde und Weidegrund sein, und dann fangen die Wälder an, die gehen herab und immer weiter herab, man sieht auch allerlei Felsen in ihnen, dann folgen die Wiesen, die schon grün sind, und dann die grünen Laubwälder, und dann kommen unsere Wiesen und Felder, die in dem Tale von Gschaid sind. Siehst du nun, Sanna, weil wir jetzt bei dem Eise sind, so werden wir über die blaue Farbe hinabgehen, dann durch die Wälder, in denen die Felsen sind, dann über die Wiesen, und dann durch die grünen Laubwälder, und dann werden wir in dem Tale von Gschaid sein und recht leicht unser Dorf finden."

"Ja, Konrad," sagte das Mädchen.

Die Kinder gingen nun in das Eis hinein, wo es zugänglich war.

Sie waren winzigkleine wandelnde Punkte in diesen ungeheuern Stükken.[1]

Wie sie so unter die Oberhänge hineinsahen, gleichsam als gäbe ihnen ein Trieb ein, ein Obdach zu suchen,[2] gelangten sie in einen Graben, in einen breiten, tiefgefurchten Graben, der gerade aus dem Eise hervorging. Er sah aus wie das Bett eines Stromes, der aber jetzt ausgetrocknet und überall mit frischem Schnee bedeckt war. Wo er aus dem Eise hervorkam, ging er gerade unter einem Kellergewölbe heraus, das recht schön aus Eis über ihn gespannt war.[3] Die Kinder gingen in dem Graben fort und gingen in das Gewölbe hinein, und immer tiefer hinein. Es war ganz trocken, und unter ihren Füßen hatten sie glattes Eis. In der ganzen Höhlung aber war es blau, so blau, wie gar nichts in der Welt ist, viel tiefer und viel schöner blau als das Firmament, gleichsam wie himmelblau gefärbtes Glas, durch welches lichter Schein hineinsinkt. Es waren dickere und dünnere Bogen, es hingen Zacken, Spitzen und

---

[1]**Sie waren . . . Stücken** They were tiny moving dots among these huge masses

[2]**als gäbe . . . suchen** it seemed as if instinct drove them to seek shelter

[3]**ging er . . . war** came out of a vaulted cellar of ice that stretched over it

Troddeln herab,[1] der Gang wäre noch tiefer zurückgegangen, sie wußten nicht wie tief, aber sie gingen nicht mehr weiter. Es wäre auch sehr gut in der Höhle gewesen, es war warm, es fiel kein Schnee, aber es war so schreckhaft blau, die Kinder fürchteten sich und gingen wieder hinaus. Sie gingen eine Weile in dem Graben fort und kletterten dann über seinen Rand hinaus.

Sie gingen an dem Eise hin, sofern es möglich war, durch das Getrümmer und zwischen den Platten durchzudringen.

"Wir werden jetzt da noch hinübergehen und dann von dem Eise abwärts laufen," sagte Konrad.

"Ja," sagte Sanna und klammerte sich an ihn an.

Sie schlugen von dem Eise eine Richtung durch den Schnee abwärts ein, die sie in das Tal führen sollte. Aber sie kamen nicht weit hinab. Ein neuer Strom von Eis, gleichsam ein riesenhaft aufgetürmter und aufgewölbter Wall, lag quer[2] durch den weichen Schnee und griff gleichsam mit Armen rechts und links um sie herum. Unter der weißen Decke, die ihn verhüllte, glimmerte es seitwärts grünlich und bläulich und dunkel und schwarz und selbst gelblich und rötlich heraus. Sie konnten es nun auf weitere Strecken sehen, weil das ungeheure und unermüdliche Schneien sich gemildert hatte und nur mehr wie an gewöhnlichen Schneetagen vom Himmel fiel. Mit dem Starkmute der Unwissenheit[3] kletterten sie in das Eis hinein, um den vorgeschobenen Strom desselben zu überschreiten und dann jenseits weiter hinabzukommen. Sie schoben sich in die Zwischenräume hinein, sie setzten den Fuß auf jedes Körperstück, so das mit einer weißen Schneehaube versehen war,[4] war es Fels oder Eis, sie nahmen die Hände zur Hilfe, krochen, wo sie nicht gehen konnten, und arbeiteten sich mit ihren leichten Körpern hinauf, bis sie die Seite des Walles überwunden hatten und oben waren.

Jenseits wollten sie wieder hinabklettern.

Aber es gab kein Jenseits.

So weit die Augen der Kinder reichen konnten, war lauter Eis. Es standen Spitzen und Unebenheiten und Schollen empor wie lauter furchtbares überschneites Eis. Statt ein Wall zu sein, über den man hinübergehen könnte und der dann wieder von Schnee abgelöst würde, wie sie sich unten dachten, stiegen aus der Wölbung neue Wände von Eis empor, geborsten und geklüftet, mit unzähligen blauen geschlängelten Linien versehen,[5] und hinter ihnen waren wieder solche Wände, und hinter diesen wieder solche, bis der Schneefall das Weitere mit seinem Grau verdeckte.

"Sanna, da können wir nicht gehen," sagte der Knabe.

"Nein," antwortete die Schwester.

---

[1]**Es waren . . . herab** There were thick(er) and thin(er) arches with jagged edges, icicles, and tassels hanging down

[2]**gleichsam ein . . . quer** just like a huge vaulted rampart, (it) lay piled up across

[3]**Mit dem . . . Unwissenheit** With the great courage of ignorance

[4]**Sie schoben . . . war** They pushed themselves through the gaps, they set their feet on every object covered by a white bonnet of snow

[5]**neue Wände . . . versehen** now walls of ice arose, cracked and furrowed, with innumerable blue, twisted, and coiled lines

"Da werden wir wieder umkehren und anderswo hinabzukommen suchen."

"Ja, Konrad."

Die Kinder versuchten nun von dem Eiswalle wieder da hinabzukommen wo sie hinaufgeklettert waren, aber sie kamen nicht hinab. Es war lauter Eis, als hätten sie die Richtung, in der sie gekommen waren, verfehlt. Sie wandten sich hierhin und dorthin und konnten aus dem Eise nicht herauskommen, als wären sie von ihm umschlungen. Sie kletterten abwärts und kamen wieder in Eis. Endlich, da der Knabe die Richtung immer verfolgte, in der sie nach seiner Meinung gekommen waren, gelangten sie in zerstreutere Trümmer, aber sie waren auch größer und furchtbarer, wie sie gerne am Rande des Eises zu sein pflegen,[1] und die Kinder gelangten kriechend und kletternd hinaus. An dem Eisessaume waren ungeheure Steine, sie waren gehäuft, wie sie die Kinder ihr Leben lang nicht gesehen hatten. Viele waren in Weiß gehüllt, viele zeigten die unteren, schiefen Wände sehr glatt und fein geschliffen, als wären sie darauf geschoben worden, viele waren wie Hütten und Dächer gegeneinander gestellt, viele lagen aufeinander wie ungeschlachte Knollen.[2] Nicht weit von dem Standorte der Kinder standen mehrere mit den Köpfen gegeneinander gelehnt, und über sie lagen breite gelagerte Blöcke wie ein Dach. Es war ein Häuschen, das gebildet war, das gegen vorne offen, rückwärts und an den Seiten aber geschützt war. Im Innern war es trocken, da der steilrechte Schneefall keine einzige Flocke hineingetragen hatte. Die Kinder waren recht froh, daß sie nicht mehr in dem Eise waren und auf ihrer Erde standen.

Aber es war auch endlich finster geworden.

"Sanna," sagte der Knabe, "wir können nicht mehr hinabgehen, weil es Nacht geworden ist, und weil wir fallen oder gar in eine Grube geraten könnten. Wir werden da unter die Steine hineingehen, wo es so trocken und so warm ist, und da werden wir warten. Die Sonne geht bald wieder auf, dann laufen wir hinunter. Weine nicht, ich bitte dich recht schön, weine nicht, ich gebe dir alle Dinge zu essen, welche uns die Großmutter mitgegeben hat."

Sie weinte auch nicht, sondern nachdem sie beide unter das steinerne Überdach hineingegangen waren, wo sie nicht nur bequem sitzen, sondern auch stehen und herumgehen konnten, setzte sie sich recht dicht an ihn und war mäuschenstille.

"Die Mutter," sagte Konrad, "wird nicht böse sein, wir werden ihr von dem vielen Schnee erzählen, der uns aufgehalten hat, und sie wird nichts sagen; der Vater auch nicht. Wenn uns kalt wird — weißt du — dann mußt du mit den Händen an deinen Leib schlagen, wie die Holzhauer getan haben, und dann wird dir wärmer werden."

"Ja, Konrad," sagte das Mädchen.

Sanna war nicht gar so untröstlich, daß sie heute nicht mehr über den Berg hinabgingen und nach Hause liefen, wie er etwa glauben mochte; denn die unermeßliche Anstrengung, von der die Kinder nicht einmal gewußt hat-

---

[1] **wie sie . . . pflegen** as normally is the case at the edge of the ice

[2] **ungeschlachte Knollen** rough clods

ten, wie groß sie gewesen sei, ließ ihnen das Sitzen süß, unsäglich süß erscheinen, und sie gaben sich hin.[1]

Jetzt machte sich aber auch der Hunger geltend.[2] Beide nahmen fast zu gleicher Zeit ihre Brote aus den Taschen und aßen sie. Sie aßen auch die Dinge — kleine Stückchen Kuchen, Mandeln und Nüsse und andere Kleinigkeiten — die die Großmutter ihnen in die Tasche gesteckt hatte. "Sanna, jetzt müssen wir aber auch den Schnee von unsern Kleidern tun," sagte der Knabe, "daß wir nicht naß werden."

"Ja, Konrad," erwiderte Sanna.

Die Kinder gingen aus ihrem Häuschen, und zuerst reinigte Konrad das Schwesterlein von Schnee. Er nahm die Kleiderzipfel, schüttelte sie, nahm ihr den Hut ab, den er ihr aufgesetzt hatte, entleerte ihn von Schnee, und was noch zurückgeblieben war, das stäubte er mit einem Tuche ab. Dann entledigte er auch sich, so gut es ging, des auf ihm liegenden Schnees.[3]

Der Schneefall hatte zu dieser Stunde ganz aufgehört. Die Kinder spürten keine Flocke.

Sie gingen wieder in die Steinhütte und setzten sich nieder. Das Aufstehen hatte ihnen ihre Müdigkeit erst recht gezeigt, und sie freuten sich auf das Sitzen. Konrad legte die Tasche aus Kalbfell ab. Er nahm das Tuch heraus, in welches die Großmutter eine Schachtel und mehrere Papierpäckchen gewikkelt hatte, und tat es zu größerer Wärme um seine Schultern. Auch die zwei Weißbrote nahm er aus dem Ränzchen und reichte sie beide an Sanna: das Kind aß begierig. Es aß eines der Brote und von dem zweiten auch noch einen Teil. Den Rest reichte es aber Konrad, da es sah, daß er nicht aß. Er nahm es und verzehrte es.

Von da an saßen die Kinder und schauten.

So weit sie in der Dämmerung zu sehen vermochten, lag überall der flimmernde Schnee hinab, dessen einzelne winzige Täfelchen hie und da in der Finsternis seltsam zu funkeln begannen, als hätte er bei Tag das Licht eingesogen und gäbe es jetzt von sich.[4]

Die Nacht brach mit der in großen Höhen gewöhnlichen Schnelligkeit herein. Bald war es ringsherum finster, nur der Schnee fuhr fort, mit seinem bleichen Lichte zu leuchten. Der Schneefall hatte nicht nur aufgehört, sondern der Schleier an dem Himmel fing auch an, sich zu verdünnen und zu verteilen;[5] denn die Kinder sahen ein Sternlein blitzen. Weil der Schnee wirklich gleichsam ein Licht von sich gab und weil von den Wolken kein Schleier

---

[1] **denn die . . . hin** because the tremendous effort — the children weren't even aware of its extent — made sitting appear sweet to them, indescribably sweet, and they surrendered to it

[2] **Jetzt machte . . . geltend** Hunger now made an appearance

[3] **Dann entledigte . . . Schnees** Then he dusted the snow off himself as best as he could. *Note*: **sich entledigen** is a genitive verb.

[4] **dessen einzelne . . . sich** whose individual, tiny flakes began to sparkle strangely in the darkness, (it seemed) as if they had absorbed light during the day and were now releasing it

[5] **der Schleier . . . verteilen** the veil (of clouds) began to thin out and separate

mehr herabhing, so konnten die Kinder von ihrer Höhle aus die Schneehügel sehen, wie sie sich in Linien von dem dunkeln Himmel abschnitten. Weil es in der Höhle viel wärmer war, als es an jedem andern Platze im ganzen Tage gewesen war, so ruhten die Kinder enge aneinander sitzend und vergaßen sogar die Finsternis zu fürchten. Bald vermehrten sich auch die Sterne, jetzt kam hier einer zum Vorscheine, jetzt dort, bis es schien, als wäre am ganzen Himmel keine Wolke mehr.

Das war der Zeitpunkt, in welchem man in den Tälern die Lichter anzuzünden pflegt.[1] Zuerst wird eines angezündet und auf den Tisch gestellt, um die Stube zu erleuchten, oder es brennt auch nur ein Span, oder es brennt das Feuer auf der Leuchte, und es erhellen sich alle Fenster von bewohnten Stuben und glänzen in die Schneenacht hinaus — aber heute erst — am Heiligen Abende — da wurden viel mehrere angezündet, um die Gaben zu beleuchten, welche für die Kinder auf den Tischen lagen oder an den Bäumen hingen, es wurden wohl unzählige angezündet; denn beinahe in jedem Hause, in jeder Hütte, jedem Zimmer war eines oder mehrere Kinder, denen der Heilige Christ etwas gebracht hatte und wozu man Lichter stellen mußte. Der Knabe hatte geglaubt, daß man sehr bald von dem Berge hinabkommen könne, und doch, von den vielen Lichtern, die heute in dem Tale brannten, kam nicht ein einziges zu ihnen herauf; sie sahen nichts als den blassen Schnee und den dunkeln Himmel, alles andere war ihnen in die unsichtbare Ferne hinabgerückt.[2] In allen Tälern bekamen die Kinder in dieser Stunde die Geschenke des Heiligen Christ: nur die zwei saßen oben am Rande des Eises, und die vorzüglichsten Geschenke, die sie heute hätten bekommen sollen, lagen in versiegelten Päckchen in der Kalbfelltasche im Hintergrunde der Höhle.

Die Schneewolken waren ringsum hinter die Berge hinabgesunken, und ein ganz dunkelblaues, fast schwarzes Gewölbe spannte sich um die Kinder voll von dichten brennenden Sternen,[3] und mitten durch diese Sterne war ein schimmerndes breites milchiges Band gewoben, das sie wohl auch unten im Tale, aber nie so deutlich gesehen hatten. Die Nacht rückte vor. Die Kinder wußten nicht, daß die Sterne gegen Westen rücken und weiterwandeln, sonst hätten sie an ihrem Vorschreiten den Stand der Nacht erkennen können; aber es kamen neue und gingen die alten, sie aber glaubten, es seien immer dieselben. Es wurde von dem Scheine der Sterne auch lichter um die Kinder; aber sie sahen kein Tal, keine Gegend, sondern überall nur Weiß — lauter Weiß. Bloß ein dunkles Horn, ein dunkles Haupt, ein dunkler Arm wurde sichtbar und ragte dort und hier aus dem Schimmer empor. Der Mond war nirgends am Himmel zu blicken, vielleicht war er schon frühe mit der Sonne untergegangen, oder er ist noch nicht erschienen.

Als eine lange Zeit vergangen war, sagte der Knabe: "Sanna, du mußt nicht schlafen; denn weißt du, wie der Vater gesagt hat, wenn man im Gebirge schläft, muß man erfrieren, so wie der alte Eschenjäger auch geschlafen hat

---

[1] **die Lichter . . . pflegt** customarily light their candles and lamps (lights)

[2] **alles andere . . . hinabgerückt** distance made everything else invisible to them

[3] **ein ganz . . . Sternen** a very dark blue, almost black vault, densely filled with burning stars, spread out around the children

und vier Monate tot auf dem Stein gesessen ist, ohne daß jemand gewußt hatte, wo er sei."

"Nein, ich werde nicht schlafen," sagte das Mädchen matt.

Konrad hatte es an dem Zipfel des Kleides geschüttelt, um es zu jenen Worten zu erwecken.

Nun war es wieder stille.

Nach einer Zeit empfand der Knabe ein sanftes Drücken gegen seinen Arm, das immer schwerer wurde. Sanna war eingeschlafen und war gegen ihn herübergesunken.

"Sanna, schlafe nicht, ich bitte dich, schlafe nicht," sagte er.

"Nein," lallte sie schlaftrunken,[1] "ich schlafe nicht."

Er rückte weiter von ihr, um sie in Bewegung zu bringen, allein sie sank um und hätte auf der Erde liegend fortgeschlafen.[2] Er nahm sie an der Schulter und rüttelte sie. Da er sich dabei selber etwas stärker bewegte, merkte er, daß ihn friere und daß sein Arm schwerer sei. Er erschrak und sprang auf. Er ergriff die Schwester, schüttelte sie stärker und sagte: "Sanna, stehe ein wenig auf, wir wollen eine Zeit stehen, daß es besser wird."

"Mich friert nicht, Konrad," antwortete sie.

"Ja, ja, es friert dich, Sanna, stehe auf!" rief er.

"Die Pelzjacke ist warm," sagte sie.

"Ich werde dir emporhelfen," sagte er.

"Nein," erwiderte sie und war stille.

Da fiel dem Knaben etwas anderes ein. Die Großmutter hatte gesagt: Nur ein Schlückchen wärmt den Magen so, daß es den Körper in den kältesten Wintertagen nicht frieren kann.

Er nahm das Kalbfellränzchen, öffnete es und griff so lange, bis er das Fläschchen fand, in welchem die Großmutter der Mutter einen schwarzen Kaffeeabsud schicken wollte. Er nahm das Fläschchen heraus, tat den Verband weg und öffnete mit Anstrengung den Kork. Dann bückte er sich zu Sanna und sagte: "Da ist der Kaffee, den die Großmutter der Mutter schickt, koste ihn ein wenig, er wird dir warm machen. Die Mutter gibt ihn uns, wenn sie nur weiß, wozu wir ihn nötig gehabt haben."

Das Mädchen, dessen Natur zur Ruhe zog, antwortete: "Mich friert nicht."

"Nimm nur etwas," sagte der Knabe, "dann darfst du schlafen."

Diese Aussicht verlockte Sanna, sie bewältigte sich so weit, daß sie das fast eingegossene Getränk verschluckte.[3] Hierauf trank der Knabe auch etwas.

Der ungemein starke Auszug wirkte sogleich, und zwar um so heftiger, da die Kinder in ihrem Leben keinen Kaffee gekostet hatten. Statt zu schlafen, wurde Sanna nun lebhafter und sagte selber, daß sie friere, daß es aber von

---

[1]**lallte sie schlaftrunken** she muttered drunk with sleep

[2]**allein sie . . . fortgeschlafen** but she sank to the ground and would have continued to sleep there

[3]**Diese Aussicht . . . verschluckte** This prospect enticed Sanna and she exerted enough of an effort so that she swallowed the drink he (almost) poured (down her throat)

innen recht warm sei und auch schon so in die Hände und Füße gehe. Die Kinder redeten sogar eine Weile miteinander.

So tranken sie trotz der Bitterkeit immer wieder von dem Getränke, sobald die Wirkung nachzulassen begann, und steigerten ihre unschuldigen Nerven zu einem Fieber, das imstande war, den zum Schlummer ziehenden Gewichten entgegenzuwirken.[1]

Es war nun Mitternacht gekommen. Weil sie noch so jung waren und an jedem Heiligen Abende in höchstem Drange der Freude stets erst sehr spät entschlummerten, wenn sie nämlich der körperliche Drang übermannt hatte,[2] so hatten sie nie das mitternächtliche Läuten der Glocken, nie die Orgel der Kirche gehört, wenn das Fest gefeiert wurde, obwohl sie nahe an der Kirche wohnten. In diesem Augenblicke der heutigen Nacht wurde nun mit allen Glocken geläutet, es läuteten die Glocken in Millsdorf, es läuteten die Glocken in Gschaid, und hinter dem Berge war noch ein Kirchlein mit drei hellen klingenden Glocken, die läuteten. In den fernen Ländern draußen waren unzählige Kirchen und Glocken, und mit allen wurde zu dieser Zeit geläutet, von Dorf zu Dorf ging die Tonwelle, ja man konnte wohl zuweilen von einem Dorfe zum andern durch die blätterlosen Zweige das Läuten hören: nur zu den Kindern herauf kam kein Laut, hier wurde nichts vernommen; denn hier war nichts zu verkündigen. In den Talkrümmen gingen jetzt an den Berghängen die Lichter der Laternen hin,[3] und von manchem Hofe tönte das Hausglöcklein, um die Leute zu erinnern; aber dieses konnte um so weniger herauf gesehen und gehört werden, es glänzten nur die Sterne, und sie leuchteten und funkelten ruhig fort.

Wenn auch Konrad sich das Schicksal des erfrornen Eschenjägers vor Augen hielt, wenn auch die Kinder das Fläschchen mit dem schwarzen Kaffee fast ausgeleert hatten, wodurch sie ihr Blut zu größerer Tätigkeit brachten, aber gerade dadurch eine folgende Ermattung herbeizogen:[4] so würden sie den Schlaf nicht haben überwinden können, dessen verführende Süßigkeit alle Gründe überwiegt,[5] wenn nicht die Natur in ihrer Größe ihnen beigestanden wäre und in ihrem Innern eine Kraft aufgerufen hätte, welche imstande war, dem Schlafe zu widerstehen.

In der ungeheueren Stille, die herrschte, in der Stille, in der sich kein Schneespitzchen zu rühren schien, hörten die Kinder dreimal das Krachen des Eises. Was das Starrste scheint und doch das Regsamste und Lebendigste ist, der Gletscher, hatte die Töne hervorgebracht.[6] Dreimal hörten sie hinter sich den Schall, der entsetzlich war, als ob die Erde entzweigesprungen wäre, der

---

[1] **das imstande . . . entgegenwirken** that was capable of counteracting the (heavy) forces pulling them toward sleep

[2] **wenn sie . . . hatte** when the physical need overwhelmed them

[3] **In den . . . hin** In the hollows and slopes of the valley the lights of the lanterns now were moving

[4] **aber gerade . . . herbeigezogen** but because of it, brought on a subsequent weariness

[5] **dessen verführende . . . überwiegt** whose seductive sweetness outweighs all reasons

[6] **Was das . . . hervorgebracht** The glacier, which seems to be rigid yet moves and is alive, had produced the sounds

sich nach allen Richtungen im Eise verbreitete und gleichsam durch alle Aderchen des Eises lief. Die Kinder blieben mit offenen Augen sitzen und schauten in die Sterne hinaus.

Auch für die Augen begann sich etwas zu entwickeln. Wie die Kinder so saßen, erblühte am Himmel vor ihnen ein bleiches Licht mitten unter den Sternen und spannte einen schwachen Bogen durch dieselben.[1] Es hatte einen grünlichen Schimmer, der sich sachte nach unten zog. Aber der Bogen wurde immer heller und heller, bis sich die Sterne vor ihm zurückzogen und erblaßten.[2] Auch in andere Gegenden des Himmels sandte er einen Schein, der schimmergrün sachte und lebendig unter die Sterne floß. Dann standen Garben verschiedenen Lichtes auf der Höhe des Bogens wie Zacken einer Krone und brannten.[3] Es floß helle durch die benachbarten Himmelsgegenden, es sprühte leise und ging in sanftem Zucken durch lange Räume. Hatte sich nun der Gewitterstoff des Himmels durch den unerhörten Schneefall so gespannt, daß er in diesen stummen, herrlichen Strömen des Lichtes ausfloß, oder war es eine andere Ursache[4] der unergründlichen Natur: Nach und nach wurde es schwächer und immer schwächer, die Garben erloschen zuerst, bis es allmählich und unmerklich immer geringer wurde und wieder nichts am Himmel war als die tausend und tausend einfachen Sterne.

Die Kinder sagten keines zu dem andern ein Wort,[5] sie blieben fort und fort sitzen und schauten mit offenen Augen in den Himmel.

Es geschah nun nichts Besonderes mehr. Die Sterne glänzten, funkelten und zitterten, nur manche schießende Schnuppe[6] fuhr durch sie.

Endlich, nachdem die Sterne lange allein geschienen hatten und nie ein Stückchen Mond an dem Himmel zu erblicken gewesen war, geschah etwas anderes. Es fing der Himmel an, heller zu werden, langsam heller, aber doch zu erkennen; es wurde seine Farbe sichtbar, die bleichsten Sterne erloschen, und die anderen standen nicht mehr so dicht. Endlich wichen auch die stärkeren, und der Schnee vor den Höhen wurde deutlicher sichtbar. Zuletzt färbte sich eine Himmelsgegend gelb, und ein Wolkenstreifen, der in derselben war, wurde zu einem leuchtenden Faden entzündet. Alle Dinge waren klar zu sehen, und die entfernten Schneehügel zeichneten sich scharf in die Luft.

"Sanna, der Tag bricht an," sagte der Knabe.

"Ja, Konrad," antwortete das Mädchen.

"Wenn es nur noch ein bißchen heller wird, dann gehen wir aus der Höhle und laufen über den Berg hinunter."

---

[1]**und spannte . . . dieselben** and spread a weak arc (of light) through them

[2]**die Sterne . . . erblaßten** the stars retreated and paled

[3]**Dann standen . . . brannten** Then sheaves of light, like points on a crown, appeared on top of the arc and started burning

[4]**Hatte sich . . . oder** Had the electricity in the sky been so intensified by the highly unusual snowfall that it now was released in these silent, magnificent streams of light, or was it for a different reason

[5]**Die Kinder sagten keines zu dem andern ein Wort** *Note* the unusual word order. Modern German: **Die Kinder sagten kein Wort zu einander.**

[6]**schießende Schnuppe** shooting star

Es wurde heller, an dem ganzen Himmel war kein Stern mehr sichtbar, und alle Gegenstände standen in der Morgendämmerung da.

"Nun, jetzt gehen wir," sagte der Knabe.

"Ja, wir gehen," antwortete Sanna.

Die Kinder standen auf und versuchten ihre erst heute recht müden Glieder. Obwohl sie nichts geschlafen hatten, waren sie doch durch den Morgen gestärkt, wie das immer so ist. Der Knabe hing sich das Kalbfellränzchen um und machte das Pelzjäckchen an Sanna fester zu. Dann führte er sie aus der Höhle.

Weil sie nach ihrer Meinung nur über den Berg hinabzulaufen hatten, dachten sie an kein Essen und untersuchten das Ränzchen nicht, ob noch Weißbrote oder andere Eßwaren darinnen seien.

Von dem Berge wollte nun Konrad, weil der Himmel ganz heiter war, in die Täler hinabschauen, um das Gschaider Tal zu erkennen und in dasselbe hinunterzugehen. Aber er sah gar keine Täler. Es war nicht, als ob sie sich auf einem Berge befänden, von dem man hinabsieht, sondern in einer fremden, seltsamen Gegend, in der lauter unbekannte Gegenstände sind. Sie sahen heute auch in größerer Entfernung furchtbare Felsen aus dem Schnee emporstehen, die sie gestern nicht gesehen hatten, sie sahen das Eis, sie sahen Hügel und Schneelehnen emporstarren, und hinter diesen war entweder der Himmel, oder es ragte die blaue Spitze eines sehr fernen Berges am Schneerande hervor.

In diesem Augenblicke ging die Sonne auf.

Eine riesengroße blutrote Scheibe erhob sich an dem Schneesaume in den Himmel, und in dem Augenblicke errötete der Schnee um die Kinder, als wäre er mit Millionen Rosen überstreut worden. Die Kuppen und die Hörner warfen sehr lange grünliche Schatten längs des Schnees.

"Sanna, wir werden jetzt da weiter vorwärts gehen, bis wir an den Rand des Berges kommen und hinuntersehen," sagte der Knabe.

Sie gingen nun in den Schnee hinaus. Er war in der heiteren Nacht noch trockener geworden und wich den Tritten noch besser aus. Sie wateten rüstig fort. Ihre Glieder wurden sogar geschmeidiger und stärker, da sie gingen. Allein sie kamen an keinen Rand und sahen nicht hinunter. Schneefeld entwickelte sich aus Schneefeld, und am Saume eines jeden stand alle Male wieder der Himmel.

Sie gingen deßohngeachtet fort.

Da kamen sie wieder in das Eis. Sie wußten nicht, wie das Eis dahergekommen sei, aber unter den Füßen empfanden sie den glatten Boden, und waren gleich nicht die fürchterlichen Trümmer wie an jenem Rande, an dem sie die Nacht zugebracht hatten, so sahen sie doch, daß sie auf glattem Eise fortgingen, sie sahen hie und da Stücke, die immer mehr wurden, die sich näher an sie drängten und die sie wieder zu klettern zwangen.

Aber sie verfolgten doch ihre Richtung.

Sie kletterten neuerdings an Blöcken empor. Da standen sie wieder auf dem Eisfelde. Heute bei der hellen Sonne konnten sie erst erblicken, was es ist. Es war ungeheuer groß, und jenseits standen wieder schwarze Felsen empor, es ragte gleichsam Welle hinter Welle auf, das beschneite Eis war gedrängt,

171

gequollen, emporgehoben, gleichsam als schöbe es sich nach vorwärts und flösse gegen die Brust der Kinder heran.[1] In dem Weiß sahen sie unzählige vorwärtsgehende geschlängelte blaue Linien.[2] Zwischen jenen Stellen, wo die Eiskörper gleichsam wie aneinandergeschmettert starrten, gingen auch Linien wie Wege, aber sie waren weiß und waren Streifen, wo sich fester Eisboden vorfand, oder die Stücke doch nicht gar so sehr verschoben waren. In diese Pfade gingen die Kinder hinein, weil sie doch einen Teil des Eises überschreiten wollten, um an den Bergrand zu gelangen und endlich einmal hinunterzusehen. Sie sagten kein Wörtlein. Das Mädchen folgte dem Knaben. Aber es war auch heute wieder Eis, lauter Eis. Wo sie hinübergelangen wollten, wurde es gleichsam immer breiter und breiter. Da schlugen sie, ihre Richtung aufgebend, den Rückweg ein. Wo sie nicht gehen konnten, griffen sie sich durch die Mengen des Schnees hindurch, der oft dicht vor ihrem Auge wegbrach und den sehr blauen Streifen einer Eisspalte zeigte,[3] wo doch früher alles weiß gewesen war; aber sie kümmerten sich nicht darum, sie arbeiteten sich fort, bis sie wieder irgendwo aus dem Eise herauskamen.

"Sanna," sagte der Knabe, "wir werden gar nicht mehr in das Eis hineingehen, weil wir in demselben nicht fortkommen. Und weil wir schon in unser Tal gar nicht hinabsehen können, so werden wir gerade über den Berg hinabgehen. Wir müssen in ein Tal kommen, dort werden wir den Leuten sagen, daß wir aus Gschaid sind, die werden uns einen Wegweiser nach Hause mitgeben."

"Ja, Konrad," sagte das Mädchen.

So begannen sie nun in dem Schnee nach jener Richtung abwärts zu gehen, welche sich ihnen eben darbot. Der Knabe führte das Mädchen an der Hand. Allein nachdem sie eine Weile abwärts gegangen waren, hörte in dieser Richtung das Gehänge auf, und der Schnee stieg wieder empor. Also änderten die Kinder die Richtung und gingen nach der Länge einer Mulde hinab.[4] Aber da fanden sie wieder Eis. Sie stiegen also an der Seite der Mulde empor, um nach einer andern Richtung ein Abwärts zu suchen. Es führte sie eine Fläche hinab, allein die wurde nach und nach so steil, daß sie kaum noch einen Fuß einsetzen konnten und abwärtszugleiten fürchteten. Sie klommen also wieder empor, um wieder einen andern Weg nach abwärts zu suchen. Nachdem sie lange im Schnee emporgeklommen und dann auf einem ebenen Rücken fortgelaufen waren, war es wie früher: entweder ging der Schnee so steil ab, daß sie gestürzt wären, oder er stieg wieder hinan, daß sie auf den Berggipfel zu kommen fürchteten. Und so ging es immer fort.

Da wollten sie die Richtung suchen, in der sie gekommen waren, und zur roten Unglückssäule hinabgehen. Weil es nicht schneit und der Himmel so

---

[1] **es ragte . . . heran** wave upon wave jutted upward, the snow-covered ice was pushed, swollen, lifted upward as if advancing and flowing toward the children's chests

[2] **unzählige vorwärtsgehende . . . Linien** innumerable blue lines moving forward in serpentine fashion

[3] **griffen sie . . . zeigte** they fought (clawed) their way through the snow that often broke away before their very eyes, revealing the very blue stripe of a crevasse

[4] **gingen nach . . . hinab** descended (by walking) along a hollow

helle ist, so würden sie, dachte der Knabe, die Stelle schon erkennen, wo die Säule sein solle, und würden von dort nach Gschaid hinabgehen können.

Der Knabe sagte diesen Gedanken dem Schwesterchen, und diese folgte.

Allein auch der Weg auf den Hals hinab war nicht zu finden.

So klar die Sonne schien, so schön die Schneehöhen dastanden und die Schneefelder dalagen, so konnten sie doch die Gegenden nicht erkennen,[1] durch die sie gestern heraufgegangen waren. Gestern war alles durch den fürchterlichen Schneefall verhängt[2] gewesen, daß sie kaum einige Schritte von sich gesehen hatten, und da war alles ein einziges Weiß und Grau durcheinander gewesen. Nur die Felsen hatten sie gesehen, an denen und zwischen denen sie gegangen waren: allein auch heute hatten sie bereits viele Felsen gesehen, die alle den nämlichen Anschein gehabt hatten wie die gestern gesehenen. Heute ließen sie frische Spuren in dem Schnee zurück; aber gestern sind alle Spuren von dem fallenden Schnee verdeckt worden. Auch aus dem bloßen Anblicke konnten sie nicht erraten, welche Gegend auf den Hals führe, da alle Gegenden gleich waren. Schnee, lauter Schnee. Sie gingen aber doch immer fort und meinten, es zu erringen. Sie wichen den steilen Abstürzen aus und kletterten keine steilen Anhöhen hinauf.

Auch heute blieben sie öfter stehen, um zu horchen; aber sie vernahmen auch heute nichts, nicht den geringsten Laut. Zu sehen war auch nichts als der Schnee, der helle weiße Schnee, aus dem hie und da die schwarzen Hörner und die schwarzen Steinrippen emporstanden.

Endlich war es dem Knaben, als sähe er auf einem fernen schiefen Schneefelde ein hüpfendes Feuer.[3] Es tauchte auf, es tauchte nieder. Jetzt sahen sie es, jetzt sahen sie es nicht. Sie blieben stehen und blickten unverwandt auf jene Gegend hin. Das Feuer hüpfte immer fort und es schien, als ob es näher käme: denn sie sahen es größer und sahen das Hüpfen deutlicher. Es verschwand nicht mehr so oft und nicht auf so lange Zeit wie früher. Nach einer Weile vernahmen sie in der stillen blauen Luft schwach, sehr schwach etwas wie einen lange anhaltenden Ton aus einem Hirtenhorne. Wie aus Instinkt schrien beide Kinder laut. Nach einer Zeit hörten sie den Ton wieder. Sie schrien wieder und blieben auf der nämlichen Stelle stehen. Das Feuer näherte sich auch. Der Ton wurde zum drittenmal vernommen, und dieses Mal deutlicher. Die Kinder antworteten wieder durch lautes Schreien. Nach einer geraumen Weile erkannten sie auch das Feuer. Es war kein Feuer, es war eine rote Fahne, die geschwungen wurde. Zugleich ertönte das Hirtenhorn näher, und die Kinder antworteten.

"Sanna," rief der Knabe, "da kommen Leute aus Gschaid, ich kenne die Fahne, es ist die rote Fahne, welche der fremde Herr, der mit dem jungen Eschenjäger den Gars bestiegen hatte, auf dem Gipfel aufpflanzte, daß sie der Herr Pfarrer mit dem Fernrohre sähe, was als Zeichen gälte, daß sie oben seien,

[1]**So klar . . . erkennen** Although the sun shone clearly and the snow-covered heights and fields lay before them in (all) their beauty, they could not recognize the areas

[2]**verhängt** veiled

[3]**Endlich war . . . Feuer** Finally it seemed to the boy as if he saw a fire hopping (up and down) on one of the sloping fields

und welche Fahne damals der fremde Herr dem Herrn Pfarrer geschenkt hat. Du warst noch ein recht kleines Kind."

"Ja, Konrad."

Nach einer Zeit sahen die Kinder auch die Menschen, die bei der Fahne waren, kleine schwarze Stellen, die sich zu bewegen schienen. Der Ruf des Hornes wiederholte sich von Zeit zu Zeit und kam immer näher. Die Kinder antworteten jedesmal.

Endlich sahen sie über den Schneeabhang gegen sich her mehrere Männer mit ihren Stöcken herabfahren, die die Fahne in ihrer Mitte hatten. Da sie näher kamen, erkannten sie dieselben. Es war der Hirt Philipp mit dem Horne, seine zwei Söhne, dann der junge Eschenjäger und mehrere Bewohner von Gschaid.

"Gebenedeit sei Gott,"[1] schrie Philipp, "da seid ihr ja. Der ganze Berg ist voll Leute. Laufe doch einer gleich in die Sideralpe hinab[2] und läute die Glokke, daß die dort hören, daß wir sie gefunden haben, und einer muß auf den Krebsstein gehen und die Fahne dort aufpflanzen, daß sie dieselbe in dem Tale sehen und die Böller abschießen, damit die es wissen, die im Millsdorfer Walde suchen, und damit sie in Gschaid die Rauchfeuer anzünden, die in der Luft gesehen werden, und alle, die noch auf dem Berge sind, in die Sideralpe hinab bedeuten. Das sind Weihnachten!"

"Ich laufe in die Alpe hinab," sagte einer.

"Ich trage die Fahne auf den Krebsstein," sagte ein anderer.

"Und wir werden die Kinder in die Sideralpe hinabbringen, so gut wir es vermögen, und so gut uns Gott helfe," sagte Philipp.

Ein Sohn Philipps schlug den Weg nach abwärts ein, und der andere ging mit der Fahne durch den Schnee dahin.

Der Eschenjäger nahm das Mädchen bei der Hand, der Hirt Philipp den Knaben. Die andern halfen, wie sie konnten. So begann man den Weg. Er ging in Windungen. Bald gingen sie nach einer Richtung, bald schlugen sie die entgegengesetzte ein, bald gingen sie abwärts, bald aufwärts. Immer ging es durch Schnee, immer durch Schnee, und die Gegend blieb sich beständig gleich.[3] Über sehr schiefe Flächen taten sie Steigeisen an die Füße und trugen die Kinder. Endlich nach langer Zeit hörten sie ein Glöcklein, das sanft und fein zu ihnen heraufkam und das erste Zeichen war, das ihnen die niederen Gegenden wieder zusandten. Sie mußten wirklich sehr tief herabgekommen sein; denn sie sahen ein Schneehaupt recht hoch und recht blau über sich ragen. Das Glöcklein aber, das sie hörten, war das der Sideralpe, das geläutet wurde, weil dort die Zusammenkunft verabredet war.[4] Da sie noch weiterkamen, hörten sie auch schwach in die stille Luft die Böllerschüsse herauf, die infolge der ausgesteckten Fahne abgefeuert wurden, und sahen dann in die Luft feine Rauchsäulen aufsteigen.

[1]**Gebenedeit sei Gott** Praise be to God

[2]**Laufe doch . . . hinab** Someone (one of you) run down to Sider meadow

[3]**die Gegend . . . gleich** the area (scenery) remained unchanged (the same)

[4]**weil dort . . . war** because that was the prearranged meeting place

Da sie nach einer Weile über eine sanfte schiefe Fläche abgingen, erblickten sie die Sideralphütte. Sie gingen auf sie zu. In der Hütte brannte ein Feuer, die Mutter der Kinder war da, und mit einem furchtbaren Schrei sank sie in den Schnee zurück, als sie die Kinder mit dem Eschenjäger kommen sah.

Dann lief sie herzu, betrachtete sie überall, wollte ihnen zu essen geben, wollte sie wärmen, wollte sie in vorhandenes Heu legen; aber bald überzeugte sie sich, daß die Kinder durch die Freude stärker seien, als sie gedacht hatte, daß sie nur einiger warmer Speise bedurften, die sie bekamen, und daß sie nur ein wenig ausruhen mußten, was ihnen ebenfalls zuteil werden sollte.[1]

Da nach einer Zeit der Ruhe wieder eine Gruppe Männer über die Schneefläche herabkam, während das Hüttenglöcklein immer fortläutete, liefen die Kinder selber mit den andern hinaus, um zu sehen, wer es sei. Der Schuster war es, der einstige Alpensteiger, mit Alpenstock und Steigeisen, begleitet von seinen Freunden und Kameraden.

"Sebastian, da sind sie!" schrie das Weib.

Er aber war stumm, zitterte und lief auf sie zu. Dann rührte er die Lippen, als wollte er etwas sagen, sagte aber nichts, riß die Kinder an sich und hielt sie lange. Dann wandte er sich gegen sein Weib, schloß es an sich und rief: "Sanna, Sanna!"

Nach einer Weile nahm er den Hut, der ihm in den Schnee gefallen war, auf, trat unter die Männer und wollte reden. Er sagte aber nur: "Nachbarn, Freunde, ich danke euch."

Da man noch gewartet hatte, bis die Kinder sich zur Beruhigung erholt hatten, sagte er: "Wenn wir alle beisammen sind, so können wir in Gottes Namen aufbrechen."

"Es sind wohl noch nicht alle," sagte der Hirt Philipp, "aber die noch abgehen,[2] wissen aus dem Rauche, daß wir die Kinder haben, und sie werden schon nach Hause gehen, wenn sie die Alphütte leer finden." Man machte sich zum Aufbruche bereit.

Man war auf der Sideralphütte gar nicht weit von Gschaid entfernt, aus dessen Fenstern man im Sommer recht gut die grüne Matte sehen konnte, auf der die graue Hütte mit dem kleinen Glockentürmlein stand; aber es war unterhalb eine fallrechte Wand, die viele Klaftern hoch hinabging[3] und auf der man im Sommer nur mit Steigeisen, im Winter gar nicht hinabkommen konnte. Man mußte daher den Umweg zum Halse machen, um von der Unglückssäule aus nach Gschaid hinabzukommen. Auf dem Wege gelangte man über die Siderwiese, die noch näher an Gschaid ist, so daß man die Fenster des Dörfleins zu erblicken meinte.

Als man über diese Wiese ging, tönte hell und deutlich das Glöcklein der Gschaider Kirche herauf, die Wandlung des heiligen Hochamtes verkündend.[4]

[1] **daß sie . . . sollte** that they had to rest a little, which they did

[2] **Es sind . . . abgehen** "Not everyone is here yet," said Philipp the shepherd, "but those still missing

[3] **es war . . . hinabging** below it was a steep wall that went down many fathoms

[4] **die Wandlung . . . verkündend** announcing the consecration (transubstantiation)

Der Pfarrer hatte wegen der allgemeinen Bewegung, die am Morgen in Gschaid war, die Abhaltung des Hochamtes verschoben,[1] da er dachte, daß die Kinder zum Vorscheine kommen würden. Allein endlich, da noch immer keine Nachricht eintraf, mußte die heilige Handlung doch vollzogen werden.[2]

Als das Wandlungsglöcklein tönte, sanken alle, die über die Siderwiese gingen, auf die Knie in den Schnee und beteten. Als der Klang des Glöckleins aus war, standen sie auf und gingen weiter.

Der Schuster trug meistens das Mädchen und ließ sich von ihm alles erzählen.

Als sie schon gegen den Wald des Halses kamen, trafen sie Spuren, von denen der Schuster sagte: "Das sind keine Fußstapfen von Schuhen meiner Arbeit."

Die Sache klärte sich bald auf. Wahrscheinlich durch die vielen Stimmen, die auf dem Platze tönten, angelockt, kam wieder eine Abteilung Männer auf die Herabgehenden zu. Es war der aus Angst aschenhaft entfärbte Färber,[3] der an der Spitze seiner Knechte, seiner Gesellen und mehrerer Millsdorfer bergab kam.

"Sie sind über das Gletschereis und über die Schründe gegangen, ohne es zu wissen," rief der Schuster seinem Schwiegervater zu.

"Da sind sie ja — da sind sie ja — Gott sei Dank," antwortete der Färber, "ich weiß es schon, daß sie oben waren, als dein Bote in der Nacht zu uns kam und wir mit Lichtern den ganzen Wald durchsucht und nichts gefunden hatten — und als dann das Morgengrau anbrach, bemerkte ich an dem Wege, der von der roten Unglückssäule links gegen den Schneeberg hinanführt, daß dort, wo man eben von der Säule weggeht, hin und wieder mehrere Reiserchen und Rütchen geknickt sind,[4] wie Kinder gerne tun, wo sie eines Weges gehen — da wußte ich es — die Richtung ließ sie nicht mehr aus,[5] weil sie in der Höhlung gingen, weil sie zwischen den Felsen gingen und weil sie dann auf dem Grat gingen, der rechts und links so steil ist, daß sie nicht hinabkommen konnten. Sie mußten hinauf. Ich schickte nach dieser Beobachtung gleich nach Gschaid, aber der Holzknecht Michael, der hinüberging, sagte bei der Rückkunft, da er uns fast am Eise oben traf, daß ihr sie schon habet, weshalb wir wieder heruntergingen."

"Ja," sagte Michael, "ich habe es gesagt, weil die rote Fahne schon auf dem Krebssteine steckt und die Gschaider dieses als Zeichen erkannten, das verabredet worden war. Ich sagte euch, daß auf diesem Wege da alle herabkommen müssen, weil man über die Wand nicht gehen kann."

"Und knie nieder und danke Gott auf den Knien, mein Schwiegersohn," fuhr der Färber fort, "daß kein Wind gegangen ist. Hundert Jahre werden wieder vergehen, daß ein so wunderbarer Schneefall niederfällt und daß er

---

[1] **die Abhaltung . . . verschoben** postponed the celebration of the mass

[2] **mußte die . . . werden** the ceremony still had to be conducted

[3] **Es war . . . Färber** It was the dyer, his face ashen from worry

[4] **mehrere Reiserchen . . . sind** several small branches and twigs were broken

[5] **die Richtung . . . aus** the direction they took forced them onward (forward)

gerade niederfällt, wie nasse Schnüre von einer Stange hängen.[1] Wäre ein Wind gegangen, so wären die Kinder verloren gewesen."

"Ja, danken wir Gott, danken wir Gott," sagte der Schuster.

Der Färber, der seit der Ehe seiner Tochter nie in Gschaid gewesen war, beschloß, die Leute nach Gschaid zu begleiten.

Da man schon gegen die rote Unglückssäule zu kam, wo der Holzweg begann, wartete ein Schlitten, den der Schuster auf alle Fälle dahin bestellt hatte. Man tat die Mutter und die Kinder hinein, versah sie hinreichend mit Decken und Pelzen, die im Schlitten waren, und ließ sie nach Gschaid vorausfahren.

Die andern folgten und kamen am Nachmittage in Gschaid an.

Die, welche noch auf dem Berge gewesen waren und erst durch den Rauch das Rückzugszeichen erfahren hatten, fanden sich auch nach und nach ein. Der letzte, welcher erst am Abende kam, war der Sohn des Hirten Philipp, der die rote Fahne auf den Krebsstein getragen und sie dort aufgepflanzt hatte.

In Gschaid wartete die Großmutter, welche herübergefahren war.

"Nie, nie," rief sie aus, "dürfen die Kinder in ihrem ganzen Leben mehr im Winter über den Hals gehen."

Die Kinder waren von dem Getriebe betäubt. Sie hatten noch etwas zu essen bekommen, und man hatte sie in das Bett gebracht. Spät gegen Abend, da sie sich ein wenig erholt hatten, da einige Nachbarn und Freunde sich in der Stube eingefunden hatten und dort von dem Ereignisse redeten, die Mutter aber in der Kammer an dem Bettchen Sannas saß und sie streichelte, sagte das Mädchen: "Mutter, ich habe heute nacht, als wir auf dem Berge saßen, den heiligen Christ gesehen."

"O du mein geduldiges, du mein liebes, du mein herziges Kind," antwortete die Mutter, "er hat dir auch Gaben gesendet, die du bald bekommen wirst."

Die Schachteln waren ausgepackt worden, die Lichter waren angezündet, die Tür in die Stube wurde geöffnet, und die Kinder sahen von dem Bette auf den verspäteten, hell leuchtenden, freundlichen Christbaum hinaus. Trotz der Erschöpfung mußte man sie noch ein wenig ankleiden, daß sie hinausgingen, die Gaben empfingen, bewunderten und endlich mit ihnen entschliefen.

In dem Wirtshause in Gschaid war es an diesem Abende lebhafter als je. Alle, die nicht in der Kirche gewesen waren, waren jetzt dort und die andern auch. Jeder erzählte, was er gesehen und gehört, was er getan, was er geraten und was für Begegnisse und Gefahren er erlebt hatte. Besonders aber wurde hervorgehoben, wie man alles hätte anders und besser machen können.

Das Ereignis hat einen Abschnitt in die Geschichte von Gschaid gebracht, es hat auf lange den Stoff zu Gesprächen gegeben, und man wird noch nach Jahren davon reden, wenn man den Berg an heitern Tagen besonders deutlich sieht, oder wenn man den Fremden von seinen Merkwürdigkeiten erzählt.

Die Kinder waren von dem Tage an erst recht das Eigentum des Dorfes geworden, sie wurden von nun an nicht mehr als Auswärtige, sondern als

---

[1] **daß ein . . . hängen** before we'll have another snowfall like this one, with snow falling straight down like wet strings hanging from a pole

Eingeborne betrachtet,[1] die man sich von dem Berge herabgeholt hatte. Auch ihre Mutter Sanna war nun eine Eingeborne von Gschaid.

Die Kinder aber werden den Berg nicht vergessen und werden ihn jetzt noch ernster betrachten, wenn sie in dem Garten sind, wenn wie in der Vergangenheit die Sonne sehr schön scheint, der Lindenbaum duftet, die Bienen summen und er so schön und so blau wie das sanfte Firmament auf sie herniederschaut.

---

[1] **sie wurden . . . betrachtet** from now on they were no longer viewed as outsiders, but as natives

L'Arrabbiata[1]

Paul Heyse

Die Sonne war noch nicht aufgegangen. Über dem Vesuv lagerte eine breite graue Nebelschicht, die sich nach Neapel hinüberdehnte und die kleinen Städte an jenem Küstenstrich verdunkelte.[2] Das Meer lag still. An der Marine aber, die unter dem hohen Sorrentiner Felsenufer in einer engen Bucht angelegt ist, rührten sich schon Fischer mit ihren Weibern, die Kähne mit Netzen, die zum Fischen über Nacht draußen gelegen hatten, an großen Tauen ans Land zu ziehen.[3] Andere rüsteten ihre Barken, richteten die Segel zu und schleppten Ruder und Segelstangen aus den großen vergitterten Gewölben vor, die tief in den Felsen hineingebaut über Nacht das Schiffsgerät bewahren.[4] Man sah keinen müßig gehen; denn auch die Alten, die keine Fahrt mehr machten, reihten sich in die große Kette derer ein, die an den Netzen zogen, und hie und da stand ein Mütterchen mit der Spindel auf einem der flachen Dächer, oder machte sich mit den Enkeln zu schaffen, während die Tochter dem Manne half.

"Siehst du, Rachela? da ist unser Padre Curato," sagte eine Alte zu einem kleinen Ding von zehn Jahren, das neben ihr sein Spindelchen schwang. "Eben steigt er ins Schiff. Der Antonino soll ihn nach Capri hinüberfahren. Maria Santissima, was sieht der ehrwürdige Herr noch verschlafen aus!"[5] — Und damit winkte sie mit der Hand einem kleinen freundlichen Priester zu, der unten sich eben zurechtsetzte in der Barke, nachdem er seinen schwarzen Rock[6] sorgfältig aufgehoben und über die Holzbank gebreitet hatte. Die andern am Strand hielten mit der Arbeit ein, um ihren Pfarrer abfahren zu sehen, der nach rechts und links freundlich nickte und grüßte.

"Warum muß er denn nach Capri, Großmutter?" fragte das Kind. "Haben die Leute dort keinen Pfarrer, daß sie unsern borgen müssen?"

[1]Heyse published this novella in 1853. In some editions the title is spelled *L'arrabiata*.

[2]**Über dem . . . verdunkelte** Over Mt. Vesuvius hung a wide, gray layer of fog that stretched toward Naples and darkened the small towns along the coastal strip

[3]**die Kähne . . . ziehen** to pull ashore, with large ropes, the fishing boats and nets that had lain out overnight

[4]**Andere rüsteten . . . bewahren** Others were rigging their boats, trimming the sails, and dragging oars and masts out of the large, iron-barred vaults that had been built deep into the cliffs to store the tackle overnight

[5]**Maria Santissima . . . verschlafen aus** By the most blessed (holy) Virgin, the reverend father still looks sleepy

[6]**Rock** cassock

"Sei nicht so einfältig," sagte die Alte. "Genug haben sie da und die schönsten Kirchen und sogar einen Einsiedler, wie wir ihn nicht haben. Aber da ist eine vornehme Signora, die[1] hat lange hier in Sorrent gewohnt und war sehr krank, daß der Padre oft zu ihr mußte mit dem Hochwürdigsten,[2] wenn sie dachten, sie übersteht keine Nacht mehr. Nun, die heilige Jungfrau hat ihr beigestanden, daß sie wieder frisch und gesund worden ist und hat alle Tage im Meere baden können. Als sie von hier fort ist, nach Capri hinüber, hat sie noch einen schönen Haufen Dukaten[3] an die Kirche geschenkt und an das arme Volk, und hat nicht fortwollen,[4] sagen sie, ehe der Padre nicht versprochen hat, sie drüben zu besuchen, daß sie ihm beichten kann. Denn es ist erstaunlich, was sie auf ihn hält. Und wir können uns segnen, daß wir ihn zum Pfarrer haben, der Gaben hat wie ein Erzbischof, und dem die hohen Herrschaften nachfragen.[5] Die Madonna sei mit ihm!" — Und damit winkte sie zum Schiffchen hinunter, das eben abstoßen wollte.

"Werden wir klares Wetter haben, mein Sohn?" fragte der kleine Priester und sah bedenklich nach Neapel hinüber.

"Die Sonne ist noch nicht heraus," erwiderte der Bursch. "Mit dem bißchen Nebel wird sie schon fertig werden."

"So fahr zu, daß wir vor der Hitze ankommen!"

Antonino griff eben zu dem langen Ruder, um die Barke ins Freie zu treiben, als er plötzlich innehielt und nach der Höhe des steilen Weges hinaufsah, der von dem Städtchen Sorrent zur Marine hinabführt.

Eine schlanke Mädchengestalt ward oben sichtbar, die eilig die Steine hinabschritt und mit einem Tuch winkte. Sie trug ein Bündelchen unterm Arm, und ihr Aufzug war dürftig genug.[6] Doch hatte sie eine fast vornehme, nur etwas wilde Art, den Kopf in den Nacken zu werfen, und die schwarze Flechte, die sie vorn über der Stirn umgeschlungen trug, stand ihr wie ein Diadem.[7]

"Worauf warten wir?" fragte der Pfarrer.

"Es kommt da noch jemand auf die Barke zu, der auch wohl nach Capri will. Wenn Ihr erlaubt, Padre — es geht darum nicht langsamer, denn 's ist nur ein junges Ding von kaum achtzehn Jahr."

---

[1]**eine vornehme Signora, die** a distinguished lady, she. *Note*: Heyse is using **die** as a demonstrative rather than as a relative pronoun.

[2]**daß der Padre . . . Hochwürdigsten** so that the padre often had to go to her with the sacrament. *Note* the unusual position of **mußte**. Heyse often omits tense auxiliaries and puts verbs, separable prefixes, and other parts of speech in unexpected places.

[3]**einen schönen Haufen Dukaten** a nice pile of ducats

[4]**und hat nicht fortwollen** and did not want to go away. *Note*: it is permissible to omit **gehen** and **machen** when using a modal.

[5]**dem die . . . nachfragen** for whom the gentry asks

[6]**ihr Aufzug . . . genug** her clothing was quite poor

[7]**Doch hatte . . . Diadem** Despite that, she had a nigh elegant, if somewhat savage way of tossing her head backward; and, on her, the black braid that wreathed her brow looked just like a diadem

In diesem Augenblick trat das Mädchen hinter der Mauer hervor, die den gewundenen Weg einfaßt. "Laurella?" sagte der Pfarrer. "Was hat sie in Capri zu tun?"

Antonino zuckte die Achseln. — Das Mädchen kam mit hastigen Schritten heran und sah vor sich hin.

"Guten Tag, l'Arrabbiata!"[1] riefen einige von den jungen Schiffern. Sie hätten wohl noch mehr gesagt, wenn die Gegenwart des Curato sie nicht in Respekt gehalten hätte; denn die trotzige stumme Art, in der das Mädchen ihren Gruß hinnahm, schien die Übermütigen zu reizen.[2]

"Guten Tag, Laurella," rief nun auch der Pfarrer. "Wie steht's? Willst du mit nach Capri?"

"Wenn's erlaubt ist, Padre!"

"Frage den Antonino, der ist der Patron der Barke. Ist jeder doch Herr seines Eigentums und Gott Herr über uns alle."

"Da ist ein halber Carlin,"[3] sagte Laurella, ohne den jungen Schiffer anzusehen. "Wenn ich dafür mitkann."

"Du kannst's besser brauchen, als ich," brummte der Bursch' und schob einige Körbe mit Orangen zurecht, daß Platz wurde. Er sollte sie in Capri verkaufen, denn die Felseninsel trägt nicht genug für den Bedarf der vielen Besucher.

"Ich will nicht umsonst mit," erwiderte das Mädchen, und die schwarzen Augenbrauen zuckten.

"Komm nur, Kind," sagte der Pfarrer. "Er ist ein braver Junge und will nicht reich werden von deiner bißchen Armut. Da, steig' ein" — und er reichte ihr die Hand — "und setz' dich hier neben mich. Sieh, da hat er dir seine Jacke hingelegt, daß du weicher sitzen sollst. Mir hat er's nicht so gut gemacht. Aber junges Volk, das treibt's immer so. Für ein kleines Frauenzimmer wird mehr gesorgt, als für zehn geistliche Herren.[4] Nun, nun, brauchst dich nicht zu entschuldigen, Tonino; 's ist unsers Herrgotts Einrichtung, daß sich gleich zu gleich hält."[5]

Laurella war inzwischen eingestiegen und hatte sich gesetzt, nachdem sie die Jacke, ohne ein Wort zu sagen, beiseit geschoben hatte. Der junge Schiffer ließ sie liegen und murmelte was zwischen den Zähnen. Dann stieß er kräftig gegen den Uferdamm, und der kleine Kahn flog in den Golf hinaus.

"Was hast du im Bündel?" fragte der Pfarrer, während sie nun übers Meer hintrieben, das sich eben von den ersten Sonnenstrahlen lichtete.

"Seide, Garn und ein Brot, Padre. Ich soll die Seide an eine Frau in Capri verkaufen, die Bänder macht, und das Garn an eine andere."

"Hast du's selbst gesponnen?"

---

[1] l'Arrabbiata spitfire (mad woman)

[2] denn die . . . reizen because the silent, defiant way in which she reacted to their greeting seemed to provoke the audacious sailors

[3] Carlin a small Italian coin

[4] Für ein . . . Herren They care more for one little woman than for ten priests

[5] 's ist . . . hält it's our Lord's will that like is attracted to like

181

"Ja, Herr."

"Wenn ich mich recht erinnere, hast du auch gelernt Bänder machen."

"Ja, Herr. Aber es geht wieder schlimmer mit der Mutter, daß ich nicht aus dem Hause kann, und einen eigenen Webstuhl können wir nicht bezahlen."

"Geht schlimmer? Oh! oh! Da ich um Ostern bei euch war, saß sie doch auf."

"Der Frühling ist immer die böseste Zeit für sie. Seit wir die großen Stürme hatten und die Erdstöße, hat sie immer liegen müssen vor Schmerzen."

"Laß nicht nach mit Beten und Bitten, mein Kind, daß die heilige Jungfrau Fürbitte tut.[1] Und sei brav und fleißig, damit dein Gebet erhört werde."

Nach einer Pause: "Wie du da zum Strand herunterkamst, riefen sie dir zu: Guten Tag, l'Arrabbiata! Warum heißen sie dich so? Es ist kein schöner Name für eine Christin, die sanft sein soll und demütig."

Das Mädchen glühte über das ganze braune Gesicht und ihre Augen funkelten.

"Sie haben ihren Spott mit mir, weil ich nicht tanze und singe und viel Redens mache, wie andere. Sie sollten mich gehen lassen; ich tu' ihnen ja nichts."

"Du könntest aber freundlich sein zu jedermann. Tanzen und singen mögen andere, denen das Leben leichter ist. Aber ein gutes Wort geben schickt sich auch für einen Betrübten."

Sie sah vor sich nieder und zog die Brauen dichter zusammen, als wollte sie ihre schwarzen Augen darunter verstecken. Eine Weile fuhren sie schweigend dahin. Die Sonne stand nun prächtig über dem Gebirg', die Spitze des Vesuvs ragte über die Wolkenschicht heraus, die noch den Fuß umzogen hielt,[2] und die Häuser auf der Ebene von Sorrent blinkten weiß aus den grünen Orangengärten hervor.

"Hat jener Maler nichts wieder von sich hören lassen, Laurella, jener Neapolitaner, der dich zur Frau haben wollte?" fragte der Pfarrer.

Sie schüttelte den Kopf.

"Er kam damals, ein Bild von dir zu machen. Warum hast du's ihm abgeschlagen?"[3]

"Wozu wollt' er es nur? Es sind andere schöner als ich. Und dann — wer weiß, was er damit getrieben hätte. Er hätte mich damit verzaubern können und meine Seele beschädigen, oder mich gar zu Tode bringen, sagte die Mutter."

"Glaube nicht so sündliche Dinge," sprach der Pfarrer ernsthaft. "Bist du nicht immer in Gottes Hand, ohne dessen Willen dir kein Haar vom Haupte fällt? Und soll ein Mensch mit so einem Bild in der Hand stärker sein als der Herrgott? — Zudem konntest du ja sehen, daß er dir wohlwollte. Hätte er dich sonst heiraten wollen?"

---

[1] **daß die . . . tut** so that the blessed (holy) Virgin may intercede

[2] **die Spitze . . . hielt** the peak of Mt. Vesuvius jutted above the layer of clouds that still surrounded its base

[3] **Warum hast . . . abgeschlagen** Why didn't you let him

Sie schwieg.

"Und warum hast du ihn ausgeschlagen? Es soll ein braver Mann gewesen sein und ganz stattlich und hätte dich und deine Mutter besser ernähren können, als du es nun kannst mit dem bißchen Spinnen und Seidewickeln."

"Wir sind arme Leute," sagte sie heftig, "und meine Mutter nun gar seit so lange krank. Wir wären ihm nur zur Last gefallen. Und ich tauge auch nicht für einen Signore.[1] Wenn seine Freunde zu ihm gekommen wären, hätte er sich meiner geschämt."[2]

"Was du auch redest! Ich sage dir ja, daß es ein braver Herr war. Und überdies wollte er ja nach Sorrent übersiedeln. Es wird nicht bald so einer wiederkommen, der wie recht vom Himmel geschickt war, um euch auszuhelfen."

"Ich will gar keinen Mann, niemals!" sagte sie ganz trotzig und wie vor sich hin.

"Hast du ein Gelübde getan, oder willst in ein Kloster gehn?"

Sie schüttelte den Kopf.

"Die Leute haben recht, die dir deinen Eigensinn vorhalten,[3] wenn auch jener Name nicht schön ist. Bedenkst du nicht, daß du nicht allein auf der Welt bist und durch diesen Starrsinn deiner kranken Mutter das Leben und ihre Krankheit nur bitterer machst? Was kannst du für wichtige Gründe haben, jede rechtschaffene Hand abzuweisen, die dich und die Mutter stützen will?[4] Antworte mir, Laurella!"

"Ich habe wohl einen Grund," sagte sie leise und zögernd. "Aber ich kann ihn nicht sagen."

"Nicht sagen? Auch mir nicht? Nicht deinem Beichtvater, dem du doch sonst wohl zutraust, daß er es gut mit dir meint? Oder nicht?"

Sie nickte.

"So erleichtere dein Herz, Kind. Wenn du recht hast, will ich der erste sein, dir recht zu geben.[5] Aber du bist jung und kennst die Welt wenig, und es möchte dich später einmal gereuen, wenn du nun kindischer Gedanken willen dein Glück verscherzt hast."[6]

Sie warf einen flüchtigen scheuen Blick nach dem Burschen hinüber, der emsig rudernd hinten im Kahn saß und die wollene Mütze tief in die Stirn gezogen hatte. Er starrte zur Seite ins Meer und schien in seine eigenen Gedanken versunken zu sein. Der Pfarrer sah ihren Blick und neigte sein Ohr näher zu ihr.

---

[1]**Und ich . . . Signore** Moreover, I'm not fit to be a gentleman's wife

[2]**hätte er sich meiner geschämt** he would have been ashamed of me. *Note*: in older German **sich schämen** often requires a genitive object.

[3]**Die Leute . . . vorhalten** People who reproach you for being stubborn are right

[4]**Was kannst . . . will** What kind of pressing reasons can you possibly have for rejecting every honest hand that reaches out to support (help) you and your mother

[5]**Wenn du . . . geben** If you're right, I'll be the first to agree with you

[6]**wenn du . . . hast** if you, on account of your childish way of thinking, have thrown away your (chance at) happiness

"Ihr habt meinen Vater nicht gekannt," flüsterte sie, und ihre Augen sahen finster.

"Deinen Vater? Er starb ja, denk' ich, da du kaum zehn Jahr alt warst. Was hat dein Vater, dessen Seele im Paradiese sein möge, mit deinem Eigensinn zu schaffen?"

"Ihr habt ihn nicht gekannt, Padre. Ihr wißt nicht, daß er allein schuld ist an der Krankheit der Mutter."

"Wie so?"

"Weil er sie mißhandelt hat und geschlagen und mit Füßen getreten. Ich weiß noch die Nächte, wenn er nach Hause kam und war in Wut. Sie sagte ihm nie ein Wort und tat alles, was er wünschte. Er aber schlug sie, daß mir das Herz brechen wollte. Ich zog dann die Decke über den Kopf und tat, als ob ich schliefe, weinte aber die ganze Nacht. Und wenn er sie dann am Boden liegen sah, verwandelt' er sich plötzlich und hob sie auf und küßte sie, daß sie schrie, er werde sie ersticken. Die Mutter hat mir verboten, daß ich nie ein Wort davon sagen soll; aber es griff sie so an, daß sie nun die langen Jahre, seit er tot ist, noch nicht wieder gesund geworden ist. Und wenn sie früh sterben sollte, was der Himmel verhüte, ich weiß wohl, wer sie umgebracht hat."

Der kleine Priester wiegte das Haupt und schien unschlüssig, wie weit er seinem Beichtkind recht geben sollte. Endlich sagte er: "Vergib ihm, wie ihm deine Mutter vergeben hat. Hefte nicht deine Gedanken an jene traurigen Bilder, Laurella. Es werden bessere Zeiten für dich kommen und dich alles vergessen machen."

"*Nie* vergeß' ich das," sagte sie und schauerte zusammen. "Und wißt, Padre, darum will ich eine Jungfrau bleiben, um keinem untertänig zu sein, der mich mißhandelte und dann liebkoste.[1] Wenn mich jetzt einer schlagen oder küssen will, so weiß ich mich zu wehren. Aber meine Mutter durfte sich schon nicht wehren, nicht der Schläge erwehren und nicht der Küsse, weil sie ihn liebhatte.[2] Und ich will keinen so liebhaben, daß ich um ihn krank und elend würde."

"Bist du nun nicht ein Kind und sprichst wie eine, die nichts weiß von dem, was auf Erden geschieht? Sind denn alle Männer wie dein armer Vater war, daß sie jeder Laune und Leidenschaft nachgeben und ihren Frauen schlecht begegnen?[3] Hast du nicht rechtschaffene Menschen genug gesehen in der ganzen Nachbarschaft, und Frauen, die in Frieden und Einigkeit mit ihren Männern leben?"

"Von meinem Vater wußt' es auch niemand, wie er zu meiner Mutter war, denn sie wäre eher tausendmal gestorben, als es einem sagen und klagen. Und

---

[1] **um keinem . . . liebkoste** to be subject to no one who might abuse me and then caress me

[2] **Aber meine . . . liebhatte** But my mother couldn't defend herself — resist neither the blows nor the kisses — because she loved him. *Note:* **erwehren** is a genitive verb, hence **der Schläge** and **der Küsse**.

[3] **daß sie . . . begegnen** that they give in to every whim and passion and treat their wives badly

das alles, weil sie ihn liebte. Wenn es so um die Liebe ist, daß sie einem die Lippen schließt, wo man Hilfe schreien sollte, und einen wehrlos macht gegen Ärgeres, als der ärgste Feind einem antun könnte, so will ich nie mein Herz an einen Mann hängen."[1]

"Ich sage dir, daß du ein Kind bist und nicht weißt, was du sprichst. Du wirst auch viel gefragt werden von deinem Herzen, ob du lieben willst oder nicht, wenn seine Zeit gekommen ist; dann hilft alles nicht, was du dir in den Kopf setzt." — Wieder nach einer Pause: "Und jener Maler, hast du ihm auch zugetraut, daß er dir hart begegnen würde?"[2]

"Er machte so Augen, wie ich sie bei meinem Vater gesehen habe, wenn er der Mutter abbat[3] und sie in die Arme nehmen wollte, um ihr wieder gute Worte zu geben. *Die* Augen kenn' ich. Es kann sie auch einer machen, der's übers Herz bringt, seine Frau zu schlagen, die ihm nie was zuleide getan hat. Mir graute, als ich *die* Augen wieder sah."

Darauf schwieg sie beharrlich still. Auch der Pfarrer schwieg. Er besann sich wohl auf viele schöne Sprüche, die er dem Mädchen hätte vorhalten können. Aber die Gegenwart des jungen Schiffers, der gegen das Ende der Beichte unruhiger geworden war, verschloß ihm den Mund.

Als sie nach einer zweistündigen Fahrt in dem kleinen Hafen von Capri anlangten, trug Antonino den geistlichen Herrn aus dem Kahn über die letzten flachen Wellen und setzte ihn ehrerbietig ab. Doch hatte Laurella nicht warten wollen, bis er wieder zurückwatete und sie nachholte. Sie nahm ihr Röckchen zusammen, die Holzpantöffelchen in die rechte, das Bündel in die linke Hand und plätscherte hurtig ans Land.[4]

"Ich bleibe heut wohl lang auf Capri," sagte der Padre, "und du brauchst nicht auf mich zu warten. Vielleicht komm' ich gar erst morgen nach Haus. Und du, Laurella, wenn du heimkommst, grüße die Mutter. Ich besuche euch in dieser Woche noch. Du fährst doch noch vor der Nacht zurück?"

"Wenn Gelegenheit ist," sagte das Mädchen und machte sich an ihrem Rock zu schaffen.

"Du weißt, daß ich auch zurück muß," sprach Antonino, wie er meinte, in sehr gleichgültigem Ton.[5] "Ich wart' auf dich bis Ave Maria.[6] Wenn du dann nicht kommst, so soll mir's auch gleich sein."[7]

"Du mußt kommen, Laurella," fiel der kleine Herr ein. "Du darfst deine Mutter keine Nacht allein lassen. Ist's weit wo du hinmußt?"

---

[1] **Wenn es . . . hängen** If love seals your lips in situations where you ought to scream for help, and if it makes you defenseless against things that are even worse than what your worst enemy would inflict on you, then I'll never give my heart to a man

[2] **hast du . . . würde** did you believe that he would mistreat you (that he was capable of mistreating you)

[3] **Er machte . . . abbat** He made the same eyes that my father made when he begged my mother for forgiveness

[4] **plätscherte hurtig ans Land** quickly splashed through the water to the land

[5] **wie er . . . Ton** in what he thought was a very indifferent tone

[6] **Ave Maria** Angelus (evening prayers)

[7] **Wenn du . . . sein** If you don't come by then, it won't matter to me

"Auf Anacapri, in ein Vigne."[1]

"Und ich muß auf Capri zu. Behüt' dich Gott, Kind, und dich, mein Sohn!"

Laurella küßte ihm die Hand und ließ ein Lebtwohl fallen, in das sich der Padre und Antonino teilen mochten.[2] Antonino indessen eignete sich's nicht zu.[3] Er zog seine Mütze vor dem Padre und sah Laurella nicht an.

Als sie ihm aber beide den Rücken gekehrt hatten, ließ er seine Augen nur kurze Zeit mit dem geistlichen Herrn wandern, der über das tiefe Kieselgeröll mühsam hinschritt, und schickte sie dann dem Mädchen nach, das sich rechts die Höhe hinauf gewandt hatte, die Hand über die Augen haltend gegen die scharfe Sonne. Eh' sich der Weg oben zwischen Mauern zurückzog, stand sie einen Augenblick still, wie um Atem zu schöpfen, und sah um. Die Marine lag zu ihren Füßen, ringsum türmte sich der schroffe Fels, das Meer blaute in seltener Pracht — es war wohl ein Anblick des Stehenbleibens wert.[4] Der Zufall fügte es, daß ihr Blick, bei Antoninos Barke vorübereilend, sich mit jenem Blick begegnete,[5] den Antonino ihr nachgeschickt hatte. Sie machten beide eine Bewegung wie Leute, die sich entschuldigen wollen, es sei etwas nur aus Versehen geschehen, worauf das Mädchen mit finsterm Munde ihren Weg fortsetzte.

Es war erst eine Stunde nach Mittag und schon saß Antonino zwei Stunden lang auf einer Bank vor der Fischerschenke.[6] Es mußte ihm was durch den Sinn gehen, denn alle fünf Minuten sprang er auf, trat in die Sonne hinaus und überblickte sorgfältig die Wege, die links und rechts nach den zwei Inselstädtchen führen. Das Wetter sei ihm bedenklich, sagte er dann zu der Wirtin der Osterie.[7] Es sei wohl klar, aber er kenne diese Farbe des Himmels und Meers. Gerade so habe es ausgesehen, eh' der letzte große Sturm war, wo er die englische Familie nur mit Not ans Land gebracht habe. Sie werde sich erinnern.

"Nein," sagte die Frau.

Nun, sie solle an ihn denken, wenn sich's noch vor Nacht verändere.

"Sind viel Herrschaften drüben?" fragte die Wirtin nach einer Weile.

[1] **Auf Anacapri . . . Vigne** to Anacapri, to a vineyard

[2] **ließ ein . . . mochten** uttered one farewell that was intended for both the padre and Antonino

[3] **Antonino indessen . . . nicht zu** Antonino, however, didn't claim his share (of the farewell)

[4] **Die Marine . . . wert** The marina lay at her feet, the steep cliff towered over her, the sea sparkled in an unusual blue splendor — a view well worth a moment's pause

[5] **Der Zufall . . . begegnete** As her eyes swept quickly over Antonino's boat, chance so had it that her glance met Antonino's gaze

[6] **Fischerschenke** fisherman's tavern

[7] **Osterie** tavern

"Es fängt eben an. Bisher hatten wir schlechte Zeit. Die wegen der Bäder kommen, ließen auf sich warten."[1]

"Das Frühjahr kam spät. Habt ihr mehr verdient, als wir hier auf Capri?"

"Es hätte nicht ausgereicht, zweimal die Woche Makkaroni zu essen, wenn ich bloß auf die Barke angewiesen wäre.[2] Dann und wann einen Brief nach Neapel zu bringen, oder einen Signore aufs Meer gerudert, der angeln wollte — das war alles. Aber Ihr wißt, daß mein Onkel die großen Orangengärten hat und ein reicher Mann ist. Tonino, sagt er, so lang ich lebe, sollst du nicht Not leiden, und hernach wird auch für dich gesorgt werden. So hab' ich den Winter mit Gottes Hilfe überstanden."

"Hat er Kinder, Euer Onkel?"

"Nein. Er war nie verheiratet und lang außer Landes, wo er denn manchen guten Piaster zusammengebracht hat.[3] Nun hat er vor, eine große Fischerei anzufangen, und will mich über das ganze Wesen setzen, daß ich nach dem Rechten sehe."[4]

"So seid Ihr ja ein gemachter Mann, Antonino."

Der junge Schiffer zuckte die Achseln. "Es hat jeder sein Bündel zu tragen,"[5] sagte er. Damit sprang er auf und sah wieder links und rechts nach dem Wetter, obwohl er wissen mußte, daß es nur *eine* Wetterseite gibt.

"Ich bring' Euch noch eine Flasche. Euer Onkel kann's bezahlen," sagte die Wirtin.

"Nur noch ein Glas, denn Ihr habt hier eine feurige Art Wein. Der Kopf ist mir schon ganz warm."

"Er geht nicht ins Blut. Ihr könnt trinken, so viel Ihr wollt. Da kommt eben mein Mann, mit dem müßt Ihr noch eine Weile sitzen und schwatzen."

Wirklich kam, das Netz über die Schulter gehängt, die rote Mütze über den geringelten Haaren, der stattliche Padrone der Schenke[6] von der Höhe herunter. Er hatte Fische in die Stadt gebracht, die jene vornehme Dame bestellt hatte, um sie dem kleinen Pfarrer von Sorrent vorzusetzen.[7] Wie er des jungen Schiffers ansichtig wurde,[8] winkte er ihm herzlich mit der Hand einen Willkommen zu, setzte sich dann neben ihn auf die Bank und fing an zu fragen und zu erzählen. Eben brachte sein Weib eine zweite Flasche des echten

---

[1]**Die wegen . . . warten** Those (tourists) who come because of the baths are taking their own good time

[2]**Es hätte . . . wäre** If I had had to depend solely on the income from my boat, I wouldn't have been able to eat macaroni twice a week

[3]**und lang . . . hat** and abroad for a long time, where he saved many a piaster

[4]**und will . . . sehe** and wants to put me in charge of the whole affair, of the whole business

[5]**Es hat . . . tragen** Everyone must bear his own burden

[6]**der stattliche . . . Schenke** the handsome proprietor of the tavern

[7]**die jene . . . vorzusetzen** which the previously-mentioned distinguished lady had ordered so she could serve them to the small priest from Sorrento

[8]**Wie er . . . wurde** When he caught sight of the young boatman. *Note*: **ansichtig werden** requires a genitive object.

unverfälschten Capri,[1] als der Ufersand zur Linken knisterte und Laurella des Weges von Anacapri daherkam. Sie grüßte flüchtig mit dem Kopf und stand unschlüssig still.

Antonino sprang auf. "Ich muß fort," sagte er. "'s ist ein Mädchen aus Sorrent, das heut' früh mit dem Signor Curato kam und auf die Nacht wieder zu ihrer kranken Mutter will."

"Nun, nun, 's ist noch lang bis Nacht," sagte der Fischer. "Sie wird doch Zeit haben, ein Glas Wein zu trinken. Hola, Frau, bring noch ein Glas."

"Ich danke, ich trinke nicht," sagte Laurella und blieb in einiger Entfernung.

"Schenk' nur ein, Frau, schenk' ein![2] Sie läßt sich nötigen."[3]

"Laßt sie," sagte der Bursch. "Sie hat einen harten Kopf; was sie einmal nicht will, das redet ihr kein Heiliger ein."[4] — Und damit nahm er eilfertig Abschied, lief nach der Barke hinunter, löste das Seil und stand nun in Erwartung des Mädchens. Die grüßte noch einmal nach den Wirten der Schenke zurück und ging dann mit zaudernden Schritten der Barke zu. Sie sah sich vorher nach allen Seiten um, als erwarte sie, daß sich noch andere Gesellschaft einfinden würde. Die Marine aber war menschenleer; die Fischer schliefen oder fuhren im Meer mit Angeln und Netzen, wenige Frauen und Kinder saßen unter den Türen, schlafend oder spinnend, und die Fremden, die am Morgen herübergefahren, warteten die kühlere Tageszeit zur Rückfahrt ab. Sie konnte auch nicht zu lange umschauen, denn ehe sie es wehren konnte, hatte Antonino sie in die Arme genommen und trug sie wie ein Kind in den Nachen.[5] Dann sprang er nach und mit wenigen Ruderschlägen waren sie schon im offenen Meer.

Sie hatte sich vorn in den Kahn gesetzt und ihm halb den Rücken zugedreht, daß er sie nur von der Seite sehen konnte. Ihre Züge waren jetzt noch ernsthafter als gewöhnlich. Über die kurze Stirn hing das Haar tief herein, um den feinen Nasenflügel zitterte ein eigensinniger Zug,[6] der volle Mund war fest geschlossen. — Als sie eine Zeitlang so stillschweigend über Meer gefahren waren, empfand sie den Sonnenbrand, nahm das Brot aus dem Tuch und schlang dieses über die Flechte. Dann fing sie an von dem Brote zu essen und ihr Mittagsmahl zu halten; denn sie hatte auf Capri nichts genossen.

Antonino sah das nicht lange mit an. Er holte aus einem der Körbe, der am Morgen mit Orangen gefüllt gewesen, zwei hervor und sagte: "Da hast du was zu deinem Brote, Laurella. Glaub' nicht, daß ich sie für dich zurückbehalten

---

[1] **eine zweite . . . Capri** a second bottle of genuine, unadulterated Capri wine

[2] **Schenk' nur ein, Frau, schenk' ein** Just pour, woman, pour

[3] **Sie läßt sich nötigen** She has to be coaxed

[4] **Sie hat . . . ein** She's got a hard head (she's stubborn) and, once she's made up her mind, not even a saint could make her change it

[5] **denn ehe . . . Nachen** before she could prevent it, Antonino had taken her into his arms and was carrying her like a child to the boat

[6] **um den . . . Zug** her delicate nostril flared in obstinacy

habe. Sie sind aus dem Korb in den Kahn gerollt, und ich fand sie, als ich die leeren Körbe wieder in die Barke setzte."

"Iß du sie doch. Ich hab' an meinem Brote genug."

"Sie sind erfrischend in der Hitze, und du bist weit gelaufen."

"Sie gaben mir oben ein Glas Wasser, das hat mich schon erfrischt."

"Wie du willst," sagte er, und ließ sie wieder in den Korb fallen.

Neues Stillschweigen. Das Meer war spiegelglatt und rauschte kaum um den Kiel. Auch die weißen Seevögel, die in den Uferhöhlen nisten, zogen lautlos auf ihren Raub.

"Du könntest die zwei Orangen deiner Mutter bringen," fing Antonino wieder an.

"Wir haben ihrer noch zu Haus, und wenn sie zu Ende sind, geh' ich und kaufe neue."[1]

"Bringe sie ihr nur, und ein Kompliment von mir."

"Sie kennt dich ja nicht."

"So könntest du ihr sagen, wer ich bin."

"Ich kenne dich auch nicht." —

Es war nicht das erste Mal, daß sie ihn so verleugnete. Vor einem Jahr, als der Maler eben nach Sorrent gekommen war, traf sich's an einem Sonntage, daß Antonino mit andern jungen Burschen aus dem Ort auf einem freien Platz neben der Hauptstraße Boccia[2] spielte. Dort begegnete der Maler zuerst Laurella, die, einen Wasserkrug auf dem Kopfe tragend, ohne sein zu achten vorüberschritt.[3] Der Neapolitaner, von dem Anblick betroffen, stand und sah ihr nach, obwohl er sich mitten in der Bahn des Spieles befand und mit zwei Schritten sie hätte räumen können. Eine unsanfte Kugel, die ihm gegen das Fußgelenk fuhr, mußte ihn daran erinnern, daß hier der Ort nicht sei, sich in Gedanken zu verlieren. Er sah um, als erwarte er eine Entschuldigung. Der junge Schiffer, der den Wurf getan hatte, stand schweigend und trotzig inmitten seiner Freunde, so daß der Fremde es für geraten fand, einen Wortwechsel zu vermeiden[4] und zu gehen. Doch hatte man von dem Handel gesprochen und sprach von neuem davon, als der Maler sich offen um Laurella bewarb. Ich kenne ihn nicht, sagte diese unwillig, als der Maler sie fragte, ob sie ihn jenes unhöflichen Burschen wegen ausschlage.[5] Und doch war auch ihr jenes Gerede zu Ohren gekommen. Seitdem, wenn ihr Antonino begegnete, hatte sie ihn doch wohl wiedererkannt.

Und nun saßen sie im Kahn wie die bittersten Feinde, und beiden klopfte das Herz tödlich. Das sonst gutmütige Gesicht Antoninos war heftig gerötet;

---

[1]**Wir haben . . . neue** We still have some at home and, when they're gone, I'll go buy some more

[2]**Boccia** An Italian form of bowling.

[3]**ohne sein zu achten vorüberschritt** walked past without taking notice of him. *Note:* **sein** may be a shortened form of the genitive pronoun **seiner**. The modern German phrase would be: **ohne auf ihn zu achten vorüberschritt**.

[4]**es für . . . vermeiden** found it advisable to avoid an exchange of words

[5]**sagte diese . . . wegen ausschlage** she said indignantly when the painter asked her if she was spurning him on account of that impolite young fellow.

er schlug in die Wellen, daß der Schaum ihn überspritzte, und seine Lippen zitterten zuweilen, als spräche er böse Worte. Sie tat, als bemerke sie es nicht, und machte ihr unbefangenstes Gesicht, neigte sich über den Bord des Nachens und ließ die Flut durch ihre Finger gleiten. Dann band sie ihr Tuch wieder ab und ordnete ihr Haar, als sei sie ganz allein im Kahn. Nur die Augenbrauen zuckten noch, und umsonst hielt sie die nassen Hände gegen ihre brennenden Wangen, um sie zu kühlen.

Nun waren sie mitten auf dem Meer, und nah und fern ließ sich kein Segel blicken. Die Insel war zurückgeblieben, die Küste lag im Sonnenduft weitab, nicht einmal eine Möwe durchflog die tiefe Einsamkeit. Antonino sah um sich her. Ein Gedanke schien in ihm aufzusteigen. Die Röte wich plötzlich von seinen Wangen, und er ließ die Ruder sinken. Unwillkürlich sah Laurella nach ihm um, gespannt, aber furchtlos.

"Ich muß ein Ende machen,"[1] brach der Bursch' heraus. "Es dauert mir schon zu lange und wundert mich schier, daß ich nicht drüber zugrunde gegangen bin.[2] Du kennst mich nicht, sagst du? Hast du nicht lange genug mit angesehn, wie ich bei dir vorüberging als ein Unsinniger und hatte das ganze Herz voll, dir zu sagen?[3] Dann machtest du deinen bösen Mund und drehtest mir den Rücken."[4]

"Was hatt' ich mit dir zu reden?" sagte sie kurz. "Ich habe wohl gesehen, daß du mit mir anbinden wolltest. Ich wollt' aber nicht in der Leute Mäuler kommen um nichts und wieder nichts.[5] Denn zum Manne nehmen mag ich dich nicht, dich nicht und keinen."

"Und keinen? So wirst du nicht immer sagen. Weil du den Maler weggeschickt hast? Pah! Du warst noch ein Kind damals. Es wird dir schon einmal einsam werden, und dann, toll wie du bist, nimmst du den ersten besten."

"Es weiß keiner seine Zukunft. Kann sein, daß ich noch meinen Sinn ändere. Was geht's dich an?"

"Was es mich angeht?" fuhr er auf und sprang von der Ruderbank empor, daß der Kahn schaukelte. "Was es mich angeht? Und so kannst du noch fragen, nachdem du weißt, wie es um mich steht? Müsse *der* elend umkommen, dem je besser von dir begegnet würde, als mir."[6]

"Hab' ich mich dir je versprochen? Kann ich dafür, wenn dein Kopf unsinnig ist? Was hast du für ein Recht auf mich?"

---

[1]**Ich muß ein Ende machen** I've got to put an end to this

[2]**Es dauert . . . bin** This has gone on much too long and I just wonder why it hasn't been the death of me

[3]**wie ich . . . sagen** how I walked past you like a madman, with my heart full of things I wanted to tell you

[4]**Dann machtest . . . Rücken** Then you twisted your lips in scorn and turned your back on me

[5]**Ich wollt' . . . nichts** I didn't want people's tongues to wag (i.e., be the subject of gossip) for trifling reasons

[6]**Müße *der* . . . mir** May *he* to whom you are kinder than you are to me (May *he* whom you prefer over me) die a miserable death

"Oh," rief er aus, "es steht freilich nicht geschrieben, es hat's kein Advokat in Latein abgefaßt und versiegelt;[1] aber das weiß ich, daß ich so viel Recht auf dich habe, wie in den Himmel zu kommen, wenn ich ein braver Kerl gewesen bin. Meinst du, daß ich mit ansehen will, wenn du mit einem andern in die Kirche gehst und die Mädchen gehen mir vorüber und zucken die Achseln. Soll ich mir den Schimpf antun lassen?"

"Tu was du willst. Ich lasse mir nicht bangen,[2] so viel du auch drohst. Ich will auch tun was ich will."

"Du wirst nicht lange so sprechen," sagte er und bebte über den ganzen Leib. "Ich bin Manns genug,[3] daß ich mir das Leben nicht länger von solch einem Trotzkopf verderben lasse. Weißt du, daß du hier in meiner Macht bist und tun mußt, was ich will?"

Sie fuhr leicht zusammen und blitzte ihn mit den Augen an.

"Bringe mich um, wenn du's wagst," sagte sie langsam.

"Man muß nichts halb tun," sagte er, und seine Stimme klang heiser. "'s ist Platz für uns beide im Meer. Ich kann dir nicht helfen, Kind" — und er sprach fast mitleidig, wie aus dem Traum — "Aber wir müssen hinunter, alle beide, und auf einmal, und jetzt!" schrie er überlaut und faßte sie plötzlich mit beiden Armen an. Aber im Augenblick zog er die rechte Hand zurück, das Blut quoll hervor, sie hatte ihn heftig hineingebissen.

"Muß ich tun, was du willst?" rief sie und stieß ihn mit einer raschen Wendung von sich. "Laß sehen, ob ich in deiner Macht bin!" — Damit sprang sie über den Bord des Kahnes und verschwand einen Augenblick in der Tiefe.

Sie kam gleich wieder herauf; ihr Röckchen umschloß sie fest, ihre Haare waren von den Wellen aufgelöst und hingen schwer über den Hals nieder, mit den Armen ruderte sie emsig und schwamm, ohne einen Laut von sich zu geben, kräftig von der Barke weg nach der Küste zu. Der jähe Schreck schien ihm die Sinne gelähmt zu haben. Er stand im Kahn, vorgebeugt, die Blicke starr nach ihr hingerichtet, als begebe sich ein Wunder vor seinen Augen.[4] Dann schüttelte er sich, stürzte nach den Rudern, und fuhr ihr mit aller Kraft, die er aufzubieten hatte, nach, während der Boden seines Kahnes von dem immerzu strömenden Blute rot wurde.

Im Nu war er an ihrer Seite, so hastig sie schwamm. "Bei Maria Santissima!" rief er, "komm in den Kahn. Ich bin ein Toller gewesen; Gott weiß, was mir die Vernunft benebelte. Wie ein Blitz vom Himmel fuhr mir's ins Hirn, daß ich ganz aufbrannte und wußte nicht, was ich tat und redete.[5] Du sollst mir nicht vergeben, Laurella, nur dein Leben retten und wieder einsteigen."

---

[1] **es steht . . . versiegelt** granted, it's not in writing and no lawyer's put it on paper in Latin and stamped it with a seal

[2] **Ich lasse . . . bangen** You can't scare me

[3] **Ich bin Manns genug** I'm enough of a man. *Note* the idiomatic genitive expression.

[4] **die Blicke . . . Augen** his gaze fixed upon her as if a miracle were taking place before his very eyes

[5] **Wie ein . . . redete** It shot through my brain like a bolt of lightning and made me so mad that I didn't know what I was saying or doing

Sie schwamm fort, als habe sie nichts gehört.

"Du kannst nicht bis ans Land kommen, es sind noch zwei Miglien.[1] Denk' an deine Mutter. Wenn dir ein Unglück begegnete, sie stürbe vor Entsetzen."[2]

Sie maß mit einem Blick die Entfernung von der Küste. Dann, ohne zu antworten, schwamm sie an die Barke heran und faßte den Bord mit den Händen. Er stand auf, ihr zu helfen; seine Jacke, die auf der Bank gelegen, glitt ins Meer, als der Nachen von der Last des Mädchens nach der einen Seite hinüber gezogen wurde. Gewandt schwang sie sich empor und erklomm ihren früheren Sitz. Als er sie geborgen sah, griff er wieder zu den Rudern. Sie aber wand ihr triefendes Röckchen aus und rang das Wasser aus den Flechten. Dabei sah sie auf den Boden der Barke und bemerkte jetzt das Blut. Sie warf einen raschen Blick nach der Hand, die, als sei sie unverwundet, das Ruder führte. "Da!" sagte sie und reichte ihm ihr Tuch. Er schüttelte den Kopf und ruderte vorwärts. Sie stand endlich auf, trat zu ihm und band ihm das Tuch fest um die tiefe Wunde. Darauf nahm sie ihm, so viel er auch abwehrte, das eine Ruder aus der Hand und setzte sich ihm gegenüber, doch ohne ihn anzusehen, fest auf das Ruder blickend, das vom Blut gerötet war, und mit kräftigen Stößen die Barke forttreibend.[3] Sie waren beide blaß und still. Als sie näher ans Land kamen, begegneten ihnen Fischer, die ihre Netze auf die Nacht auswerfen wollten. Sie riefen Antonino an und neckten Laurella. Keins[4] sah auf oder erwiderte ein Wort.

Die Sonne stand noch ziemlich hoch über Procida,[5] als sie die Marine erreichten. Laurella schüttelte ihr Röckchen, das fast völlig überm Meer getrocknet war, und sprang ans Land. Die alte spinnende Frau, die sie schon am Morgen hatte abfahren sehen, stand wieder auf dem Dach. "Was hast du an der Hand, Tonino?" rief sie hinunter. "Jesus Christus, die Barke schwimmt ja in Blut!"

"'s ist nichts, Commare,"[6] erwiderte der Busch. "Ich riß mich an einem Nagel, der zu weit vorsah. Morgen ist's vorbei. Das verwünschte Blut ist nur gleich bei der Hand, daß es gefährlicher aussieht, als es ist."[7]

"Ich will kommen und dir Kräuter auflegen, Comparello.[8] Wart', ich komme schon."

---

[1]**Miglien** miles

[2]**Wenn dir . . . Entsetzen** She'd die of horror if something happened to you. *Note*: word order in the main clause, when it follows a subordinate clause, usually is inverted — **Wenn dir ein Unglück begegnete, stürbe sie vor Entsetzen.**

[3]**und mit . . . forttreibend** and propelled the boat forward with powerful strokes

[4]**keins** neither one of them

[5]**Procida** name of an island

[6]**Commare** godmother

[7]**Das verwünschte . . . als es ist** This damned blood of mine flows at the drop of a hat (i.e., I bleed very easily) and it looks a lot worse than it really is

[8]**Ich will . . . Comparello** I'll come and put some herbs on it for you, my boy

"Bemüht Euch nicht,[1] Commare. Ist schon alles geschehen und morgen wird's vorbei sein und vergessen. Ich habe eine gesunde Haut, die gleich wieder über jede Wunde zuwächst."

"Addio!" sagte Laurella und wandte sich nach dem Pfad, der hinaufführt.

"Gute Nacht!" rief der Bursch' nach, ohne sie anzusehen. Dann trug er das Gerät aus dem Schiff und die Körbe dazu und stieg die kleine Steintreppe zu seiner Hütte hinauf.

Es war keiner außer ihm in den zwei Kammern, durch die er nun hin und her ging. Zu den offenen Fensterchen, die nur mit hölzernen Läden verschlossen werden, strich die Luft etwas erfrischender herein, als über das ruhige Meer, und in der Einsamkeit war ihm wohl. Er stand auch lange vor dem kleinen Bilde der Mutter Gottes und sah die aus Silberpapier daraufgeklebte Sternenglorie andächtig an.[2] Doch zu beten fiel ihm nicht ein. Um was hätte er bitten sollen, da er nichts mehr hoffte.

Und der Tag schien heute stillzustehen. Er sehnte sich nach der Dunkelheit, denn er war müde, und der Blutverlust hatte ihn auch mehr angegriffen, als er sich gestand. Er fühlte heftige Schmerzen an der Hand, setzte sich auf einen Schemel und löste den Verband. Das zurückgedrängte Blut schoß wieder hervor, und die Hand war stark um die Wunde angeschwollen. Er wusch sie sorgfältig und kühlte sie lange. Als er sie wieder vorzog, unterschied er deutlich die Spur von Laurellas Zähnen. "Sie hatte recht," sagte er. "Eine Bestie war ich und verdien' es nicht besser.[3] Ich will ihr morgen ihr Tuch durch den Giuseppe zurückschicken. Denn mich soll sie nicht wiedersehen." — Und nun wusch er das Tuch sorgfältig und breitete es in der Sonne aus, nachdem er sich die Hand wieder verbunden hatte, so gut er's mit der Linken und den Zähnen konnte. Dann warf er sich auf sein Bett und schloß die Augen.

Der helle Mond weckte ihn aus einem halben Schlaf, zugleich der Schmerz in der Hand. Er sprang eben wieder auf, um die pochenden Schläge des Blutes in Wasser zu beruhigen, als er ein Geräusch an seiner Tür hörte. "Wer ist da?" rief er und öffnete. Laurella stand vor ihm.

Ohne viel zu fragen trat sie ein. Sie warf das Tuch ab, das sie über den Kopf geschlungen hatte, und stellte ein Körbchen auf den Tisch. Dann schöpfte sie tief Atem.

"Du kommst, dein Tuch zu holen," sagte er; "du hättest dir die Mühe sparen können, denn morgen in der Frühe hätte ich Giuseppe gebeten, es dir zu bringen."

---

[1] **Bemüht Euch nicht** Don't bother

[2] **Er stand . . . andächtig an** He also stood in front of the small statue of the Virgin for a long time and looked piously at the halo of stars, made of silver paper, that was glued onto it

[3] **Eine Bestie . . . besser** I was a brute and got what I had coming

"Es ist nicht um das Tuch," erwiderte sie rasch. "Ich bin auf dem Berg gewesen, um dir Kräuter zu holen, die gegen das Bluten sind. Da!" Und sie hob den Deckel vom Körbchen.

"Zu viel Mühe," sagte er, und ohne alle Herbigkeit,[1] "zu viel Mühe. Es geht schon besser, viel besser; und wenn es schlimmer ginge, ging' es auch nach Verdienst.[2] Was willst du hier um die Zeit? Wenn dich einer hier träfe! Du weißt, wie sie schwatzen, obwohl sie nicht wissen, was sie sagen."

"Ich kümmere mich um keinen," sprach sie heftig. "Aber die Hand will ich sehen und die Kräuter darauf tun, denn mit der Linken bringst du es nicht zustande."[3]

"Ich sage dir, daß es unnötig ist."

"So laß es mich sehen, damit ich's glaube."

Sie ergriff ohne weiteres die Hand, die sich nicht wehren konnte, und band die Lappen ab. Als sie die starke Geschwulst sah, fuhr sie zusammen und schrie auf: "Jesus Maria!"

"Es ist ein bißchen aufgelaufen,"[4] sagte er. "Das geht weg in einem Tag und einer Nacht."

Sie schüttelte den Kopf: "So kannst du eine Woche lang nicht aufs Meer."

"Ich denk' schon übermorgen. Was tut's auch?"[5]

Indessen hatte sie ein Becken geholt und die Wunde von neuem gewaschen, was er litt, wie ein Kind. Dann legte sie die heilsamen Blätter des Krautes darauf, die ihm das Brennen gleich linderten,[6] und verband die Hand mit Streifen Leinwand,[7] die sie auch mitgebracht hatte.

Als es getan war, sagte er: "Ich danke dir. Und höre, wenn du mir noch einen Gefallen tun willst, vergib mir, daß mir heut so eine Tollheit über den Kopf wuchs[8] und vergiß das alles, was ich gesagt und getan habe. Ich weiß selbst nicht, wie es kam. Du hast mir nie Veranlassung dazu gegeben, du wahrhaftig nicht. Und du sollst schon nichts wieder von mir hören, was dich kränken könnte."

"Ich habe dir abzubitten,"[9] fiel sie ein. "Ich hätte dir alles anders und besser vorstellen sollen und dich nicht aufbringen durch meine stumme Art.[10] Und nun gar die Wunde —"

---

[1]**ohne alle Herbigkeit** without a trace of bitterness

[2]**und wenn . . . Verdienst** and even if it were worse, I would have had it coming.

[3]**und die . . . zustande** and put the herbs on it, because you won't be able to do it on your own with your left hand

[4]**Es ist . . . aufgelaufen** It's a little swollen

[5]**Was tut's auch** What's the difference

[6]**Dann legte . . . linderten** She then laid healing herb leaves on it, which immediately eased the burning sensation

[7]**Streifen Leinwand** strips of linen cloth

[8]**vergib mir . . . wuchs** forgive me for the crazy spell that got hold of me today

[9]**Ich habe dir abzubitten** I've got to apologize to you

[10]**Ich hätte . . . Art** I should have explained the whole thing differently and better, I shouldn't have provoked you with my silence

"Es war Notwehr und die höchste Zeit, daß ich meiner Sinne wieder mächtig wurde.[1] Und wie gesagt, es hat nichts zu bedeuten. Sprich nicht von Vergeben. Du hast mir wohlgetan, und das danke ich dir. Und nun geh' schlafen, und da — da ist auch dein Tuch, daß du's gleich mitnehmen kannst."

Er reichte es ihr, aber sie stand noch immer und schien mit sich zu kämpfen. Endlich sagte sie: "Du hast auch deine Jacke eingebüßt um meinetwegen,[2] und ich weiß, daß das Geld für die Orangen darin steckte. Es fiel mir alles erst unterwegs ein. Ich kann dir's nicht so wieder ersetzen, denn wir haben es nicht, und wenn wir's hätten, gehört' es der Mutter. Aber da hab' ich das silberne Kreuz, das mir der Maler auf den Tisch legte, als er das letzte Mal bei uns war. Ich hab' es seitdem nicht angesehen und mag es nicht länger im Kasten haben. Wenn du es verkaufst — es ist wohl ein paar Piaster wert, sagte damals die Mutter —, so wäre dir dein Schaden ersetzt, und was fehlen sollte, will ich suchen mit Spinnen zu verdienen, nachts, wenn die Mutter schläft."[3]

"Ich nehme nichts," sagte er kurz und schob das blanke Kreuzchen zurück, das sie aus der Tasche geholt hatte.

"Du mußt's nehmen," sagte sie. "Wer weiß, wie lang du mit dieser Hand nichts verdienen kannst. Da liegt's und ich will's nie wieder sehen mit meinen Augen."

"So wirf es ins Meer."

"Es ist ja kein Geschenk, das ich dir mache; es ist nicht mehr als dein gutes Recht und was dir zukommt."[4]

"Recht? Ich habe kein Recht auf irgend was von dir. Wenn du mir später einmal begegnen solltest, tu mir den Gefallen und sieh mich nicht an, daß ich nicht denke, du erinnerst mich an das, was ich dir schuldig bin. Und nun gute Nacht, und laß es das letzte sein."

Er legte ihr das Tuch in den Korb und das Kreuz dazu und schloß den Deckel darauf. Als er dann aufsah und ihr ins Gesicht, erschrak er. Große schwere Tropfen stürzten ihr über die Wangen. Sie ließ ihnen ihren Lauf.[5]

"Maria Santissima!" rief er, "bist du krank? du zitterst von Kopf bis zu Fuß."

"Es ist nichts," sagte sie. "Ich will heim!" und wankte nach der Tür. Das Weinen übermannte sie, daß sie die Stirn gegen den Pfosten drückte und nun laut und heftig schluchzte. Aber eh' er ihr nachkonnte, um sie zurückzuhalten, wandte sie sich plötzlich um und stürzte ihm an den Hals.

"Ich *kann's* nicht ertragen," schrie sie und preßte ihn an sich, wie sich ein Sterbender ans Leben klammert,[6] "ich *kann's* nicht hören, daß du mir gute Worte gibst, und mich von dir gehen heißest mit all der Schuld auf dem Ge-

---

[1]**Es war . . . wurde** It was self-defense and high time for me to come to my senses again

[2]**Du hast . . . meinetwegen** You've also lost your jacket because of me

[3]**so wäre . . . schläft** then your losses would be replaced and, if not completely, I'd try to make up the rest by spinning at night when my mother is asleep

[4]**es ist . . . zukommt** it's no more than what's due you, it's rightfully yours

[5]**Sie ließ ihnen ihren Lauf** She let them flow freely

[6]**wie sich . . . klammert** as a dying person attempts to cling to life

wissen. Schlage mich, tritt mich mit Füßen, verwünsche mich! — oder, wenn es wahr ist, daß du mich liebhast, *noch*, nach all dem Bösen, daß ich dir getan habe, da nimm mich und behalte mich und mach' mit mir was du willst. Aber schick' mich nicht so fort von dir!" — Neues heftiges Schluchzen unterbrach sie.

Er hielt sie eine Weile sprachlos in den Armen. "Ob ich dich noch liebe?" rief er endlich. "Heilige Mutter Gottes! meinst du, es sei all mein Herzblut aus der kleinen Wunde von mir gewichen?[1] Fühlst du's nicht da in meiner Brust hämmern, als wollt' es heraus und zu dir? Wenn du's nur sagst, um mich zu versuchen oder weil du Mitleiden mit mir hast, so geh', und ich will auch das noch vergessen. Du sollst nicht denken, daß du mir's schuldig bist, weil du weißt, was ich um dich leide."

"Nein," sagte sie fest und sah von seiner Schulter auf und ihm mit den nassen Augen heftig ins Gesicht, "ich liebe dich, und daß ich's nur sage, ich hab' es lange gefürchtet und dagegen getrotzt.[2] Und nun will ich anders werden, denn ich kann's nicht mehr aushalten, dich nicht anzusehen, wenn du mir auf der Gasse vorüberkommst. Nun will ich dich auch küssen," sagte sie, "daß du dir sagen kannst, wenn du wieder in Zweifel sein solltest: Sie hat mich geküßt, und Laurella küßt keinen, als den sie zum Manne will."

Sie küßte ihn dreimal und dann machte sie sich los und sagte: "Gute Nacht, mein Liebster! Geh' nun schlafen und heile deine Hand, und geh' nicht mit mir, denn ich fürchte mich nicht, vor keinem, als nur vor dir."

Damit huschte sie durch die Tür und verschwand in den Schatten der Mauer. Er aber sah noch lange durchs Fenster, aufs Meer hinaus, über dem alle Sterne zu schwanken schienen.

Als der kleine Padre Curato das nächste Mal aus dem Beichtstuhl kam, in dem Laurella lange gekniet hatte, lächelte er still in sich hinein.[3] "Wer hätte gedacht," sagte er bei sich selbst, "daß Gott sich so schnell dieses wunderlichen Herzens erbarmen würde.[4] Und ich machte mir noch Vorwürfe, daß ich den Dämon Eigensinn nicht härter bedräut[5] hatte. Aber unsere Augen sind kurzsichtig für die Wege des Himmels. Nun so segne sie der Herr und lasse mich's erleben, daß mich Laurellas ältester Bube einmal an seines Vaters Statt über Meer fährt! Ei ei ei! l'Arrabbiata!" —

[1]**meinst du . . . gewichen** do you really think I've lost all my heart's blood (i.e., all my love for you) from this little wound

[2]**ich liebe . . . getrotzt** I love you — let me just say it outright — I've been afraid of that for a long time and tried to resist it

[3]**lächelte er still in sich hinein** he was quietly smiling to himself

[4]**Wer hätte . . . würde** "Who would have thought," he said to himself, "that God would take pity on this strange heart so quickly

[5]**bedräut** threatened (modern **bedrohen**)

KRAMBAMBULI[1]

Marie von Ebner-Eschenbach

Vorliebe empfindet der Mensch für allerlei Gegenstände, Liebe, die echte, unvergängliche, die lernt er — wenn überhaupt — nur einmal kennen. So wenigstens meint der Herr Revierjäger Hopp.[2] Wie viele Hunde hat er schon gehabt, und auch gern gehabt, aber lieb, das heißt lieb und unvergeßlich, ist ihm nur einer gewesen — der Krambambuli. Er hatte ihn im Wirtshause zum Löwen in Wischau[3] von einem vacierenden Forstgehilfen[4] gekauft oder eigentlich eingetauscht. Gleich beim ersten Anblick des Hundes war er von der Zuneigung ergriffen worden, die dauern sollte bis zu seinem letzten Atemzuge. Dem Herrn des schönen Tieres, der am Tische vor einem geleerten Branntweingläschen saß, und über den Wirt schimpfte, weil dieser kein zweites umsonst hergeben wollte, sah der Lump aus den Augen.[5] Ein kleiner Kerl, noch jung und doch so fahl wie ein abgestorbener Baum, mit gelbem Haar und gelbem spärlichen Bart. Der Jägerrock, ein Überrest vermutlich aus der vergangenen Herrlichkeit des letzten Dienstes, trug die Spuren einer im nassen Straßengraben zugebrachten Nacht.[6] Obwohl sich Hopp ungern in schlechte Gesellschaft begab, nahm er trotzdem Platz neben dem Burschen und begann sogleich ein Gespräch mit ihm. Da bekam er es denn bald heraus, daß der Nichtsnutz den Stutzen und die Jagdtasche dem Wirt bereits als Pfänder ausgeliefert hatte, und daß er jetzt auch den Hund als solches hergeben möchte; der Wirt jedoch, der schmutzige Leuteschinder, wollte von einem Pfand, das gefüttert werden muß, nichts hören.[7]

Herr Hopp sagte vorerst kein Wort von dem Wohlgefallen, das er an dem Hunde gefunden hatte, ließ aber eine Flasche von dem guten Danziger

---

[1]This story first appeared in 1883 and was republished a year later in a collection of Ebner-Eschenbach's narratives entitled *Dorf- und Schloßgeschichten.*

[2]**Herr Revierjäger Hopp** district ranger Hopp. *Note:* the terms **Jäger** (hunter) and **Förster** (forester) are interchangeable since the job frequently incorporated the duties of a game warden and a forest ranger.

[3]**im Wirtshause . . . Wischau** the Lion Inn in Wischau (a town in Moravia, a region in what is now the Czech Republic)

[4]**vacierenden Forstgehilfen** unemployed assistant forester

[5]**sah der Lump aus den Augen** had the looks and demeanor of a scoundrel

[6]**trug die . . . Nacht** bore the traces of a night spent in a wet ditch

[7]**daß der . . . hören** that the ne'er-do-well already had pawned his rifle and gamebag to the innkeeper and that he now also wanted to hock the dog; however, the innkeeper, the (that) dirty extortioner, wanted nothing to do with a pledge (security) that had to be fed

Kirschbranntwein bringen, den der Löwenwirt damals führte,[1] und schenkte dem Vacierenden fleißig ein. — Nun, in einer Stunde war alles in Ordnung. Der Jäger gab zwölf Flaschen von demselben Getränke, bei dem der Handel geschlossen worden — der Vagabund gab den Hund. Zu seiner Ehre muß man gestehen, nicht leicht. Die Hände zitterten ihm so sehr, als er dem Tiere die Leine um den Hals legte, daß es schien, er werde mit dieser Manipulation nimmermehr zurechtkommen. Hopp wartete geduldig und bewunderte im stillen den wundervollen Hund. Höchstens zwei Jahre mochte er alt sein, und in der Farbe glich er dem Lumpen, der ihn hergab, doch war die seine um ein paar Schattierungen dunkler.[2] Auf der Stirn hatte er ein Abzeichen, einen weißen Strich, der rechts und links in kleine Linien auslief, in der Art, wie die Nadeln an einem Tannenreis. Die Augen waren groß, schwarz, leuchtend, von tauklaren, lichtgelben Reiflein umsäumt, die Ohren lang, makellos. Und makellos war alles an dem ganzen Hunde von der Klaue bis zu der feinen Witternase; die kräftige, geschmeidige Gestalt, das über jedes Lob erhabene Piedestal.[3] Vier lebende Säulen, die auch den Körper eines Hirsches getragen hätten, und nicht viel dicker waren, als die Läufe eines Hasen.[4] Beim heiligen Hubertus![5] dieses Geschöpf mußte einen Stammbaum haben, so alt und rein wie der eines Deutschen Ordensritters.[6]

Dem Jäger lachte das Herz im Leibe über den prächtigen Handel, den er gemacht.[7] Er stand nun auf, ergriff die Leine und fragte: "Wie heißt er denn?" — "Er heißt, wie das, wofür Sie ihn kriegen: Krambambuli," lautete die Antwort. — "Gut, gut, Krambambuli! So komm! Wirst gehen? Vorwärts!" — Ja, er konnte lange rufen, pfeifen, zerren — der Hund gehorchte ihm nicht, wandte den Kopf demjenigen zu, den er noch für seinen Herrn hielt, heulte, als dieser ihm zuschrie: "Marsch!" und den Befehl mit einem tüchtigen Fußtritt begleitete, suchte sich aber immer wieder an ihn heran zu drängen. Erst nach einem heißen Kampfe gelang es Herrn Hopp, von dem Hunde Besitz zu ergreifen.[8] Gebunden und geknebelt[9] mußte er zuletzt in einem Sacke auf die Schulter geladen und so bis in das mehrere Wegstunden entfernte Jägerhaus getragen werden.

---

[1]**ließ aber . . . führte** but ordered a bottle of the good Danzig cherry brandy that the proprietor of the Lion Inn carried at that time

[2]**doch war . . . dunkler** yet his (coloration) was a few shades darker

[3]**das über . . . Piedestal** the indescribably sublime legs

[4]**die Läufe eines Hasen** the legs of a hare. *Note*: In describing the animal, Hopp is using the terminology of dog fanciers.

[5]**Beim heiligen Hubertus** By St. Hubert (the patron saint of hunters)

[6]**dieses Geschöpf . . . Ordensritters** this creature had to have a pedigree as old and pure as the family tree of a Teutonic Knight

[7]**Dem Jäger . . . gemacht** The hunter's heart leaped for joy over the splendid deal he had made. *Note:* Ebner-Eschenbach often omits the auxiliaries **haben** and **sein** from the present perfect and past perfect tenses.

[8]**von dem Hunde Besitz zu ergreifen** to take possession of the dog

[9]**Gebunden und geknebelt** Bound and muzzled

Zwei volle Monate brauchte es, bevor der Krambambuli halb totgeprügelt, nach jedem Fluchtversuche mit dem Stachelhalsband an die Kette gelegt,[1] endlich begriff, wohin er jetzt gehöre. Dann aber, als seine Unterwerfung vollständig geworden war, was für ein Hund wurde er dann! Keine Zunge schildert, kein Wort ermißt die Höhe der Vollendung, die er erreichte nicht nur in der Ausübung seines Berufes, sondern auch im täglichen Leben als eifriger Diener, guter Kamerad und treuer Freund und Hüter. Dem fehlt nur die Sprache, heißt es von anderen intelligenten Hunden — dem Krambambuli fehlte sie nicht; sein Herr wenigstens hatte lange Unterredungen mit ihm. Die Frau des Revierjägers wurde ordentlich eifersüchtig auf den "Buli," wie sie ihn geringschätzig nannte. Manchmal machte sie ihrem Manne Vorwürfe. Sie hatte den ganzen Tag, in jeder Stunde, in der sie nicht aufräumte, wusch oder kochte, schweigend gestrickt. Am Abend, nach dem Essen, wenn sie wieder zu stricken begann, hätte sie gern ein wenig geplaudert.

"Weißt denn immer nur dem Buli was zu erzählen, Hopp, und mir nie? Du verlernst vor lauter Sprechen mit dem Vieh das Sprechen mit den Menschen."

Der Revierjäger gestand sich, daß etwas Wahres an der Sache sei, aber zu helfen wußte er nicht. Wovon hätte er mit seiner Alten reden sollen? Kinder hatten sie nie gehabt, eine Kuh durften sie nicht halten, und das zahme Geflügel interessiert einen Jäger im lebendigen Zustande gar nicht und im gebratenen nicht sehr.[2] Für Kulturen[3] aber und für Jagdgeschichten hatte wieder die Frau keinen Sinn. Hopp fand zuletzt einen Ausweg aus diesem Dilemma; statt mit dem Krambambuli sprach er von dem Krambambuli, von den Triumphen, die er allenthalben mit ihm feierte, von dem Neide, den sein Besitz erregte, von den lächerlich hohen Summen, die ihm für den Hund geboten wurden und die er verächtlich von der Hand wies.[4]

Zwei Jahre waren so vergangen, da erschien eines Tages die Gräfin, die Frau seines Brotherrn, im Hause des Jägers. Er wußte gleich, was der Besuch zu bedeuten hatte, und als die gute, schöne Dame begann: "Morgen, lieber Hopp, ist der Geburtstag des Grafen..." setzte er ruhig und schmunzelnd fort: "Und da möchten Hochgräfliche Gnaden dem Herrn Grafen ein Geschenk machen, und sind überzeugt, mit keinem so viel Ehre einlegen zu können, als mit dem Krambambuli."[5] — "Ja, ja, lieber Hopp...." Die Gräfin errötete vor Vergnügen über dieses freundliche Entgegenkommen und sprach gleich von Dankbarkeit und bat, den Preis nur zu nennen, der für den Hund zu entrichten wäre. Der alte Fuchs von einem Revierjäger kicherte, tat sehr demütig und rückte auf einmal mit der Erklärung heraus: "Hochgräfliche Gnaden! Wenn der Hund im Schlosse bleibt, nicht jede Leine zerbeißt, nicht jede Kette zer-

[1] **mit dem ... gelegt** chained to a spiked collar

[2] **das zahme ... sehr** domestic fowl does not interest a hunter at all when alive and not very much when roasted

[3] **Kulturen** tree nurseries

[4] **die er ... wies** which he disdainfully turned down

[5] **Und da ... Krambambuli** And Your Grace would like to give the Count a present and are convinced that nothing would please him more than Krambambuli

reißt, oder wenn er sie nicht zerreißen kann, sich bei den Versuchen es zu tun erwürgt, dann behalten ihn Hochgräfliche Gnaden umsonst — dann ist er mir nichts mehr wert."

Die Probe wurde gemacht, aber zum Erwürgen kam es nicht, denn der Graf verlor früher die Freude an dem eigensinnigen Tier. Vergeblich hatte man es durch Liebe zuerst, später mit Strenge zu gewinnen gesucht. Er biß jeden, der sich ihm näherte, versagte das Futter und — viel hat der Hund eines Jägers ohnehin nicht zuzusetzen — kam ganz herunter.[1] Nach einigen Wochen erhielt Hopp die Botschaft, er könne sich seinen Köter abholen. Als er eilends von der Erlaubnis Gebrauch machte und den Hund in seinem Zwinger aufsuchte, da gab's ein Wiedersehen unermeßlichen Jubels voll.[2] Krambambuli erhob ein wahnsinniges Geheul, sprang an seinem Herrn empor, stemmte die Vorderpfoten auf dessen Brust[3] und leckte die Freudentränen ab, die dem Alten über die Wangen liefen.

Am Abend dieses glücklichen Tages wanderten sie zusammen ins Wirtshaus. Der Jäger spielte Tarok[4] mit dem Doktor und mit dem Verwalter, Krambambuli lag in der Ecke hinter seinem Herrn. Manchmal sah dieser sich nach ihm um, und der Hund, so tief er auch zu schlafen schien, begann augenblicklich mit dem Schwanze auf den Boden zu klopfen, als wollt' er melden: Präsent! Und wenn Hopp, sich vergessend, recht wie einen Triumphgesang das Liedchen anstimmte:[5] "Was macht denn mein Krambambuli?" richtete der Hund sich würde- und respektvoll auf, und seine hellen Augen antworteten:

"Es geht ihm gut."

Um dieselbe Zeit trieb, nicht nur in den gräflichen Forsten, sondern in der ganzen Umgebung, eine Bande Wildschützen auf wahrhaft tolldreiste Art ihr Wesen.[6] Der Anführer sollte ein verlottertes Subjekt sein. Den "Gelben" nannten ihn die Holzknechte, die ihn in irgend einer übel berüchtigten Spelunke beim Branntwein trafen, die Heger, die ihm hie und da schon auf der Spur gewesen, ihm aber nie hatten beikommen können,[7] und endlich die Kundschafter, deren er unter dem schlechten Gesindel in jedem Dorfe mehrere besaß.

Er war wohl der frechste Gesell, der jemals ehrlichen Jägersmännern etwas zu lösen aufgab, mußte auch selbst vom Handwerk gewesen sein, sonst

---

[1] **versagte das . . . herunter** refused food and — a hunter's dog isn't overweight to begin with — wasted away

[2] **ein Wiedersehen . . . voll** a reunion of immeasurable joy

[3] **stemmte die . . . Brust** put his front paws on his (master's) chest

[4] **Tarok** tarok, a card game

[5] **Und wenn . . . anstimmte** And when Hopp, forgetting himself, started singing his little ditty, which sounded like a song of triumph

[6] **trieb, nicht . . . Wesen** a band of poachers went about its business, not only in the count's forests, but in the whole area as well, in a most reckless and foolhardy manner

[7] **ihm aber . . . können** but had never been able to catch him in the act

hätte er das Wild nicht mit solcher Sicherheit aufspüren und nicht so geschickt jeder Falle, die ihm gestellt wurde, ausweichen können.

Die Wild- und Waldschäden erreichten eine unerhörte Höhe, das Forstpersonal befand sich in grimmigster Aufregung. Da begab es sich nur zu oft, daß die kleinen Leute, die bei irgend einem unbedeutenden Waldfrevel ertappt wurden, eine härtere Behandlung erlitten, als zu anderen Zeiten geschehen wäre, und als gerade zu rechtfertigen war.[1] Große Erbitterung herrsche darüber in allen Ortschaften. Dem Oberförster, gegen den der Haß sich zunächst wandte, kamen gutgemeinte Warnungen in Menge zu. Die Raubschützen, hieß es, hätten einen Eid darauf geschworen, bei der ersten Gelegenheit exemplarische Rache an ihm zu nehmen.[2] Er, ein rascher, kühner Mann, schlug das Gerede in den Wind[3] und sorgte mehr denn je dafür, daß weit und breit kund werde, wie er seinen Untergegebenen die rücksichtsloseste Strenge anbefohlen und für etwaige schlimme Folgen die Verantwortung selbst übernommen habe.[4] Am häufigsten rief der Oberförster dem Revierjäger Hopp die scharfe Handhabung seiner Amtspflicht ins Gedächtnis und warf ihm zuweilen Mangel an "Schneid" vor;[5] wozu freilich der Alte nur lächelte. Der Krambambuli aber, den er bei solcher Gelegenheit von oben herunter anblinzelte, gähnte laut und wegwerfend. Übel nahmen er und sein Herr dem Oberförster nichts. Der Oberförster war ja der Sohn des Unvergeßlichen, bei dem Hopp das edle Waidwerk erlernt,[6] und Hopp hatte wieder ihn als kleinen Jungen in die Rudimente des Berufs eingeweiht. Die Plage, die er einst mit ihm gehabt, hielt er heute noch für eine Freude, war stolz auf den ehemaligen Zögling, und liebte ihn trotz der rauhen Behandlung, die er so gut wie jeder andere von ihm erfuhr.

Eines Junimorgens traf er ihn eben wieder bei einer Exekution.[7]

Es war im Lindenwald, am Ende des herrschaftlichen Parks, der an den "Grafenwald" grenzte, und in der Nähe der Kulturen, die der Oberförster am liebsten mit Pulverminen umgeben hätte. Die Linden standen just in schönster Blüte, und über diese hatte ein dutzend kleiner Jungen sich hergemacht. Wie Eichkätzchen krochen sie auf den Ästen der herrlichen Bäume herum, brachen alle Zweige, die sie erwischen konnten, und warfen sie zur Erde. Zwei Weiber lasen die Zweige hastig auf und stopften sie in Körbe, die bereits mehr

---

[1] **die bei . . . war** who were caught in a minor infraction of forest law suffered harsher punishment (treatment) than they would have during normal (other) times — harsher than was justified

[2] **Die Raubschützen . . . nehmen** the poachers, it was said (rumored), had sworn an oath that they would take exemplary revenge on him

[3] **schlug das Gerede in den Wind** dismissed such talk

[4] **daß weit . . . habe** let it be known far and wide that he had ordered his subordinates to employ the harshest measures and that he himself would assume responsibility for cases that might develop dire consequences

[5] **warf ihm . . . vor** occasionally reproached him for lacking "guts"

[6] **Der Oberförster . . . erlernt** The chief ranger was the son of the unforgettable man from whom Hopp had learned the noble art of hunting (huntsmanship)

[7] **bei einer Exekution** (in the act of) making an arrest

als zur Hälfte mit dem duftenden Raube gefüllt waren. Der Oberförster raste in unermeßlicher Wut.[1] Er ließ durch seine Heger die Buben nur so von den Bäumen schütteln, unbekümmert um die Höhe, aus der sie fielen. Während sie wimmernd und schreiend um seine Füße krochen, der eine mit zerschlagenem Gesicht, der andere mit ausgerenktem Arm, ein dritter mit gebrochenem Bein, zerbleute er eigenhändig die beiden Weiber.[2] In dem einen derselben erkannte Hopp mit stillem Gruseln die leichtfertige Dirne, die das Gerücht als die Geliebte des "Gelben" bezeichnete.[3] Und als die Körbe und Tücher der Weiber und die Hüte der Buben in Pfand genommen wurden[4] und Hopp den Auftrag bekam, sie aufs Gericht zu bringen, konnte er sich eines schlimmen Vorgefühls nicht erwehren.[5]

Der Befehl, den ihm damals der Oberförster zurief, wild wie ein Teufel in der Hölle und wie ein solcher umringt von jammernden und gepeinigten Sündern, ist der letzte gewesen, den der Revierjäger im Leben von ihm erhalten hat. Eine Woche später traf er ihn wieder im Lindenwald — tot. Aus dem Zustande, in dem die Leiche sich befand, war zu ersehen, daß sie hierher, und zwar durch Sumpf und Gerölle geschleppt worden war, um an dieser Stelle aufgebahrt zu werden.[6] Der Oberförster lag auf abgehauenen Zweigen, die Stirn mit einem dichten Kranz aus Lindenblüten umflochten, einen eben solchen als Bandelier um die Brust gewunden. Sein Hut stand neben ihm, mit Lindenblüten gefüllt. Auch die Jagdtasche hatte der Mörder ihm gelassen, nur die Patronen herausgenommen und statt ihrer Lindenblüten hineingetan.[7] Der schöne Hinterlader des Oberförsters fehlte und war durch einen elenden Schießprügel ersetzt.[8] Als man später die Kugel, die seinen Tod verursacht hatte, in der Brust des Ermordeten fand, zeigte es sich, daß sie genau in den Lauf dieses Schießprügels paßte, der dem Förster gleichsam zum Hohne[9] über die Schulter gelegt worden war. Hopp stand beim Anblick der entstellten Leiche regungslos vor Entsetzen. Er hätte keinen Finger heben können, und auch das Gehirn war ihm wie gelähmt; er starrte nur und starrte und dachte an-

---

[1]**Der Oberförster . . . Wut** The chief ranger was in a towering rage. *Note*: the women and children were gathering linden blossoms which, when dried, are used to make tea. The chief ranger is furious because, instead of merely picking the blossoms, they were damaging the trees by breaking off the twigs with the blossoms on them.

[2]**zerbleute er . . . Weiber** he personally thrashed the two women

[3]**In dem . . . bezeichnete** Hopp recognized with an involuntary shudder that one of them was the frivolous wench whom rumor designated to be the lover of the **Gelben**

[4]**in Pfand genommen wurden** were confiscated

[5]**konnte er . . . erwehren** he could not fight off a bad feeling (foreboding)

[6]**Aus dem . . . werden** From the condition of the body, it could be seen that it had been dragged through a swamp and over rubble so that it could be laid out at this spot

[7]**die Patronen . . . hineingetan** had taken out the shells and replaced them with linden blossoms.

[8]**Der schöne . . . ersetzt** The ranger's handsome breech-loader was missing and had been replaced by a miserable (sorry-looking) shooting iron

[9]**zum Hohne** in mockery

fangs gar nichts, und erst nach einer Weile brachte er es zu einer Beobachtung, einer stummen Frage: — Was hat denn der Hund?[1]

Der Krambambuli beschnüffelt den toten Mann, läuft wie nicht gescheit
um ihn herum,[2] die Nase immer am Boden. Einmal winselt er, einmal stößt er
einen schrillen Freudenschrei aus, macht ein paar Sätze, bellt, und es ist gerade so, als erwache in ihm eine längst erstorbene Erinnerung . . . .

"Herein," ruft Hopp, "da herein!"[3] Und Krambambuli gehorcht, sieht aber
seinen Herrn in allerhöchster Aufregung an und — wie der Jäger sich
auszudrücken pflegte — sagt ihm: "Ich bitte dich um alles in der Welt, siehst
du denn nichts? Riechst du denn nichts . . .? O Lieber Herr, schau doch! riech
doch! O Herr, komm . . .!" Und tupft mit der Schnauze an des Jägers Knie und
schleicht, sich oft umsehend, als frage er: "Folgst du mir?" zu der Leiche zurück und fängt an, das schwere Gewehr zu heben und zu schieben und ins
Maul zu fassen, in der offenbaren Absicht, es zu apportieren.[4]

Dem Jäger läuft ein Schauer über den Rücken, und allerlei Vermutungen
dämmern in ihm auf. Weil das Spintisieren aber nicht seine Sache ist, es ihm
auch nicht zukommt, der Obrigkeit Lichter aufzustecken,[5] sondern vielmehr
den gräßlichen Fund, den er getan hat, unberührt liegen zu lassen und seiner
Wege — das heißt in diesem Fall: geradeswegs zu Gericht — zu gehen, so tut
er denn einfach, was ihm zukommt.

Nachdem es geschehen und alle Förmlichkeiten, die das Gesetz bei solchen
Katastrophen vorschreibt, erfüllt, der ganze Tag auch und noch ein Stück der
Nacht darüber hingegangen sind, nimmt Hopp, eh' er schlafen geht, noch sei-
nen Hund vor.

"Mein Hund," spricht er, "jetzt ist die Gendarmerie auf den Beinen, jetzt
gibt's Streifereien ohne Ende.[6] Wollen wir es andern überlassen, den Schuft,
der unsern Oberförster erschossen hat, wegzuputzen aus der Welt?[7] — Mein
Hund kennt den niederträchtigen Strolch, kennt ihn, ja, ja. Aber das braucht
niemand zu wissen, das habe ich nicht ausgesagt . . . . Ich, hoho . . .! Ich werd'
meinen Hund hineinbringen in die Geschichte . . . .[8] Das könnt' mir einfallen!"[9] Er beugte sich über Krambambuli, der zwischen seinen ausgespreizten
Knieen saß, drückte die Wange an den Kopf des Tieres und nahm seine dank-
baren Liebkosungen in Empfang. Dabei summte er: "Was macht denn mein
Krambambuli?" bis der Schlaf ihn übermannte.

[1] **Was hat denn der Hund** What's the matter with the dog

[2] **läuft wie . . . herum** runs around him (the body) as if crazy

[3] **"Herein," ruft Hopp, "da herein!"** "Come," Hopp called, "come here!"

[4] **es zu apportieren** to retrieve it (to fetch, as with game)

[5] **Weil das . . . aufzustecken** Since speculation was not his business and since, moreover,
it was not up to him to enlighten the authorities

[6] **jetzt ist . . . Ende** now the police are alerted, now there will be countless patrols

[7] **den Schuft . . . Welt** to rid the world of the scoundrel who killed (shot to death) our
chief ranger

[8] **Ich werd . . . Geschichte** Mention my dog's name in connection with this affair

[9] **Das könnte mir einfallen** I wouldn't think of it

Seelenkundige haben den geheimnisvollen Drang zu erklären gesucht, der manchen Verbrecher stets wieder an den Schauplatz seiner Untat zurückjagt. Hopp wußte von diesen gelehrten Dingen nichts, strich aber dennoch ruh- und rastlos mit seinem Hunde in der Nähe des Lindenwaldes umher. Am zehnten Tage nach dem Tode des Oberförsters hatte er zum erstenmal ein paar Stunden lang an etwas anderes gedacht, als an seine Rache, und sich im "Grafenwalde" mit dem Bezeichnen der Bäume beschäftigt, die beim nächsten Schlag ausgenommen werden sollten.[1]

Wie er nun mit seiner Arbeit fertig ist, hängt er die Flinte wieder um und schlägt den kürzesten Weg quer durch den Wald gegen die Kulturen in der Nähe des Lindenwaldes ein. Im Augenblick, in dem er auf den Fußsteig treten will, der längs des Buchenzaunes läuft, ist ihm, als höre er etwas im Laube rascheln. Gleich darauf herrscht jedoch tiefe Stille, tiefe anhaltende Stille. Fast hätte er gemeint, es sei nichts Bemerkenswertes gewesen, wenn nicht der Hund so merkwürdig dreingeschaut hätte.[2] Der stand mit gesträubtem Haar, den Hals vorgestreckt, den Schwanz aufrecht, und glotzte eine Stelle des Zaunes an. "Oho!" dachte Hopp, "wart Kerl, wenn du's bist;" trat hinter einen Baum und spannte den Hahn seiner Flinte.[3] Wie rasend pochte ihm das Herz, und der ohnehin kurze Atem wollte ihm völlig versagen,[4] als jetzt plötzlich der "Gelbe" auf den Fußsteig trat. Zwei junge Hasen hängen an seiner Jagdtasche, und auf seiner Schulter, am wohlbekannten Juchtenriemen,[5] trägt er den Hinterlader des Oberförsters. Nun wär's eine Passion, den Racker niederzubrennen aus sicherm Hinterhalt.[6]

Aber nicht einmal auf den schlechtesten Kerl schießt der Jäger Hopp, ohne ihn angerufen zu haben. Mit einem Satze springt er hinter dem Baum hervor und auf den Fußsteig und schreit: "Gib dich, Vermaledeiter!"[7] Und als der Wildschütz zur Antwort den Hinterlader von der Schulter reißt, gibt der Jäger Feuer . . . . All' ihr Heiligen! — ein sauberes Feuer. Die Flinte knackst anstatt zu knallen.[8] Sie hat zu lange mit aufgesetzter Kapsel im feuchten Wald am Baum gelehnt — sie versagt.

Gute Nacht, so sieht das Sterben aus — fliegt es dem Alten durch den Kopf und zu gleicher Zeit sein Hut ins Gras . . . . Der andere hat auch kein Glück, der Schurke. Der einzige Schuß, den er noch im Gewehr hatte, verloren, und zum zweiten zieht er eben erst die Patrone aus der Tasche . . . .

[1] **mit dem . . . sollten** occupied himself with marking trees that were to be taken out at the next cutting

[2] **wenn nicht . . . hätte** if the dog had not acted so strangely

[3] **spannte den Hahn seiner Flinte** cocked his shotgun (pulled back the hammer)

[4] **der ohnehin . . . versagen** his breath, short to begin with, was about to fail him completely

[5] **Juchtenriemen** Russian leather sling

[6] **Nun wär's . . . Hinterhalt** It would have been a real pleasure to gun down the scoundrel from the safety of ambush

[7] **Gib dich, Vermaledeiter** Surrender, you cursed (damned) wretch

[8] **Die Flinte . . . knallen** The shotgun clicks instead of firing

"Pack an!"[1] ruft Hopp seinem Hunde heiser zu: "Pack an!" Und:

"Herein, zu mir! Herein, Krambambuli!" lockt es mit zärtlicher, liebevoller — ach, mit altbekannter Stimme . . . .

Der Hund aber — —

Was sich nun begab, begab sich viel rascher, als man es erzählen kann.

Krambambuli hatte seinen ersten Herrn erkannt und rannte auf ihn zu, bis — in die Mitte des Weges. Da pfeift Hopp, und der Hund macht Kehrt, "der Gelbe" pfeift, und der Hund macht wieder Kehrt und windet sich in Verzweiflung auf einem Fleck, in gleicher Distanz von dem Jäger, wie von dem Wildschützen, zugleich hingerissen und gebannt . . . .

Zuletzt hat das arme Tier den trostlos unnötigen Kampf aufgegeben und seinen Zweifeln ein Ende gemacht, aber nicht seiner Qual. Bellend, heulend, den Bauch am Boden, den Körper gespannt wie eine Sehne, den Kopf emporgehoben, als riefe es den Himmel zum Zeugen seines Seelenschmerzes an, kriecht es — seinem ersten Herrn zu.

Bei dem Anblick wird Hopp von Blutdurst gepackt. Mit zitternden Fingern hat er die neue Kapsel aufgesetzt — mit ruhiger Sicherheit legt er an. Auch "der Gelbe" hat den Lauf wieder auf ihn gerichtet. Diesmal gilt's![2] Das wissen die beiden, die einander auf dem Korn haben,[3] und was auch in ihnen vorgehen möge, sie zielen so ruhig wie ein paar gemalte Schützen.

Zwei Kugeln fliegen. Die des Jägers an ihr Ziel; die des Wilddiebs — in die Luft. Das macht, er hat gezuckt,[4] weil ihn der Hund im Augenblick des Losdrückens mit stürmischer Liebkosung angesprungen hat. "Bestie!" zischt er noch, stürzt rücklings hin und rührt sich nicht mehr.

Der ihn gerichtet, kommt langsam herangeschritten. "Du hast genug," denkt er, "um jedes Schrotkorn wärs's Schad' bei dir."[5] Trotzdem stellt er die Flinte auf den Boden und lädt eine Kugel hinein.[6] Der Hund sitzt aufrecht vor ihm, läßt die Zunge heraushängen, keucht kurz und laut und sieht ihm zu. Und als der Jäger fertig ist und die Flinte wieder zur Hand nimmt, halten sie ein Gespräch, von dem kein Zeuge ein Wort vernommen hätte, wenn es auch statt eines toten ein lebendiger gewesen wäre.

"Weißt du, für wen das Blei ist?"

"Ich kann es mir denken."

"Deserteur, Kalfaktor, pflicht- und treuvergessene Canaille!"[7]

"Ja, Herr, ja wohl."

[1]**Pack an** Sic him

[2]**Diesmal gilt's** This time it's for real

[3]**Das wissen . . . haben** The two men who have each other in their gun sights (who have drawn a bead on each other) know that

[4]**Das macht, er hat gezuckt** The cause — he jerked (upon pulling the trigger)

[5]**Du hast . . . dir** "You've had it," he thinks, "even one more pellet would be wasted on you"

[6]*Note*: since Hopp has a muzzle-loader, he has to put the stock on the ground to reload

[7]**Deserteur . . . Canaille** Deserter, toady, disloyal and faithless scum (cur)

"Du warst meine Freude. Jetzt ist's vorbei. Ich habe keine Freude mehr an dir."

"Begreiflich, Herr;" und Krambambuli legte sich hin, drückte den Kopf auf die ausgestreckten Vorderpfoten und sah den Jäger an.

Ja, hätte das verdammte Vieh ihn nur nicht angesehen! Da würde er ein rasches Ende gemacht und sich und dem Hunde viel Pein erspart haben. Aber so geht's nicht! Auf ein Geschöpf, das einen so ansieht, schießt man nicht. Herr Hopp murmelt ein halbes Dutzend Flüche zwischen den Zähnen, einer gotteslästerlicher als der andere, hängt die Flinte wieder um, nimmt dem Raubschützen noch die jungen Hasen ab und geht.

Der Hund folgte ihm mit den Augen, bis er zwischen den Bäumen verschwunden war, stand auf, und sein mark- und beinerschütterndes Wehgeheul[1] durchdrang den Wald. Ein paarmal drehte er sich im Kreise und setzte sich wieder aufrecht neben den Toten hin. So fand ihn die gerichtliche Kommission, die, von Hopp geleitet, bei sinkender Nacht erschien, um die Leiche des Raubschützen in Augenschein zu nehmen und fortschaffen zu lassen. Krambambuli wich einige Schritte zurück, als die Herren herantraten. Einer von ihnen sagte zu dem Jäger: "Das ist ja Ihr Hund." "Ich habe ihn hier als Schildwache zurückgelassen," antwortete Hopp, der sich schämte, die Wahrheit zu gestehen. — Was half's? Sie kam doch heraus, denn als die Leiche auf den Wagen geladen und fortgeführt wurde, trottete Krambambuli gesenkten Kopfes und mit eingezogenem Schwanze hinterher. Unweit der Totenkammer, in der "der Gelbe" lag, sah ihn der Gerichtsdiener noch am folgenden Tag herumstreichen. Er gab ihm einen Tritt und rief ihm zu: "Geh nach Hause!" — Krambambuli fletsche die Zähne gegen ihn und lief davon; wie der Mann meinte, in der Richtung des Jägerhauses. Aber dorthin kam er nicht, sondern führte ein elendes Vagabundenleben.

Verwildert, zum Skelett abgemagert, umschlich er einmal die armen Wohnungen der Häusler[2] am Ende des Dorfes. Plötzlich stürzte er auf ein Kind los, das vor der letzten Hütte stand, und entriß ihm gierig das Stück Brot, an dem es aß. Das Kind blieb starr vor Schrecken,[3] aber ein kleiner Spitz sprang aus dem Hause und bellte den Räuber an. Dieser ließ sogleich seine Beute fahren und entfloh.

Am selben Abend stand Hopp vor dem Schlafengehen am Fenster und blickte in die schimmernde Sommernacht hinaus. Da war ihm, als sähe er jenseits der Wiese am Waldessaum den Hund sitzen, die Stätte seines ehemaligen Glückes unverwandt und sehnsüchtig betrachtend — der Treueste der Treuen herrenlos!

Der Jäger schlug den Laden zu und ging zu Bette. Aber nach einer Weile stand er auf, trat wieder ans Fenster — der Hund war nicht mehr da. Und wieder wollte er sich zur Ruhe begeben und wieder fand er sie nicht.

---

[1]**mark- und beinerschütterndes Wehgeheul** bone-chilling howl of anguish

[2]**Häusler** cottagers

[3]**Das Kind . . . Schrecken** The child froze in fear

Er hielt es nicht mehr aus.[1] Sei es, wie es sei . . .![2] Er hielt es nicht mehr aus ohne den Hund. — "Ich hol' ihn heim," dachte er, und fühlte sich wie neugeboren nach diesem Entschluß.

Beim ersten Morgengrauen war er angekleidet, empfahl seiner Alten, mit dem Mittagessen nicht auf ihn zu warten und sputete sich hinweg. Wie er aber aus dem Hause trat, stieß sein Fuß an denjenigen, den er in der Ferne zu suchen ausging. Krambambuli lag verendet vor ihm, den Kopf an die Schwelle gepreßt, die zu überschreiten er nicht mehr gewagt hatte.

Der Revierjäger verschmerzte ihn nie.[3] Die Augenblicke waren seine besten, in denen er vergaß, daß er ihn verloren hatte. In freundliche Gedanken versunken intonierte er dann sein berühmtes: Was macht denn mein Krambam . . . . Aber mitten in dem Worte hielt er bestürzt inne, schüttelte das Haupt und sprach mit einem tiefen Seufzer: "Schad' um den Hund!"

[1]**Er hielt es nicht mehr aus** He couldn't stand it anymore

[2]**Sei es, wie es sei** Be that as it may

[3]**verschmerzte ihn nie** never got over losing him

Bahnwärter Thiel[1]
Novellistische Studie

Gerhart Hauptmann

I

Allsonntäglich saß der Bahnwärter Thiel in der Kirche zu Neu-Zittau,[2] ausgenommen die Tage, an denen er Dienst hatte oder krank war und zu Bette lag. Im Verlaufe von zehn Jahren war er zweimal krank gewesen; das eine Mal infolge eines vom Tender einer Maschine während des Vorbeifahrens herabgefallenen Stückes Kohle, welches ihn getroffen und mit zerschmettertem Bein in den Bahngraben geschleudert hatte,[3] das andere Mal einer Weinflasche wegen, die aus dem vorüberrasenden Schnellzuge mitten auf seine Brust geflogen war. Außer diesen beiden Unglücksfällen hatte nichts vermocht, ihn, sobald er frei war, von der Kirche fernzuhalten.

Die ersten fünf Jahre hatte er den Weg von Schön-Schornstein, einer Kolonie an der Spree,[4] herüber nach Neu-Zittau allein machen müssen. Eines schönen Tages war er dann in Begleitung eines schmächtigen und kränklich aussehenden Frauenzimmers erschienen,[5] die, wie die Leute meinten, zu seiner herkulischen Gestalt wenig gepaßt hatte. Und wiederum eines schönen Sonntagnachmittags reichte er dieser selben Person am Altare der Kirche feierlich die Hand zum Bunde fürs Leben. Zwei Jahre nun saß das junge, zarte Weib ihm zur Seite in der Kirchenbank, zwei Jahre blickte ihr hohlwangiges, feines Gesicht neben seinem vom Wetter gebräunten in das uralte Gesangbuch —; und plötzlich saß der Bahnwärter wieder allein wie zuvor.

An einem der vorangegangenen Wochentage hatte die Sterbeglocke geläutet; das war das Ganze.

An dem Wärter hatte man, wie die Leute versicherten, kaum eine Veränderung wahrgenommen. Die Knöpfe seiner sauberen Sonntagsuniform waren so blank geputzt als je zuvor, seine roten Haare so wohl geölt und militärisch

---

[1]Hauptmann published this novella in 1887.

[2]**Neu-Zittau** a small town near Berlin

[3]**das eine . . . hatte** the one time because a falling lump of coal from the tender of a passing locomotive had broken (shattered) his leg and hurled him down the railroad embankment

[4]**Spree** the river Spree

[5]**in Begleitung . . . Frauenzimmers** appeared in the company of a slight (frail), sickly-looking woman

gescheitelt wie immer, nur daß er den breiten, behaarten Nacken ein wenig gesenkt trug und noch eifriger der Predigt lauschte oder sang, als er es früher getan hatte. Es war die allgemeine Ansicht, daß ihm der Tod seiner Frau nicht sehr nahegegangen sei, und diese Ansicht erhielt eine Bekräftigung,[1] als sich Thiel nach Verlauf eines Jahres zum zweiten Male, und zwar mit einem dicken und starken Frauenzimmer, einer Kuhmagd aus Alte-Grund, verheiratete.

Auch der Pastor gestattete sich, als Thiel die Trauung anzumelden kam, einige Bedenken zu äußern:

"Ihr wollt also schon wieder heiraten?"

"Mit der Toten kann ich nicht wirtschaften,[2] Herr Prediger!"

"Nun ja wohl. Aber ich meine — Ihr eilt ein wenig."

"Der Junge geht mir drauf,[3] Herr Prediger."

Thiels Frau war im Wochenbett[4] gestorben, und der Junge, welchen sie zur Welt gebracht, lebte und hatte den Namen Tobias erhalten.

"Ach so, der Junge," sagte der Geistliche und machte eine Bewegung, die deutlich zeigte, daß er sich des Kleinen erst jetzt erinnere. "Das ist etwas andres — wo habt Ihr ihn denn untergebracht, während Ihr im Dienst seid?"

Thiel erzählte nun, wie er Tobias einer alten Frau übergeben, die ihn einmal beinahe habe verbrennen lassen, während er ein anderes Mal von ihrem Schoß auf die Erde gekugelt sei, ohne glücklicherweise mehr als eine große Beule davonzutragen. Das könne nicht so weitergehen, meinte er, zudem da der Junge schwächlich wie er sei, eine ganz besondre Pflege benötige. Deswegen und ferner, weil er der Verstorbenen in die Hand gelobt, für die Wohlfahrt des Jungen zu jeder Zeit ausgiebig Sorge zu tragen, habe er sich zu dem Schritte entschlossen.[5]

Gegen das neue Paar, welches nun allsonntäglich zur Kirche kam, hatten die Leute äußerlich durchaus nichts einzuwenden. Die frühere Kuhmagd schien für den Wärter wie geschaffen. Sie war kaum einen halben Kopf kleiner als er und übertraf ihn an Gliederfülle. Auch war ihr Gesicht ganz so grob geschnitten wie das seine, nur daß ihm im Gegensatz zu dem des Wärters die Seele abging.[6]

Wenn Thiel den Wunsch gehegt hatte, in seiner zweiten Frau eine unverwüstliche Arbeiterin, eine musterhafte Wirtschafterin zu haben, so war dieser Wunsch in überraschender Weise in Erfüllung gegangen. Drei Dinge jedoch hatte er, ohne es zu wissen, mit seiner Frau in Kauf genommen: eine harte, herrschsüchtige Gemütsart, Zanksucht und brutale Leidenschaftlich-

---

[1]**Es war . . . Bekräftigung** It was common opinion that the death of his wife had not affected him very much, and this opinion was confirmed

[2]**Mit der . . . wirtschaften** I can't run a household with a dead wife

[3]**Der Junge . . . drauf** (Otherwise) I'll lose the boy

[4]**Wochenbett** childbirth

[5]**Deswegen und . . . entschlossen** For that reason and also because he had promised his dead wife that he would always take very good care of the boy (look out for his welfare), he had decided to take this step

[6]**nur daß ihm . . . abging** only that her face, in contrast to the flagman's, lacked soul. *Note:* the antecedent of **ihm** is **Gesicht**.

keit.[1] Nach Verlauf eines halben Jahres war es ortsbekannt, wer in dem Häuschen des Wärters das Regiment führte.[2] Man bedauerte den Wärter.

Es sei ein Glück für "das Mensch,"[3] daß sie so ein gutes Schaf wie den Thiel zum Manne bekommen habe, äußerten die aufgebrachten Ehemänner, es gäbe welche, bei denen sie greulich anlaufen würde. So ein "Tier" müsse doch kirre zu machen sein,[4] meinten sie, und wenn es nicht anders ginge denn mit Schlägen. Durchgewalkt müsse sie werden, aber dann gleich so, daß es zöge.[5]

Sie durchzuwalken aber war Thiel trotz seiner sehnigen Arme nicht der Mann. Das, worüber sich die Leute ereiferten, schien ihm wenig Kopfzerbrechen zu machen. Die endlosen Predigten seiner Frau ließ er gewöhnlich wortlos über sich ergehen, und wenn er einmal antwortete, so stand das schleppende Zeitmaß sowie der leise, kühle Ton seiner Rede in seltsamstem Gegensatz zu dem kreischenden Gekeif seiner Frau.[6] Die Außenwelt schien ihm wenig anhaben zu können: es war, als trüge er etwas in sich, wodurch er alles Böse, was sie ihm antat, reichlich mit Gutem aufgewogen erhielt.

Trotz seines unverwüstlichen Phlegmas hatte er doch Augenblicke, in denen er nicht mit sich spaßen ließ. Es war dies immer anläßlich solcher Dinge, die Tobiaschen betrafen. Sein kindgutes, nachgiebiges Wesen gewann dann einen Anstrich von Festigkeit, dem selbst ein so unzähmbares Gemüt wie das Lenens nicht entgegenzutreten wagte.[7]

Die Augenblicke indes, darin er diese Seite seines Wesens herauskehrte, wurden mit der Zeit immer seltener und verloren sich zuletzt ganz. Ein gewisser leidender Widerstand, den er der Herrschsucht Lenens während des ersten Jahres entgegengesetzt, verlor sich ebenfalls im zweiten. Er ging nicht mehr mit der früheren Gleichgültigkeit zum Dienst, nachdem er einen Auftritt mit ihr gehabt,[8] wenn er sie nicht vorher besänftigt hatte. Er ließ sich am Ende nicht selten herab sie zu bitten, doch wieder gut zu sein. — Nicht wie sonst mehr war ihm sein einsamer Posten inmitten des märkischen Kiefernforstes

---

[1]**hatte er . . . Leidenschaftlichkeit** without knowing it, he also got as part of the bargain a hard, domineering personality, quarrelsomeness, and brutal passion

[2]**Nach Verlauf . . . führte** After the passage of half a year, it was known throughout town who ruled (wore the pants) in the flagman's little house

[3]**"das Mensch"** the slut. *Note:* when **Mensch** (normally **der Mensch**) is assigned neuter gender and refers to a woman, it becomes highly pejorative.

[4]**So ein . . . sein** Such an "animal" had to be tamable

[5]**Durchgewalkt müsse . . . zöge** She had to be thrashed, but soundly, so that it (i.e., the lesson) would stick

[6]**Die endlosen . . . Frau** He usually put up with (tolerated) his wife's endless sermons in silence and, when he occasionally answered, the slow tempo of his soft, cool way of talking stood in strange contrast to the shrill squabbling (yapping) of his wife

[7]**einen Anstrich . . . wagte** a streak of firmness that even Lene's untamable temperament dared not oppose. *Note:* Hauptmann treats **Lene** as a weak noun.

[8]**nachdem er . . . gehabt** after he had had a row (scene, fight) with her

sein liebster Aufenthalt.[1] Die stillen, hingebenden Gedanken an sein verstorbenes Weib wurden von denen an die Lebende durchkreuzt. Nicht widerwillig, wie die erste Zeit, trat er den Heimweg an, sondern mit leidenschaftlicher Hast, nachdem er vorher oft Stunden und Minuten bis zur Zeit der Ablösung gezählt hatte.

Er, der mit seinem ersten Weibe durch eine mehr vergeistigte Liebe verbunden gewesen war, geriet durch die Macht roher Triebe in die Gewalt seiner zweiten Frau und wurde zuletzt in allem fast unbedingt von ihr abhängig. — Zuzeiten empfand er Gewissensbisse über diesen Umschwung der Dinge, und er bedurfte einer Anzahl außergewöhnlicher Hilfsmittel, um sich darüber hinwegzuhelfen.[2] So erklärte er sein Wärterhäuschen und die Bahnstrecke, die er zu besorgen hatte insgeheim gleichsam für geheiligtes Land, welches ausschließlich den Manen der Toten gewidmet sein sollte.[3] Mit Hilfe von allerhand Vorwänden war es ihm in der Tat bisher gelungen, seine Frau davon abzuhalten, ihn dahin zu begleiten.

Er hoffte es auch fernerhin tun zu können. Sie hätte nicht gewußt, welche Richtung sie einschlagen sollte, um seine "Bude," deren Nummer sie nicht einmal kannte, aufzufinden.

Dadurch, daß er die ihm zu Gebote stehende Zeit somit gewissenhaft zwischen die Lebende und die Tote zu teilen vermochte, beruhigte Thiel sein Gewissen in der Tat.[4]

Oft freilich und besonders in Augenblicken einsamer Andacht, wenn er recht innig mit der Verstorbenen verbunden gewesen war, sah er seinen jetzigen Zustand im Lichte der Wahrheit und empfand davor Ekel.

Hatte er Tagdienst, so beschränkte sich sein geistiger Verkehr mit der Verstorbenen auf eine Menge lieber Erinnerungen aus der Zeit seines Zusammenlebens mit ihr. Im Dunkel jedoch, wenn der Schneesturm durch die Kiefern und über die Strecke raste, in tiefer Mitternacht beim Scheine seiner Laterne, da wurde das Wärterhäuschen zur Kapelle.

Eine verblichene Photographie der Verstorbenen vor sich auf dem Tisch, Gesangbuch und Bibel aufgeschlagen, las und sang er abwechselnd die lange Nacht hindurch, nur von den in Zwischenräumen vorbeitobenden Bahnzügen unterbrochen, und geriet hierbei in eine Ekstase, die sich zu Gesichten steigerte, in denen er die Tote leibhaftig vor sich sah.[5]

---

[1]**Nicht wie . . . Aufenthalt** No longer was his solitary post in the middle of the pine forest of the Mark Brandenburg (a region of Germany) his favorite spot, as was the case earlier

[2]**und er . . . hinwegzuhelfen** and he needed several unusual devices (remedies) to get over them (i.e., his twinges of conscience)

[3]**den Manen . . . sollte** which was supposed to be dedicated solely to the shades of his dead wife. *Note:* **Manen** is used only in the plural in German.

[4]**Dadurch, daß . . . Tat** By carefully dividing his available time between the living and the dead, Thiel did, indeed, manage to ease his conscience

[5]**nur von . . . sah** interrupted only intermittently by the trains roaring past, he fell into an ecstasy that intensified into visions in which he saw the dead woman standing physically in front of him

Der Posten, den der Wärter nun schon zehn volle Jahre ununterbrochen innehatte, war aber in seiner Abgelegenheit dazu angetan, seine mystischen Neigungen zu fördern.

Nach allen vier Windrichtungen mindestens durch einen dreiviertel-stündigen Weg von jeder menschlichen Wohnung entfernt, lag die Bude in-mitten des Forstes dicht neben einem Bahnübergang, dessen Barrieren der Wärter zu bedienen hatte.

Im Sommer vergingen Tage, im Winter Wochen, ohne daß ein menschli-cher Fuß, außer denen des Wärters und seines Kollegen, die Strecke passierte. Das Wetter und der Wechsel der Jahreszeiten brachten in ihrer periodischen Wiederkehr fast die einzige Abwechslung in diese Einöde. Die Ereignisse, welche im übrigen den regelmäßigen Ablauf der Dienstzeit Thiels außer den beiden Unglücksfällen unterbrochen hatten, waren unschwer zu überblicken. Vor vier Jahren war der kaiserliche Extrazug, der den Kaiser nach Breslau ge-bracht hatte, vorübergejagt. In einer Winternacht hatte der Schnellzug einen Rehbock überfahren. An einem heißen Sommertage hatte Thiel bei seiner Streckenrevision eine verkorkte Weinflasche gefunden, die sich glühend heiß anfaßte und deren Inhalt deshalb von ihm für sehr gut gehalten wurde, weil er nach Entfernung des Korkes einer Fontäne gleich herausquoll, also augen-scheinlich gegoren war. Diese Flasche, von Thiel in den seichten Rand eines Waldsees gelegt, um abzukühlen, war von dort auf irgendwelche Weise ab-handen gekommen, so daß er noch nach Jahren ihren Verlust bedauern muß-te.

Einige Zerstreuung vermittelte dem Wärter ein Brunnen dicht hinter sei-nem Häuschen.[1] Von Zeit zu Zeit nahmen in der Nähe beschäftigte Bahn- oder Telegraphenarbeiter einen Trunk daraus, wobei natürlich ein kurzes Gespräch mit unterlief.[2] Auch der Förster kam zuweilen, um seinen Durst zu löschen.

Tobias entwickelte sich nur langsam; erst gegen Ablauf seines zweiten Le-bensjahres lernte er notdürftig sprechen und gehen. Dem Vater bewies er eine ganz besondere Zuneigung. Wie er verständiger wurde, erwachte auch die al-te Liebe des Vaters wieder. In dem Maße wie diese zunahm, verringerte sich die Liebe der Stiefmutter zu Tobias und schlug sogar in unverkennbare Ab-neigung um,[3] als Lene nach Verlauf eines neuen Jahres ebenfalls einen Jungen gebar.

Von da ab begann für Tobias eine schlimme Zeit. Er wurde besonders in Abwesenheit des Vaters unaufhörlich geplagt und mußte ohne die geringste Belohnung dafür seine schwachen Kräfte im Dienste des kleinen Schreihalses einsetzen, wobei er sich mehr und mehr aufrieb.[4] Sein Kopf bekam einen un-gewöhnlichen Umfang; die brandroten Haare und das kreidige Gesicht darun-

---

[1]**Einige Zerstreuung . . . Häuschen** A spring, located right behind his shack, provided the flagman (with) some diversion

[2]**ein kurzes . . . unterlief** would lead to a short conversation

[3]**In dem . . . um** In the same proportion that Thiel's love increased, the stepmother's love decreased and even turned to unmistakable dislike

[4]**seine schwachen . . . aufrieb** had to devote his scant strength to the service of the squalling brat, whereby he wore himself out more and more

ter machten einen unschönen und im Verein mit der übrigen kläglichen Gestalt erbarmungswürdigen Eindruck.[1] Wenn sich der zurückgebliebene Tobias solchergestalt, das kleine, von Gesundheit strotzende Brüderchen auf dem Arme, hinunter zur Spree schleppte, so wurden hinter den Fenstern der Hütten Verwünschungen laut,[2] die sich jedoch niemals hervorwagten. Thiel aber, welchen die Sache doch vor allem anging, schien keine Augen für sie zu haben und wollte auch die Winke nicht verstehen, welche ihm von wohlmeinenden Nachbarsleuten gegeben wurden.[3]

II

An einem Junimorgen gegen sieben Uhr kam Thiel aus dem Dienst. Seine Frau hatte nicht so bald ihre Begrüßung beendet, als sie schon in gewohnter Weise zu lamentieren begann. Der Pachtacker, welcher bisher den Kartoffelbedarf der Familie gedeckt hatte, war vor Wochen gekündigt worden, ohne daß es Lenen bisher gelungen war, einen Ersatz dafür ausfindig zu machen.[4] Wenngleich nun die Sorge um den Acker zu ihren Obliegenheiten gehörte, so mußte doch Thiel ein Mal übers andere[5] hören, daß niemand als er daran schuld sei, wenn man in diesem Jahre zehn Sack Kartoffeln für schweres Geld kaufen müsse. Thiel brummte nur und begab sich, Lenens Reden wenig Beachtung schenkend, sogleich an das Bett seines Ältesten, welches er in den Nächten, wo er nicht im Dienst war, mit ihm teilte. Hier ließ er sich nieder und beobachtete mit einem sorglichen Ausdruck seines guten Gesichts das schlafende Kind, welches er, nachdem er die zudringlichen Fliegen eine Weile von ihm abgehalten, schließlich weckte. In den blauen, tiefliegenden Augen des Erwachenden malte sich eine rührende Freude. Er griff hastig nach der Hand des Vaters, indes sich seine Mundwinkel zu einem kläglichen Lächeln verzogen. Der Wärter half ihm sogleich beim Anziehen der wenigen Kleidungsstücke, wobei plötzlich etwas wie ein Schatten durch seine Mienen lief, als er bemerkte, daß sich auf der rechten, ein wenig angeschwollenen Backe einige Fingerspuren weiß in rot abzeichneten.

Als Lene beim Frühstück mit vergrößertem Eifer auf vorberegte Wirtschaftsangelegenheit zurückkam, schnitt er ihr das Wort ab mit der Nachricht, daß ihm der Bahnmeister ein Stück Land längs des Bahndammes in

---

[1]**Sein Kopf . . . Eindruck** His head acquired unusual proportions (became unusually large), his fiery red hair and the chalky face beneath it, when combined with his wretched figure, left an unpleasant (ugly), pitiful impression

[2]**Wenn sich . . . laut** When the retarded Tobias, with much painful effort, took his baby brother, who was bursting with good health, down to the Spree, curses could be heard from behind the windows of the (neighboring) houses

[3]**und wollte . . . wurden** and didn't seem to want to understand the (verbal) hints that were given him by well-meaning neighbors

[4]**Der Pachtacker . . . machen** The lease on the field, which until now had provided for (filled) the potato needs of the family, had expired weeks ago and had not been renewed — Lene had not been successful in finding a substitute

[5]**ein Mal übers andere** again and again (one time after the other)

unmittelbarer Nähe des Wärterhauses umsonst überlassen habe,[1] angeblich weil es ihm, dem Bahnmeister, zu abgelegen sei.

Lene wollte das anfänglich nicht glauben. Nach und nach wichen jedoch ihre Zweifel, und nun geriet sie in merklich gute Laune. Ihre Fragen nach Größe und Güte des Ackers sowie andre mehr verschlangen sich förmlich, und als sie erfuhr, daß bei alledem noch zwei Zwergobstbäume darauf stünden, wurde sie rein närrisch.[2] Als nichts mehr zu erfragen übrigblieb, zudem die Türglocke des Krämers, die man, beiläufig gesagt, in jedem einzelnen Hause des Ortes vernehmen konnte, unaufhörlich anschlug, schoß sie davon, um die Neuigkeit im Örtchen auszusprengen.[3]

Während Lene in die dunkle, mit Waren überfüllte Kammer des Krämers kam, beschäftigte sich der Wärter daheim ausschließlich mit Tobias. Der Junge saß auf seinen Knien und spielte mit einigen Kiefernzapfen, die Thiel mit aus dem Walde gebracht hatte.

"Was willst du werden?" fragte ihn der Vater, und diese Frage war stereotyp wie die Antwort des Jungen: "Ein Bahnmeister." Es war keine Scherzfrage, denn die Träume des Wärters verstiegen sich in der Tat in solche Höhen, und er hegte allen Ernstes den Wunsch und die Hoffnung, daß aus Tobias mit Gottes Hilfe etwas Außergewöhnliches werden sollte.[4] Sobald die Antwort "Ein Bahnmeister" von den blutlosen Lippen des Kleinen kam, der natürlich nicht wußte, was sie bedeuten sollte, begann Thiels Gesicht sich aufzuhellen, bis es förmlich strahlte von innerer Glückseligkeit.

"Geh, Tobias, geh spielen!" sagte er kurz darauf, indem er eine Pfeife Tabak mit einem im Herdfeuer entzündeten Span in Brand steckte, und der Kleine drückte sich alsbald in scheuer Freude zur Türe hinaus. Thiel entkleidete sich, ging zu Bett und entschlief, nachdem er geraume Zeit gedankenvoll die niedrige und rissige Stubendecke angestarrt hatte. Gegen zwölf Uhr mittags erwachte er, kleidete sich an und ging, während seine Frau in ihrer lärmenden Weise das Mittagbrot bereitete, hinaus auf die Straße, wo er Tobiaschen sogleich aufgriff, der mit den Fingern Kalk aus einem Loche in der Wand kratzte und in den Mund steckte. Der Wärter nahm ihn bei der Hand und ging mit ihm an den etwa acht Häuschen des Ortes vorüber bis hinunter zur Spree, die schwarz und glasig zwischen schwach belaubten Pappeln lag. Dicht am Rande des Wassers befand sich ein Granitblock, auf welchen Thiel sich niederließ.

Der ganze Ort hatte sich gewöhnt, ihn bei nur irgend erträglichem Wetter an dieser Stelle zu erblicken. Die Kinder besonders hingen an ihm, nannten

---

[1]**auf vorberegte . . . habe** returned to the previously mentioned economic problem, he cut her off with the news that the railroad inspector had given him, free of charge, the use of a piece of land located next to the track near his shack

[2]**Ihre Fragen . . . närrisch** Her questions about the size and quality of the field, as well as her other questions, came rapidly and, when she learned that on top of it all there were two dwarf fruit trees, she just went crazy

[3]**schoß sie . . . auszusprengen** she shot (dashed) off to spread the news throughout the village

[4]**er hegte . . . sollte** in all seriousness, he harbored the wish and the hope that with God's help Tobias would turn out to become someone special (extraordinary)

ihn "Vater Thiel" und wurden von ihm in mancherlei Spielen unterrichtet, deren er sich aus seiner Jugendzeit erinnerte. Das Beste jedoch von dem Inhalt seiner Erinnerungen war für Tobias. Er schnitzelte ihm Fitschepfeile,[1] die höher flogen als die aller anderen Jungen. Er schnitt ihm Weidenpfeifchen und ließ sich sogar herbei, mit seinem verrosteten Baß das Beschwörungslied zu singen,[2] während er mit dem Horngriff seines Taschenmessers die Rinde leise klopfte.

Die Leute verübelten ihm seine Läppschereien; es war ihnen unerfindlich, wie er sich mit den Rotznasen so viel abgeben konnte.[3] Im Grunde durften sie jedoch damit zufrieden sein, denn die Kinder waren unter seiner Obhut gut aufgehoben. Überdies nahm Thiel auch ernste Dinge mit ihnen vor, hörte den Großen ihre Schulaufgaben ab, half ihnen beim Lernen der Bibel- und Gesangbuchverse und buchstabierte mit den Kleinen a — b — ab, d — u — du, und so fort.

Nach dem Mittagessen legte sich der Wärter abermals zu kurzer Ruhe nieder. Nachdem sie beendigt, trank er den Nachmittagskaffee und begann gleich darauf sich für den Gang in den Dienst vorzubereiten. Er brauchte dazu, wie zu allen seinen Verrichtungen, viel Zeit; jeder Handgriff war seit Jahren geregelt; in stets gleicher Reihenfolge wanderten die sorgsam auf der kleinen Nußbaumkommode ausgebreiteten Gegenstände: Messer, Notizbuch, Kamm, ein Pferdezahn, die alte eingekapselte Uhr, in die Taschen seiner Kleider. Ein kleines, in rotes Papier eingeschlagenes Büchelchen wurde mit besonderer Sorgfalt behandelt. Es lag während der Nacht unter dem Kopfkissen des Wärters und wurde am Tage von ihm stets in der Brusttasche des Dienstrockes herumgetragen. Auf der Etikette unter dem Umschlag stand in unbeholfenen, aber verschnörkelten Schriftzügen, von Thiels Hand geschrieben "Sparkassenbuch des Tobias Thiel."[4]

Die Wanduhr mit dem langen Pendel und dem gelbsüchtigen Zifferblatt[5] zeigte dreiviertel fünf, als Thiel fortging. Ein kleiner Kahn, sein Eigentum, brachte ihn über den Fluß. Am jenseitigen Spreeufer blieb er einige Male stehen und lauschte nach dem Ort zurück. Endlich bog er in einen breiten Waldweg und befand sich nach wenigen Minuten inmitten des tiefaufrauschenden Kiefernforstes, dessen Nadelmassen einem schwarzgrünen, wellenwerfenden Meere glichen.[6] Unhörbar wie auf Filz schritt er über die feuchte Moos- und Nadelschicht des Waldbodens. Er fand seinen Weg, ohne aufzublicken, hier

---

[1]**Er schnitzelte ihm Fitschepfeile** He whittled darts (arrows) for him

[2]**Er schnitt . . . singen** He carved whistles out of willow branches for him and even sang the invocation with his rusty bass voice. *Note*: apparently before such a whistle was used, it was first "dedicated" or broken in with a song.

[3]**Die Leute . . . konnte** People took his childishness amiss; they couldn't quite fathom why he went to so much trouble for the snotnoses

[4]**Auf der . . . Thiel** On the label pasted to the passbook jacket (envelope), in Thiel's clumsy but ornate handwriting, there stood: "Savings Account of Tobias Thiel"

[5]**gelbsüchtigen Zifferblatt** jaundiced (yellow) face

[6]**inmitten des . . . glichen** in the middle of a rustling pine forest whose (waving) needle masses resembled a dark green, undulating ocean

durch die rostbraunen Säulen des Hochwaldes, dort weiterhin durch dicht-
verschlungenes Jungholz, noch weiter über ausgedehnte Schonungen, die
von einzelnen hohen und schlanken Kiefern überschattet wurden, welche
man zum Schutze für den Nachwuchs aufbehalten hatte. Ein bläulicher,
durchsichtiger, mit allerhand Düften geschwängerter Dunst stieg aus der Erde
auf und ließ die Formen der Bäume verwaschen erscheinen.[1] Ein schwerer,
milchiger Himmel hing tief herab über die Baumwipfel. Krähenschwärme ba-
deten gleichsam im Grau der Luft, unaufhörlich ihre knarrenden Rufe aussto-
ßend. Schwarze Wasserlachen füllten die Vertiefungen des Weges und spie-
gelten die trübe Natur noch trüber wider.

Ein furchtbares Wetter, dachte Thiel, als er aus tiefem Nachdenken erwachte und aufschaute.

Plötzlich jedoch bekamen seine Gedanken eine andere Richtung. Er fühlte
dunkel, daß er etwas daheim vergessen haben müsse, und wirklich vermißte
er beim Durchsuchen seiner Taschen das Butterbrot, welches er der langen
Dienstzeit halber stets mitzunehmen genötigt war.[2] Unschlüssig blieb er eine
Weile stehen, wandte sich dann aber plötzlich und eilte in der Richtung des
Dorfes zurück.

In kurzer Zeit hatte er die Spree erreicht, setzte mit wenigen kräftigen Ruderschlägen über und stieg gleich darauf, am ganzen Körper schwitzend, die
sanft ansteigende Dorfstraße hinauf. Der alte, schäbige Pudel des Krämers lag
mitten auf der Straße. Auf dem geteerten Plankenzaune eines Kossätenhofes
saß eine Nebelkrähe.[3] Sie spreizte die Federn, schüttelte sich, nickte, stieß ein
ohrenzerreißendes Krä — krä aus und erhob sich mit pfeifendem Flügel-
schlag, um sich vom Winde in der Richtung des Forstes davontreiben zu lassen.

Von den Bewohnern der kleinen Kolonie, etwa zwanzig Fischern und
Waldarbeitern mit ihren Familien, war nichts zu sehen.

Der Ton einer kreischenden Stimme unterbrach die Stille so laut und
schrill, daß der Wärter unwillkürlich mit Laufen innehielt. Ein Schwall heftig
herausgestoßner, mißtönender Laute schlug an sein Ohr,[4] die aus dem offnen
Giebelfenster eines niedrigen Häuschens zu kommen schienen, welches er nur
zu wohl kannte.

Das Geräusch seiner Schritte nach Möglichkeit dämpfend, schlich er sich
näher und unterschied nun ganz deutlich die Stimme seiner Frau. Nur noch
wenige Bewegungen, und die meisten ihrer Worte wurden ihm verständlich.

"Was, du unbarmherziger, herzloser Schuft! soll sich das elende Wurm
die Plautze ausschreien vor Hunger? — wie? — na, wart nur, wart, ich will

[1]**Ein bläulicher . . . erscheinen** A bluish, transparent mist, impregnated (redolent) with
all sorts of fragrances, rose out of the ground and blurred the outlines of the trees

[2]**welches er . . . war** that he had to take along owing to his long working hours

[3]**Auf dem . . . Nebelkrähe** On the tarred (creosoted) board fence of a cottager's farmyard sat a hooded crow

[4]**Ein Schwall . . . Ohr** A torrent of unpleasant sounds, violently uttered, assailed
(impinged upon) his ears

dich lehren aufpassen! — du sollst dran denken."[1] Einige Augenblicke blieb es still; dann hörte man ein Geräusch, wie wenn Kleidungsstücke ausgeklopft würden; unmittelbar darauf entlud sich ein neues Hagelwetter von Schimpfworten.[2]

"Du erbärmlicher Grünschnabel," scholl es im schnellsten Tempo herunter, "meinst du, ich sollte mein leibliches Kind wegen solch einem Jammerlappen, wie du bist, verhungern lassen?"[3] — "Halt's Maul!" schrie es, als ein leises Wimmern hörbar wurde, "oder du sollst eine Portion kriegen, an der du acht Tage zu fressen hast."[4]

Das Wimmern verstummte nicht.

Der Wärter fühlte, wie sein Herz in schweren, unregelmäßigen Schlägen ging. Er begann leise zu zittern. Seine Blicke hingen wie abwesend am Boden fest, und die plumpe und harte Hand strich mehrmals ein Büschel nasser Haare zur Seite, das immer von neuem in die sommersprossige Stirne hineinfiel.

Einen Augenblick drohte es ihn zu überwältigen. Es war ein Krampf, der die Muskeln schwellen machte und die Finger der Hand zur Faust zusammenzog. Es ließ nach, und dumpfe Mattigkeit blieb zurück.

Unsicheren Schrittes trat der Wärter in den engen, ziegelgepflasterten Hausflur. Müde und langsam erklomm er die knarrende Holzstiege.

"Pfui, pfui, pfui!" hob es wieder an; dabei hörte man, wie jemand dreimal hintereinander mit allen Zeichen der Wut und Verachtung ausspie. "Du erbärmlicher, niederträchtiger, hinterlistiger, hämischer, feiger, gemeiner Lümmel!"[5] Die Worte folgten einander in steigender Betonung, und die Stimme, welche sie herausstieß, schnappte zuweilen über vor Anstrengung. "Meinen Buben willst du schlagen, was? Du elende Göre unterstehst dich, das arme, hilflose Kind aufs Maul zu schlagen? — wie? — he, wie? — Ich will mich nur nicht dreckig machen an dir, sonst[6] — . . . ."

In diesem Augenblick öffnete Thiel die Tür des Wohnzimmers, weshalb der erschrockenen Frau das Ende des begonnenen Satzes in der Kehle stekkenblieb.[7] Sie war kreidebleich vor Zorn, ihre Lippen zuckten bösartig, sie hatte die Rechte erhoben, senkte sie und griff nach dem Milchtopf, aus dem

---

[1] **Was, du . . . denken** What? You nasty, mean scum (scoundrel)! Is the poor little tyke (creature) supposed to cry its lungs out from hunger? — what? — well, just wait, wait, I'll teach you to listen (mind) — that'll make you remember. *Note*: der Wurm = worm, **das Wurm** = tyke, small child (used as a term of endearment).

[2] **wie wenn . . . Schimpfworten** as if dust were being beaten out of clothes; immediately thereafter, there came a new hailstorm of abuse (abusive words)

[3] **Du erbärmlicher . . . lassen** "You miserable pip-squeak," the words came out rapidly, "do you think I'll let my own child starve for the likes of a sorry wretch like you"

[4] **Halt's Maul . . . hast** There was a scream of "shut your trap!" when a soft whimpering became audible, "or you'll get a portion (big enough) to chew on (to last you) for a week"

[5] **Du erbärmlicher . . . Lümmel** You miserable, spiteful, mean, nasty, cowardly, low-down hooligan

[6] **Ich will . . . sonst** I just don't want to get myself (my hands) dirty on you, otherwise . . .

[7] **weshalb der . . . steckenblieb** owing to that (i.e., Thiel's opening of the door), the rest of the sentence remained unspoken (got stuck in her throat)

sie ein Kinderfläschchen vollzufüllen versuchte. Sie ließ jedoch diese Arbeit, da der größte Teil der Milch über den Flaschenhals auf den Tisch rann, halb verrichtet, griff vollkommen fassungslos vor Erregung bald nach diesem, bald nach jenem Gegenstand, ohne ihn länger als einige Augenblicke festhalten zu können, und ermannte sich endlich so weit ihren Mann heftig anzulassen: was es denn heißen solle, daß er um diese ungewöhnliche Zeit nach Hause käme, er würde sie doch nicht etwa gar belauschen wollen.[1] "Das wäre noch das Letzte," meinte sie, und gleich darauf: sie habe ein reines Gewissen und brauche vor niemand die Augen niederzuschlagen.[2]

Thiel hörte kaum, was sie sagte. Seine Blicke streiften flüchtig das heulende Tobiaschen. Einen Augenblick schien es, als müsse er gewaltsam etwas Furchtbares zurückhalten, was in ihm aufstieg, dann legte sich über die gespannten Mienen plötzlich das alte Phlegma, von einem verstohlnen begehrlichen Aufblitzen der Augen seltsam belebt. Sekundenlang spielte sein Blick über den starken Gliedmaßen seines Weibes, das, mit abgewandtem Gesicht herumhantierend, noch immer nach Fassung suchte. Ihre vollen, halbnackten Brüste blähten sich vor Erregung und drohten das Mieder zu sprengen, und ihre aufgerafften Röcke ließen die breiten Hüften noch breiter erscheinen.[3] Eine Kraft schien von dem Weibe auszugehen, unbezwingbar, unentrinnbar, der Thiel sich nicht gewachsen fühlte.[4]

Leicht gleich einem feinen Spinngewebe und doch fest wie ein Netz von Eisen legte es sich um ihn, fesselnd, überwindend, erschlaffend.[5] Er hätte in diesem Zustand überhaupt kein Wort an sie zu richten vermocht, am allerwenigsten ein hartes, und so mußte Tobias, der in Tränen gebadet und verängstet in einer Ecke hockte, sehen, wie der Vater, ohne auch nur weiter nach ihm umzuschauen, das vergeßne Brot von der Ofenbank, nahm es der Mutter als einzige Erklärung hinhielt und mit einem kurzen, zerstreuten Kopfnicken sogleich wieder verschwand.

[1]**und ermannte . . . wollen** and she finally plucked up her courage enough to accost her husband violently: what was he thinking of by coming home at this unusual hour? Was he trying to spy on her?

[2]**Das wäre . . . niederzuschlagen** "That's all (the last thing) I need," she said, and immediately thereafter: she had a clear conscience and didn't need to lower her eyes (in shame) before anyone

[3]**Ihre vollen . . . erscheinen** Her full, half-naked breasts heaved (swelled) in agitation (anger) and threatened to burst her bodice; and her hiked up skirts made her broad hips seem even broader

[4]**Eine Kraft . . . fühlte** A strength (power), irresistible, inescapable, seemed to emanate (radiate) from the woman, a force that Thiel felt he could not deal (cope) with

[5]**Leicht gleich . . . erschlaffend** As lightly as a delicate spider's web, yet as firm (strong) as a net of iron (steel), it enmeshed him, overcame him, paralyzed him

III

Obgleich Thiel den Weg in seine Waldeinsamkeit mit möglichster Eile zurücklegte, kam er doch erst fünfzehn Minuten nach der ordnungsmäßigen Zeit an den Ort seiner Bestimmung.

Der Hilfswärter, ein infolge des bei seinem Dienst unumgänglichen schnellen Temperaturwechsels schwindsüchtig gewordener Mensch, der mit ihm im Dienste abwechselte,[1] stand schon fertig zum Aufbruch auf der kleinen, sandigen Plattform des Häuschens, dessen große Nummer schwarz auf weiß weithin durch die Stämme leuchtete.

Die beiden Männer reichten sich die Hände, machten sich einige kurze Mitteilungen und trennten sich. Der eine verschwand im Innern der Bude, der andre ging quer über die Strecke, die Fortsetzung jener Straße benutzend, welche Thiel gekommen war. Man hörte sein krampfhaftes Husten erst näher, dann ferner durch die Stämme, und mit ihm verstummte der einzige menschliche Laut in dieser Einöde. Thiel begann wie immer so auch heute damit, das enge, viereckige Steingebauer der Wärterbude auf seine Art für die Nacht herzurichten. Er tat es mechanisch, während sein Geist mit dem Eindruck der letzten Stunden beschäftigt war. Er legte sein Abendbrot auf den schmalen, braungestrichnen Tisch an einem der beiden schlitzartigen Seitenfenster, von denen aus man die Strecke bequem übersehen konnte. Hierauf entzündete er in dem kleinen, rostigen Öfchen[2] ein Feuer und stellte einen Topf kalten Wassers darauf. Nachdem er schließlich noch in die Gerätschaften, Schaufel, Spaten, Schraubstock und so weiter, einige Ordnung gebracht hatte, begab er sich ans Putzen seiner Laterne, die er zugleich mit frischem Petroleum versorgte.

Als dies geschehen war, meldete die Glocke mit drei schrillen Schlägen, die sich wiederholten, daß ein Zug in der Richtung von Breslau her aus der nächstliegenden Station abgelassen sei. Ohne die mindeste Hast zu zeigen, blieb Thiel noch eine gute Weile im Innern der Bude, trat endlich, Fahne und Patronentasche in der Hand,[3] langsam ins Freie und bewegte sich trägen und schlürfenden Ganges über den schmalen Sandpfad, dem etwa zwanzig Schritt entfernten Bahnübergang zu. Seine Barrieren schloß und öffnete Thiel vor und nach jedem Zuge gewissenhaft, obgleich der Weg nur selten von jemand passiert wurde.

Er hatte seine Arbeit beendet und lehnte jetzt wartend an der schwarzweißen Sperrstange.

Die Strecke schnitt rechts und links gradlinig in den unabsehbaren grünen Forst hinein; zu ihren beiden Seiten stauten die Nadelmassen gleichsam zurück, zwischen sich eine Gasse frei lassend, die der rötlichbraune, kiesbestreute Bahndamm ausfüllte. Die schwarzen, parallellaufenden Geleise darauf

---

[1]**Der Hilfswärter . . . abwechselte** The assistant flagman who relieved him had developed tuberculosis at work because his job had subjected him to rapid temperature changes

[2]**rostigen Öfchen** rusty little stove. *Note:* **Öfchen** is the diminutive of **Ofen.**

[3]**Fahne und Patronentasche in der Hand** with flag and flare case in hand

glichen in ihrer Gesamtheit einer ungeheuren eisernen Netzmasche, deren schmale Strähne sich im äußersten Süden und Norden in einem Punkte des Horizontes zusammenzogen.[1]

Der Wind hatte sich erhoben und trieb leise Wellen den Waldrand hinunter und in die Ferne hinein. Aus den Telegraphenstangen, die die Strecke begleiteten, tönten summende Akkorde.[2] Auf den Drähten, die sich wie das Gewebe einer Riesenspinne von Stange zu Stange fortrankten, klebten in dichten Reihen Scharen zwitschernder Vögel.[3] Ein Specht flog lachend über Thiels Kopf weg, ohne daß er eines Blickes gewürdigt wurde.

Die Sonne, welche soeben unter dem Rande mächtiger Wolken herabhing, um in das schwarzgrüne Wipfelmeer zu versinken, goß Ströme von Purpur über den Forst. Die Säulenarkaden der Kiefernstämme jenseits des Dammes entzündeten sich gleichsam von innen heraus und glühten wie Eisen.[4]

Auch die Geleise begannen zu glühen, feurigen Schlangen gleich, aber sie erloschen zuerst; und nun stieg die Glut langsam vom Erdboden in die Höhe, erst die Schäfte der Kiefern, weiter den größten Teil ihrer Kronen in kaltem Verwesungslichte zurücklassend,[5] zuletzt nur noch den äußersten Rand der Wipfel mit einem rötlichen Schimmer streifend. Lautlos und feierlich vollzog sich das erhabene Schauspiel. Der Wärter stand noch immer regungslos an der Barriere. Endlich trat er einen Schritt vor. Ein dunkler Punkt am Horizonte, da wo die Geleise sich trafen, vergrößerte sich. Von Sekunde zu Sekunde wachsend, schien er doch auf einer Stelle zu stehen. Plötzlich bekam er Bewegung und näherte sich. Durch die Geleise ging ein Vibrieren und Summen, ein rhythmisches Geklirr, ein dumpfes Getöse, das, lauter und lauter werdend, zuletzt den Hufschlägen eines heranbrausenden Reitergeschwaders nicht unähnlich war.[6]

Ein Keuchen und Brausen schwoll stoßweise fernher durch die Luft. Dann plötzlich zerriß die Stille. Ein rasendes Tosen und Toben erfüllte den Raum, die Geleise bogen sich, die Erde zitterte — ein starker Luftdruck — eine Wolke von Staub, Dampf und Qualm, und das schwarze, schnaubende Ungetüm war vorüber. So wie sie anwuchsen, starben nach und nach die Geräusche. Der Dunst verzog sich. Zum Punkte eingeschrumpft, schwand der Zug in der

---

[1]**Die schwarzen . . . zusammenzogen** The black tracks, running parallel on it (i.e., the embankment), in their totality resembled a huge iron net whose thin strands came together to form one point at the farthest stretches of the northern and southern horizon

[2]**Aus den . . . Akkorde** A humming came from the telegraph poles that ran beside the tracks

[3]**Auf den . . . Vögel** Flocks of twittering birds, crowded closely together, sat perched on the wires that stretched from pole to pole like the web of a giant spider

[4]**Die Säulenarkaden . . . Eisen** The columned arcades of pine trunks on the far side of the embankment seemed to catch on fire from within and glowed like iron

[5]**den größten . . . zurücklassend** leaving the largest part of their crowns in the cold, decomposing light

[6]**ein rhythmisches . . . war** a rhythmic rattling, a dull rumbling that got louder and louder and finally sounded like the hoofbeats of an oncoming squadron of riders. *Note* the comparative **lauter und lauter** — modern German would use **immer lauter**.

Ferne, und das alte heil'ge Schweigen schlug über dem Waldwinkel zusammen.

"Minna," flüsterte der Wärter, wie aus einem Traum erwacht, und ging nach seiner Bude zurück. Nachdem er sich einen dünnen Kaffee aufgebrüht,[1] ließ er sich nieder und starrte, von Zeit zu Zeit einen Schluck zu sich nehmend, auf ein schmutziges Stück Zeitungspapier, das er irgendwo an der Strecke aufgelesen.

Nach und nach überkam ihn eine seltsame Unruhe. Er schob es auf die Backofenglut,[2] welche das Stübchen erfüllte, und riß Rock und Weste auf, um sich zu erleichtern. Wie das nichts half, erhob er sich, nahm einen Spaten aus der Ecke und begab sich auf das geschenkte Äckerchen.

Es war ein schmaler Streifen Sandes, von Unkraut dicht überwuchert. Wie schneeweißer Schaum lag die junge Blütenpracht auf den Zweigen der beiden Zwergobstbäumchen, welche darauf standen.

Thiel wurde ruhig, und ein stilles Wohlgefallen beschlich ihn.

Nun also an die Arbeit.

Der Spaten schnitt knirschend in das Erdreich; die nassen Schollen fielen dumpf zurück und bröckelten auseinander.

Eine Zeitlang grub er ohne Unterbrechung. Dann hielt er plötzlich inne und sagte laut und vernehmlich vor sich hin, indem er dazu bedenklich den Kopf hin und her wiegte: "Nein, nein, das geht ja nicht," und wieder: "Nein, nein, das geht ja gar nicht."

Es war ihm plötzlich eingefallen, daß ja nun Lene des öftern[3] herauskommen würde, um den Acker zu bestellen, wodurch dann die hergebrachte Lebensweise in bedenkliche Schwankungen geraten mußte.[4] Und jäh verwandelte sich seine Freude über den Besitz des Ackers in Widerwillen. Hastig, wie wenn er etwas Unrechtes zu tun im Begriff gestanden hätte, riß er den Spaten aus der Erde und trug ihn nach der Bude zurück. Hier versank er abermals in dumpfe Grübelei. Er wußte kaum, warum, aber die Aussicht, Lene ganze Tage lang bei sich im Dienst zu haben, wurde ihm, sosehr er auch versuchte, sich damit zu versöhnen, immer unerträglicher. Es kam ihm vor, als habe er etwas ihm Wertes zu verteidigen, als versuchte jemand, sein Heiligstes anzutasten, und unwillkürlich spannten sich seine Muskeln in gelindem Krampfe, während ein kurzes, herausforderndes Lachen seinen Lippen entfuhr. Vom Widerhall dieses Lachens erschreckt, blickte er auf und verlor dabei den Faden seiner Betrachtungen. Als er ihn wiedergefunden, wühlte er sich gleichsam in den alten Gegenstand.

[1]**Nachdem er . . . aufgebrüht** After he had brewed some weak (watered-down) coffee. *Note* the missing tense auxiliary (**aufgebrüht hatte**).

[2]**Er schob . . . Backofenglut** He blamed it on (attributed it to) the oven-like heat

[3]**des öftern** often. *Note* the antiquated genitive.

[4]**wodurch dann . . . mußte** through which the lifestyle he had adopted here would be seriously jeopardized

Und plötzlich zerriß etwas wie ein dichter, schwarzer Vorhang in zwei Stücke, und seine umnebelten Augen gewannen einen klaren Ausblick.[1] Es war ihm auf einmal zumute, als erwache er aus einem zweijährigen totenähnlichen Schlaf und betrachte nun mit ungläubigem Kopfschütteln all das Haarsträubende, welches er in diesem Zustand begangen haben sollte.[2] Die Leidensgeschichte seines Ältesten, welche die Eindrücke der letzten Stunden nur noch hatten besiegeln können, trat deutlich vor seine Seele. Mitleid und Reue ergriff ihn sowie auch eine tiefe Scham darüber, daß er diese ganze Zeit in schmachvoller Duldung hingelebt hatte, ohne sich des lieben, hilflosen Geschöpfes anzunehmen, ja ohne auch nur die Kraft zu finden, sich einzugestehen, wie sehr dieses litt.[3]

Über den selbstquälerischen Vorstellungen all seiner Unterlassungssünden überkam ihn eine schwere Müdigkeit,[4] und so entschlief er mit gekrümmtem Rücken, die Stirn auf die Hand, diese auf den Tisch gelegt. Eine Zeitlang hatte er so gelegen, als er mit erstickter Stimme mehrmals den Namen "Minna" rief.

Ein Brausen und Sausen füllte sein Ohr, wie von unermeßlichen Wassermassen; es wurde dunkel um ihn, er riß die Augen auf und erwachte. Seine Glieder flogen, der Angstschweiß drang ihm aus allen Poren, sein Puls ging unregelmäßig, sein Gesicht war naß vor Tränen.

Es war stockdunkel. Er wollte einen Blick nach der Tür werfen, ohne zu wissen, wohin er sich wenden sollte. Taumelnd erhob er sich, noch immer währte seine Herzensangst. Der Wald draußen rauschte wie Meeresbrandung, der Wind warf Hagel und Regen gegen die Fenster des Häuschens. Thiel tastete ratlos mit den Händen umher. Einen Augenblick kam er sich vor wie ein Ertrinkender — da plötzlich flammte es bläulich blendend auf, wie wenn Tropfen überirdischen Lichtes in die dunkle Erdatmosphäre herabsänken, um sogleich von ihr erstickt zu werden.

Der Augenblick genügte, um den Wärter zu sich selbst zu bringen. Er griff nach seiner Laterne, die er auch glücklich zu fassen bekam, und in diesem Augenblick erwachte der Donner am fernsten Saume des märkischen Nachthimmels.[5] Erst dumpf und verhalten grollend, wälzte er sich näher in kurzen, brandenden Erzwellen, bis er, zu Riesenstößen anwachsend, sich

---

[1] **Und plötzlich ... Ausblick** And suddenly something like a heavy, black curtain was torn asunder and his fog-enshrouded eyes saw clearly (gained clear vision)

[2] **all das ... sollte** all the hair-raising things he (must have) committed in this condition

[3] **Mitleid und ... litt** He was seized by pity and regret as well as by a great sense of shame for having lived all this time and disgracefully tolerated (all these things), without taking up for the dear, helpless child, without even finding the strength to admit to himself how much the child was suffering

[4] **Über den ... Müdigkeit** In the midst of tormenting himself with these reproaches over his sins of omission, he was overcome by a great weariness

[5] **in diesem ... Nachthimmels** at this moment thunder awoke at the farthest edge of the night sky of Mark Brandenburg

endlich, die ganze Atmosphäre überflutend, dröhnend, schütternd und brausend entlud.[1]

Die Scheiben klirrten, die Erde erbebte.

Thiel hatte Licht gemacht. Sein erster Blick, nachdem er die Fassung wiedergewonnen, galt der Uhr. Es lagen kaum fünf Minuten zwischen jetzt und der Ankunft des Schnellzuges. Da er glaubte, das Signal überhört zu haben, begab er sich, so schnell als Sturm und Dunkelheit erlaubten, nach der Barriere. Als er noch damit beschäftigt war, diese zu schließen, erklang die Signalglocke. Der Wind zerriß ihre Töne und warf sie nach allen Richtungen auseinander. Die Kiefern bogen sich und rieben unheimlich knarrend und quietschend ihre Zweige aneinander. Einen Augenblick wurde der Mond sichtbar, wie er gleich einer blaßgoldnen Schale zwischen den Wolken lag. In seinem Lichte sah man das Wühlen des Windes in den schwarzen Kronen der Kiefern. Die Blattgehänge der Birken am Bahndamm wehten und flatterten wie gespenstige Roßschweife.[2] Darunter lagen die Linien der Geleise, welche, vor Nässe glänzend, das blasse Mondlicht in einzelnen Flecken aufsaugten.

Thiel riß die Mütze vom Kopfe. Der Regen tat ihm wohl und lief vermischt mit Tränen über sein Gesicht. Es gärte in seinem Hirn; unklare Erinnerungen an das, was er im Traum gesehen, verjagten einander. Es war ihm gewesen, als würde Tobias von jemand gemißhandelt,[3] und zwar auf eine so entsetzliche Weise, daß ihm noch jetzt bei dem Gedanken daran das Herz stillestand. Einer anderen Erscheinung erinnerte er sich deutlicher. Er hatte seine verstorbene Frau gesehen. Sie war irgendwoher aus der Ferne gekommen, auf einem der Bahngeleise. Sie hatte recht kränklich ausgesehen, und statt der Kleider hatte sie Lumpen getragen. Sie war an Thiels Häuschen vorübergekommen, ohne sich darnach umzuschauen, und schließlich — hier wurde die Erinnerung undeutlich — war sie aus irgendwelchem Grunde nur mit großer Mühe vorwärts gekommen und sogar mehrmals zusammengebrochen.

Thiel dachte weiter nach, und nun wußte er, daß sie sich auf der Flucht befunden hatte. Es lag außer allem Zweifel, denn weshalb hätte sie sonst diese Blicke voll Herzensangst nach rückwärts gesandt und sich weitergeschleppt, obgleich ihr die Füße den Dienst versagten.[4] O diese entsetzlichen Blicke!

Aber es war etwas, das sie mit sich trug, in Tücher gewickelt, etwas Schlaffes, Blutiges, Bleiches, und die Art, mit der sie darauf niederblickte, erinnerte ihn an Szenen der Vergangenheit.

Er dachte an eine sterbende Frau, die ihr kaum geborenes Kind, das sie zurücklassen mußte, unverwandt anblickte, mit einem Ausdruck tiefsten

---

[1]**Erst dumpf . . . entlud** At first it rumbled in a dull, restrained fashion, then it rolled closer in short, metallic waves until it grew to gigantic blasts which, upon being discharged, flooded, shook, rattled, and roared throughout the whole atmosphere

[2]**Das Blattgehänge . . . Roßschweife** The foliage of the birches on the railroad embankment waved and fluttered like ghostly horses' tails

[3]**gemißhandelt** mistreated. *Note:* since **miß-** is an inseparable prefix, the past participle normally is **mißhandelt.**

[4]**die Füße . . . versagten** her legs failed her

Schmerzes, unfaßbarer Qual, jenem Ausdruck, den Thiel ebensowenig vergessen konnte, wie daß er einen Vater und eine Mutter habe.

Wo war sie hingekommen? Er wußte es nicht. Das aber trat ihm klar vor die Seele: sie hatte sich von ihm losgesagt, ihn nicht beachtet, sie hatte sich fortgeschleppt immer weiter und weiter durch die stürmische, dunkle Nacht. Er hatte sie gerufen: "Minna, Minna," und davon war er erwacht.

Zwei rote, runde Lichter durchdrangen wie die Glotzaugen eines riesigen Ungetüms die Dunkelheit.[1] Ein blutiger Schein ging vor ihnen her, der die Regentropfen in seinem Bereich in Blutstropfen verwandelte. Es war, als fiele ein Blutregen vom Himmel.

Thiel fühlte ein Grauen und, je näher der Zug kam, eine um so größere Angst; Traum und Wirklichkeit verschmolzen ihm in eins. Noch immer sah er das wandernde Weib auf den Schienen, und seine Hand irrte nach der Patronentasche,[2] als habe er die Absicht, den rasenden Zug zum Stehen zu bringen. Zum Glück war es zu spät, denn schon flirrte es vor Thiels Augen von Lichtern, und der Zug raste vorüber.

Den übrigen Teil der Nacht fand Thiel wenig Ruhe mehr in seinem Dienst. Es drängte ihn, daheim zu sein. Er sehnte sich, Tobiaschen wiederzusehen. Es war ihm zumute, als sei er durch Jahre von ihm getrennt gewesen. Zuletzt war er in steigender Bekümmernis um das Befinden des Jungen mehrmals versucht, den Dienst zu verlassen.[3]

Um die Zeit hinzubringen, beschloß Thiel, sobald es dämmerte, seine Strecke zu revidieren.[4] In der Linken einen Stock, in der Rechten einen langen eisernen Schraubschlüssel, schritt er denn auch alsbald auf dem Rücken einer Bahnschiene in das schmutziggraue Zwielicht hinein.

Hin und wieder zog er mit dem Schraubschlüssel einen Bolzen fest oder schlug an eine der runden Eisenstangen, welche die Geleise untereinander verbanden.

Regen und Wind hatten nachgelassen, und zwischen zerschlissenen Wolkenschichten wurden hie und da Stücke eines blaßblauen Himmels sichtbar.

Das eintönige Klappen der Sohlen auf dem harten Metall, verbunden mit dem schläfrigen Geräusch der tropfenschüttelnden Bäume, beruhigte Thiel nach und nach.

Um sechs Uhr früh wurde er abgelöst und trat ohne Verzug den Heimweg an.

Es war ein herrlicher Sonntagmorgen.

Die Wolken hatten sich zerteilt und waren mittlerweile hinter den Umkreis des Horizontes hinabgesunken. Die Sonne goß, im Aufgehen gleich einem ungeheuren blutroten Edelstein funkelnd, wahre Lichtmassen über den Forst.

---

[1]**Zwei rote . . . Dunkelheit** Two red, round lights, like the staring eyes of a gigantic monster, pierced the darkness

[2]**seine Hand . . . Patronentasche** his hand strayed toward his flare case

[3]**Zuletzt war . . . verlassen** Finally, in his increasing distress over the boy's welfare, he was tempted several times to leave his post

[4]**seine Strecke zu revidieren** to check (inspect) his beat

In scharfen Linien schossen die Strahlenbündel durch das Gewirr der Stämme, hier eine Insel zarter Farrenkräuter, deren Wedel feingeklöppelten Spitzen glichen,[1] mit Glut behauchend, dort die silbergrauen Flechten des Waldgrundes zu roten Korallen umwandelnd.

Von Wipfeln, Stämmen und Gräsern floß der Feuertau. Eine Sintflut von Licht schien über die Erde ausgegossen. Es lag eine Frische in der Luft, die bis ins Herz drang, und auch hinter Thiels Stirn mußten die Bilder der Nacht allmählich verblassen.

Mit dem Augenblick jedoch, wo er in die Stube trat und Tobiaschen rotwangiger als je im sonnenbeschienenen Bette liegen sah, waren sie ganz verschwunden.

Wohl wahr! Im Verlauf des Tages glaubte Lene mehrmals etwas Befremdliches an ihm wahrzunehmen, so im Kirchstuhl, als er, statt ins Buch zu schauen, sie selbst von der Seite betrachtete, und dann auch um die Mittagszeit, als er, ohne ein Wort zu sagen, das Kleine, welches Tobias wie gewöhnlich auf die Straße tragen sollte, aus dessen Arm nahm und ihr auf den Schoß setzte. Sonst aber hatte er nicht das geringste Auffällige an sich.

Thiel, der den Tag über nicht dazu gekommen war sich niederzulegen, kroch, da er die folgende Woche Tagdienst hatte, bereits gegen neun Uhr abends ins Bett. Gerade als er im Begriff war einzuschlafen, eröffnete ihm die Frau, daß sie am folgenden Morgen mit nach dem Walde gehen werde, um das Land umzugraben und Kartoffeln zu stecken.

Thiel zuckte zusammen, er war ganz wach geworden, hielt jedoch die Augen fest geschlossen.

Es sei die höchste Zeit, meinte Lene, wenn aus den Kartoffeln noch etwas werden sollte, und fügte bei, daß sie die Kinder werde mitnehmen müssen, da vermutlich der ganze Tag draufgehen würde. Der Wärter brummte einige unverständliche Worte, die Lene weiter nicht beachtete. Sie hatte ihm den Rücken gewandt und war beim Scheine eines Talglichtes damit beschäftigt, das Mieder aufzunesteln und die Röcke herabzulassen.[2]

Plötzlich fuhr sie herum, ohne selbst zu wissen, aus welchem Grunde, und blickte in das von Leidenschaften verzerrte, erdfarbene Gesicht ihres Mannes, der sie, halbaufgerichtet, die Hände auf der Bettkante, mit brennenden Augen anstarrte.

"Thiel!" — schrie die Frau halb zornig, halb erschreckt, und wie ein Nachtwandler, den man bei Namen ruft, erwachte er aus seiner Betäubung, stotterte einige verwirrte Worte, warf sich in die Kissen zurück und zog das Deckbett über die Ohren.

Lene war die erste, welche sich am folgenden Morgen vom Bett erhob. Ohne dabei Lärm zu machen, bereitete sie alles Nötige für den Ausflug vor. Der Kleinste wurde in den Kinderwagen gelegt, darauf Tobias geweckt und angezogen. Als er erfuhr, wohin es gehen sollte, mußte er lächeln. Nachdem alles bereit war und auch der Kaffee fertig auf dem Tisch stand, erwachte

---

[1]**Farrenkräuter, derer . . . glichen** ferns, whose fronds resembled delicate lace

[2]**Sie hatte . . . herabzulassen** She had turned her back to him and, in the light of a tallow candle, she was busy with unlacing her bodice and letting down her skirts

Thiel. Mißbehagen war sein erstes Gefühl beim Anblick all der getroffenen Vorbereitungen. Er hätte wohl gern ein Wort dagegen gesagt, aber er wußte nicht, womit beginnen. Und welche für Lene stichhaltigen Gründe hätte er auch angeben sollen?[1]

Allmählich begann dann das mehr und mehr strahlende Gesichtchen seinen Einfluß auf Thiel zu üben, so daß er schließlich schon um der Freude willen, welche dem Jungen der Ausflug bereitete, nicht daran denken konnte, Widerspruch zu erheben. Nichtsdestoweniger blieb Thiel während der Wanderung durch den Wald nicht frei von Unruhe. Er stieß das Kinderwägelchen mühsam durch den tiefen Sand und hatte allerhand Blumen darauf liegen, die Tobias gesammelt hatte.

Der Junge war ausnehmend lustig. Er hüpfte in seinem braunen Plüschmützchen zwischen den Farrenkräutern umher und suchte auf eine freilich etwas unbeholfene Art die glasflügligen Libellen zu fangen, die darüber hingaukelten.[2] Sobald man angelangt war, nahm Lene den Acker in Augenschein. Sie warf das Säckchen mit Kartoffelstücken, welche sie zur Saat mitgebracht hatte, auf den Grasrand eines kleinen Birkengehölzes, kniete nieder und ließ den etwas dunkel gefärbten Sand durch ihre harten Finger laufen.

Thiel beobachtete sie gespannt: "Nun, wie ist er?"

"Reichlich so gut wie die Spree-Ecke!" Dem Wärter fiel eine Last von der Seele. Er hatte gefürchtet, sie würde unzufrieden sein, und kratzte beruhigt seine Bartstoppeln.

Nachdem die Frau hastig eine dicke Brotkante verzehrt hatte, warf sie Tuch[3] und Jacke fort und begann zu graben, mit der Geschwindigkeit und Ausdauer einer Maschine.

In bestimmten Zwischenräumen richtete sie sich auf und holte in tiefen Zügen Luft, aber es war jeweilig nur ein Augenblick, wenn nicht etwa das Kleine gestillt werden mußte,[4] was mit keuchender, schweißtropfender Brust hastig geschah.

"Ich muß die Strecke belaufen, ich werde Tobias mitnehmen," rief der Wärter nach einer Weile von der Plattform vor der Bude aus zu ihr herüber.

"Ach was — Unsinn!" schrie sie zurück, "wer soll bei dem Kleinen bleiben? — Hierher kommst du!" setzte sie noch lauter hinzu, während der Wärter, als ob er sie nicht hören könne, mit Tobiaschen davonging.

Im ersten Augenblick erwog sie, ob sie nicht nachlaufen solle, und nur der Zeitverlust bestimmte sie davon abzustehen. Thiel ging mit Tobias die Strecke entlang. Der Kleine war nicht wenig erregt; alles war ihm neu, fremd. Er begriff nicht, was die schmalen, schwarzen, vom Sonnenlicht erwärmten Schienen zu bedeuten hatten. Unaufhörlich tat er allerhand sonderbare Fragen. Vor allem verwunderlich war ihm das Klingen der Telegraphenstangen. Thiel kan-

---

[1]**Und welche . . . sollen** And what sort of reasons could he have given Lene that would have held water (been convincing)

[2]**und suchte . . . hingaukelten** and in somewhat clumsy fashion tried to catch the glass-winged dragonflies that hovered and darted about them

[3]**Tuch** shawl (das Kopftuch)

[4]**das Kleine . . . mußte** the baby had to be nursed

nte den Ton jeder einzelnen seines Reviers, so daß er mit geschlossenen Augen stets gewußt haben würde, in welchem Teil der Strecke er sich gerade befand.

Oft blieb er, Tobiaschen an der Hand, stehen, um den wunderbaren Lauten zu lauschen, die aus dem Holze wie sonore Choräle aus dem Innern einer Kirche hervorströmten. Die Stange am Südende des Reviers hatte einen besonders vollen und schönen Akkord. Es war ein Gewühl von Tönen in ihrem Innern, die ohne Unterbrechung gleichsam in einem Atem fortklangen, und Tobias lief rings um das verwitterte Holz, um, wie er glaubte, durch eine Öffnung die Urheber des lieblichen Getöns zu entdecken. Der Wärter wurde weihevoll gestimmt, ähnlich wie in der Kirche. Zudem unterschied er mit der Zeit eine Stimme, die ihn an seine verstorbene Frau erinnerte. Er stellte sich vor, es sei ein Chor seliger Geister, in den sie ja auch ihre Stimme mische, und diese Vorstellung erweckte in ihm eine Sehnsucht, eine Rührung bis zu Tränen.

Tobias verlangte nach den Blumen, die seitab im Birkenwäldchen standen, und Thiel, wie immer, gab ihm nach.

Stücke blauen Himmels schienen auf den Boden des Haines herabgesunken, so wunderbar dicht standen kleine blaue Blüten darauf. Farbigen Wimpeln gleich flatterten und gaukelten die Schmetterlinge lautlos zwischen dem leuchtenden Weiß der Stämme, indes durch die zartgrünen Blätterwolken der Birkenkronen ein sanftes Rieseln ging.[1]

Tobias rupfte Blumen, und der Vater schaute ihm sinnend zu. Zuweilen erhob sich auch der Blick des letzteren und suchte durch die Lücken der Blätter den Himmel, der wie eine riesige, makellos blaue Kristallschale das Goldlicht der Sonne auffing.

"Vater, ist das der liebe Gott?" fragte der Kleine plötzlich, auf ein braunes Eichhörnchen deutend, das unter kratzenden Geräuschen am Stamme einer alleinstehenden Kiefer hinanhuschte.[2]

"Närrischer Kerl," war alles, was Thiel erwidern konnte, während losgerissene Borkenstückchen den Stamm herunter vor seine Füße fielen.

Die Mutter grub noch immer, als Thiel und Tobias zurückkamen. Die Hälfte des Ackers war bereits umgeworfen.

Die Bahnzüge folgten einander in kurzen Zwischenräumen, und Tobias sah sie jedesmal mit offenem Munde vorübertoben.

Die Mutter selbst hatte ihren Spaß an seinen drolligen Grimassen.

Das Mittagessen, bestehend aus Kartoffeln und einem Restchen kalten Schweinebraten, verzehrte man in der Bude. Lene war aufgeräumt, und auch Thiel schien sich in das Unvermeidliche mit gutem Anstand fügen zu wollen.[3]

---

[1] **Farbigen Wimpeln . . . ging** Like colorful pennants, butterflies fluttered and hovered silently between the shining white tree trunks while a gentle rustling went through the soft green foliage of the birch tops

[2] **auf ein . . . hinanhuschte** pointing at a brown squirrel that was making scratching sounds as it scampered up the trunk of a solitary pine

[3] **Lene war . . . wollen** Lene was in a good mood and Thiel seemed ready to resign himself to the inevitable as best as he could

Er unterhielt seine Frau während des Essens mit allerlei Dingen, die in seinen Beruf schlugen.[1] So fragte er sie, ob sie sich denken könne, daß in einer einzigen Bahnschiene sechsundvierzig Schrauben säßen, und anderes mehr.

Am Vormittage war Lene mit Umgraben fertig geworden; am Nachmittage sollten die Kartoffeln gesteckt werden. Sie bestand darauf, daß Tobias jetzt das Kleine warte, und nahm ihn mit sich.

"Paß auf . . .," rief Thiel ihr nach, von plötzlicher Besorgnis ergriffen, "paß auf, daß er den Geleisen nicht zu nahe kommt."

Ein Achselzucken Lenens war die Antwort.

Der schlesische Schnellzug[2] war gemeldet, und Thiel mußte auf seinen Posten. Kaum stand er dienstfertig an der Barriere, so hörte er ihn auch schon heranbrausen.

Der Zug wurde sichtbar — er kam näher — in unzählbaren, sich überhastenden Stößen fauchte der Dampf aus dem schwarzen Maschinenschlote.[3] Da: ein — zwei — drei milchweiße Dampfstrahlen quollen kerzengerade empor, und gleich darauf brachte die Luft den Pfiff der Maschine getragen. Dreimal hintereinander, kurz, grell, beängstigend. Sie bremsen, dachte Thiel, warum nur? Und wieder gellten die Notpfiffe schreiend, den Widerhall weckend, diesmal in langer, ununterbrochener Reihe.

Thiel trat vor, um die Strecke überschauen zu können. Mechanisch zog er die rote Fahne aus dem Futteral und hielt sie gerade vor sich hin über die Geleise. — Jesus Christus — war er blind gewesen? Jesus Christus — o Jesus, Jesus, Jesus Christus! was war das? Dort! dort zwischen den Schienen . . . "Ha — alt!" schrie der Wärter aus Leibeskräften. Zu spät. Eine dunkle Masse war unter den Zug geraten und wurde zwischen den Rädern wie ein Gummiball hin und her geworfen. Noch einige Augenblicke, und man hörte das Knarren und Quietschen der Bremsen. Der Zug stand.

Die einsame Strecke belebte sich. Zugführer und Schaffner rannten über den Kies nach dem Ende des Zuges. Aus jedem Fenster blickten neugierige Gesichter, und jetzt — die Menge knäulte sich und kam nach vorn.

Thiel keuchte; er mußte sich festhalten, um nicht umzusinken wie ein gefällter Stier. Wahrhaftig, man winkt ihm — "Nein!"

Ein Aufschrei zerreißt die Luft von der Unglücksstelle her, ein Geheul folgt, wie aus der Kehle eines Tieres kommend. Wer war das?! Lene?! Es war nicht ihre Stimme, und doch . . . .

Ein Mann kommt in Eile die Strecke herauf.

"Wärter!"

"Was gibt's?"

---

[1] **Er unterhielt . . . schlugen** During the meal he entertained his wife with all sorts of things that pertained to his job

[2] **Der schlesische Schnellzug** The express train from Silesia

[3] **Der Zug . . . Maschinenschlote** The train became visible — it came closer — the steam came hissing out of the black vent (smokestack) in countless, rapid puffs

"Ein Unglück!" . . . Der Bote schrickt zurück, denn des Wärters Augen spielen seltsam. Die Mütze sitzt schief, die roten Haare scheinen sich aufzubäumen.

"Er lebt noch, vielleicht ist noch Hilfe."

Ein Röcheln ist die einzige Antwort.

"Kommen Sie schnell, schnell!"

Thiel reißt sich auf mit gewaltiger Anstrengung. Seine schlaffen Muskeln spannen sich; er richtet sich hoch auf, sein Gesicht ist blöd und tot.

Er rennt mit dem Boten, er sieht nicht die todbleichen, erschreckten Gesichter der Reisenden in den Zugfenstern. Eine junge Frau schaut heraus, ein Handlungsreisender im Fez, ein junges Paar, anscheinend auf der Hochzeitsreise. Was geht's ihn an? Er hat sich nie um den Inhalt dieser Polterkasten gekümmert; — sein Ohr füllt das Geheul Lenens. Vor seinen Augen schwimmt es durcheinander, gelbe Punkte, Glühwürmchen gleich, unzählig. Er schrickt zurück — er steht. Aus dem Tanze der Glühwürmchen tritt es hervor, blaß, schlaff, blutrünstig. Eine Stirn, braun und blau geschlagen, blaue Lippen, über die schwarzes Blut tröpfelt. Er ist es.

Thiel spricht nicht. Sein Gesicht nimmt eine schmutzige Blässe an. Er lächelt wie abwesend; endlich beugt er sich; er fühlt die schlaffen, toten Gliedmaßen schwer in seinen Armen; die rote Fahne wickelt sich darum.

Er geht.

Wohin?

"Zum Bahnarzt, zum Bahnarzt," tönt es durcheinander.

"Wir nehmen ihn gleich mit," ruft der Packmeister und macht in seinem Wagen aus Dienströcken und Büchern ein Lager zurecht. "Nun also?"

Thiel macht keine Anstalten, den Verunglückten loszulassen.[1] Man drängt in ihn. Vergebens. Der Packmeister läßt eine Bahre aus dem Packwagen reichen und beordert einen Mann, dem Vater beizustehen.

Die Zeit ist kostbar. Die Pfeife des Zugführers trillert. Münzen regnen aus den Fenstern.

Lene gebärdet sich wie wahnsinnig.[2] "Das arme, arme Weib," heißt es in den Coupés, "die arme, arme Mutter."

Der Zugführer trillert abermals — ein Pfiff — die Maschine stößt weiße, zischende Dämpfe aus ihren Zylindern und streckt ihre eisernen Sehnen; einige Sekunden, und der Kurierzug braust mit wehender Rauchfahne in verdoppelter Geschwindigkeit durch den Forst.

Der Wärter, anderen Sinnes geworden, legt den halbtoten Jungen auf die Bahre. Da liegt er da in seiner verkommenen Körpergestalt, und hin und wieder hebt ein langer, rasselnder Atemzug die knöcherne Brust, welche unter dem zerfetzten Hemd sichtbar wird. Die Ärmchen und Beinchen, nicht nur in den Gelenken gebrochen, nehmen die unnatürlichsten Stellungen ein. Die Ferse des kleinen Fußes ist nach vorn gedreht. Die Arme schlottern über den Rand der Bahre.

---

[1]**Thiel . . . loszulassen** Thiel made no move to let go of the accident victim

[2]**Lene gebärdet . . . wahnsinnig** Lene carried on as if she had lost her mind

Lene wimmert in einem fort;[1] jede Spur ihres einstigen Trotzes ist aus ihrem Wesen gewichen. Sie wiederholt fortwährend eine Geschichte, die sie von jeder Schuld an dem Vorfall reinwaschen soll.

Thiel scheint sie nicht zu beachten; mit entsetzlich bangem Ausdruck haften seine Augen an dem Kinde.

Es ist still ringsum geworden, totenstill; schwarz und heiß ruhen die Geleise auf dem blendenden Kies. Der Mittag hat die Winde erstickt, und regungslos, wie aus Stein, steht der Forst.

Die Männer beraten sich leise. Man muß, um auf dem schnellsten Wege nach Friedrichshagen zu kommen, nach der Station zurück, die nach der Richtung Breslau liegt, da der nächste Zug, ein beschleunigter Personenzug, auf der Friedrichshagen näher gelegenen nicht anhält.[2]

Thiel scheint zu überlegen, ob er mitgehen solle. Augenblicklich ist niemand da, der den Dienst versteht. Eine stumme Handbewegung bedeutet seiner Frau, die Bahre aufzunehmen; sie wagt nicht, sich zu widersetzen, obgleich sie um den zurückbleibenden Säugling besorgt ist. Sie und der fremde Mann tragen die Bahre. Thiel begleitet den Zug bis an die Grenze seines Reviers, dann bleibt er stehen und schaut ihm lange nach. Plötzlich schlägt er sich mit der flachen Hand vor die Stirn, daß es weithin schallt.

Er meint sich zu erwecken; denn es wird ein Traum sein, wie der gestern, sagt er sich. — Vergebens. — Mehr taumelnd als laufend erreichte er sein Häuschen. Drinnen fiel er auf die Erde, das Gesicht voran. Seine Mütze rollte in die Ecke, seine peinlich gepflegte Uhr fiel aus seiner Tasche, die Kapsel sprang, das Glas zerbrach. Es war, als hielte ihn eine eiserne Faust im Nacken gepackt, so fest, daß er sich nicht bewegen konnte, sosehr er auch unter Ächzen und Stöhnen sich frei zu machen suchte. Seine Stirn war kalt, seine Augen trocken, sein Schlund brannte.

Die Signalglocke weckte ihn. Unter dem Eindruck jener sich wiederholenden drei Glockenschläge ließ der Anfall nach.[3] Thiel konnte sich erheben und seinen Dienst tun. Zwar waren seine Füße bleischwer, zwar kreiste um ihn die Strecke wie die Speiche eines ungeheuren Rades, dessen Achse sein Kopf war; aber er gewann doch wenigstens so viel Kraft, sich für einige Zeit aufrecht zu erhalten.[4]

Der Personenzug kam heran. Tobias mußte darin sein. Je näher er rückte, um so mehr verschwammen die Bilder vor Thiels Augen. Am Ende sah er nur noch den zerschlagenen Jungen mit dem blutigen Munde. Dann wurde es Nacht.

Nach einer Weile erwachte er aus einer Ohnmacht. Er fand sich dicht an der Barriere im heißen Sande liegen. Er stand auf, schüttelte die Sandkörner

[1]**Lene wimmert . . . fort** Lene whimpered continuously

[2]**ein beschleunigter . . . anhält** a fast passenger train that did not stop at the station closer to Friedrichshagen

[3]**Unter dem Eindruck . . . nach** The triple ringing had the effect of mitigating the attack

[4]**Zwar waren . . . erhalten** To be sure, his feet were as heavy as lead, to be sure, the stretch of tracks turned around him like the spokes of a huge wheel, with his head being the axis; but he at least regained enough strength to be able to stand up for a while

aus seinen Kleidern und spie sie aus seinem Munde. Sein Kopf wurde ein wenig freier, er vermochte ruhiger zu denken.

In der Bude nahm er sogleich seine Uhr vom Boden auf und legte sie auf den Tisch. Sie war trotz des Falles nicht stehengeblieben. Er zählte während zweier Stunden die Sekunden und Minuten, indem er sich vorstellte, was indes mit Tobias geschehen mochte.[1] Jetzt kam Lene mit ihm an, jetzt stand sie vor dem Arzte. Dieser betrachtete und betastete den Jungen und schüttelte den Kopf.

"Schlimm, sehr schlimm — aber vielleicht . . . wer weiß?" Er untersuchte genauer. "Nein," sagte er dann, "nein, es ist vorbei."

"Vorbei, vorbei," stöhnte der Wärter, dann aber richtete er sich hoch auf und schrie, die rollenden Augen an die Decke geheftet, die erhobenen Hände unbewußt zur Faust ballend und mit einer Stimme, als müsse der enge Raum davon zerbersten: "Er muß, muß leben, ich sage dir, er muß, muß leben." Und schon stieß er die Tür des Häuschens von neuem auf, durch die das rote Feuer des Abends hereinbrach, und rannte mehr, als er ging, nach der Barriere zurück. Hier blieb er eine Weile wie betroffen stehen und schritt dann plötzlich, beide Arme ausbreitend, bis in die Mitte des Dammes, als wenn er etwas aufhalten wollte, das aus der Richtung des Personenzuges kam. Dabei machten seine weit offenen Augen den Eindruck der Blindheit.

Während er, rückwärts schreitend, vor etwas zu weichen schien, stieß er in einem fort halbverständliche Worte zwischen den Zähnen hervor:[2] "Du — hörst du — bleib doch — du — hör doch — bleib — gib ihn wieder — er ist braun und blau geschlagen — ja, ja — gut — ich will sie wieder braun und blau schlagen — hörst du? bleib doch — gib ihn mir wieder."

Es schien, als ob etwas an ihm vorüberwandle, denn er wandte sich und bewegte sich, wie um es zu verfolgen, nach der anderen Richtung.[3]

"Du, Minna" — seine Stimme wurde weinerlich, wie die eines kleinen Kindes. "Du, Minna, hörst du? — gib ihn wieder — ich will . . . ." Er tastete in die Luft, wie um jemand festzuhalten. "Weibchen — ja — und da will ich sie . . . und da will ich sie auch schlagen — braun und blau — auch schlagen — und da will ich mit dem Beil — siehst du? — Küchenbeil — mit dem Küchenbeil will ich sie schlagen, und da wird sie verrecken.[4]

"Und da . . . ja mit dem Beil — Küchenbeil, ja schwarzes Blut!" Schaum stand vor seinem Munde, seine gläsernen Pupillen bewegten sich unaufhörlich.

Ein sanfter Abendhauch strich leis und nachhaltig über den Forst, und rosaflammiges Wolkengelock hing über dem westlichen Himmel.

---

[1]**indem er . . . mochte** while he tried to imagine what might be happening to Tobias in the meantime

[2]**Während er . . . hervor** While walking backward as if trying to avoid something, he kept muttering half-intelligible words between his clenched teeth

[3]**Es schien . . . Richtung** It seemed as if something went past him because he turned around and started to move in the other direction as if to follow it

[4]**mit dem . . . verrecken** with the hatchet, do you see? — Meat cleaver — I'll hit her with the meat cleaver and then she'll croak (kick the bucket)

Etwa hundert Schritt hatte er so das unsichtbare Etwas verfolgt, als er anscheinend mutlos stehenblieb, und mit entsetzlicher Angst in den Mienen streckte der Mann seine Arme aus, flehend, beschwörend. Er strengte seine Augen an und beschattete sie mit der Hand, wie um noch einmal in weiter Ferne das Wesenlose zu entdecken. Schließlich sank die Hand, und der gespannte Ausdruck seines Gesichts verkehrte sich in stumpfe Ausdruckslosigkeit; er wandte sich und schleppte sich den Weg zurück, den er gekommen.

Die Sonne goß ihre letzte Glut über den Forst, dann erlosch sie. Die Stämme der Kiefern streckten sich wie bleiches, verwestes Gebein zwischen die Wipfel hinein, die wie grauschwarze Moderschichten auf ihnen lasteten.[1] Das Hämmern eines Spechtes durchdrang die Stille. Durch den kalten, stahlblauen Himmelsraum ging ein einziges, verspätetes Rosengewölk. Der Windhauch wurde kellerkalt, so daß es den Wärter fröstelte. Alles war ihm neu, alles fremd. Er wußte nicht, was das war, worauf er ging, oder das, was ihn umgab. Da huschte ein Eichhorn über die Strecke, und Thiel besann sich. Er mußte an den lieben Gott denken, ohne zu wissen, warum. "Der liebe Gott springt über den Weg, der liebe Gott springt über den Weg." Er wiederholte diesen Satz mehrmals, gleichsam um auf etwas zu kommen, das damit zusammenhing.[2] Er unterbrach sich, ein Lichtschein fiel in sein Hirn: "Aber mein Gott, das ist ja Wahnsinn." Er vergaß alles und wandte sich gegen diesen neuen Feind. Er suchte Ordnung in seine Gedanken zu bringen, vergebens! es war ein haltloses Streifen und Schweifen. Er ertappte sich auf den unsinnigsten Vorstellungen und schauderte zusammen im Bewußtsein seiner Machtlosigkeit.[3]

Aus dem nahen Birkenwäldchen kam Kindergeschrei. Es war das Signal zur Raserei. Fast gegen seinen Willen mußte er darauf zueilen und fand das Kleine, um welches sich niemand mehr gekümmert hatte, weinend und strampelnd ohne Bettchen im Wagen liegen. Was wollte er tun? Was trieb ihn hierher? Ein wirbelnder Strom von Gefühlen und Gedanken verschlang diese Fragen.

"Der liebe Gott springt über den Weg," jetzt wußte er, was das bedeuten wollte. "Tobias" — sie hatte ihn gemordet — Lene — ihr war er anvertraut — "Stiefmutter, Rabenmutter," knirschte er, und "ihr Balg lebt."[4] Ein roter Nebel umwölkte seine Sinne, zwei Kinderaugen durchdrangen ihn; er fühlte etwas Weiches, Fleischiges zwischen seinen Fingern. Gurgelnde und pfeifende Laute, untermischt mit heiseren Ausrufen, von denen er nicht wußte, wer sie ausstieß, trafen sein Ohr.

---

[1]**Die Stämme . . . lasteten** The pine trunks stretched up into the tree tops like decayed bones resting on layers of grayish-black decayed matter

[2]**Er wiederholte . . . zusammenhing** He repeated this sentence several times, hoping that by doing so, he could connect it to something and it would make sense

[3]**Er ertappte . . . Machtlosigkeit** He caught himself thinking the craziest things and shuddered in full awareness of his impotence (his lack of power to do anything about the situation)

[4]**Stiefmutter, Rabenmutter . . . lebt** "Stepmother, cruel (unnatural) mother," he growled between clenched teeth, and "her brat's alive"

Da fiel etwas in sein Hirn wie Tropfen heißen Siegellacks, und es hob sich wie eine Starre von seinem Geist. Zum Bewußtsein kommend, hörte er den Nachhall der Meldeglocke durch die Luft zittern.

Mit eins begriff er, was er hatte tun wollen: seine Hand löste sich von der Kehle des Kindes, welches sich unter seinem Griffe wand. — Es rang nach Luft, dann begann es zu husten und zu schreien.

"Es lebt! Gott sei Dank, es lebt!" Er ließ es liegen und eilte nach dem Übergange. Dunkler Qualm wälzte sich fernher über die Strecke, und der Wind drückte ihn zu Boden. Hinter sich vernahm er das Keuchen einer Maschine, welches wie das stoßweise gequälte Atmen eines kranken Riesen klang.

Ein kaltes Zwielicht lag über der Gegend.

Nach einer Weile, als die Rauchwolken auseinandergingen, erkannte Thiel den Kieszug, der mit geleerten Loren zurückging[1] und die Arbeiter mit sich führte, welche tagsüber auf der Strecke gearbeitet hatten.

Der Zug hatte eine reichbemessene Fahrzeit[2] und durfte überall anhalten, um die hie und da beschäftigten Arbeiter aufzunehmen, andere hingegen abzusetzen. Ein gutes Stück vor Thiels Bude begann man zu bremsen. Ein lautes Quietschen, Schnarren, Rasseln und Klirren durchdrang weithin die Abendstille, bis der Zug unter einem einzigen, schrillen, langgedehnten Ton stillstand.

Etwa fünfzig Arbeiter und Arbeiterinnen waren in den Loren verteilt. Fast alle standen aufrecht, einige unter den Männern mit entblößtem Kopfe. In ihrer aller Wesen lag eine rätselhafte Feierlichkeit. Als sie des Wärters ansichtig wurden, erhob sich ein Flüstern unter ihnen.[3] Die Alten zogen die Tabakspfeifen zwischen den gelben Zähnen hervor und hielten sie respektvoll in den Händen. Hie und da wandte sich ein Frauenzimmer, um sich zu schneuzen.[4] Der Zugführer stieg auf die Strecke herunter und trat auf Thiel zu. Die Arbeiter sahen, wie er ihm feierlich die Hand schüttelte, worauf Thiel mit langsamem, fast militärisch steifem Schritt auf den letzten Wagen zuschritt.

Keiner der Arbeiter wagte ihn anzureden, obgleich sie ihn alle kannten.

Aus dem letzten Wagen hob man soeben das kleine Tobiaschen.

Es war tot.

Lene folgte ihm; ihr Gesicht war bläulichweiß, braune Kreise lagen um ihre Augen.

Thiel würdigte sie keines Blickes;[5] sie aber erschrak beim Anblick ihres Mannes. Seine Wangen waren hohl, Wimpern und Barthaare verklebt, der

---

[1]**den Kieszug . . . zurückging** the gravel train that was returning with empty cars

[2]**reichbemessene Fahrzeit** a very loose schedule (very flexible timetable)

[3]**Als sie . . . ihnen** When they caught sight of the flagman, they started whispering among themselves. *Note:* **ansichtig werden** is a genitive construction.

[4]**Hie und da . . . schneuzen** Now and then (here and there) a woman turned aside to blow her nose

[5]**Thiel würdigte . . . Blickes** Thiel did not dignify her with a glance (did not consider her worthy of a glance). *Note*: **würdigen** is a genitive verb.

Scheitel, so schien es ihr, ergrauter als bisher.[1] Die Spuren vertrockneter Tränen überall auf dem Gesicht, dazu ein unstetes Licht in seinen Augen, davor sie ein Grauen ankam.

Auch die Tragbahre hatte man wieder mitgebracht, um die Leiche transportieren zu können.

Eine Weile herrschte unheimliche Stille. Eine tiefe, entsetzliche Versonnenheit hatte sich Thiels bemächtigt.[2] Es wurde dunkler. Ein Rudel Rehe setzte seitab auf den Bahndamm.[3] Der Bock blieb stehen mitten zwischen den Geleisen. Er wandte seinen gelenken Hals neugierig herum, da pfiff die Maschine, und blitzartig verschwand er samt seiner Herde.

In dem Augenblick, als der Zug sich in Bewegung setzen wollte, brach Thiel zusammen.

Der Zug hielt abermals, und es entspann sich eine Beratung über das, was nun zu tun sei. Man entschied sich dafür, die Leiche des Kindes einstweilen im Wärterhaus unterzubringen und statt ihrer den durch kein Mittel wieder ins Bewußtsein zu rufenden Wärter mittelst der Bahre nach Hause zu bringen.[4]

Und so geschah es. Zwei Männer trugen die Bahre mit dem Bewußtlosen, gefolgt von Lene, die, fortwährend schluchzend, mit tränenüberströmtem Gesicht den Kinderwagen mit dem Kleinsten durch den Sand stieß.

Wie eine riesige purpurglühende Kugel lag der Mond zwischen den Kiefernschäften am Waldesgrund. Je höher er rückte, um so kleiner schien er zu werden, um so mehr verblaßte er. Endlich hing er, einer Ampel vergleichbar, über dem Forst, durch alle Spalten und Lücken der Kronen einen matten Lichtdunst drängend, welcher die Gesichter der Dahinschreitenden leichenhaft anmalte.[5]

Rüstig, aber vorsichtig schritt man vorwärts, jetzt durch enggedrängtes Jungholz, dann wieder an weiten, hochwaldumstandenen Schonungen[6] entlang, darin sich das bleiche Licht wie in großen, dunklen Becken angesammelt hatte.

Der Bewußtlose röchelte von Zeit zu Zeit oder begann zu phantasieren. Mehrmals ballte er die Fäuste; und versuchte mit geschlossenen Augen sich emporzurichten.

Es kostete Mühe, ihn über die Spree zu bringen, man mußte ein zweites Mal übersetzen, um die Frau und das Kind nachzuholen.

---

[1]**Seine Wangen . . . bisher** His cheeks were hollow, the hair of his eyelashes and beard was sticking together, the hair on his head, it seemed to her, had gotten grayer

[2]**Eine tiefe . . . bemächtigt** A profound, horrible forgetfulness had overpowered (had gotten hold of) Thiel. *Note:* **sich bemächtigen** is a genitive verb.

[3]**Ein Rudel . . . Bahndamm** A herd of deer started to cross the embankment

[4]**Man entschied . . . bringen** They decided to put the child's body temporarily in the shack and to use the stretcher to carry the flagman home since none of their efforts had brought him back to consciousness

[5]**welcher das . . . anmalte** which gave the faces of the walkers a cadaverous pallor

[6]**jetzt durch . . . Schonungen** at first (now) through saplings that grew closely together, then through clearings surrounded by tall trees

Als man die kleine Anhöhe des Ortes emporstieg, begegnete man einigen Einwohnern, welche die Botschaft des geschehenen Unglücks sofort verbreiteten.

Die ganze Kolonie kam auf die Beine.

Angesichts ihrer Bekannten brach Lene in erneutes Klagen aus.

Man beförderte den Kranken mühsam die schmale Stiege hinauf in seine Wohnung und brachte ihn sofort zu Bett. Die Arbeiter kehrten sogleich um, um Tobiaschens Leiche nachzuholen.

Alte, erfahrene Leute hatten kalte Umschläge angeraten, und Lene befolgte ihre Weisung mit Eifer und Umsicht. Sie legte Handtücher in Eiskaltes Brunnenwasser und erneuerte sie, sobald die brennende Stirn des Bewußtlosen sie durchhitzt hatte. Ängstlich beobachtete sie die Atemzüge des Kranken, welche ihr mit jeder Minute regelmäßiger zu werden schienen.

Die Aufregungen des Tages hatten sie doch stark mitgenommen, und sie beschloß, ein wenig zu schlafen, fand jedoch keine Ruhe.[1] Gleichviel ob sie die Augen öffnete oder schloß, unaufhörlich zogen die Ereignisse der Vergangenheit daran vorüber. Das Kleine schlief. Sie hatte sich entgegen ihrer sonstigen Gewohnheit wenig darum bekümmert. Sie war überhaupt eine andre geworden. Nirgend eine Spur des früheren Trotzes. Ja, dieser kranke Mann mit dem farblosen, schweißglänzenden Gesicht regierte sie im Schlaf.

Eine Wolke verdeckte die Mondkugel, es wurde finster im Zimmer, und Lene hörte nur noch das schwere, aber gleichmäßige Atemholen ihres Mannes. Sie überlegte, ob sie Licht machen sollte. Es wurde ihr unheimlich im Dunkeln. Als sie aufstehen wollte, lag es ihr bleiern in allen Gliedern, die Lider fielen ihr zu, sie entschlief.[2]

Nach Verlauf von einigen Stunden, als die Männer mit der Kindesleiche zurückkehrten, fanden sie die Haustüre weit offen. Verwundert über diesen Umstand, stiegen sie die Treppe hinauf, in die obere Wohnung, deren Tür ebenfalls weit geöffnet war.

Man rief mehrmals den Namen der Frau, ohne eine Antwort zu erhalten. Endlich strich man ein Schwefelholz an der Wand, und der aufzuckende Lichtschein enthüllte eine grauenvolle Verwüstung.[3]

"Mord, Mord!"

Lene lag in ihrem Blut, das Gesicht unkenntlich, mit zerschlagener Hirnschale.

"Er hat seine Frau ermordet, er hat seine Frau ermordet!"

Kopflos lief man umher. Die Nachbarn kamen, einer stieß an die Wiege.

"Heiliger Himmel!" Und er fuhr zurück, bleich, mit entsetzensstarrem Blick. Da lag das Kind mit durchschnittenem Halse.

---

[1]**Die Aufregungen . . . Ruhe** The events (excitement) of the day had taken a heavy toll (exhausted her), and she decided to sleep a little; nevertheless, she found no rest

[2]**Als sie . . . einschlief** When she tried (wanted) to get up, all her limbs felt as if they had turned to lead, her eyelids fell shut (closed), she fell asleep

[3]**Endlich strich . . . Verwüstung** Finally someone struck a match against the wall and the flare of its light revealed horrible devastation (destruction)

Der Wärter war verschwunden, die Nachforschungen, welche man noch in derselben Nacht anstellte, blieben erfolglos. Den Morgen darauf fand ihn der diensttuende Wärter zwischen den Bahngeleisen und an der Stelle sitzend, wo Tobiaschen überfahren worden war.

Er hielt das braune Pudelmützchen im Arm und liebkoste es ununterbrochen wie etwas, das Leben hat.

Der Wärter richtete einige Fragen an ihn, bekam jedoch keine Antwort und bemerkte bald, daß er es mit einem Irrsinnigen zu tun habe.

Der Wärter am Block, davon in Kenntnis gesetzt, erbat telegraphisch Hilfe.[1]

Nun versuchten mehrere Männer ihn durch gutes Zureden von den Geleisen fortzulocken; jedoch vergebens.

Der Schnellzug, der um diese Zeit passierte, mußte anhalten, und erst der Übermacht seines Personals gelang es, den Kranken, der alsbald furchtbar zu toben begann, mit Gewalt von der Strecke zu entfernen.

Man mußte ihm Hände und Füße binden, und der inzwischen requirierte Gendarm überwachte seinen Transport nach dem Berliner Untersuchungsgefängnisse, von wo aus er jedoch schon am ersten Tage nach der Irrenabteilung der Charité überführt wurde.[2] Noch bei der Einlieferung hielt er das braune Mützchen in Händen und bewachte es mit eifersüchtiger Sorgfalt und Zärtlichkeit.

---

[1]**Der Wärter . . . Hilfe** The attendant manning the signal box, having been informed of the situation, telegraphed for help

[2]**der inzwischen . . . wurde** the policeman, who in the meantime had been summoned, guarded him as he was sent to the interrogation (room of the) prison in Berlin, from where, already on the very next day, he was sent to the mental ward of a charity hospital

DAS ERLEBNIS DES MARSCHALLS VON BASSOMPIERRE[1]

Hugo von Hofmannsthal

Zu einer gewissen Zeit meines Lebens brachten es meine Dienste mit sich,[2] daß ich ziemlich regelmäßig mehrmals in der Woche um eine gewisse Stunde über die kleine Brücke ging (denn der Pont neuf[3] war damals noch nicht erbaut) und dabei meist von einigen Handwerkern oder anderen Leuten aus dem Volk erkannt und gegrüßt wurde, am auffälligsten aber und regelmäßigsten von einer sehr hübschen Krämerin, deren Laden an einem Schild mit zwei Engeln kenntlich war,[4] und die, sooft ich in den fünf oder sechs Monaten vorüberkam, sich tief neigte und mir soweit nachsah, als sie konnte. Ihr Betragen fiel mir auf, ich sah sie gleichfalls an und dankte ihr sorgfältig. Einmal, im Spätwinter, ritt ich von Fontainebleau nach Paris, und als ich wieder die kleine Brücke heraufkam, trat sie an ihre Ladentür und sagte zu mir, indem ich vorbeiritt: "Mein Herr, Ihre Dienerin!" Ich erwiderte ihren Gruß, und indem ich mich von Zeit zu Zeit umsah, hatte sie sich weiter vorgelehnt, um mir soweit als möglich nachzusehen. Ich hatte einen Bedienten und einen Postillon[5] hinter mir, die ich noch diesen Abend mit Briefen an gewisse Damen nach Fontainebleau zurückschicken wollte. Auf meinen Befehl stieg der Bediente ab und ging zu der jungen Frau, ihr in meinem Namen zu sagen, daß ich ihre Neigung, mich zu sehen und zu grüßen, bemerkt hätte; ich wollte, wenn sie wünschte mich näher kennenzulernen, sie aufsuchen, wo sie verlangte.

Sie antwortete dem Bedienten: er hätte ihr keine erwünschtere Botschaft bringen können, sie wollte kommen, wohin ich sie bestellte.

Im Weiterreiten fragte ich den Bedienten, ob er nicht etwa einen Ort wüßte, wo ich mit der Frau zusammenkommen könnte. Er antwortete, daß er sie zu einer gewissen Kupplerin führen wollte; da er aber ein sehr besorgter und gewissenhafter Mensch war, dieser Diener Wilhelm aus Courtrai, so setze er gleich hinzu: da die Pest sich hie und da zeige und nicht nur Leute aus dem niedrigen und schmutzigen Volk, sondern auch ein Doktor und ein Domherr schon daran gestorben seien, so rate er mir, Matratzen, Decken und Leintü-

---

[1] Hofmannsthal published this narrative in 1899. Compare this novella with the earlier one by Goethe, which is based on the same incident from Bassompierre's memoirs.

[2] **brachten es . . . sich** my work involved (required)

[3] **Pont neuf** The oldest bridge in Paris, completed in 1604.

[4] **deren Laden . . . war** whose shop was marked (could be recognized) by a sign portraying two angels

[5] **Postillon** postilion (normally the rider of the lead coach-horse)

cher aus meinem Hause mitbringen zu lassen. Ich nahm den Vorschlag an, und er versprach, mir ein gutes Bett zu bereiten. Vor dem Absteigen sagte ich noch, er solle auch ein ordentliches Waschbecken dorthin tragen, eine kleine Flasche mit wohlriechender Essenz und etwas Backwerk und Äpfel;[1] auch solle er dafür sorgen, daß das Zimmer tüchtig geheizt werde, denn es war so kalt, daß mir die Füße im Bügel steif gefroren waren,[2] und der Himmel hing voll Schneewolken.

Den Abend ging ich hin und fand eine sehr schöne Frau von ungefähr zwanzig Jahren auf dem Bette sitzen, indes die Kupplerin, ihren Kopf und ihren runden Rücken in ein schwarzes Tuch eingemummt, eifrig in sie hineinredete.[3] Die Tür war angelehnt, im Kamin lohten große frische Scheiter geräuschvoll auf, man hörte mich nicht kommen, und ich blieb einen Augenblick in der Tür stehen. Die Junge sah mit großen Augen ruhig in die Flamme; mit einer Bewegung ihres Kopfes hatte sie sich wie auf Meilen von der widerwärtigen Alten entfernt; dabei war unter einer kleinen Nachthaube, die sie trug, ein Teil ihrer schweren dunklen Haare vorgequollen und fiel, zu ein paar natürlichen Locken sich ringelnd, zwischen Schulter und Brust über das Hemd. Sie trug noch einen kurzen Unterrock von grünwollenem Zeug und Pantoffeln an den Füßen. In diesem Augenblick mußte ich mich durch ein Geräusch verraten haben: Sie warf ihren Kopf herum und bog mir ein Gesicht entgegen, dem die übermäßige Anspannung der Züge fast einen wilden Ausdruck gegeben hätte, ohne die strahlende Hingebung, die aus den weit aufgerissenen Augen strömte[4] und aus dem sprachlosen Mund wie eine unsichtbare Flamme herausschlug. Sie gefiel mir außerordentlich; schneller, als es sich denken läßt, war die Alte aus dem Zimmer und ich bei meiner Freundin. Als ich mir in der ersten Trunkenheit des überraschenden Besitzes einige Freiheiten herausnehmen wollte, entzog sie sich mir mit einer unbeschreiblich lebenden Eindringlichkeit zugleich des Blickes und der dunkeltönenden Stimme.[5] Im nächsten Augenblick aber fühlte ich mich von ihr umschlungen, die noch inniger mit dem fort und fort empordrängenden Blick der unerschöpflichen Augen als mit den Lippen und den Armen an mir haftete;[6] dann wieder war es, als wollte sie sprechen, aber die von Küssen zuckenden Lippen bildeten

---

[1] **wohlriechender Essenz . . . Äpfel** fragrant perfume and some baked goods and apples

[2] **daß mir . . . waren** that my feet were frozen stiff in the stirrups

[3] **eifrig in sie hineinredete** urgently was trying to talk her into (convince her of) something

[4] **bog mir . . . strömte** turned her face toward me; the tremendous tension etched on her features would have given her a wild appearance had it not been for the look of radiant devotion streaming from her wide-open eyes

[5] **Als ich . . . Stimme** When, in initial intoxication (joy) of this surprising possession, I wanted (attempted) to take several liberties, she pulled away from me with an indescribably intense urgency that she expressed with both her looks and low voice

[6] **Im nächsten . . . haftete** In the next moment I felt her embracing me, clinging to me even more tenaciously with the uplifted glance of her inexhaustible eyes than with her lips and arms

keine Worte, die bebende Kehle ließ keinen deutlicheren Laut als ein gebrochenes Schluchzen empor.

Nun hatte ich einen großen Teil dieses Tages zu Pferde auf frostigen Landstraßen verbracht, nachher im Vorzimmer des Königs einen sehr ärgerlichen und heftigen Auftritt durchgemacht und darauf, meine schlechte Laune zu betäuben, sowohl getrunken als mit dem Zweihänder stark gefochten,[1] und so überfiel mich mitten unter diesem reizenden und geheimnisvollen Abenteuer, als ich von weichen Armen im Nacken umschlungen und mit duftendem Haar bestreut dalag, eine so plötzliche heftige Müdigkeit und beinahe Betäubung, daß ich mich nicht mehr zu erinnern wußte, wie ich denn gerade in dieses Zimmer gekommen wäre, ja sogar für einen Augenblick die Person, deren Herz so nahe dem meinigen klopfte, mit einer ganz anderen aus früherer Zeit verwechselte und gleich darauf fest einschlief.

Als ich wieder erwachte, war es noch finstere Nacht, aber ich fühlte sogleich, daß meine Freundin nicht mehr bei mir war. Ich hob den Kopf und sah beim schwachen Schein der zusammensinkenden Glut, daß sie am Fenster stand: Sie hatte den einen Laden aufgeschoben und sah durch den Spalt hinaus.[2] Dann drehte sie sich um, merkte, daß ich wach war, und rief (ich sehe noch, wie sie dabei mit dem Ballen der linken Hand an ihrer Wange emporfuhr und das vorgefallene Haar über die Schulter zurückwarf: "Es ist noch lange nicht Tag, noch lange nicht!" Nun sah ich erst recht, wie groß und schön sie war, und konnte den Augenblick kaum erwarten, daß sie mit wenigen der ruhigen großen Schritte ihrer schönen Füße, an denen der rötliche Schein emporglomm, wieder bei mir wäre. Sie trat aber noch vorher an den Kamin, bog sich zur Erde, nahm das letzte schwere Scheit, das draußen lag, in ihre strahlenden nackten Arme und warf es schnell in die Glut. Dann wandte sie sich, ihr Gesicht funkelte von Flammen und Freude, mit der Hand riß sie im Vorbeilaufen einen Apfel vom Tisch und war schon bei mir, ihre Glieder noch vom frischen Anhauch des Feuers umweht und dann gleich aufgelöst und von innen her von stärkeren Flammen durchschüttert, mit der Rechten mich umfassend, mit der Linken zugleich die angebissene kühle Frucht und Wangen, Lippen und Augen meinem Mund darbietend.[3] Das letzte Scheit im Kamin brannte stärker als alle anderen. Aufsprühend sog es die Flamme in sich und ließ sie dann wieder gewaltig emporlohen, daß der Feuerschein über uns hinschlug, wie eine Welle, die an der Wand sich brach und unsere um-

---

[1] **einen sehr . . . gefochten** had had a very aggravating and violent scene and, thereafter, in order to numb my bad mood, had drunk as well as had had a hard workout with the two-handed sword

[2] **Sie hatte . . . hinaus** she had opened one shutter and was looking out the crack

[3] **ihre Glieder . . . darbietend** her limbs, still aglow from her proximity to the fire, immediately relaxed and were shaken by even stronger internal flames; she embraced me with her right hand, with her left hand she pushed the cool, partially eaten fruit toward my mouth, simultaneously offering me her cheeks, lips, and eyes (for kissing)

schlungenen Schatten jäh emporhob und wieder sinken ließ.[1] Immer wieder knisterte das starke Holz und nährte aus seinem Innern immer wieder neue Flammen, die emporzüngelten und das schwere Dunkel mit Güssen und Garben von rötlicher Helle verdrängten.[2] Auf einmal aber sank die Flamme hin, und ein kalter Lufthauch tat leise wie eine Hand den Fensterladen auf und entblößte die fahle widerwärtige Dämmrung.

Wir setzten uns auf und wußten, daß nun der Tag da war. Aber das da draußen glich keinem Tag. Es glich nicht dem Aufwachen der Welt. Was da draußen lag, sah nicht aus wie eine Straße. Nichts Einzelnes ließ sich erkennen: es war ein farbloser, wesenloser Wust, in dem sich zeitlose Larven hinbewegen mochten.[3] Von irgendwoher, weither, wie aus der Erinnerung heraus, schlug eine Turmuhr, und eine feuchtkalte Luft, die keiner Stunde angehörte, zog sich immer stärker herein, daß wir uns schaudernd aneinanderdrückten. Sie bog sich zurück und heftete ihre Augen mit aller Macht auf mein Gesicht; ihre Kehle zuckte, etwas drängte sich in ihr herauf und quoll bis an den Rand der Lippen vor: es wurde kein Wort daraus, kein Seufzer und kein Kuß, aber etwas, was ungeboren allen dreien glich.[4] Von Augenblick zu Augenblick wurde es heller und der vielfältige Ausdruck ihres zuckenden Gesichts immer redender;[5] auf einmal kamen schlürfende Schritte und Stimmen von draußen so nahe am Fenster vorbei, daß sie sich duckte und ihr Gesicht gegen die Wand kehrte. Es waren zwei Männer, die vorbeigingen: einen Augenblick fiel der Schein einer kleinen Laterne, die der eine trug, herein; der andere schob einen Karren, dessen Rad knirschte und ächzte.[6] Als sie vorüber waren, stand ich auf, schloß den Laden und zündete ein Licht an. Da lag noch ein halber Apfel: wir aßen ihn zusammen, und dann fragte ich sie, ob ich sie nicht noch einmal sehen könnte, denn ich verreise erst Sonntag. Dies war aber die Nacht vom Donnerstag auf den Freitag gewesen.

Sie antwortete mir: daß sie es gewiß sehnlicher verlange als ich; wenn ich aber nicht den ganzen Sonntag bliebe, sei es ihr unmöglich; denn nur in der Nacht vom Sonntag auf den Montag könnte sie mich wiedersehen.

Mir fielen zuerst verschiedene Abhaltungen ein,[7] so daß ich einige Schwierigkeiten machte, die sie mit keinem Worte, aber mit einem überaus schmerzlich fragenden Blick und einem gleichzeitigen fast unheimlichen Hart-

---

[1]**Ausprühend sog . . . ließ** Scattering sparks, it (i.e., the last log) retracted the flame and then let it flare up brightly again so that the firelight crashed over us like a wave that broke on the wall and quickly lifted our embracing shadows and let them sink again

[2]**die emporzüngelten . . . verdrängten** which flared up in tongues and displaced the oppressive darkness with beams and rays of reddish radiance

[3]**Nichts Einzelnes . . . mochten** No single thing was recognizable; it was a colorless, shadowy void (chaos) in which timeless masks may have been moving

[4]**aber etwas . . . glich** but something, although unuttered, that resembled all three

[5]**der vielfältige . . . redender** the complex expression of her trembling face became more and more expressive

[6]**schob einen . . . ächzte** pushed a wheelbarrow whose wheel squeaked and groaned

[7]**Mir fielen . . . ein** Several commitments occurred to me (came to mind)

und Dunkelwerden ihres Gesichts anhörte.[1] Gleich darauf versprach ich natürlich, den Sonntag zu bleiben, und setzte hinzu, ich wollte also Sonntagabend mich wieder an dem nämlichen Ort einfinden. Auf dieses Wort sah sie mich fest an und sagte mir mit einem ganz rauhen und gebrochenen Ton in der Stimme: "Ich weiß recht gut, daß ich um deinetwillen[2] in ein schändliches Haus gekommen bin; aber ich habe es freiwillig getan, weil ich mit dir sein wollte, weil ich jede Bedingung eingegangen wäre.[3] Aber jetzt käme ich mir vor, wie die letzte, niedrigste Straßendirne,[4] wenn ich ein zweites Mal hieher zurückkommen könnte. Um deinetwillen hab' ich's getan, weil du für mich der bist, der du bist, weil du der Bassompierre bist, weil du der Mensch auf der Welt bist, der mir durch seine Gegenwart dieses Haus da ehrenwert macht!" Sie sagte: "Haus;" einen Augenblick war es, als wäre ein verächtlicheres Wort ihr auf der Zunge; indem sie das Wort aussprach, warf sie auf diese vier Wände, auf dieses Bett, auf die Decke, die herabgeglitten auf dem Boden lag, einen solchen Blick, daß unter der Garbe von Licht, die aus ihren Augen hervorschoß, alle diese häßlichen und gemeinen Dinge aufzuzucken und geduckt vor ihr zurückzuweichen schienen, als wäre der erbärmliche Raum wirklich für einen Augenblick größer geworden.[5]

Dann setzte sie mit einem unbeschreiblich sanften und feierlichen Tone hinzu: "Möge ich eines elenden Todes sterben, wenn ich außer meinem Mann und dir je irgendeinem andern gehört habe und nach irgendeinem anderen auf der Welt verlange!" und schien, mit halboffenen, lebenhauchenden Lippen leicht vorgeneigt, irgendeine Antwort, eine Beteuerung meines Glaubens zu erwarten, von meinem Gesicht aber nicht das zu lesen, was sie verlangte, denn ihr gespannter suchender Blick trübte sich, ihre Wimpern schlugen auf und zu,[6] und auf einmal war sie am Fenster und kehrte mir den Rücken, die Stirn mit aller Kraft an den Laden gedrückt, den ganzen Leib von lautlosem, aber entsetzlich heftigem Weinen so durchschüttert, daß mir das Wort im Munde erstarb und ich nicht wagte, sie zu berühren.[7] Ich erfaßte endlich eine ihrer Hände, die wie leblos herabhingen, und mit den eindringlichsten Worten, die mir der Augenblick eingab, gelang es mir nach langem, sie soweit zu besänftigen, daß sie mir ihr von Tränen überströmtes Gesicht wieder zukehr-

[1]**aber mit . . . anhörte** but to which she listened with a very pained, questioning glance and, simultaneously, a hard and scowling, almost sinister expression

[2]**um deinetwillen** for your sake. *Note:* **um . . . willen** is a genitive preposition.

[3]**weil ich . . . wäre** because I would have agreed to every condition

[4]**käme ich . . . Straßendirne** I'd consider myself the lowest, most despicable streetwalker

[5]**einen solchen . . . geworden** such a glance, that all these ugly and vulgar things seemed to wince, duck, and retreat from the beam of light that shot out of her eyes so that it actually seemed for a moment as if the miserable room had become larger

[6]**irgendeine Antwort . . . auf und zu** some sort or answer — an affirmation of my faith in her (that I believed her) — but when she could not read what she expected from my face, her tense, searching gaze clouded over, her eyelashes fluttered

[7]**den ganzen . . . berühren** her whole body was wracked by such a silent, but terribly violent weeping that I could not utter one word (of comfort) and I didn't dare touch her

te, bis plötzlich ein Lächeln, wie ein Licht zugleich aus den Augen und rings um die Lippen hervorbrechend, in einem Moment alle Spuren des Weinens wegzehrte und das ganze Gesicht mit Glanz überschwemmte. Nun war es das reizendste Spiel, wie sie wieder mit mir zu reden anfing, indem sie sich mit dem Satz: "Du willst mich noch einmal sehen? so will ich dich bei meiner Tante einlassen!" endlos herumspielte,[1] die erste Hälfte zehnfach aussprach, bald mit süßer Zudringlichkeit, bald mit kindischem gespieltem Mißtrauen, dann die zweite mir als das größte Geheimnis zuerst ins Ohr flüsterte, dann mit Achselzucken und spitzem Mund, wie die selbstverständlichste Verabredung von der Welt,[2] über die Schulter hinwarf und endlich, an mir hängend, mir ins Gesicht lachend und schmeichelnd wiederholte. Sie beschrieb mir das Haus aufs genaueste, wie man einem Kind den Weg beschreibt, wenn es zum erstenmal allein über die Straße zum Bäcker gehen soll. Dann richtete sie sich auf, wurde ernst — und die ganze Gewalt ihrer strahlenden Augen heftete sich auf mich mit einer solchen Stärke, daß es war, als müßten sie auch ein totes Geschöpf an sich zu reißen vermögend sein[3] — und fuhr fort: "Ich will dich von zehn Uhr bis Mitternacht erwarten und auch noch später und immerfort, und die Tür unten wird offen sein. Erst findest du einen kleinen Gang, in dem halte dich nicht auf, denn da geht die Tür meiner Tante heraus. Dann stößt dir eine Treppe entgegen,[4] die führt dich in den ersten Stock, und dort bin ich!" Und indem sie die Augen schloß, als ob ihr schwindelte, warf sie den Kopf zurück, breitete die Arme aus und umfing mich, und war gleich wieder aus meinen Armen und in die Kleider eingehüllt, fremd und ernst, und aus dem Zimmer; denn nun war völlig Tag.

Ich machte meine Einrichtung,[5] schickte einen Teil meiner Leute mit meinen Sachen voraus und empfand schon am Abend des nächsten Tages eine so heftige Ungeduld, daß ich bald nach dem Abendläuten[6] mit meinem Diener Wilhelm, den ich aber kein Licht mitnehmen hieß, über die kleine Brücke ging, um meine Freundin wenigstens in ihrem Laden oder in der daranstoßenden Wohnung zu sehen und ihr allenfalls ein Zeichen meiner Gegenwart zu geben, wenn ich mir auch schon keine Hoffnung auf mehr machte, als etwa einige Worte mit ihr wechseln zu können.

Um nicht aufzufallen, blieb ich an der Brücke stehen und schickte den Diener voraus, um die Gelegenheit auszukundschaften.[7] Er blieb längere Zeit

[1]**Nun war . . . herumspielte** It now became the most charming game when she started talking to me again and played around endlessly with the sentence: "You want to see me again? then I'll let you in at my aunt's house!"

[2]**dann mit . . . Welt** then with a shrug of her shoulders and a pout, as if it were the most obvious appointment (date) in the whole world

[3]**und die . . . sein** and the whole force of her radiant eyes fixed upon me with such intensity (power, magnetism) that it seemed as if she must have been capable of pulling even a dead creature to her

[4]**Dann stößt . . . entgegen** Then you'll encounter a set of stairs

[5]**Ich machte meine Einrichtung** I made my arrangements

[6]**Abendläuten** evening (vesper) bells

[7]**um die Gelegenheit auszukundschaften** to check out the situation

aus und hatte beim Zurückkommen die niedergeschlagene und grübelnde Miene, die ich an diesem braven Menschen immer kannte, wenn er einen meinigen Befehl nicht hatte erfolgreich ausführen können.[1] "Der Laden ist versperrt," sagte er, "und scheint auch niemand darinnen. Überhaupt läßt sich in den Zimmern, die nach der Gasse zu liegen, niemand sehen und hören. In den Hof könnte man nur über eine hohe Mauer, zudem knurrt dort ein großer Hund. Von den vorderen Zimmern ist aber eines erleuchtet, und man kann durch einen Spalt im Laden hineinsehen, nur ist es leider leer."

Mißmutig wollte ich schon umkehren, strich aber doch noch einmal langsam an dem Haus vorbei, und mein Diener in seiner Beflissenheit legte nochmals sein Auge an den Spalt, durch den ein Lichtschimmer drang, und flüsterte mir zu, daß zwar nicht die Frau, wohl aber der Mann nun in dem Zimmer sei. Neugierig, diesen Krämer zu sehen, den ich mich nicht erinnern konnte, auch nur ein einziges Mal in seinem Laden erblickt zu haben, und den ich mir abwechselnd als einen unförmlichen dicken Menschen oder als einen dürren gebrechlichen Alten vorstellte,[2] trat ich ans Fenster und war überaus erstaunt, in dem guteingerichteten vertäfelten Zimmer[3] einen ungewöhnlich großen und sehr gut gebauten Mann umhergehen zu sehen, der mich gewiß um einen Kopf überragte und, als er sich umdrehte, mir ein sehr schönes tiefernstes Gesicht zuwandte, mit einem braunen Bart, darin einige wenige silberne Fäden waren, und mit einer Stirn von fast seltsamer Erhabenheit, so daß die Schläfen eine größere Fläche bildeten, als ich noch je bei einem Menschen gesehen hatte.[4] Obwohl er ganz allein im Zimmer war, so wechselte doch sein Blick, seine Lippen bewegten sich, und indem er unter dem Aufundabgehen hie und da stehenblieb, schien er sich in der Einbildung mit einer anderen Person zu unterhalten: einmal bewegte er den Arm, wie um eine Gegenrede mit halb nachsichtiger Überlegenheit wegzuweisen.[5] Jede seiner Gebärden war von großer Lässigkeit und fast verachtungsvollem Stolz, und ich konnte nicht umhin, mich bei seinem einsamen umhergehen lebhaft des Bildes eines sehr erhabenen Gefangenen zu erinnern,[6] den ich im Dienst des Königs während seiner Haft in einem Turmgemach des Schlosses zu Blois zu bewachen hatte. Diese Ähnlichkeit schien mir noch vollkommener zu werden, als der Mann seine rechte Hand emporhob und auf die emporgekrümmten Finger mit Aufmerksamkeit, ja mit finsterer Strenge hinabsah.

[1]**wenn er einen meinigen . . . können** when he had been unable to carry out one of my orders successfully. *Note:* **meinig-** is a rarely-used possessive adjective.

[2]**und den . . . vorstellte** and who, in my imagination, alternated between a deformed (misshapen), fat individual and a withered, fragile old man

[3]**in dem . . . Zimmer** in the well-appointed, paneled room

[4]**einer Stirn . . . hatte** a forehead, strangely lofty, so that the temples formed a larger area than I've ever seen before on a person

[5]**schien er . . . wegzuweisen** in his imagination, he seemed to be conversing with another person: at one point he moved his arm with an air of half-indulgent superiority as if trying to dismiss an objection

[6]**und ich . . . erinnern** and from the way he walked about in his solitary fashion, I could not help but remember the image of a high-ranking prisoner

Denn fast mit der gleichen Gebärde hatte ich jenen erhabenen Gefangenen öfter einen Ring betrachten sehen, den er am Zeigefinger der rechten Hand trug und von welchem er sich niemals trennte. Der Mann im Zimmer trat dann an den Tisch, schob die Wasserkugel vor das Wachslicht[1] und brachte seine beiden Hände in den Lichtkreis, mit ausgestreckten Fingern: er schien seine Nägel zu betrachten. Dann blies er das Licht aus und ging aus dem Zimmer und ließ mich nicht ohne eine dumpfe zornige Eifersucht zurück, da das Verlangen nach seiner Frau in mir fortwährend wuchs und wie ein um sich greifendes Feuer sich von allem nährte, was mir begegnete, und so durch diese unerwartete Erscheinung in verworrener Weise gesteigert wurde, wie durch jede Schneeflocke, die ein feuchtkalter Wind jetzt zertrieb und die mir einzeln an Augenbrauen und Wangen hängenblieben und schmolzen.

Den nächsten Tag verbrachte ich in der nutzlosesten Weise, hatte zu keinem Geschäft die richtige Aufmerksamkeit, kaufte ein Pferd, das mir eigentlich nicht gefiel, wartete nach Tisch dem Herzog von Nemours auf und verbrachte dort einige Zeit mit Spiel und mit den albernsten und widerwärtigsten Gesprächen.[2] Es war nämlich von nichts anderem die Rede als von der in der Stadt immer heftiger um sich greifenden Pest,[3] und aus allen diesen Edelleuten brachte man kein anderes Wort heraus als dergleichen Erzählungen von dem schnellen Verscharren der Leichen, von dem Strohfeuer, das man in den Totenzimmern brennen müsse, um die giftigen Dünste zu verzehren,[4] und so fort; der Albernste aber erschien mir der Kanonikus von Chandieu, der, obwohl dick und gesund wie immer, sich nicht enthalten konnte, unausgesetzt nach seinen Fingernägeln hinabzuschielen, ob sich an ihnen schon das verdächtige Blauwerden zeige, womit sich die Krankheit anzukündigen pflegt.[5]

Mich widerte das alles an, ich ging früh nach Hause und legte mich zu Bette, fand aber den Schlaf nicht, kleidete mich vor Ungeduld wieder an und wollte, koste es, was es wolle, dorthin, meine Freundin zu sehen, und müßte ich mit meinen Leuten gewaltsam eindringen. Ich ging ans Fenster, meine Leute zu wecken, die eisige Nachtluft brachte mich zur Vernunft, und ich sah

---

[1]**schob die . . . Wachslicht** shoved the water bowl in front of the candle. *Note:* a **Wasserkugel** is a round glass bowl, filled with water, that was used to refract light — apparently in the belief that the light was thereby intensified

[2]**wartete nach . . . Gesprächen** after dinner I waited upon (went to) the Duke of Nemours and spent some time there gambling and participating in the silliest and most repulsive conversations

[3]**Es war . . . Pest** The only topic of discussion was the plague, which was spreading more and more in the city

[4]**von dem . . . verzehren** of the quick, unceremonious disposal (dumping) of the bodies, of the straw fire that had to be lit in the rooms where people died in order to destroy the poisonous vapors

[5]**unausgesetzt nach . . . pflegt** continuously kept glancing at his fingernails from the corner of his eyes to see if they showed any sign of turning blue, normally the first sign of the disease

ein,[1] daß dies der sichere Weg war, alles zu verderben. Angekleidet warf ich mich aufs Bett und schlief endlich ein.

Ähnlich verbrachte ich den Sonntag bis zum Abend, war viel zu früh in der bezeichneten Straße, zwang mich aber, in einer Nebengasse auf und nieder zu gehen, bis es zehn Uhr schlug. Dann fand ich sogleich das Haus und die Tür, die sie mir beschrieben hatte, und die Tür auch offen, und dahinter den Gang und die Treppe. Oben aber die zweite Tür, zu der die Treppe führte, war verschlossen, doch ließ sie unten einen feinen Lichtstreif durch. So war sie drinnen und wartete und stand vielleicht horchend drinnen an der Tür wie ich draußen. Ich kratzte mit dem Nagel[2] an der Tür, da hörte ich drinnen Schritte: es schienen mir zögernd unsichere Schritte eines nackten Fußes. Eine Zeit stand ich ohne Atem, und dann fing ich an zu klopfen: aber ich hörte eine Mannesstimme, die mich fragte, wer draußen sei. Ich drückte mich ins Dunkel des Türpfostens und gab keinen Laut von mir: die Tür blieb zu, und ich klomm mit der äußersten Stille, Stufe für Stufe, die Stiege hinab,[3] schlich den Gang hinaus ins Freie und ging mit pochenden Schläfen und zusammengebissenen Zähnen, glühend vor Ungeduld, einige Straßen auf und ab. Endlich zog es mich wieder vor das Haus: ich wollte noch nicht hinein; ich fühlte, ich wußte, sie würde den Mann entfernen, es müßte gelingen, gleich würde ich zu ihr können. Die Gasse war eng; auf der anderen Seite war kein Haus, sondern die Mauer eines Klostergartens: an der drückte ich mich hin und suchte von gegenüber das Fenster zu erraten.[4] Da loderte in einem, das offen stand, im oberen Stockwerk, ein Schein auf und sank wieder ab, wie von einer Flamme. Nun glaubte ich alles vor mir zu sehen: sie hatte ein großes Scheit in den Kamin geworfen wie damals, wie damals stand sie jetzt mitten im Zimmer, die Glieder funkelnd von der Flamme, oder saß auf dem Bette und horchte und wartete. Von der Tür würde ich sie sehen und den Schatten ihres Nakkens, ihrer Schultern, den die durchsichtige Welle an der Wand hob und senkte. Schon war ich im Gang, schon auf der Treppe; nun war auch die Tür nicht mehr verschlossen: angelehnt, ließ sie auch seitwärts den schwankenden Schein durch. Schon streckte ich die Hand nach der Klinke aus, da glaubte ich drinnen Schritte und Stimmen von mehreren zu hören. Ich wollte es aber nicht glauben: ich nahm es für das Arbeiten meines Blutes in den Schläfen, am Halse, und für das Lodern des Feuers drinnen. Auch damals hatte es laut gelodert. Nun hatte ich die Klinke gefaßt, da mußte ich begreifen, daß Menschen drinnen waren, mehrere Menschen. Aber nun war es mir gleich:[5] denn ich fühlte, ich wußte, sie war auch drinnen, und sobald ich die Türe aufstieß, konnte ich sie sehen, sie ergreifen und, wäre es auch aus den Händen anderer, mit einem Arm sie an mich reißen, müßte ich gleich den Raum für sie

---

[1]**brachte mich . . . ein** brought me to my senses and I realized

[2]**Ich kratzte . . . Nagel** I scratched with my fingernail (**der Fingernagel**)

[3]**und ich . . . hinab** and, with the utmost care (silence), I climbed down the stairs, step by step

[4]**suchte von . . . erraten** from across the street I tried to guess which window

[5]**Aber nun . . . gleich** But now I didn't care

und mich mit meinem Degen, mit meinem Dolch aus einem Gewühl schreiender Menschen herausschneiden![1] Das einzige, was mir ganz unerträglich schien, war, noch länger zu warten.

Ich stieß die Tür auf und sah: In der Mitte des leeren Zimmers ein paar Leute, welche Bettstroh verbrannten, und bei der Flamme, die das ganze Zimmer erleuchtete, abgekratzte Wände, deren Schutt auf dem Boden lag,[2] und an einer Wand einen Tisch, auf dem zwei nackte Körper ausgestreckt lagen, der eine sehr groß, mit zugedecktem Kopf, der andere kleiner, gerade an der Wand hingestreckt, und daneben der schwarze Schatten seiner Formen, der emporspielte und wieder sank.

Ich taumelte die Stiege hinab und stieß vor dem Haus auf zwei Totengräber: der eine hielt mir seine kleine Laterne ins Gesicht und fragte mich, was ich suche, der andere schob seinen ächzenden, knirschenden Karren gegen die Haustür. Ich zog den Degen, um sie mir vom Leibe zu halten,[3] und kam nach Hause. Ich trank sogleich drei oder vier große Gläser schweren Weins und trat, nachdem ich mich ausgeruht hatte, den anderen Tag die Reise nach Lothringen an.

Alle Mühe, die ich mir nach meiner Rückkunft gegeben, irgend etwas von dieser Frau zu erfahren, war vergeblich. Ich ging sogar nach dem Laden mit den zwei Engeln; allein, die Leute, die ihn jetzt innehatten, wußten nicht, wer vor ihnen darin gesessen hatte.

M. de Bassompierre, Journal de ma vie, Köln 1663. —
Goethe, Unterhaltungen deutscher Ausgewanderten.

---

[1] **müßte ich . . . herausschneiden** even if I had to carve out a path for her and me through a crowd of screaming people with my sword, my dagger

[2] **abgekratzte Wände . . . lag** walls, whose plaster had been scratched off and was lying (as rubble) on the floor

[3] **Ich zog . . . halten** I pulled my sword to keep them at bay

DER VIOLETTE TOD[1]

Gustav Meyrink

Der Tibetaner schwieg.
Die magere Gestalt stand noch eine Zeitlang aufrecht und unbeweglich, dann verschwand sie im Dschungel. —

Sir Roger Thornton starrte ins Feuer: Wenn er kein Sannyasin — kein Büßer — gewesen wäre, der Tibetaner, der überdies nach Benares wallfahrte, so hätte er ihm natürlich kein Wort geglaubt — aber ein Sannyasin lügt weder, noch kann er belogen werden.[2] — Und dann dieses tückische, grausame Zucken im Gesicht des Asiaten!?

Oder hatte ihn der Feuerschein getäuscht, der sich so seltsam in den Mongolenaugen gespiegelt?[3] —

Die Tibetaner hassen den Europäer und hüten eifersüchtig ihre magischen Geheimnisse, mit denen sie die hochmütigen Fremden einst zu vernichten hoffen, wenn der große Tag heranbricht.[4] —

Einerlei, er, Sir Hannibal Roger Thornton, muß mit eigenen Augen sehen, ob okkulte Kräfte tatsächlich in den Händen dieses merkwürdigen Volks ruhen. — Aber er braucht Gefährten, mutige Männer, deren Wille nicht bricht, auch wenn die Schrecken einer anderen Welt hinter ihnen stehen. —

Der Engländer musterte seine Gefährten: Dort der Afghane wäre der einzige, der in Betracht käme[5] von den Asiaten, — furchtlos wie ein Raubtier, doch abergläubisch! Es bleibt also nur sein europäischer Diener. —

Sir Roger berührt ihn mit seinem Stock. — Pompejus Jaburek ist seit seinem zehnten Jahre völlig taub, aber er versteht es, jedes Wort, und sei es noch so fremdartig, von den Lippen zu lesen.

---

[1]Meyrink initially published this work in an anthology entitled *Der heisse Soldat und andere Geschichten* (1903) and republished it in *Der violette Tod und andere Novellen.*

[2]**Wenn er . . . werden** If he had not been a Sannyasin — a penitent — the Tibetan, moreover, was making a pilgrimage to Benares, he naturally would not have believed one word — but a Sannyasin neither lies nor can he be lied to. *Note:* Benares is a sacred city on the Ganges, a sacred river.

[3]**gespiegelt** mirrored. *Note:* Meyrink at times omits the auxiliaries **sein** and **haben** from the present perfect and past perfect tenses.

[4]**Die Tibetaner . . . anbricht** The Tibetans hate the European(s) and jealously guard their magical secrets with which they hope to destroy the haughty foreigner(s) when the great day comes

[5]**der in Betracht käme** who could be considered

Sir Roger Thornton erzählt ihm mit deutlichen Gesten, was er von dem Tibetaner erfahren: Etwa zwanzig Tagereisen von hier, in einem genau bezeichneten Seitentale des Himalaja, befinde sich ein ganz seltsames Stück Erde. — Auf drei Seiten senkrechte Felswände; — der einzige Zugang abgesperrt durch giftige Gase, die ununterbrochen aus der Erde dringen[1] und jedes Lebewesen, das passieren will, augenblicklich töten. — In der Schlucht selbst, die etwa fünfzig englische Quadratmeilen umfaßt, solle ein kleiner Volksstamm leben — mitten unter üppigster Vegetation —, der der tibetanischen Rasse angehöre, rote spitze Mützen trage und ein bösartiges satanisches Wesen in Gestalt eines Pfaues anbete.[2] — Dieses teuflische Wesen habe die Bewohner im Laufe der Jahrhunderte die schwarze Magie gelehrt und ihnen Geheimnisse geoffenbart, die einst den ganzen Erdball umgestalten sollen; so habe es ihnen auch eine Art Melodie beigebracht, die den stärksten Mann augenblicklich vernichten könne.[3] — Pompejus lächelte spöttisch. Sir Roger erklärt ihm, daß er gedenke, mit Hilfe von Taucherhelmen und Tauchertornistern, die komprimierte Luft enthalten sollen, die giftigen Stellen zu passieren, um ins Innere der geheimnisvollen Schlucht zu dringen. —

Pompejus Jaburek nickte zustimmend und rieb sich vergnügt die schmutzigen Hände.

Der Tibetaner hatte nicht gelogen: Dort unten lag im herrlichsten Grün die seltsame Schlucht; ein gelbbrauner, wüstenähnlicher Gürtel aus lockerem, verwittertem Erdreich[4] — von der Breite einer halben Wegstunde — schloß das ganze Gebiet gegen die Außenwelt ab.

Das Gas, das aus dem Boden drang, war reines Kohlenoxyd.[5]

Sir Roger Thornton, der von einem Hügel aus die Breite dieses Gürtels abgeschätzt hatte, entschloß sich, bereits am kommenden Morgen die Expedition anzutreten. — Die Taucherhelme, die er sich aus Bombay hatte schicken lassen, funktionierten tadellos. —

Pompejus trug beide Repetiergewehre und diverse Instrumente, die sein Herr für unentbehrlich hielt. —

Der Afghane hatte sich hartnäckig geweigert mitzugehen und erklärt, daß er stets bereit sei, in eine Tigerhöhle zu klettern, sich es aber sehr überlegen

---

[1]**der einzige . . . dringen** the only access blocked by poisonous gases that continuously come out of the ground

[2]**rote spitze . . . anbete** wore pointed red caps and worshipped an evil satanic being in the form of a peacock

[3]**und ihnen . . . könne** and revealed secrets to them that would one day reshape the whole globe; thus it had taught them a sort of melody that could instantly destroy even the strongest man

[4]**ein gelbbrauner . . . Erdreich** a yellowish-brown strip (belt) of loose, weather-beaten soil that resembled a desert

[5]**reines Kohlenoxyd** pure carbon dioxide

werde, etwas zu wagen, was seiner unsterblichen Seele Schaden bringen könne.[1] — So waren die beiden Europäer die einzigen wagemutigen geblieben. —

Die kupfernen Taucherhelme funkelten in der Sonne und warfen wunderliche Schatten auf den schwammartigen Erdboden, aus dem die giftigen
Gase in zahllosen, winzigen Bläschen aufstiegen. — Sir Roger hatte einen sehr
schnellen Schritt eingeschlagen, damit die komprimierte Luft ausreiche, um
die gasige Zone zu passieren. — Er sah alles vor sich in schwankenden Formen
wie durch eine dünne Wasserschicht. — Das Sonnenlicht schien ihm gespen-
stisch grün und färbte die fernen Gletscher — das "Dach der Welt" mit seinen
gigantischen Profilen — wie eine wundersame Totenlandschaft.

Er befand sich mit Pompejus bereits auf frischem Rasen und zündete ein
Streichholz an, um sich vom Vorhandensein atmosphärischer Luft in allen
Schichten zu überzeugen.[2] Dann nahmen beide die Taucherhelme und Torni-
ster ab. Hinter ihnen lag die Gasmauer wie eine bebende Wassermasse. — In
der Luft ein betäubender Duft wie von Amberiablüten.[3] Schillernde handgroße Falter, seltsam gezeichnet, saßen mit offenen Flügeln wie aufgeschlagene
Zauberbücher auf stillen Blumen.[4]

Die beiden schritten in beträchtlichem Zwischenraume voneinander der
Waldinsel zu, die ihnen den freien Ausblick hinderte. —

Sir Roger gab seinem tauben Diener ein Zeichen, — er schien ein Geräusch
vernommen zu haben. — Pompejus zog den Hahn seines Gewehres auf.[5] —

Sie umschritten die Waldspitze, und vor ihnen lag eine Wiese. — Kaum
eine viertel englische Meile vor ihnen hatten etwa 100 Mann, offenbar Tibetaner, mit roten spitzen Mützen einen Halbkreis gebildet: — man erwartete die
Eindringlinge bereits. — Furchtlos ging Sir Thornton — einige Schritte seitlich vor ihm Pompejus — auf die Menge zu. —

Die Tibetaner waren in die gebräuchlichen Schaffelle gekleidet, sahen aber
trotzdem kaum wie menschliche Wesen aus, so abschreckend häßlich und un-
förmlich waren ihre Gesichter, in denen ein Ausdruck furchterregender und
übermenschlicher Bosheit lag.[6] — Sie ließen die beiden nahe herankommen,
dann hoben sie blitzschnell, wie ein Mann, auf das Kommando ihres Führers
die Hände empor und drückten sie gewaltsam gegen ihre Ohren. — Gleichzeitig schrien sie etwas aus vollen Lungen. —

---

[1]**Der Afghane . . . könne** The Afghan had stubbornly refused to go along and explained
that he was always ready to climb into a tiger's cave, but would have to think about it
very carefully before he dared to do something that could harm his immortal soul

[2]**und zündete . . . überzeugen** and lit a match to see if (to determine, convince himself
whether) atmospheric air was available at all levels

[3]**In der . . . Amberiablüten** In the air a stupefying odor as if from amberia blossoms.
Note: **Amberia** does not appear in a standard German dictionary.

[4]**Schillernde handgroße . . . Blumen** Iridescent butterflies, strangely marked and as
large as a hand, sat on flowers with spread wings that looked like opened books of magic

[5]**zog den . . . auf** cocked his rifle (pulled back the hammer)

[6]**sahen aber . . . lag** but despite that, they hardly looked like human beings; their faces,
terribly ugly and deformed (misshapen), bore expressions of horrible, superhuman malevolence

Pompejus Jaburek sah fragend nach seinem Herrn und brachte die Flinte in Anschlag,[1] denn die seltsame Bewegung der Menge schien ihm das Zeichen zu irgend einem Angriff zu sein. — Was er nun wahrnahm, trieb ihm alles Blut zum Herzen:[2]

Um seinen Herrn hatte sich eine zitternde wirbelnde Gasschicht gebildet, ähnlich der, die beide vor kurzem durchschritten hatten.[3] — Die Gestalt Sir Rogers verlor die Konturen, als ob sie von dem Wirbel abgeschliffen würden,[4] — der Kopf wurde spitzig, — die ganze Masse sank wie zerschmelzend in sich zusammen, und an der Stelle, wo sich noch vor einem Augenblick der sehnige Engländer befunden hatte, stand jetzt ein hellvioletter Kegel von der Größe und Gestalt eines Zuckerhutes.[5] —

Der taube Pompejus wurde von wilder Wut geschüttelt. — Die Tibetaner schrien noch immer, und er sah ihnen gespannt auf die Lippen, um zu lesen, was sie denn eigentlich sagen wollten. —

Es war immer ein und dasselbe Wort. — Plötzlich sprang der Führer vor, und alle schwiegen und senkten die Arme von den Ohren. — Gleich Panthern stürzten sie auf Pompejus zu. — Dieser feuerte wie rasend aus seinem Repetiergewehr in die Menge hinein, die einen Augenblick stutzte. — Instinktiv rief er ihnen das Wort zu, das er vorher von ihren Lippen gelesen hatte:

"*Ämälän. Äm-mä-län,*" brüllte er, daß die Schlucht erdröhnte wie unter Naturgewalten.[6] —

Ein Schwindel ergriff ihn, er sah alles wie durch starke Brillen, und der Boden drehte sich unter ihm. — Es war nur einen Moment gewesen, jetzt sah er wieder klar. Die Tibetaner waren verschwunden — wie vorhin sein Herr —; nur zahllose violette Zuckerhüte standen vor ihm.

Der Anführer lebte noch. Die Beine waren bereits in bläulichen Brei verwandelt, und auch der Oberkörper fing schon an zu schrumpfen, — es war, als ob der ganze Mensch von einem völlig durchsichtigen Wesen verdaut würde.[7] — Er trug keine rote Mütze, sondern ein mitraähnliches Gebäude,[8] in dem sich gelbe lebende Augen bewegten. —

[1]**brachte die Flinte in Anschlag** raised his rifle to his shoulder

[2]**Was er . . . Herzen** What he now saw (perceived) made his blood run cold

[3]**Um seinen . . . hatten** A trembling, whirling layer of gas, which resembled the one they had just walked through, surrounded (formed around) his master

[4]**Die Gestalt . . . würden** As if being ground away by the whirlwind, Sir Roger's figure lost its contours

[5]**von der . . . Zuckerhutes** of the size and shape of a sugarloaf

[6]**daß die . . . Naturgewalten** so that the gorge resounded as if from (the sounds of elemental) natural forces

[7]**Die Beine . . . würde** His legs had already been turned into a bluish mush, and the upper body also had begun to shrink, — it seemed as if the whole person were being digested by a totally transparent (invisible) being

[8]**mitraähnliches Gebäude** a device (head covering) resembling a bishop's miter

Jaburek schmetterte ihm den Flintenkolben an den Schädel, hatte aber nicht verhindern können, daß ihn der Sterbende mit einer im letzten Moment geschleuderten Sichel am Fuße verletze.[1]

Dann sah er um sich. Kein lebendes Wesen weit und breit. Der Duft der Amberiablüten hatte sich verstärkt und war fast stechend[2] geworden. — Er schien von den violetten Kegeln auszugehen, die Pompejus jetzt besichtigte. — Sie waren einander gleich und bestanden alle aus demselben hellvioletten gallertartigen Schleim.[3] Die Überreste Sir Roger Thorntons aus diesen violetten Pyramiden herauszufinden, war unmöglich.

Pompejus trat zähneknirschend dem toten Tibetanerführer ins Gesicht und lief dann den Weg zurück, den er gekommen war. — Schon von weitem sah er im Gras die kupfernen Helme in der Sonne blitzen. — Er pumpte seinen Tauchertornister voll Luft und betrat die Gaszone. — Der Weg wollte kein Ende nehmen. Dem Armen liefen die Tränen über das Gesicht, — Ach Gott, ach Gott, sein Herr war tot — Gestorben, hier, im fernen Indien! — Die Eisriesen des Himalaja gähnten gen Himmel, — was kümmerte sie das Leid eines winzigen pochenden Menschenherzens.[4]

Pompejus Jaburek hatte alles, was geschehen war, getreulich zu Papier gebracht, Wort für Wort, so wie er es erlebt und gesehen hatte — denn verstehen konnte er es noch immer nicht —, und es an den Sekretär seines Herrn nach Bombay, Adheritollahstraße 17, adressiert. — Der Afghane hatte die Besorgung übernommen.[5] — Dann war Pompejus gestorben, denn die Sichel des Tibetaners war vergiftet gewesen. —

"Allah ist das Eins und Mohammed ist sein Prophet," betete der Afghane und berührte mit der Stirne den Boden. — Die Hindujäger hatten die Leiche mit Blumen bestreut und unter frommen Gesängen auf einem Holzstoß verbrannt.

Ali Murrad Bey, der Sekretär, war bleich geworden, als er die Schreckensbotschaft vernahm, und hatte das Schriftstück sofort in die Redaktion der "Indian Gazette" geschickt. —

Die neue Sintflut brach herein.[6] —

Die "Indian Gazette," die die Veröffentlichung des "Falles Sir Roger Thornton" brachte, erschien am nächsten Tage um volle drei Stunden später

---

[1] **schmetterte ihm . . . verletze** smashed his rifle butt against his skull, but had been unable to prevent the dying man from wounding him in the foot with a sickle that he threw at the last moment (with his last gasp)

[2] **fast stechend** almost pungent

[3] **gallertartigen Schleim** gelatinous slime (mucous)

[4] **Die Eisriesen . . . Menschenherzens** The ice giants (ice-covered mountains) of the Himalaya range yawned toward the sky — what did they care about the suffering and beating of one tiny human heart

[5] **Der Afghane . . . übernommen** The Afghan had taken charge of matters

[6] **Sintflut** deluge. *Note*: **die Sintflut** is the term used to describe Noah's Flood; the customary word for flood is **die Überschwemmung**.

als sonst. — Ein seltsamer und schreckenerregender Zwischenfall trug die Schuld an der Verzögerung:[1]

Mr. Birendranath Naorodjee, der Redakteur des Blattes, und zwei Unterbeamte, die mit ihm die Zeitung vor der Herausgabe noch mitternachts durchzuprüfen pflegten, waren aus dem verschlossenen Arbeitszimmer spurlos verschwunden. — Drei bläuliche gallertartige Zylinder standen statt dessen auf dem Boden, und mitten zwischen ihnen lag das frischgedruckte Zeitungsblatt. — Die Polizei hatte kaum mit bekannter Wichtigtuerei die ersten Protokolle angefertigt, als zahllose ähnliche Fälle gemeldet wurden.[2]

Zu Dutzenden verschwanden die zeitunglesenden und gestikulierenden Menschen vor den Augen der entsetzten Menge, die aufgeregt die Straßen durchzog. — Zahllose violette kleine Pyramiden standen umher, auf den Treppen, auf den Märkten und Gassen — wohin das Auge blickte. —

Ehe der Abend kam, war Bombay halb entvölkert. Eine amtliche sanitäre Maßregel hatte die sofortige Sperrung des Hafens, wie überhaupt jeglichen Verkehrs nach außen verfügt, um eine Verbreitung der neuartigen Epidemie, denn wohl nur um eine solche konnte es sich hier handeln, möglichst einzudämmen.[3] — Telegraph und Kabel spielten Tag und Nacht und schickten den schrecklichen Bericht, sowie den ganzen Fall "Sir Thornton" Silbe für Silbe über den Ozean in die weite Welt. —

Schon am nächsten Tag wurde die Quarantäne, als bereits verspätet, wieder aufgehoben.

Aus allen Ländern verkündeten Schreckensbotschaften, daß der "violette Tod" überall fast gleichzeitig ausgebrochen sei und die Erde zu entvölkern drohe. Alles hatte den Kopf verloren, und die zivilisierte Welt glich einem riesigen Ameisenhaufen, in den ein Bauernjunge seine Tabakspfeife gesteckt hat. —

In Deutschland brach die Epidemie zuerst in Hamburg aus; Österreich, in dem ja nur Lokalnachrichten gelesen werden, blieb wochenlang verschont.

Der erste Fall in Hamburg war ganz besonders erschütternd. Pastor Stühlken, ein Mann, den das ehrwürdige Alter fast taub gemacht hatte, saß früh am Morgen am Kaffeetisch im Kreise seiner Lieben: Theobald, sein Ältester, mit der langen Studentenpfeife, Jette, die treue Gattin, Minchen, Tinchen, kurz alle, alle. Der greise Vater hatte eben die eingelangte englische Zeitung aufgeschlagen und las den Seinen den Bericht über den "Fall Sir Roger Thornton" vor. Er war kaum über das Wort Ämälän hinausgekommen und wollte sich eben mit einem Schluck Kaffee stärken,[4] als er mit Entsetzen wahrnahm,

---

[1]**Ein seltsamer . . . Verzögerung** A strange and horrible incident was responsible for the delay. *Note* the unusual punctuation at the end of the paragraph.

[2]**Die Polizei . . . wurden** The police, with their well-known pompousness, had barely filled out their first forms when countless similar cases were reported

[3]**Eine amtliche . . . einzudämmen** An official sanitary measure had immediately decreed the harbor closed and also prohibited all traffic with the outside world in order to prevent, as much as possible, the new epidemic — because that is what this phenomenon had to be — from spreading

[4]**wollte sich . . . stärken** wanted to fortify (refresh) himself with a sip of coffee

daß nur noch violette Schleimkegel um ihn herumsaßen. In dem einen stak noch die lange Studentenpfeife.

Alle vierzehn Seelen hatte der Herr zu sich genommen.[1] — Der fromme Greis fiel bewußtlos um. —

Eine Woche später war bereits mehr als die Hälfte der Menschheit tot.

Einem deutschen Gelehrten war es vorbehalten, wenigstens etwas Licht in diese Vorkommnisse zu bringen.[2] — Der Umstand, daß Taube und Taubstumme von der Epidemie verschont blieben, hatte ihn auf die ganz richtige Idee gebracht, daß es sich hier um ein rein akustisches Phänomen handle. — Er hatte in seiner einsamen Studierstube einen langen wissenschaftlichen Vortrag zu Papier gebracht und dessen öffentliche Verlesung mit einigen Schlagworten angekündigt.[3]

Seine Auseinandersetzung bestand ungefähr darin, daß er sich auf einige fast unbekannte indische Religionsschriften berief, — die das Hervorbringen von astralen und fluidischen Wirbelstürmen durch das Aussprechen gewisser geheimer Worte und Formeln behandelten — und diese Schilderungen durch die modernsten Erfahrungen auf dem Gebiete der Vibrations- und Strahlungstheorie stützte.[4] —

Er hielt seinen Vortrag in Berlin und mußte, während er die langen Sätze von seinem Manuskripte ablas, sich eines Sprachrohrs bedienen, so enorm war der Zulauf des Publikums. —

Die denkwürdige Rede schloß mit den lapidaren Worten:[5] "Geht zum Ohrenarzt, er soll euch taub machen, und hütet euch vor dem Aussprechen des Wortes Ämälän." —

Eine Sekunde später waren wohl der Gelehrte und seine Zuhörer nur mehr leblose Schleimkegel, aber das Manuskript blieb zurück, wurde im Laufe der Zeit bekannt und befolgt und bewahrte so die Menschheit vor dem gänzlichen Aussterben.

Einige Dezennien später, man schreibt 1950, bewohnt eine neue taubstumme Generation den Erdball. —

Gebräuche und Sitten anders, Rang und Besitz verschoben.[6] — Ein Ohrenarzt regiert die Welt. — Notenschriften zu den alchimistischen Rezepten

---

[1] **Alle vierzehn . . . sich** The Lord had taken (gathered) all fourteen souls

[2] **Einem deutschen . . . bringen** It was left to a German scholar to shed some light on these events

[3] **Er hatte . . . angekündigt** In his solitary study he had written a long scientific lecture and announced its public reading with a few catchwords (slogans)

[4] **Seine Auseinandersetzung . . . stützte** His explanation, based on several almost unknown (obscure) Indian religious writings, roughly described how astral and fluid (atmospheric) cyclones were produced by the pronunciation of certain secret words and formulas. This account (description, theory) was supported by the most modern

(recent) experiments in the field of vibration and radiation theory

[5] **Die denkwürdige . . . Worten** The remarkable speech ended with the concise words

[6] **Gebräuche und . . . verschoben** Customs and mores different, class rank (i.e., social station in life) and property displaced. *Note*: Meyrink omits the verb **sind** from both clauses.

des Mittelalters geworfen.[1] — Mozart, Beethoven, Wagner der Lächerlichkeit verfallen, wie weiland Albertus Magnus und Bombastus Paracelsus.[2] —

In den Folterkammern der Museen fletscht hie und da ein verstaubtes Klavier die alten Zähne.[3]

Nachschrift des Autors: Der verehrte Leser wird gewarnt,[4]
das Wort "Ämälän" laut auszusprechen.

---

[1]**Notenschriften . . . geworfen** Musical scores (have been) cast in with the alchemistic formulas of the Middle Ages

[2]Magnus, a medieval philosopher; Paracelsus, a physician during the Reformation.

[3]**In den . . . Zähne** Here and there, in the torture chambers of the museums, a dusty piano bares its old teeth

[4] German "warnen" implies the negative, i.e., "warn not to"

DAS SCHIFF[1]

Georg Heym

Es war ein kleiner Kahn, ein Korallenschiffer, der über Kap York in der Ha-rafuhra-See kreuzte. Manchmal bekamen sie im blauen Norden die Berge von Neuguinea ins Gesicht, manchmal im Süden die öden australischen Kü-sten wie einen schmutzigen Silbergürtel, der über den zitternden Horizont gelegt war.

Es waren sieben Mann[2] an Bord. Der Kapitän, ein Engländer, zwei andere Engländer, ein Ire, zwei Portugiesen und der chinesische Koch. Und weil sie so wenig waren, hatten sie gute Freundschaft gehalten.

Nun sollte das Schiff herunter nach Brisbane gehen. Dort sollte gelöscht werden,[3] und dann gingen die Leute auseinander, die einen dahin, die andern dorthin.

Auf ihrem Kurs kamen sie durch einen kleinen Archipel, rechts und links ein paar Inseln, Reste von der großen Brücke, die einmal vor einer Ewigkeit die beiden Kontinente von Australien und Neuguinea verbunden hatte. Jetzt rauschte darüber der Ozean, und das Lot kam ewig nicht auf den Grund.[4]

Sie ließen den Kahn in eine kleine schattige Bucht der Insel einlaufen und gingen vor Anker.[5] Drei Mann gingen an Land, um nach den Bewohnern der Insel zu suchen.

Sie wateten durch den Uferwald, dann krochen sie mühsam über einen Berg, kamen durch eine Schlucht, wieder über einen bewaldeten Berg. Und nach ein paar Stunden kamen sie wieder an die See.

Nirgends war etwas Lebendes auf der ganzen Insel. Sie hörten keinen Vo-gel rufen, kein Tier kam ihnen in den Weg. Überall war eine schreckliche Stille. Selbst das Meer vor ihnen war stumm und grau. "Aber jemand muß doch hier sein, zum Teufel," sagte der Ire.

Sie riefen, schrien, schossen ihre Revolver ab. Es rührte sich nichts, nie-mand kam. Sie wanderten den Strand entlang, durch Wasser, über Felsen und Ufergebüsch, niemand begegnete ihnen. Die hohen Bäume sahen auf sie her-ab, wie große gespenstische Wesen, ohne Rauschen, wie riesige Tote in einer

---

[1]This narrative was published in 1913 in an anthology of Heym's stories entitled *Der Dieb. Ein Novellenbuch.*

[2]**sieben Mann** seven men (a seven man crew). *Note*: the singular of **Mann** is normally used when referring to a nautical or military unit in German.

[3]**sollte gelöscht werden** they were supposed to unload

[4]**das Lot . . . Grund** the sounding-lead took forever to reach bottom

[5]**Sie liessen . . . Anker** They let the boat glide into a shaded bay and dropped anchor

furchtbaren Starre.[1] Eine Art Beklemmung, dunkel und geheimnisvoll, fiel über sie her. Sie wollten sich gegenseitig ihre Angst ausreden. Aber wenn sie einander in die weißen Gesichter sahen, so blieben sie stumm.

Sie kamen endlich auf eine Landzunge, die wie ein letzter Vorsprung, eine letzte Zuflucht in die See hinauslief.[2] An der äußersten Spitze, wo sich ihr Weg wieder umbog, sahen sie etwas, was sie für einen Augenblick starr werden ließ.

Da lagen übereinander drei Leichen, zwei Männer, ein Weib, noch in ihren primitiven Waschkleidern. Aber auf ihrer Brust, ihren Armen, ihrem Gesicht, überall waren rote und blaue Flecken wie unzählige Insektenstiche. Und ein paar große Beulen waren an manchen Stellen wie große Hügel aus ihrer geborstenen Haut getrieben.[3]

So schnell sie konnten, verließen sie die Leichen. Es war nicht der Tod, der sie verjagte. Aber eine rätselhafte Drohung schien auf den Gesichtern dieser Leichname zu stehen, etwas Böses schien unsichtbar in der stillen Luft zu lauern, etwas, wofür sie keinen Namen hatten, und das doch da war, ein unerbittlicher eisiger Schrecken.

Plötzlich begannen sie zu laufen, sie rissen sich an den Dornen. Immer weiter. Sie traten einander fast auf die Hacken.

Der letzte, ein Engländer, blieb einmal an einem Busch hängen; als er sich losreißen wollte, sah er sich unwillkürlich um. Und da glaubte er hinter einem großen Baumstamm etwas zu sehen, eine kleine schwarze Gestalt wie eine Frau in einem Trauerkleid.

Er rief seine Gefährten und zeigte nach dem Baum. Aber es war nichts mehr da. Sie lachten ihn aus, aber ihr Lachen hatte einen heiseren Klang.

Endlich kamen sie wieder an das Schiff. Das Boot ging zu Wasser[4] und brachte sie an Bord.

Wie auf eine geheime Verabredung erzählten sie nichts von dem, was sie gesehen hatten. Irgend etwas schloß ihnen den Mund.

Als der Franzose[5] am Abend über die Reling lehnte, sah er überall unten aus dem Schiffsraum, aus allen Luken und Ritzen scharenweise die Armeen der Schiffsratten ausziehen.[6] Ihre dicken, braunen Leiber schwammen im Wasser der Bucht, überall glitzerte das Wasser von ihnen.

Ohne Zweifel, die Ratten wanderten aus.

---

[1] **sahen auf . . . Starre** looked silently down at them like large, ghostlike beings, like gigantic dead things in a horrible state of rigidity

[2] **eine Landzunge . . . hinauslief** a spit of land which, like a last projection, a last refuge, extended into the sea

[3] **große Beulen . . . getrieben** like large hills, big boils (lumps) protruded from their burst skin in several places

[4] **Das Boot ging zu Wasser** The boat was launched (they launched)

[5] **Franzose** Frenchman. *Note* the technical error — compare this line with the nationalities of the crew described in the second paragraph of the story. Heym drowned in an ice skating accident shortly after sending the manuscript of his *Novellenbuch* to the publisher and never had the opportunity to proofread it.

[6] **aus allen . . . ausziehen** hordes of rats were leaving from all hatches and cracks

Er ging zu dem Iren und erzählte ihm, was er gesehen hatte. Aber der saß auf einem Tau, starrte vor sich hin und wollte nichts hören. Und auch der Engländer sah ihn wütend an, als er zu ihm vor die Kajüte kam. Da ließ er ihn stehen.

Es wurde Nacht und die Mannschaften gingen herunter in die Hängematten.[1] Alle fünf Mann lagen zusammen. Nur der Kapitän schlief allein in einer Koje hinten unter dem Deck. Und die Hängematte des Chinesen hing in der Schiffsküche.

Als der Franzose vom Deck herunterkam, sah er, daß der Ire und der Engländer miteinander ins Prügeln geraten waren.[2] Sie wälzten sich zwischen den Schiffskisten herum, ihr Gesicht war blau vor Wut. Und die andern standen herum und sahen zu. Er fragte den einen von den Portugiesen nach dem Grund dieses Zweikampfes und erhielt die Antwort, daß die beiden um einen Wollfaden zum Strumpfstopfen, den der Engländer dem Iren fortgenommen hätte, ins Hauen gekommen wären.[3]

Endlich ließen sich die beiden los, jeder kroch in einen Winkel der Kajüte und blieb da sitzen, stumm zu den Späßen der anderen.

Endlich lagen sie alle in den Hängematten, nur der Ire rollte seine Matte zusammen und ging mit ihr auf Deck.

Oben durch den Kajüteneingang war dann wie ein schwarzer Schatten zwischen Bugspriet und einem Tau[4] seine Hängematte zu sehen, die zu den leisen Schwingungen des Schiffes hin und her schaukelte.

Und die bleierne Atmosphäre einer tropischen Nacht, voll von schweren Nebeln und stickigen Dünsten, senkte sich auf das Schiff und hüllte es ein, düster und trostlos.[5]

Alle schliefen schon in einer schrecklichen Stille, und das Geräusch ihres Atems klang dumpf von fern, wie unter dem schweren Deckel eines riesigen schwarzen Sarges hervor.

Der Franzose wehrte sich gegen den Schlaf, aber allmählich fühlte er sich erschlaffen in einem vergeblichen Kampf,[6] und vor seinem zugefallenen Auge zogen die ersten Traumbilder, die schwankenden Vorboten des Schlafes. Ein kleines Pferd, jetzt waren es ein paar Männer mit riesengroßen altmodischen Hüten, jetzt ein dicker Holländer mit einem langen weißen Knebelbart, jetzt ein paar kleine Kinder, und dahinter kam etwas, das aussah wie ein großer Leichenwagen, durch hohle Gassen in einem trüben Halbdunkel.

---

[1]**die Mannschaften . . . Hängematten** the crew went down to the hammocks

[2]**ins Prügeln geraten waren** had gotten into a fight

[3]**daß die . . . wären** that the two had come to blows over a piece of woolen thread (used) for darning socks that the Englishman had taken from the Irishman

[4]**zwischen Bugspritt und einem Tau** between the bowsprit and a line (rope)

[5]**voll von . . . trostlos** filled with heavy fogs and stuffy mists, descended upon the ship and enveloped it in gloomy and disconsolate fashion

[6]**fühlte er . . . Kampf** felt himself tiring in a vain struggle

Er schlief ein. Und im letzten Halbdunkel hatte er das Gefühl, als ob jemand hinten in der Ecke stände, der ihn unverwandt anstarrte. Er wollte noch einmal seine Augen aufreißen, aber eine bleierne Hand schloß sie zu.

Und die lange Dünung schaukelte unter dem schwarzen Schiffe, die Mauer des Urwaldes warf ihre Schatten weit hinaus in die kaum erhellte Nacht, und das Schiff versank tief in die mitternächtliche Dunkelheit.

Der Mond steckte seinen gelben Schädel zwischen zwei hohen Palmen hervor. Eine kurze Zeit wurde es hell, dann verschwand er in die dicken, treibenden Nebel. Nur manchmal erschien er noch zwischen den treibenden Wolkenfetzen, trüb und klein, wie das schreckliche Auge der Blinden.

Plötzlich zerriß ein langer Schrei die Nacht, scharf wie mit einem Beil.

Er kam hinten aus der Kajüte des Kapitäns, so laut, als wäre er unmittelbar neben den Schlafenden gerufen. Sie fuhren in ihren Hängematten auf, und durch das Halbdunkel sahen sie einander in die weißen Gesichter.

Ein paar Sekunden blieb es still; auf einmal hallte es wieder, ganz laut, dreimal. Und das Geschrei weckte ein schreckliches Echo in der Ferne der Nacht, irgendwo in den Felsen, nun noch einmal, ganz fern, wie ein ersterbendes Lachen.

Die Leute tasteten nach Licht, nirgends war welches zu finden. Da krochen sie wieder in ihre Hängematten und saßen ganz aufrecht darin wie gelähmt, ohne zu reden.

Und nach ein paar Minuten hörten sie einen schlürfenden Schritt über Deck kommen. Jetzt war es über ihren Häuptern, jetzt kam ein Schatten vor der Kajütentür vorbei. Jetzt ging es nach vorn. Und während sie mit weit aufgerissenen Augen einander anstarrten, kam von vorn aus der Hängematte des Iren noch einmal der laute, langgezogene Schrei des Todes. Dann ein Röcheln, kurz, kurz, das zitternde Echo und Grabesstille.

Und mit einem Male drängte sich der Mond wie das fette Gesicht eines Malaien in ihre Tür, über die Treppe, groß und weiß, und spiegelte sich in ihrer schrecklichen Blässe.

Ihre Lippen waren weit auseinander gerissen, und ihre Kiefer vibrierten vor Schrecken.[1]

Der eine der Engländer hatte einmal den Versuch gemacht, etwas zu sagen, aber die Zunge bog sich in seinem Munde nach rückwärts, sie zog sich zusammen; plötzlich fiel sie lang heraus wie ein roter Lappen über seine Unterlippe.[2] Sie war gelähmt, und er konnte sie nicht mehr zurückziehen.

Ihre Stirnen waren kreideweiß. Und darauf sammelte sich in großen Tropfen der kalte Schweiß des maßlosen Grauens.

Und so ging es die Nacht dahin in einem phantastischen Halbdunkel, das der große versinkende Mond unten auf dem Boden der Kajüte ausstreute. Aber auf den Händen der Matrosen erschienen manchmal seltsame Figuren, uralten Hieroglyphen vergleichbar, Dreiecke, Pentagrammata, Zeichnungen

---

[1] **ihre Kiefer . . . Schrecken** their jaws trembled in terror

[2] **aber die . . . Unterlippe** but his tongue bent backwards in his mouth, pulled itself together; suddenly it fell out and lay on his lower lip like a long, red rag

von Gerippen oder Totenköpfen, aus deren Ohren große Fledermausflügel herauswuchsen.[1]

Langsam versank der Mond. Und in dem Augenblick, wo sein riesiges Haupt oben hinter der Treppe verschwand, hörten sie aus der Schiffsküche vorn ein trockenes Ächzen und dann ganz deutlich ein leises Gemecker, wie es alte Leute an sich haben, wenn sie lachen.[2]

Und das erste Morgengrauen flog mit schrecklichem Fittich über den Himmel.

Sie sahen sich einander in die aschgrauen Gesichter, kletterten aus ihren Hängematten und mit zitternden Gliedern krochen sie alle herauf auf das Verdeck.

Der Gelähmte mit seiner heraushängenden Zunge kam zuletzt herauf. Er wollte etwas sagen, aber er bekam nur ein gräßliches Stammeln heraus. Er zeigte auf seine Zunge und machte die Bewegung des zurückschiebens. Und der eine der Portugiesen faßte seine Zunge an mit vor Angst blauen Fingern und zwängte ihm die Zunge in den Schlund zurück.[3]

Sie blieben dicht aneinandergedrängt vor der Schiffsluke stehen und spähten ängstlich über das langsam heller werdende Deck. Aber da war niemand. Nur vorn schaukelte noch der Ire in seiner Hängematte im frischen Morgenwind, hin und her, hin und her, wie eine riesige schwarze Wurst.

Und gleichsam, wie magnetisch angezogen, gingen sie langsam, in allen Gelenken schlotternd, auf den Schläfer zu.[4] Keiner rief ihn an. Jeder wußte, daß er keine Antwort bekommen würde. Jeder wollte das Gräßliche so lange wie möglich hinausschieben. Und nun waren sie da, und mit langen Hälsen starrten sie auf das schwarze Bündel da in der Matte. Seine wollene Decke war bis an seine Stirn hochgezogen. Und seine Haare flatterten bis über seine Schläfen. Aber sie waren nicht mehr schwarz, sie waren in dieser Nacht schlohweiß geworden. Einer zog die Decke von dem Haupte herunter, und da sahen sie das fahle Gesicht einer Leiche, die mit aufgerissenen und verglasten Augen in den Himmel starrte.[5] Und die Stirn und die Schläfen waren übersät mit roten Flecken, und an der Nasenwurzel drängte sich wie ein Horn eine große blaue Beule heraus.[6] "Das ist die Pest." Wer von ihnen hatte das gesprochen? Sie sahen sich alle feindselig an und traten schnell aus dem giftigen Bereich des Todes zurück.

---

[1]**uralten Hieroglyphen . . . herauswuchsen** resembling ancient hieroglyphs, pentagrams (i.e., five-pointed stars), drawings of skeletons or skulls with large bat wings growing out of the ears

[2]**ein trockenes . . . lachen** a dry groan and then, quite clearly, a soft bleating (cackling) sound as made by old people when they laugh

[3]**faßte seine . . . zurück** grabbed his tongue with fingers that had turned blue from fear and forced it back down his gullet (put it back in his mouth)

[4]**Und gleichsam . . . zu** As if pulled, so to speak, by a magnet, they approached the sleeper with every limb trembling

[5]**mit aufgerissenen . . . Himmel** stared at the sky with wide-open, glassy eyes

[6]**an der Nasenwurzel . . . heraus** a large, blue boil (lump) protruded from the base of his nose like a horn

Mit einem Male kam ihnen allen zugleich die Erkenntnis, daß sie verloren waren. Sie waren in den mitleidlosen Händen eines furchtbaren unsichtbaren Feindes,[1] der sie vielleicht nur für eine kurze Zeit verlassen hatte. In diesem Augenblick konnte er aus dem Segelwerk heruntersteigen oder hinter einem Mastbaum hervorkriechen; er konnte in der nämlichen Sekunde schon aus der Kajüte kommen oder sein schreckliches Gesicht über den Bord heben, um sie wie wahnsinnig über das Schiffsdeck zu jagen.

Und in jedem von ihnen keimte gegen seine Schicksalsgenossen eine dunkle Wut, über deren Grund er sich keine Rechenschaft geben konnte.[2]

Sie gingen auseinander. Der eine stellte sich neben das Schiffsboot, und sein bleiches Gesicht spiegelte sich unten im Wasser. Die andern setzten sich irgendwo auf die Bordbank, keiner sprach mit dem andern, aber sie blieben sich doch alle so nahe, daß sie in dem Augenblick, wo die Gefahr greifbar wurde, wieder zusammenlaufen konnten. Aber es geschah nichts. Und doch wußten sie alle, es war da und belauerte sie.

Irgendwo saß es. Vielleicht mitten unter ihnen auf dem Verdeck, wie ein unsichtbarer weißer Drache, der mit seinen zitternden Fingern nach ihren Herzen tastete und das Gift der Krankheit mit seinem warmen Atem über das Deck ausbreitete.[3]

Waren sie nicht schon krank, fühlten sie nicht irgendwie eine dumpfe Betäubung und den ersten Ansturm eines tödlichen Fiebers?[4] Dem Mann am Bord schien es so, als wenn unter ihm das Schiff anfing zu schaukeln und zu schwanken, bald schnell, bald langsam. Er sah sich nach den andern um und sah in lauter grüne Gesichter, wie sie in Schatten getaucht waren und schon ein schreckliches Blaßgrau in einzelnen Flecken auf den eingesunkenen Backen trugen.

"Vielleicht sind die überhaupt schon tot und du bist der einzige, der noch lebt," dachte er sich. Und bei diesem Gedanken lief ihm die Furcht eiskalt über den Leib. Es war, als hätte plötzlich aus der Luft heraus eine eisige Hand nach ihm gegriffen.

Langsam wurde es Tag.

Über den grauen Ebenen des Meeres, über den Inseln, überall lag ein grauer Nebel, feucht, warm und erstickend. Ein kleiner roter Punkt stand am Rande des Ozeans, wie ein entzündetes Auge. Die Sonne ging auf.

Und die Qual des Wartens auf das Ungewisse[5] trieb die Leute von ihren Plätzen.

---

[1] **Sie waren . . . Feindes** They were in the pitiless hands of a terrible, invisible enemy

[2] **Und in . . . konnte** And in each one of them stirred a dark, unaccountable rage against his companions in misfortune

[3] **wie ein . . . ausbreitete** like an invisible white dragon that was groping for their hearts with its trembling fingers and spreading the poison of illness all over the deck with its warm breath

[4] **fühlten sie . . . Fiebers** didn't they feel a dull numbness and the first onset of a deadly fever

[5] **Und die Qual . . . Ungewisse** And the torture (torment) of waiting for the unknown

Was sollte nun werden? Man mußte doch einmal heruntergehen, man mußte etwas essen.

Aber der Gedanke: dabei vielleicht über Leichen steigen zu müssen . . . .

Da, auf der Treppe hörten sie ein leises Bellen. Und nun kam zuerst die Schnauze des Schiffshundes zum Vorschein. Nun der Leib, nun der Kopf, aber was hing an seinem Maul? Und ein rauher Schrei des Entsetzens kam aus vier Kehlen zugleich.

An seinem Maul hing der Leichnam des alten Kapitäns; seine Haare zuerst, sein Gesicht, sein ganzer fetter Leib in einem schmutzigen Nachthemde kam heraus, von dem Hunde langsam auf das Deck gezerrt. Und nun lag er oben vor der Kajütentreppe, aber auf seinem Gesicht brannten dieselben schrecklichen roten Flecken.

Und der Hund ließ ihn los und verkroch sich.

Plötzlich hörten sie ihn fern in einem Winkel laut murren, in ein paar Sätzen kam er von hinten wieder nach vorn, aber als er an dem Großmast vorbeikam, blieb er plötzlich stehen, warf sich herum, streckte seine Beine wie abwehrend in die Luft.[1] Aber mitleidslos schien ihn ein unsichtbarer Verfolger in seinen Krallen zu halten.

Die Augen des Hundes quollen heraus, als wenn sie auf Stielen säßen,[2] seine Zunge kam aus dem Maul. Er röchelte ein paarmal, als wenn ihm der Schlund zugedrückt würde. Ein letzter Krampf schüttelte ihn, er streckte seine Beine von sich, er war tot.

Und gleich darauf hörte der Franzose den schlürfenden Schritt neben sich ganz deutlich, während das Grauen wie ein eherner Hammer auf seinen Schädel schlug.[3]

Er wollte seine Augen schließen, aber es gelang ihm nicht. Er war nicht mehr Herr seines Willens.

Die Schritte gingen geradenwegs über das Deck, auf den Portugiesen zu, der sich rücklings gegen die Schiffswand gelehnt hatte und seine Hände wie wahnsinnig in die Bordwand krallte.

Der Mann sah offenbar etwas. Er wollte fortlaufen, er schien seine Beine mit Gewalt vom Boden reißen zu wollen, aber er hatte keine Kraft. Das unsichtbare Wesen schien ihn anzufassen. Da riß er gleichsam wie im Übermaß seiner Anstrengung seine Zähne auseinander, und er stammelte mit einer blechernen Stimme, die wie aus einer weiten Ferne heraufzukommen schien, die Worte: "Mutter, Mutter."

---

[1] **Plötzlich hörten . . . Luft** Suddenly they heard him growling in some distant corner, with a few leaps he came bounding forward, but when he passed the main mast, he suddenly stopped, thrashed about, stuck his legs in the air as if trying to ward off something

[2] **Die Augen . . . säßen** The dog's eyes popped out as if attached to stalks

[3] **während das . . . schlug** while horror beat on his skull like a brass hammer

Seine Augen brachen,[1] sein Gesicht wurde grau wie Asche. Der Krampf seiner Glieder löste sich.[2] Und er fiel vornüber, und er schlug schwer mit der Stirn auf das Deck des Schiffes.

Das unsichtbare Wesen setzte seinen Weg fort, er hörte wieder die schleppenden Schritte. Es schien auf die beiden Engländer loszugehen. Und das schreckliche Schauspiel wiederholte sich noch einmal. Und auch hier war es wieder derselbe zweimalige Ruf, den die letzte Todesangst aus ihrer Kehle preßte, der Ruf: "Mutter, Mutter," in dem ihr Leben entfloh.

"Und nun wird es zu mir kommen," dachte der Franzose. Aber es kam nichts, alles blieb still. Und er war allein mit den Toten.

Der Morgen ging dahin. Er rührte sich nicht von seinem Fleck. Er hatte nur den einen Gedanken, wann wird es kommen. Und seine Lippen wiederholten mechanisch immerfort diesen kleinen Satz: "Wann wird es kommen, wann wird es kommen?"

Die Nebel hatten sich langsam verteilt. Und die Sonne, die nun schon nahe am Mittag stand, hatte das Meer in eine ungeheure strahlende Fläche verwandelt, in eine ungeheure silberne Platte, die selber wie eine zweite Sonne ihr Licht in den Raum hinausstrahlte.

Es war wieder still. Die Hitze der Tropen brodelte überall in der Luft. Die Luft schien zu kochen. Und der Schweiß rann ihm in dicken Furchen über das graue Gesicht.[3] Sein Kopf, auf dessen Scheitel die Sonne stand, kam ihm vor wie ein riesiger roter Turm, voll von Feuer. Er sah seinen Kopf ganz deutlich von innen heraus in den Himmel wachsen. Immer höher, und immer heißer wurde er innen. Aber drinnen, über eine Wendeltreppe, deren letzte Spiralen sich in dem weißen Feuer der Sonne verloren, kroch ganz langsam eine schlüpfrige weiße Schnecke.[4] Ihre Fühler tasteten sich in den Turm herauf, während ihr feuchter Schweif sich noch in seinem Halse herumwand.

Er hatte die dunkle Empfindung, daß es doch eigentlich zu heiß wäre, das könnte doch eigentlich kein Mensch aushalten.

Da — bum — schlug ihm jemand mit einer feurigen Stange auf den Kopf, er fiel lang hin. Das ist der Tod, dachte er. Und nun lag er eine Weile auf den glühenden Schiffsplanken.

Plötzlich wachte er wieder auf. Ein leises dünnes Gelächter schien sich hinter ihm zu verlieren. Er sah auf, und da sah er: das Schiff fuhr, das Schiff fuhr, alle Segel waren gesetzt. Sie bauschten sich weiß und blähend, aber es ging kein Wind,[5] nicht der leiseste Hauch. Das Meer lag spiegelblank, weiß, eine feurige Hölle. Und in dem Himmel oben, im Zenith, zerfloß die Sonne wie

[1]**Seine Augen brachen** His eyes dimmed (in death)

[2]**Der Krampf . . . sich** His cramped (rigid) limbs relaxed

[3]**Und der . . . Gesicht** And sweat trickled down his grey face in large streams (broad furrows)

[4]**Aber drinnen . . . Schnecke** But inside, a slippery white snail was crawling up a spiral staircase, the last steps of which disappeared into the white-hot fire of the sun

[5]**Sie bauschten . . . Wind** They billowed and swelled out, but there was no wind

eine riesige Masse weißglühenden Eisens.[1] Überall troff sie über den Himmel hin, überall klebte ihr Feuer, und die Luft schien zu brennen. Ganz in der Ferne, wie ein paar blaue Punkte, lagen die Inseln, bei denen sie geankert hatten.

Und mit einem Male war das Entsetzen wieder oben, riesengroß wie ein Tausendfüßler, der durch seine Adern lief und sie hinter sich erstarren machte, wo er mit dem Gewimmel seiner kalten Beinchen hindurchkam.[2]

Vor ihm lagen die Toten. Aber ihr Gesicht stand nach oben. Wer hatte sie umgedreht? Ihre Haut war blaugrün. Ihre weißen Augen sahen ihn an. Die beginnende Verwesung hatte ihre Lippen auseinandergezogen und die Backen in ein wahnsinniges Lächeln gekräuselt.[3] Nur der Leichnam des Iren schlief ruhig in seiner Hängematte. Er versuchte sich langsam an dem Schiffsbord in die Höhe zu ziehen, gedankenlos.

Aber die unsagbare Angst machte ihn schwach und kraftlos. Er sank in seine Knie. Und jetzt wußte er, jetzt wird es kommen. Hinter dem Mastbaum stand etwas. Ein schwarzer Schatten. Jetzt kam es mit seinem schlürfenden Schritte über Deck. Jetzt stand es hinter dem Kajütendache, jetzt kam es hervor. Eine alte Frau in einem schwarzen altmodischen Kleid, lange weiße Locken fielen ihr zu beiden Seiten in das blasse alte Gesicht. Darin steckten ein paar Augen von unbestimmter Farbe wie ein paar Knöpfe, die ihn unverwandt ansahen. Und überall war ihr Gesicht mit den blauen und roten Pusteln übersät,[4] und wie ein Diadem standen auf ihrer Stirn zwei rote Beulen, über die ihr weißes Großmutterhäubchen gezogen war. Ihr schwarzer Reifrock knisterte,[5] und sie kam auf ihn zu. In einer letzten Verzweiflung richtete er sich mit Händen und Füßen auf. Sein Herz schlug nicht mehr. Er fiel wieder hin.

Und nun war sie schon so nahe, daß er ihren Atem wie eine Fahne aus ihrem Munde wehen sah.

Noch einmal richtete er sich auf. Sein linker Arm war schon gelähmt. Etwas zwang ihn stehenzubleiben, etwas Riesiges hielt ihn fest. Aber er gab den Kampf noch nicht auf. Er drückte es mit seiner rechten Hand herunter, er riß sich los.

Und mit schwankenden Schritten, ohne Besinnung, stürzte er den Bord entlang, an dem Toten in der Hängematte vorbei, vorn, wo die große Strickleiter vom Ende des Bugspriets zu dem vordersten Maste herauflief.[6]

---

[1]**zerfloß die Sonne . . . Eisens** the sun seemed to melt into a gigantic mass of glowing, white-hot iron

[2]**wie ein . . . hindurchkam** like a millipede that crawled through his arteries and, where it passed through with its cold, scrabbling little legs, left them numb

[3]**Die beginnende . . . gekräuselt** The onset of decay (decomposition) had pulled their lips apart and curled their cheeks into an insane smile

[4]**Und überall . . . übersät** And white and blue pustules (pimples) were scattered all over her face

[5]**Ihr schwarzer . . . knisterte** Her black hoopskirt rustled

[6]**wo die . . . herauflief** where the large rope ladder extended from the bowsprit up to the front mast

Er kletterte daran herauf, er sah sich um.

Aber die Pest war hinter ihm her. Jetzt war sie schon auf den untersten Sprossen. Er mußte also höher, höher. Aber die Pest ließ nicht los, sie war schneller wie er, sie mußte ihn einholen. Er griff mit Händen und Füßen zugleich in die Stricke, trat da und dorthin, geriet mit einem Fuße durch die Maschen, riß ihn wieder heraus, kam oben an.[1] Da war die Pest noch ein paar Meter entfernt. Er kletterte an der höchsten Rahe entlang.[2] Am Ende war ein Seil. Er kam an dem Ende der Rahe an. Aber wo war das Seil? Da war leerer Raum.

Tief unten war das Meer und das Deck. Und gerade unter ihm lagen die beiden Toten.

Er wollte zurück, da war die Pest schon am anderen Ende der Rahe.

Und nun kam sie freischwebend auf dem Holze heran wie ein alter Matrose mit wiegendem Gang.[3]

Nun waren es nur noch sechs Schritte, nur noch fünf. Er zählte leise mit, während die Todesangst in einem gewaltigen Krampf seine Kinnbacken auseinanderriß, als wenn er gähnte. Drei Schritte, zwei Schritte.

Er wich zurück, griff mit den Händen in die Luft, wollte sich irgendwo festhalten, überschlug sich und stürzte krachend auf das Deck, mit dem Kopf zuerst auf eine eiserne Planke. Und da blieb er liegen mit zerschmettertem Schädel.

Ein schwarzer Sturm zog schnell im Osten über dem stillen Ozean auf. Die Sonne verbarg sich in den dicken Wolken, wie ein Sterbender, der ein Tuch über sein Gesicht zieht. Ein paar große chinesische Dschunken, die aus dem Halbdunkel herauskamen, hatten alle Segel besetzt und fuhren rauschend vor dem Sturme einher mit brennenden Götterlampen und Pfeifengetön.[4] Aber an ihnen vorbei fuhr das Schiff riesengroß wie der fliegende Schatten eines Dämons. Auf dem Deck stand eine schwarze Gestalt. Und in dem Feuerschein schien sie zu wachsen, und ihr Haupt erhob sich langsam über die Masten, während sie ihre gewaltigen Arme im Kreise herumschwang gleich einem Kranich gegen den Wind. Ein fahles Loch tat sich auf in den Wolken. Und das Schiff fuhr geradenwegs hinein in die schreckliche Helle.

---

[1]**geriet mit . . . an** shoved his one foot through the meshes, yanked it out again, arrived at the top

[2]**Er kletterte . . . entlang** he climbed along the highest spar

[3]**kam sie . . . Gang** she came walking along on the wooden spar with the rolling gait of an old sailor

[4]**mit brennenden . . . Pfeifengetön** with religious lanterns lit and pipes blowing (whistling)

DAS URTEIL[1]

Franz Kafka

Es war an einem Sonntagvormittag im schönsten Frühjahr. Georg Bende-
mann, ein junger Kaufmann, saß in seinem Privatzimmer im ersten Stock
eines der niedrigen, leichtgebauten Häuser, die entlang des Flusses in einer
langen Reihe, fast nur in der Höhe und Färbung unterschieden, sich hin
zogen.[2] Er hatte gerade einen Brief an einen sich im Ausland befindenden Ju-
gendfreund beendet, verschloß ihn in spielerischer Langsamkeit und sah
dann, den Ellbogen auf den Schreibtisch gestützt, aus dem Fenster auf den
Fluß, die Brücke und die Anhöhen am anderen Ufer mit ihrem schwachen
Grün.

Er dachte darüber nach, wie dieser Freund, mit seinem Fortkommen zu
Hause unzufrieden, vor Jahren schon nach Rußland sich förmlich geflüchtet
hatte. Nun betrieb er ein Geschäft in Petersburg, das anfangs sich sehr gut an-
gelassen hatte, seit langem aber schon zu stocken schien,[3] wie der Freund bei
seinen immer seltener werdenden Besuchen klagte. So arbeitete er sich in der
Fremde nutzlos ab, der fremdartige Vollbart verdeckte nur schlecht das seit
den Kinderjahren wohlbekannte Gesicht, dessen gelbe Hautfarbe auf eine sich
entwickelnde Krankheit hinzudeuten schien.[4] Wie er erzählte, hatte er keine
rechte Verbindung mit der dortigen Kolonie seiner Landsleute, aber auch fast
keinen gesellschaftlichen Verkehr mit einheimischen Familien,[5] und richtete
sich so für ein endgültiges Junggesellentum ein.

Was wollte man einem solchen Manne schreiben, der sich offenbar ver-
rannt hatte, den man bedauern, dem man aber nicht helfen konnte? Sollte
man ihm vielleicht raten, wieder nach Hause zu kommen, seine Existenz hier-
herzuverlegen, alle die alten freundschaftlichen Beziehungen wiederaufzu-
nehmen — wofür ja kein Hindernis bestand — und im übrigen auf die Hilfe
der Freunde zu vertrauen? Das bedeutete aber nichts anderes, als daß man
ihm gleichzeitig, je schonender, desto kränkender, sagte, daß seine bisherigen

---

[1]Kafka published this story in 1913.

[2]**die entlang . . . hinzogen** that stretched along the river in a long row and were barely
distinguishable from one another except by height and color

[3]**das anfangs . . . schien** that had prospered in the beginning, but seemed to have stag-
nated long ago

[4]**dessen gelbe . . . schien** whose yellow skin color seemed to point to a developing disease (seemed to be a harbinger of an incipient disease)

[5]**hatte er . . . Familien** he had no regular ties with the colony of his countrymen located
there and had almost no social contact with the native (Russian) families

Versuche mißlungen seien, daß er endlich von ihnen ablassen solle, daß er zurückkehren und sich als ein für immer Zurückgekehrter von allen mit großen
Augen anstaunen lassen müsse,[1] daß nur seine Freunde etwas verstünden und
daß er ein altes Kind sei, das den erfolgreichen, zu Hause gebliebenen Freunden einfach zu folgen habe. Und war es dann noch sicher, daß alle die Plage,
die man ihm antun müßte, einen Zweck hätte? Vielleicht gelang es nicht einmal, ihn überhaupt nach Hause zu bringen — er sagte ja selbst, daß er die
Verhältnisse in der Heimat nicht mehr verstünde —, und so bliebe er dann
trotz allem in seiner Fremde, verbittert durch die Ratschläge und den Freunden noch ein Stück mehr entfremdet. Folgte er aber wirklich dem Rat und
würde hier — natürlich nicht mit Absicht, aber durch die Tatsachen — nie-
dergedrückt, fände sich nicht in seinen Freunden und nicht ohne sie zurecht,
litte an Beschämung,[2] hätte jetzt wirklich keine Heimat und keine Freunde
mehr, war es da nicht viel besser für ihn, er blieb in der Fremde, so wie er
war? Konnte man denn bei solchen Umständen daran denken, daß er es hier
tatsächlich vorwärtsbringen würde?

Aus diesen Gründen konnte man ihm, wenn man noch überhaupt die
briefliche Verbindung aufrechterhalten wollte, keine eigentlichen Mitteilungen machen,[3] wie man sie ohne Scheu auch den entferntesten Bekannten machen würde. Der Freund war nun schon über drei Jahre nicht in der Heimat
gewesen und erklärte dies sehr notdürftig mit der Unsicherheit der politischen
Verhältnisse in Rußland, die demnach also auch die kürzeste Abwesenheit eines kleinen Geschäftsmannes nicht zuließen, während Hunderttausende Rus-
sen ruhig in der Welt herumfuhren.[4] Im Laufe dieser drei Jahre hatte sich aber
gerade für Georg vieles verändert. Von dem Todesfall von Georgs Mutter, der
vor etwa zwei Jahren erfolgt war und seit welchem Georg mit seinem alten
Vater in gemeinsamer Wirtschaft lebte, hatte der Freund wohl noch erfahren
und sein Beileid in einem Brief mit einer Trockenheit ausgedrückt, die ihren
Grund nur darin haben konnte, daß die Trauer über ein solches Ereignis in
der Fremde ganz unvorstellbar wird.[5] Nun hatte aber Georg seit jener Zeit, so

---

[1] **Das bedeutete . . . müsse** But that, simultaneously, was tantamount to telling him —
the more considerately, the more offensively (insultingly) — that all of his efforts up to
now had failed, that he should finally desist, that he should return (home), and that, as a
returned failure, had to put up with being the object of everyone's astonished stares

[2] **Folgte er . . . Beschämung** If he really followed the advice and came to grief here —
naturally not by intent, but by circumstances — if he could get along neither with nor
without his friends, if he suffered humiliation

[3] **Aus diesen . . . machen** For these reasons, if one wanted to maintain a correspondence
(an epistolary relationship) with him in the first place (to begin with), one could not report
significant (important) things to him

[4] **erklärte dies . . . zuließen** offered the poor (sorry) explanation that the uncertain political situation in Russia did not allow a small businessman to take even a brief leave of
absence, yet (in the meantime) a hundred thousand Russians were calmly traveling all
over the world

[5] **und sein Beileid . . . wird** and, in a letter, had expressed his sympathy in such a dry
(matter of fact) way that the only reason (excuse) one could advance (for this dryness) was

wie alles andere, auch sein Geschäft mit größerer Entschlossenheit angepackt. Vielleicht hatte ihn der Vater bei Lebzeiten der Mutter dadurch, daß er im Geschäft nur seine Ansicht gelten lassen wollte,[1] an einer wirklichen eigenen Tätigkeit gehindert, vielleicht war der Vater seit dem Tode der Mutter, trotzdem er noch immer im Geschäft arbeitete, zurückhaltender geworden, vielleicht spielten — was sogar sehr wahrscheinlich war — glückliche Zufälle eine weit wichtigere Rolle, jedenfalls aber hatte sich das Geschäft in diesen zwei Jahren ganz unerwartet entwickelt, das Personal hatte man verdoppeln müssen, der Umsatz hatte sich verfünffacht, ein weiterer Fortschritt stand zweifellos bevor.

Der Freund aber hatte keine Ahnung von dieser Veränderung. Früher, zum letztenmal vielleicht in jenem Beileidsbrief, hatte er Georg zur Auswanderung nach Rußland überreden wollen und sich über die Aussichten verbreitet, die gerade für Georgs Geschäftszweig in Petersburg bestanden. Die Ziffern waren verschwindend gegenüber dem Umfang, den Georgs Geschäft jetzt angenommen hatte.[2] Georg aber hatte keine Lust gehabt, dem Freund von seinen geschäftlichen Erfolgen zu schreiben, und hätte er es jetzt nachträglich getan, es hätte wirklich einen merkwürdigen Anschein gehabt.

So beschränkte sich Georg darauf, dem Freund immer nur über bedeutungslose Vorfälle zu schreiben, wie sie sich, wenn man an einem ruhigen Sonntag nachdenkt, in der Erinnerung ungeordnet aufhäufen. Er wollte nichts anderes, als die Vorstellung ungestört lassen, die sich der Freund von der Heimatstadt in der langen Zwischenzeit wohl gemacht und mit welcher er sich abgefunden hatte.[3] So geschah es Georg, daß er dem Freund die Verlobung eines gleichgültigen Menschen mit einem ebenso gleichgültigen Mädchen dreimal in ziemlich weit auseinanderliegenden Briefen anzeigte, bis sich dann allerdings der Freund, ganz gegen Georgs Absicht, für diese Merkwürdigkeit zu interessieren begann.

Georg schrieb ihm aber solche Dinge viel lieber, als daß er zugestanden hätte, daß er selbst vor einem Monat mit einem Fräulein Frieda Brandenfeld, einem Mädchen aus wohlhabender Familie, sich verlobt hatte. Oft sprach er mit seiner Braut über diesen Freund und das besondere Korrespondenzverhältnis, in welchem er zu ihm stand.[4] "Er wird also gar nicht zu unserer Hochzeit kommen," sagte sie, "und ich habe doch das Recht, alle deine Freunde kennenzulernen." "Ich will ihn nicht stören" antwortete Georg, "verstehe mich recht, er würde wahrscheinlich kommen, wenigstens glaube ich es, aber er würde sich gezwungen und geschädigt fühlen, vielleicht mich beneiden,

---

that such an event was quite unimaginable and caused less sadness when it took place far away

[1] **daß er . . . wollte** that at work he had insisted on having everything his own way

[2] **Die Ziffern . . . hatte** the figures, when compared to the scope (size) of Georg's current operations, were minuscule

[3] **als die . . . hatte** to leave undisturbed the picture (image) of the home town that the friend must have formed during the intervening years and with which he was content (with which he had contented himself)

[4] **das besondere . . . stand** the strange correspondence (epistolary relationship) that he had with him

und sicher unzufrieden und unfähig, diese Unzufriedenheit jemals zu beseitigen, allein wieder zurückfahren.[1] Allein — weißt du, was das ist?" "Ja, kann er denn von unserer Heirat nicht auch auf andere Weise erfahren?" "Das kann ich allerdings nicht verhindern, aber es ist bei seiner Lebensweise unwahrscheinlich." "Wenn du solche Freunde hast, Georg, hättest du dich überhaupt nicht verloben sollen." "Ja, das ist unser beider Schuld; aber ich wollte es auch jetzt nicht anders haben." Und wenn sie dann, rasch atmend unter seinen Küssen, noch vorbrachte: "Eigentlich kränkt es mich doch," hielt er es wirklich für unverfänglich, dem Freund alles zu schreiben. "So bin ich und so hat er mich hinzunehmen," sagte er sich, "ich kann nicht aus mir einen Menschen herausschneiden, der vielleicht für die Freundschaft mit ihm geeigneter wäre, als ich es bin."[2]

Und tatsächlich berichtete er seinem Freunde in dem langen Brief, den er an diesem Sonntagvormittag schrieb, die erfolgte Verlobung mit folgenden Worten: "Die beste Neuigkeit habe ich mir bis zum Schluß aufgespart. Ich habe mich mit einem Fräulein Frieda Brandenfeld verlobt, einem Mädchen aus einer wohlhabenden Familie, die sich hier erst lange nach Deiner Abreise angesiedelt hat, die Du also kaum kennen dürftest. Es wird sich noch Gelegenheit finden, Dir Näheres über meine Braut mitzuteilen, heute genüge Dir, daß ich recht glücklich bin und daß sich in unserem gegenseitigen Verhältnis nur insofern etwas geändert hat, als Du jetzt in mir statt eines ganz gewöhnlichen Freundes einen glücklichen Freund haben wirst.[3] Außerdem bekommst Du in meiner Braut, die Dich herzlich grüßen läßt und die Dir nächstens selbst schreiben wird, eine aufrichtige Freundin, was für einen Junggesellen nicht ganz ohne Bedeutung ist. Ich weiß, es hält Dich vielerlei von einem Besuche bei uns zurück, wäre aber nicht gerade meine Hochzeit die richtige Gelegenheit, einmal alle Hindernisse über den Haufen zu werfen?[4] Aber wie dies auch sein mag, handle ohne alle Rücksicht und nur nach Deiner Wohlmeinung."[5]

Mit diesem Brief in der Hand war Georg lange, das Gesicht dem Fenster zugekehrt, an seinem Schreibtisch gesessen. Einem Bekannten, der ihn im Vorübergehen von der Gasse aus gegrüßt hatte, hatte er kaum mit einem abwesenden Lächeln geantwortet.

Endlich steckte er den Brief in die Tasche und ging aus seinem Zimmer quer durch einen kleinen Gang in das Zimmer seines Vaters, in dem er schon seit Monaten nicht gewesen war. Es bestand auch sonst keine Nötigung dazu, denn er verkehrte mit seinem Vater ständig im Geschäft, das Mittagessen

---

[1] **er aber würde . . . zurückfahren** but he'd feel forced (to come) and his feelings would be hurt, perhaps he'd even be jealous of me; he would certainly be dissatisfied and, without ever being able to set (put) this dissatisfaction aside, he'd have to go back alone

[2] **ich kann . . . bin** I cannot make (tailor) myself into a person who would be more suited (disposed) toward friendship with him than I am

[3] **und daß . . . wirst** and that the only thing that has changed in our relationship is that instead of having a very ordinary friend, you now will have a happy friend

[4] **alle Hindernisse . . . werfen** to cast aside all obstacles

[5] **Aber wie . . . Wohlmeinung** But whatever the case may be, do as you see fit and act in your own best interest(s)

nahmen sie gleichzeitig in einem Speisehaus ein, abends versorgte sich zwar jeder nach Belieben,[1] doch saßen sie dann meistens, wenn nicht Georg, wie es am häufigsten geschah, mit Freunden beisammen war oder jetzt seine Braut besuchte, noch ein Weilchen, jeder mit seiner Zeitung, im gemeinsamen Wohnzimmer.

Georg staunte darüber, wie dunkel das Zimmer des Vaters selbst an diesem sonnigen Vormittag war. Einen solchen Schatten warf also die hohe Mauer, die sich jenseits des schmalen Hofes erhob. Der Vater saß beim Fenster in einer Ecke, die mit verschiedenen Andenken an die selige Mutter ausgeschmückt war, und las die Zeitung, die er seitlich vor die Augen hielt, wodurch er irgendeine Augenschwäche auszugleichen suchte.[2] Auf dem Tisch standen die Reste des Frühstücks, von dem nicht viel verzehrt zu sein schien.

"Ah, Georg!" sagte der Vater und ging ihm gleich entgegen. Sein schwerer Schlafrock öffnete sich im Gehen, die Enden umflatterten ihn. — "Mein Vater ist noch immer ein Riese," sagte sich Georg.

"Hier ist es ja unerträglich dunkel," sagte er dann.

"Ja, dunkel ist es schon," antwortete der Vater.

"Das Fenster hast du auch geschlossen?"

"Ich habe es lieber so."

"Es ist ja ganz warm draußen," sagte Georg, wie im Nachhang zu dem Früheren, und setzte sich.

Der Vater räumte das Frühstücksgeschirr ab und stellte es auf einen Kasten.

"Ich wollte dir eigentlich nur sagen," fuhr Georg fort, der den Bewegungen des alten Mannes ganz verloren folgte, "daß ich nun doch nach Petersburg meine Verlobung angezeigt habe." Er zog den Brief ein wenig aus der Tasche und ließ ihn wieder zurückfallen.

"Nach Petersburg?" fragte der Vater.

"Meinem Freunde doch," sagte Georg und suchte des Vaters Augen. — "Im Geschäft ist er doch ganz anders," dachte er, "wie er hier breit sitzt und die Arme über der Brust kreuzt."

"Ja. Deinem Freunde," sagte der Vater mit Betonung.

"Du weißt doch, Vater, daß ich ihm meine Verlobung zuerst verschweigen wollte. Aus Rücksichtnahme, aus keinem anderen Grunde sonst. Du weißt selbst, er ist ein schwieriger Mensch. Ich sagte mir, von anderer Seite kann er von meiner Verlobung wohl erfahren, wenn das auch bei seiner einsamen Lebensweise kaum wahrscheinlich ist — das kann ich nicht hindern —, aber von mir selbst soll er es nun einmal nicht erfahren."

"Und jetzt hast du es dir wieder anders überlegt?" fragte der Vater, legte die große Zeitung auf den Fensterbord und auf die Zeitung die Brille, die er mit der Hand bedeckte.

---

[1] **abends versorgte . . . Belieben** in the evenings each one did as he pleased

[2] **die mit . . . suchte** which was decorated with mementos of his (Georg's) dearly departed (dead) mother and read the newspaper, which he held to the side, rather than right (directly) in front of his eyes, in order to compensate for some sort of vision problem (visual weakness)

"Ja, jetzt habe ich es mir wieder überlegt. Wenn er mein guter Freund ist, sagte ich mir, dann ist meine glückliche Verlobung auch für ihn ein Glück. Und deshalb habe ich nicht mehr gezögert, es ihm anzuzeigen. Ehe ich jedoch den Brief einwarf, wollte ich es dir sagen."

"Georg," sagte der Vater und zog den zahnlosen Mund in die Breite, "hör einmal! Du bist wegen dieser Sache zu mir gekommen, um dich mit mir zu beraten. Das ehrt dich ohne Zweifel. Aber es ist nichts, es ist ärger als nichts, wenn du mir jetzt nicht die volle Wahrheit sagst. Ich will nicht Dinge aufrühren, die nicht hierhergehören. Seit dem Tode unserer teuren Mutter sind gewisse unschöne Dinge vorgegangen.[1] Vielleicht kommt auch für sie die Zeit, und vielleicht kommt sie früher als wir denken. Im Geschäft entgeht mir manches, es wird mir vielleicht nicht verborgen — ich will jetzt gar nicht die Annahme machen, daß es mir verborgen wird —, ich bin nicht mehr kräftig genug, mein Gedächtnis läßt nach,[2] ich habe nicht mehr den Blick für alle die vielen Sachen. Das ist erstens der Ablauf der Natur, und zweitens hat mich der Tod unseres Mütterchens viel mehr niedergeschlagen als dich. — Aber weil wir gerade bei dieser Sache halten, bei diesem Brief,[3] so bitte ich dich, Georg, täusche mich nicht. Es ist eine Kleinigkeit, es ist nicht des Atems wert, also täusche mich nicht. Hast du wirklich diesen Freund in Petersburg?"

Georg stand verlegen auf. "Lassen wir meine Freunde sein. Tausend Freunde ersetzen mir nicht meinen Vater. Weißt du, was ich glaube? Du schonst dich nicht genug. Aber das Alter verlangt seine Rechte. Du bist mir im Geschäft unentbehrlich, das weißt du ja sehr genau, aber wenn das Geschäft deine Gesundheit bedrohen sollte, sperre ich es noch morgen für immer. Das geht nicht. Wir müssen da eine andere Lebensweise für dich einführen.[4] Aber von Grund aus.[5] Du sitzt hier im Dunkel, und im Wohnzimmer hättest du schönes Licht. Du nippst vom Frühstück, statt dich ordentlich zu stärken. Du sitzt bei geschlossenem Fenster, und die Luft würde dir so gut tun. Nein, mein Vater! Ich werde den Arzt holen, und seinen Vorschriften werden wir folgen. Die Zimmer werden wir wechseln, du wirst ins Vorderzimmer ziehen, ich hierher. Es wird keine Veränderung für dich sein, alles wird mit übertragen werden. Aber das alles hat Zeit, jetzt lege dich noch ein wenig ins Bett, du brauchst unbedingt Ruhe. Komm, ich werde dir beim Ausziehn helfen, du wirst sehn, ich kann es. Oder willst du gleich ins Vorderzimmer gehn, dann legst du dich vorläufig in mein Bett. Das wäre übrigens sehr vernünftig."

Georg stand knapp neben seinem Vater, der den Kopf mit dem struppigen weißen Haar auf die Brust hatte sinken lassen.

"Georg," sagte der Vater leise, ohne Bewegung.

---

[1]**Seid dem . . . vorgegangen** Since the death of our dear mother, certain ugly things have taken place

[2]**die Annahme . . . wird** make the assumption that it's hidden from me, I'm not strong enough any more, my memory is starting to fail

[3]**Aber weil . . . Brief** But since we happen to be discussing this matter, this letter

[4]**Wir müssen . . . einführen** We have to change your lifestyle

[5]**Aber von Grund aus** (And I mean) from top to bottom

Georg kniete sofort neben dem Vater nieder, er sah die Pupillen in dem müden Gesicht des Vaters übergroß in den Winkeln der Augen auf sich gerichtet.[1]

"Du hast keinen Freund in Petersburg. Du bist immer ein Spaßmacher gewesen und hast dich auch mir gegenüber nicht zurückgehalten.[2] Wie solltest du denn gerade dort einen Freund haben! Das kann ich gar nicht glauben."

"Denk doch einmal nach, Vater," sagte Georg, hob den Vater vom Sessel und zog ihm wie er nun doch recht schwach dastand, den Schlafrock aus "jetzt wird es bald drei Jahre her sein, da war ja mein Freund bei uns zu Besuch. Ich erinnere mich noch, daß du ihn nicht besonders gern hattest. Wenigstens zweimal habe ich ihn vor dir verleugnet, trotzdem er gerade bei mir im Zimmer saß.[3] Ich konnte ja deine Abneigung gegen ihn ganz gut verstehn, mein Freund hat seine Eigentümlichkeiten. Aber dann hast du dich doch auch wieder ganz gut mit ihm unterhalten. Ich war damals noch so stolz darauf, daß du ihm zuhörtest, nicktest und fragtest. Wenn du nachdenkst, mußt du dich erinnern. Er erzählte damals unglaubliche Geschichten von der russischen Revolution. Wie er zum Beispiel auf einer Geschäftsreise in Kiew bei einem Tumult einen Geistlichen auf einem Balkon gesehen hatte, der sich ein breites Blutkreuz in die flache Hand schnitt, diese Hand erhob und die Menge anrief. Du hast ja selbst diese Geschichte hie und da wiedererzählt."

Währenddessen war es Georg gelungen, den Vater wieder niederzusetzen und ihm die Trikothose, die er über den Leinenunterhosen trug, sowie die Socken vorsichtig auszuziehn. Beim Anblick der nicht besonders reinen Wäsche machte er sich Vorwürfe, den Vater vernachlässigt zu haben.[4] Es wäre sicherlich auch seine Pflicht gewesen, über den Wäschewechsel seines Vaters zu wachen. Er hatte mit seiner Braut darüber, wie sie die Zukunft des Vaters einrichten wollten, noch nicht ausdrücklich gesprochen, denn sie hatten stillschweigend vorausgesetzt, daß der Vater allein in der alten Wohnung bleiben würde.[5] Doch jetzt entschloß er sich kurz mit aller Bestimmtheit, den Vater in seinen künftigen Haushalt mitzunehmen. Es schien ja fast, wenn man genauer zusah, daß die Pflege, die dort dem Vater bereitet werden sollte, zu spät kommen könnte.

---

[1]**er sah . . . gerichtet** he saw in his father's tired face the overly large pupils, which were located in the corner of his eyes, fixed on him. *Note:* the father seems to be walleyed.

[2]**Du bist . . . zurückgehalten** You've always been a joker and haven't refrained (haven't had the decency to refrain) from joking (clowning) around with me

[3]**Wenigstens zweimal . . . saß** I renounced him at least twice in your presence, even though he was sitting in my room

[4]**Beim Anblick . . . haben** At the sight of the underwear, which was not particularly clean, he reproached himself for having neglected his father. *Note:* **Wäsche** (laundry, wash) here is **Unterwäsche** (underwear).

[5]**Er hatte . . . würde** He had not yet explicitly discussed with his fiancée his father's future living arrangements because both of them had tacitly assumed that his father would stay on alone in the old apartment (house)

Auf seinen Armen trug er den Vater ins Bett. Ein schreckliches Gefühl hatte er, als er während der paar Schritte zum Bett hin merkte, daß an seiner Brust der Vater mit seiner Uhrkette spielte. Er konnte ihn nicht gleich ins Bett legen, so fest hielt er sich an dieser Uhrkette.

Kaum war er aber im Bett, schien alles gut. Er deckte sich selbst zu und zog dann die Bettdecke noch besonders weit über die Schulter. Er sah nicht unfreundlich zu Georg hinauf.

"Nicht wahr, du erinnerst dich schon an ihn?" fragte Georg und nickte ihm aufmunternd zu.

"Bin ich jetzt gut zugedeckt?" fragte der Vater, als könne er nicht nachschauen, ob die Füße genug bedeckt seien.

"Es gefällt dir also schon im Bett," sagte Georg und legte das Deckzeug besser um ihn.

"Bin ich gut zugedeckt?" fragte der Vater noch einmal und schien auf die Antwort besonders aufzupassen.

"Sei nur ruhig, du bist gut zugedeckt."

"Nein!" rief der Vater, daß die Antwort an die Frage stieß,[1] warf die Decke zurück mit einer Kraft, daß sie einen Augenblick im Fluge sich ganz entfaltete, und stand aufrecht im Bett. Nur eine Hand hielt er leicht an den Plafond. "Du wolltest mich zudecken, das weiß ich, mein Früchtchen,[2] aber zugedeckt bin ich noch nicht. Und ist es auch die letzte Kraft, genug für dich, zuviel für dich. Wohl kenne ich deinen Freund. Er wäre ein Sohn nach meinem Herzen. Darum hast du ihn auch betrogen die ganzen Jahre lang. Warum sonst? Glaubst du, ich habe nicht um ihn geweint? Darum doch sperrst du dich in dein Bureau, niemand soll stören, der Chef ist beschäftigt — nur damit du deine falschen Briefchen nach Rußland schreiben kannst. Aber den Vater muß glücklicherweise niemand lehren, den Sohn zu durchschauen.[3] Wie du jetzt geglaubt hast, du hättest ihn untergekriegt, so untergekriegt, daß du dich mit deinem Hintern auf ihn setzen kannst und er rührt sich nicht,[4] da hat sich mein Herr Sohn zum Heiraten entschlossen!"

Georg sah zum Schreckbild seines Vaters auf.[5] Der Petersburger Freund, den der Vater plötzlich so gut kannte, ergriff ihn wie noch nie. Verloren im weiten Rußland sah er ihn. An der Türe des leeren, ausgeraubten Geschäftes sah er ihn. Zwischen den Trümmern der Regale, den zerfetzten Waren, den fallenden Gasarmen stand er gerade noch. Warum hatte er so weit wegfahren müssen!

[1] **daß die . . . stieß** so (quickly) that the answer cut off the question

[2] **Du wolltest . . . Früchtchen** You wanted to cover me up, I know that, my little offspring (sprout)

[3] **Aber den . . . durchschauen** Fortunately, no one has to teach the father to see through the son

[4] **ihn untergekriegt . . . nicht** you had gotten him down, gotten him down so far you could plant your butt on him and he wouldn't move (he'd be immobilized)

[5] **Georg sah . . . auf** Georg looked up at the frightful apparition (that his father had become)

"Aber schau mich an!" rief der Vater, und Georg lief, fast zerstreut, zum Bett, um alles zu fassen, stockte aber in der Mitte des Weges.[1]

"Weil sie die Röcke gehoben hat," fing der Vater zu flöten an, "weil sie die Röcke so gehoben hat, die widerliche Gans," und er hob, um das darzustellen, sein Hemd so hoch, daß man auf seinem Oberschenkel die Narbe aus seinen Kriegsjahren sah, "weil sie die Röcke so und so und so gehoben hat, hast du dich an sie herangemacht, und damit du an ihr ohne Störung dich befriedigen kannst, hast du unserer Mutter Andenken geschändet,[2] den Freund verraten und deinen Vater ins Bett gesteckt, damit er sich nicht rühren kann. Aber kann er sich rühren oder nicht?"

Und er stand vollkommen frei und warf die Beine. Er strahlte vor Einsicht.

Georg stand in einem Winkel, möglichst weit vom Vater. Vor einer langen Weile hatte er sich fest entschlossen, alles vollkommen genau zu beobachten, damit er nicht irgendwie auf Umwegen, von hinten her, von oben herab überrascht werden könne.[3] Jetzt erinnerte er sich wieder an den längst vergessenen Entschluß und vergaß ihn, wie man einen kurzen Faden durch ein Nadelöhr zieht.[4]

"Aber der Freund ist nun doch nicht verraten!" rief der Vater, und sein hin und her bewegter Zeigefinger bekräftigte es. "Ich war sein Vertreter hier am Ort."

"Komödiant!" konnte sich Georg zu rufen nicht enthalten, erkannte sofort den Schaden und biß nur zu spät — die Augen erstarrt —, in seine Zunge, daß er vor Schmerz einknickte.[5]

"Ja, freilich habe ich Komödie gespielt! Komödie! Gutes Wort! Welcher andere Trost blieb dem alten verwitweten Vater? Sag — und für den Augenblick der Antwort sei du noch mein lebender Sohn —, was blieb mir übrig, in meinem Hinterzimmer, verfolgt vom ungetreuen Personal, alt bis in die Knochen?[6] Und mein Sohn ging im Jubel durch die Welt, schloß Geschäfte ab, die ich vorbereitet hatte, überpurzelte sich vor Vergnügen und ging vor sei-

---

[1]**Georg lief . . . Weges** Almost distracted, Georg ran to the bed in order to grasp everything, but stopped halfway there

[2]**weil sie . . . geschändet** because she lifted her skirts like this and this and this, you latched on to her and, so that you could satisfy yourself (satisfy your lust) with her without being disturbed, you've disgraced your mother's memory

[3]**hatte er . . . könne** he had firmly resolved to observe everything as closely as possible so that he couldn't be surprised from an indirect quarter, from behind, from above

[4]**wie man . . . zieht** as one pulls a short thread through the eye of a needle

[5]**Komödiant . . . einknickte** "Comedian!" Georg couldn't keep from shouting; immediately he recognized the damage he had done and bit down, but too late, on his tongue — his eyes bulged — his knees buckled in pain

[6]**verfolgt von . . . Knochen** persecuted by unfaithful employees. old to the very core (as old as the hills)

nem Vater mit dem verschlossenen Gesicht eines Ehrenmannes davon![1] Glaubst du, ich hätte dich nicht geliebt, ich, von dem du ausgingst?"[2]

"Jetzt wird er sich vorbeugen," dachte Georg, "wenn er fiele und zerschmetterte!" Dieses Wort durchzischte seinen Kopf.

Der Vater beugte sich vor, fiel aber nicht. Da Georg sich nicht näherte, wie er erwartet hatte, erhob er sich wieder.

"Bleib, wo du bist, ich brauche dich nicht! Du denkst, du hast noch die Kraft hierherzukommen, und hältst dich bloß zurück, weil du so willst. Daß du dich nicht irrst![3] Ich bin noch immer der viel Stärkere. Allein hätte ich vielleicht zurückweichen müssen, aber so hat mir die Mutter ihre Kraft abgegeben, mit deinem Freund habe ich mich herrlich verbunden, deine Kundschaft habe ich hier in der Tasche!"[4]

"Sogar im Hemd hat er Taschen!" sagte sich Georg und glaubte, er könne ihn mit dieser Bemerkung in der ganzen Welt unmöglich machen.[5] Nur einen Augenblick dachte er das, denn immerfort vergaß er alles.

"Häng dich nur in deine Braut ein und komm mir entgegen! Ich fege sie dir von der Seite weg, du weißt nicht wie!"

Georg machte Grimassen, als glaube er das nicht. Der Vater nickte bloß, die Wahrheit dessen, was er sagte, beteuernd,[6] in Georgs Ecke hin.

"Wie hast du mich doch heute unterhalten, als du kamst und fragtest, ob du deinem Freund von der Verlobung schreiben sollst. Er weiß doch alles, dummer Junge, er weiß doch alles! Ich schrieb ihm doch, weil du vergessen hast, mir das Schreibzeug wegzunehmen. Darum kommt er schon seit Jahren nicht, er weiß ja alles hundertmal besser als du selbst, deine Briefe zerknüllt er ungelesen in der linken Hand, während er in der Rechten meine Briefe zum Lesen sich vorhält!"

Seinen Arm schwang er vor Begeisterung über dem Kopf. "Er weiß alles tausendmal besser!" rief er.

"Zehntausendmal!" sagte Georg, um den Vater zu verlachen, aber noch in seinem Munde bekam das Wort einen todernsten Klang.

"Seit Jahren passe ich schon auf, daß du mit dieser Frage kämest! Glaubst du, mich kümmert etwas anderes? Glaubst du, ich lese Zeitungen? Da!" und er warf Georg ein Zeitungsblatt, das irgendwie mit ins Bett getragen worden war, zu. Eine alte Zeitung, mit einem Georg schon ganz unbekannten Namen.

---

[1]**schloß Geschäfte . . . davon** concluded business deals that I had prepared, did cartwheels in his joy, walked away from his father with his face locked in the pose of an honorable man

[2]**ich, von . . . ausgingst** I, from whom you came (I, who fathered you)

[3]**Daß du dich nicht irrst** Don't be mistaken (don't be too sure)

[4]**aber so . . . Tasche** but your mother gave me her strength, I have a splendid understanding with your friend, I have your customers here in my pocket

[5]**und glaubte . . . machen** and believed that with this remark he could transform him into a totally impossible figure. *Note:* Since European shirts do not have pockets, the father's statement seems ridiculous to Georg.

[6]**Der Vater . . . beteuernd** The father merely nodded, (thereby) emphasizing the truth of what he said

"Wie lange hast du gezögert, ehe du reif geworden bist! Die Mutter mußte sterben, sie konnte den Freudentag nicht erleben, der Freund geht zugrunde in seinem Rußland, schon vor drei Jahren war er gelb zum Wegwerfen,[1] und ich, du siehst ja, wie es mit mir steht. Dafür hast du doch Augen!"

"Du hast mir also aufgelauert!" rief Georg.

Mitleidig sagte der Vater nebenbei: "Das wolltest du wahrscheinlich früher sagen. Jetzt paßt es ja gar nicht mehr."

Und lauter: "Jetzt weißt du also, was es noch außer dir gab, bisher wußtest du nur von dir![2] Ein unschuldiges Kind warst du ja eigentlich, aber noch eigentlicher warst du ein teuflischer Mensch! — Und darum wisse: Ich verurteile dich jetzt zum Tode des Ertrinkens!"

Georg fühlte sich aus dem Zimmer gejagt, den Schlag, mit dem der Vater hinter ihm aufs Bett stürzte, trug er noch in den Ohren davon. Auf der Treppe, über deren Stufen er wie über eine schiefe Fläche eilte, überrumpelte er seine Bedienerin, die im Begriffe war, heraufzugehen, um die Wohnung nach der Nacht aufzuräumen. "Jesus!" rief sie und verdeckte mit der Schürze das Gesicht, aber er war schon davon. Aus dem Tor sprang er, über die Fahrbahn zum Wasser trieb es ihn. Schon hielt er das Geländer fest, wie ein Hungriger die Nahrung. Er schwang sich über, als der ausgezeichnete Turner der er in seinen Jugendjahren zum Stolz seiner Eltern gewesen war.[3] Noch hielt er sich mit schwächer werdenden Händen fest, erspähte zwischen den Geländerstangen einen Autoomnibus, der mit Leichtigkeit seinen Fall übertönen würde,[4] rief leise: "Liebe Eltern, ich habe euch doch immer geliebt," und ließ sich hinabfallen.

In diesem Augenblick ging über die Brücke ein geradezu unendlicher Verkehr.

---

[1]**schon vor . . . Wegwerfen** three years ago he was already yellow enough to be thrown away (he was overripe and should have been discarded)

[2]**Jetzt weißt . . . dir** Now you know that things other than (just) you existed in this world, up until now you knew only about yourself

[3]**als der . . . war** like the excellent gymnast that he had been in his youth, to the pride of his parents

[4]**Noch hielt . . . würde** He was still holding on with a weakening grip when, through the railing, he spied (saw) a bus that would easily drown out the sound of his fall